Einen Mausklick
von mir entfernt

Auf der Suche nach
Liebesbeziehungen im Internet

von

Evelina Bühler-Ilieva

Tectum Verlag
Marburg 2006

Die vorliegende Arbeit wurde von der Philosophischen Fakultät der Universität Zürich im Wintersemester 2004/2005 auf Antrag von Prof. Dr. Hans Geser als Dissertation angenommen.

Demgemäß orientiert sich der Text in formaler Hinsicht an den schweizerischen Rechtschreibregeln.

Bühler-Ilieva, Evelina:
Einen Mausklick von mir entfernt.
Auf der Suche nach Liebesbeziehungen im Internet.
/ von Evelina Bühler-Ilieva
- Marburg : Tectum Verlag, 2006
Zugl.: Zürich, Univ. Diss. 2004
Coverabbildung mit freundlicher Genehmigung
der Futurecom interactive AG
ISBN 978-3-8288-8986-6

© Tectum Verlag

Tectum Verlag
Marburg 2006

INHALTSVERZEICHNIS

Für Christoph

"Wissen, dass man nicht für den Anderen schreibt, wissen, dass diese Dinge, die ich schreibe, mir nie die Liebe dessen eintragen werden, den ich liebe, wissen, dass das Schreiben nichts kompensiert, nichts sublimiert, dass es eben da, wo du nicht bist, ist – das ist der Anfang des Schreibens"

Roland Barthes, Fragmente einer Sprache der Liebe

Vielleicht, wenn man PartnerWinner gegenständlich beschreiben würde, wäre das eine Wolke am Himmel, verschiedene Wolken und auf jeder Wolke sind ein paar Menschen, und die schreien sich was zu. Aber man kann sie nicht sehen, weil so viel Nebel da ist, man hört irgendwelche Stimmen und die Wolken schweben ein bisschen, es gibt Wind, und die Wolken vermischen sich und distanzieren sich voneinander und dann gibt es vielleicht wieder eine bessere Atmosphäre. Da kommt man sich wieder näher, da kann man die Stimmen wieder besser hören, wie ein Hoch und Tief, wie in der Atmosphäre... Es ist ein Hoch, es ist wunderschönes Wetter, man ist sehr gut drauf, man sieht die andern Menschen auf den anderen Wolken um sich herum und denkt, da sind noch sympathische, vielleicht bleibt das Wetter so schön, vielleicht können wir mal unsere Wolken in einer Nachbarswolke aufgehen lassen. Aber dann kommt wieder das Tief und dann wird das Wetter schlecht, es fängt an zu regnen...

Rapunzel

1. Anstatt eines Vorwortes

Es fing womöglich bereits dann an, als ich die Geburt der Datingplattform PartnerWinner.ch im Mai 2000 unmittelbar erleben durfte. Mein Freund und ich befanden uns zu der Zeit in Wien auf einem Multimedia-Festival im Shikaneder-Kino, wo ich einen Vortrag über Identitätskonstruktion im Cyberspace halten durfte. Verständlicherweise war Christoph als Projektleiter von PartnerWinner.ch ziemlich nervös. In einer der Festivalpausen gingen wir schleunigst in ein Internetcafé und dort - unverzüglich - wurden unsere virtuellen *Personae* geboren, mit Nicknamen und Avataren. Wir gehörten zu den ersten Mitgliedern der noch jungen virtuellen Gemeinschaft, doch es ging gleich los. Die ersten Zuschriften landeten in meiner E-Mail-Box, während wir noch im Café sassen:

> **Hallo A.,**
> So so, Du bist Journalistin. Tönt gut - und ist auch meine Profession. Ich bin 35 Jahre jung und bin auf der Suche nach neuen und interessanten Leuten. Ab und an gibt's bei mir eine kleine Grillparty (so mit 4 bis 6 Leuten), wo wir über Göttin und die Welt diskutieren, ein Glas Wein oder ein Miller's trinken und bei gutem Wetter mit meinem Fernrohr in die Sterne gucken... Hättest Du auch mal Lust? Ich würde mich freuen. Bis vielleicht bald. Lieber Gruss (unbekannterweise)

Die Muse des virtuellen - gesichtslosen, anonymen - Flirtens war da und wollte uns aus ihrem Bann nicht mehr loslassen. Das ultimative Untersuchungsobjekt? Ein Jahr später war es soweit. Es galt nur noch, die Macher der Plattform PartnerWinner für eine explorative soziologische Untersuchung zu gewinnen. Wir starteten eine gross angelegte Webumfrage unter allen deutschsprachigen PartnerWinner-Benutzern. Parallel führten wir noch persönliche Interviews mit Liebespaaren, die sich auf der Plattform gefunden hatten. Die Studie hatte ihren Titel - merkwürdig und präzedenzlos - längst vor der eigentlichen Formulierung des Themas. Die PartnerWinner-Userin Anne, der ich an einem erinnerungswürdigen Tag im Mai 2001 zufällig auf dem Partnerwinner.ch begegnet bin, schrieb mit einem Hauch von bewegender Sehnsucht in ihrem Kontakt-Inserat: *„Du bist irgendwo da draussen - nur einen Mausklick von mir entfernt".*

So fing es an, mit diesem poetischen Satz der Userin Anne, das langsame Heraufspüren des Hauptfokus' - die *Entstehung (und im ferneren die Aufbauphase) von romantischen Beziehungen* auf Datingsites im Internet. Wir hatten eine metaphorische Phrase für die so unaufhörlich gepriesene

Auflösung des Raumes in der virtuellen Realität gefunden. Die Entfernung des imaginären Geliebten oder der imaginären Geliebten betrug hier bloss „einen Mausklick" - aber wie war das zu deuten, wie konnte man sich das im Alltagsverständnis vorstellen? War dieser „ein Mausklick" lang oder kurz, zu viel oder zu wenig, schwierig oder leicht, möglich oder unmöglich, echt oder unecht, real oder virtuell? Eine Stunde oder dreihundert Kilometer Reiseweg, ein halbes Jahr sehnsüchtigen Wartens? War diese „Ein-Mausklick-Entfernung" eine andere als die uns gewohnte räumliche und zeitliche Entfernung, die Menschen vom imaginären Partner im *real life* trennt?

Die mutmassliche Länge dieser *Ein-Mausklick-Entfernung* herauszufinden war, metaphorisch ausgedrückt, unser primäres Untersuchungsziel.

Dass man ein Buch oder eine Dissertation seinem Partner widmet, ist nichts Ungewöhnliches an sich. Hier hat die obligate Widmung dieser Arbeit an meinen Partner Christoph Lüscher jedoch eine doppelte oder sogar dreifache Bedeutung. Als Forschungsteam und als *Partner*team - die Parallelität ist hier absichtlich - haben wir zu zweit in stetiger und unermüdlicher Zusammenarbeit das vorliegende Projekt realisiert. Die Resultate der Webumfrage dienten als Hauptbasis für diese Dissertation. Christoph war allerdings nicht nur für die IT-Betreuung des Projektes zuständig. Seine massgebliche soziologische Beteiligung an der Ausarbeitung des Forschungsdesigns und des Fragebogens ist kaum hinwegzudenken. Der Autorin wurde im Prozess des Schreibens immer klarer - eine recht triviale Erkenntnis - dass eine im realen Leben harmonisch funktionierte Liebesbeziehung unabdingbar ist, um mit einer Arbeit über die Liebe und Liebesbeziehungen überhaupt fertig zu werden. Auch dann, wenn die wissenschaftliche Partnerschaft hohe Turbulenzen aufwirbelte und die hitzigen elendlangen Dispute die Romantik der Liebespartnerschaft ab und zu trüben wollten.

Einen besonderen Dank gilt auch meinem Doktorvater Herrn Prof. Dr. Hans Geser. Ohne seine tatkräftige Unterstützung wäre dieses Projekt nicht ins Leben gerufen worden. Für ihre geschätzte Kritik und wertvollen Anregungen beim Erstellen des Fragebogens ganz herzlichen Dank an meine Kolleginnen und Kollegen: Priska Bucher, Ramona Prinz, Maha Bashir, Gergina Hristova, Thomas Volken-Reinert und Hanno Scholtz. Ebenfalls gilt der Dank dem Team von PartnerWinner.ch, insbesondere dem damaligen Geschäftsführer Marco Boselli, der Projektleiterin Claudia Wyss, dem Helpdesk-Verantwortlichen Paul Zehnder, dem Team von FutureCom Interactive und den hunderten PartnerWinner-Userinnen und Usern, die an der Umfrage teilgenommen haben.

Während all der langen Tage, die ich an meinem Computer verbrachte, schrieb meine kleine Tochter Angelika mit mir - mit einem Füller in ihre Schulhefte - seitenlange Aufsätze, stolz auf all die Seiten, die sie schon beschrieben hatte. Gegen Ende der Schreibodyssee verkündete sie unverzüglich ihren Wunsch, Soziologin zu werden, wenn sie dereinst gross sei.

2. Einleitung: Ist die virtuelle Entstehung von Liebesbeziehungen gesellschaftlich relevant?

> Er hatte eine Annonce im PartnerWinner, ein wunderschönes Gedicht über die Liebe. Ich habe ihm mit einem Gedicht geantwortet. Das war *Liebe auf den ersten Satz* und der Beginn einer wundervollen Partnerschaft. (Umfrageteilnehmer)

Mit einer Herausforderung konfrontiert sieht sich offenbar die sozialwissenschaftliche Forschung im Bereich der Online-Beziehungen: "If you had told me that I would wind up meeting my great love this way", sagt Rudin, "I would have said you were crazy."[1] Er meint mit dem fast stigmatisierenden „this way" natürlich eine Onlinedating-Site. „Ich habe bis vor vier Monaten nicht an die Liebe aus dem Internet geglaubt, doch heute sehe ich das anders. Ich habe mich dort unsterblich verliebt, ohne das Mädchen je gesehen zu haben. Es war quasi *Liebe auf den ersten Chat*" (*Devil*, flirt.ch). Nur noch leicht beschämt geben immer viele Menschen zu, „auf diesem Weg", im Cyberspace, eine Beziehung zu suchen: „Es wäre schon schön verrückt, aber auch spannend, Dich *auf diese Weise* kennen zu lernen; also warum eigentlich nicht?" (Inserat eines Partner-Winner-Users). Der Unsicherheit, „auf diesem Weg" nun einen Partner zu suchen, verbunden mit dem Bedürfnis, das ganze Unterfangen öffentlich zu rechtfertigen, begegnet man auch in vielen anderen Inseraten von den Benutzern der Datingplattform PartnerWinner. Hier ein Text der Userin *m78:*

Eigentlich nid min Stil ... :)
Irgendwie isch es ja scho e komischi Sach, Lüüt per Internet kennezlerne. Het aber sicher au Vorteil, me begegnet Lüüt, wo me süsch viellicht nie über de Weg gloffe wär. Mal luege, was da so chunnt. Gross beschriebe wett ich mich no gar nid... Wage z'behaupte, dass ich ganz e normali jungi Frau bin - was isch scho normal? ;) Me seit, ich wär no rächt hübsch (chan ich meistens au akzeptiere - ussert ich ha grad e Nacht duregmacht :).) Dur mis rächt zytufwändige Hobby (han es eigets Ross) bin ich die grösst Zyt elei irgendwo am umehötterle, wünschti mir aber glich en Partner, mit dem ich diskutiere chan (es Ross git halt kei Antwort), Sache undernä, kuschle, mal gross in Usgang go fäschte (ich ga gärn in Usgang - go tanze, is Kino, go ässe) oder eifach en Spaziergang unternä und und und... da gits ja so viel.

Wie würden Sie Ihren Traummann umschreiben?
Du söttisch so zwüsched 24 und 29gi si, grösser als ich :), sportlich (am beschte au es grosses Hobby), ehrlich, spontan und

---

[1] Walter, K. „The Love Machine", in: Time.com, 6.Mai 2001.

humorvoll. Mit dir sött me guet chönne diskutiere aber au chönne ruhigi Moment gnüsse. Eigeschafte, wo eigentli fascht jede Mensch irgendwie het. Em Traumma bin ich no nid begägnet und dä z'beschriebe isch dementsprechend schwer, aber wenns funkt, sind plötzlich sowieso ja alli Eigeschafte akzeptabel und chlini Fehler werded eifach überseh. [2]

Immer mehr Menschen hoffen, in der virtuellen Welt die grosse Liebe zu finden. Mit *„Die Liebe Deines Lebens ist nur einen Mausklick entfernt!"*, spielt auch *Schatzipummel,* Benutzerin von www.flirt.ch, auf die schicksalhafte Erstbegegnung im Cyberspace an. Beinahe 30 „virtuelle" Männer hat die 37-jährige Künstlerin und alleinerziehende Suzanne Young aus Pentaluma, USA, während vier Jahren Online-Dating im realen Leben getroffen:

> It is my social medium, like going out to the coffee shop and connecting with people of my age and my interests. Pentaluma is a small town and the likelihood that I would find my soul mate is pretty slim. There are so many possibilities out there, you can just keep shopping. If you can't find love online, there isn't a likelihood of finding it anywhere (Rose 1999).

Eine romantische Affäre in der virtuellen Welt kann im realen Leben tragisch enden. In einem Wutanfall hat ein Buchhalter ein Auto vor der Firma seiner Cyber-Angebeteten angezündet, weil sie mit ihm Schluss machen wollte - offline. Wegen einer Bombendrohung musste er sich sogar vor Gericht verantworten.[3]

Fast wöchentlich erscheinen in den Medien Titel wie: „Singles am laufenden Band", „2020 Vision of Computer Love", „The Love Machines", „Flirts auf Distanz", „An E-ffair to Remember Finding Love on the Internet", „TV und Zeitschriften spannen Amors Bogen", „Liebesgrüsse aus der Tiefe des Netzes", „Wenn Amors Pfeil erst auf einigen Umwegen trifft". Es zeichnet sich deutlich ein Trend ab: Die Zahl der Liebesvermittler im realen Leben, wie Heiratsvermittlungsinstitute und Single-Clubs ist rückläufig, dafür boomt die Cyberspace-Partnersuche: „Beginning and maintaining interpersonal relationships in the virtual realm is becoming increasingly more popular in our society" (Anstey 1999).

Der neuartige Drang nach virtueller Paarbildung erlebt Blütezeiten. In Deutschland nutzen laut einer Emnid-Umfrage[4] des Online-Dienstes „America Online" 9.8 Millionen Menschen das Internet um Kontakte zu knüpfen. 42% der Befragten halten das Medium für geeignet, um perso-

---

[2] Originalgetreu auf Schweizerdeutsch wiedergegeben.
[3] „Chat-Beziehung endete tragisch", 20 Minuten, 29.Mai 2001.
[4] Zehn Millionen flirten im Netz: http://www.stern.de/lifestyle/liebes-leben/von-sinnen/artikel/?id=72395

nelle Beziehungen aufzubauen, 41.7% haben ihre Internet-Bekanntschaft persönlich getroffen. In Europa sollen 38% der Alleinstehenden das Netz für die Partnersuche nutzen. Nebst breit angelegten Datingsites etablieren sich immer häufiger auch an ein Nischenpublikum gerichtete Sites. So suchen zum Beispiel auch deutsche Bauern ihre Liebe unter anderem im Netz (landflirt.de). Auf www.muslimmatch.com suchen zur Zeit 57 222 Muslime in Nordamerika oder Europa online ihren Gegenpart, da sie in ihrem Umfeld eine begrenzte Auswahl an möglichen Partnern haben. Obschon jegliche Form von Dating gemäss islamischem Gesetz verboten ist, billigen Religionsgelehrte die Website, da sie dem Zweck einer Eheanbahnung dient. Bedingung ist allerdings, dass keine Porträts von Frauen ohne Kopftuch darauf zu finden sind[5].

Peter Sloterdijk sprach von dem radikalen Unterschied zwischen der Liebesordnung der Alten Zeit und der Liebesordnung der Moderne.[6] Darunter verstand er „das Verschwinden der Vertikaldimension der Liebe" - es würde ihr die Schöpfung und der Stern fehlen, weil sie sich vollständig aus zwischenmenschlichen Beziehungen erklären lasse. Ob die moderne Liebe vom Piedestal gestossen wurde, ist zwar fraglich, er hat bestimmt Recht mit der Feststellung, dass die Gesellschaft als Ganzes ein Paarungswettbewerb oder Paarlaufwettbewerb ist („das Zueinanderpassen als wettbewerbsfähige Grösse wird öffentlich gemacht").

Mindestens sechs entscheidende Gründe gaben den Ausschlag, uns der Herausforderung zu stellen und erstmals eine Datingplattform empirisch (und repräsentativ!) zu untersuchen. Die unheimliche Faszination dieser Gründe konnte nur noch die Inspiration entflammen:

1. Datingportale stellen auf der Karte der Sozialwissenschaften in unseren Augen ein weisses Feld dar.

2. Eine Datingplattform wie PartnerWinner betrachteten wir, ganz unserem Forschungszweck entsprechend, in methodologischer Hinsicht als das „ultimative" Untersuchungsobjekt.

3. In Datingportals suchen, im Vergleich zu Chats, Menschen gezielt nach einer festen Beziehung und zwar aus einer grundlegenden Motivation heraus (intendierte Partnersuche).

4. PartnerWinner bietet sich an, als Prototyp einer Datingplattform untersucht zu werden.

---

[5]Muslim sucht Muslimin - immer öfter übers Internet. 20 Minuten, 18.Mai 2004: „In bester orientalischer Tradition werden Inserate heiratswilliger Töchter auch von Drittpersonen online gestellt - wie etwa von der eigenen Mutter oder einem 'beunruhigten Freund'".

[6] Entgöttlichte Passion. Interview mit Peter Sloterdijk im Focus, 22.12.2002, Heft 52.

5. Phänomene von Identitätskonstruktion können hier, ähnlich wie bei MUDs-Spielen, beobachtet werden.

6. Datingportale im Netz sind gleichberechtigte Institutionen der Partnersuche neben herkömmlichen Orten wie dem Arbeitsplatz oder der Schule.

1.   Ein weisses Feld

Wieso wurde hier eine Datingsite (in ihre Bedeutung als Kommunikationsplattform) und nicht wie üblich ein Chat oder eine Newsgroup erforscht? Wir haben eindeutig festgestellt, dass es sich hier um ein unbeschriebenes Blatt in der sozialwissenschaftlichen Forschung handelt. Selbst in der Cyberforschung fand dieses Gebiet bisher wenig Beachtung. Anfänglich empfanden wir unsere Aufgabe beinahe verlockend einfach - galt es doch lediglich, eine deskriptive Analyse der Geschehnisse auf einer Dating- und Kommunikationsplattform anzubieten, welche zur Zeit als grösste und erfolgreichste der Schweiz gilt (eine rein idiographische Aufgabe). Die bisherigen Untersuchungen von Heiratsinseraten - siehe die Studie von Buchmann & Eisner (1996)[7] - waren durchaus Studien über Selbstdarstellungen in Zeitungsannoncen. Im besten Falle vermochten sie somit die punktuellen Werthaltungen der Menschen sowie deren Wandel im Laufe des 20. Jahrhunderts zu ergründen. Sie waren uns allerdings aus konzeptionellen und methodischen Gründen allzu statisch. Denn aus diesem Zeitwandel der beschriebenen Selbstdarstellungsmuster war der Prozesscharakter der Liebesbeziehungen nicht zu erfassen.

Selbst die Quote der erfolgreichen Beziehungsanbahnungen infolge Zeitungsanzeigen war eine grosse Unbekannte - denn es wäre offensichtlich aus methodischen Gründen kaum möglich gewesen, die Autoren dieser Inserate für die Untersuchung ausfindig zu machen. In unserem Forschungsdesign wurde diese ernst zu nehmende Einseitigkeit auf natürliche Art behoben: Die Menschen waren im Rahmen der Plattform jederzeit für den Forscher „verfügbar", sie waren in einer virtuellen Umgebung freiwillig „eingeschlossen".

2.   Das ultimative Untersuchungsobjekt

Ein Datingportal ist eine virtuelle Umgebung, die, methodologisch betrachtet, zwischen Labor und Feld anzusiedeln ist: Man kann viel unter Kontrolle halten, wenngleich das Ganze trotzdem ein natürliches Umfeld darstellt. Bei PartnerWinner hat man überdies die virtuellen Identitäten

---

[7] Heiratsinserate widerspiegeln den Wandel von Beziehungs- und Persönlichkeitsideal: Waren früher vor allem Solidität und Fleiss gefragt, so sind es heute emotionale Werte wie Zärtlichkeit und Sensibilität.

der Partnersuchenden gleich untersuchungsbereit. In einer umfassenden Datenbank sind sie mit ihren Merkmalen vertreten: Alter, Wohnort, Grösse, Zivilstand, Sexualpräferenz, Kinderanzahl. Selbst Rauchergewohnheiten oder Augen- und Haarfarbe sind aufgeführt.

Eine erste Vorstellung über die potentiellen Untersuchungspersonen, welche bei der Konstruktion des Fragebogens behilflich waren, konnte man anhand ihrer bereits bestehenden Persönlichkeitsprofile problemlos und ohne teure Untersuchungskosten gewinnen. Es lagen Daten bereit, welche die Grundlage für eine nächste Erhebungsphase lieferten. Ausserdem vereinfachte sich dadurch die Ermittlung von Teilnehmern mit „erfolgreicher" Anbahnung von Liebesbeziehungen online.

3. Datingportals als virtuelle Settings mit intendierter Partnersuche

Partnersuchplattformen im Internet unterscheiden sich nicht nur formal von virtuellen Umgebungen wie Chaträumen, sie kontrastieren auch funktional: Hier haben wir es mit einer gezielten Suche nach einem Partner oder Partnerin zu tun, oder nach Luhmann ist die *„Kontaktbereitschaft exklusiv"*, sie wird von jedem Benutzer durch die Teilnahme an sich bekundet. Somit erhalten alle Teilnehmer den gleichen Status (der Status eines Suchenden, was ein Zustand sein sollte), der Enthüllung, Dynamik und Spannung beinhaltet. Die mutmassliche soziale Gleichheit in Bezug auf die Eigenheit *„Beziehungsbereitschaft"* ist in diesem Sinne einzigartig und in dieser Form ausschliesslich im virtuellem Raum realisierbar. Denn man stelle sich bloss vor, wie es wäre, liefen Menschen im realen Leben mit Ansteckschildern folgenden Inhalts herum: „Suche dringend Liebesbeziehung". Hauptsächlich Frauen würden damit wohl kaum Erfolg haben. Auf einem Datingportal haben alle User ein solches Schildchen - bei PartnerWinner nennt man das besagte Schildchen „Liebesthermometer". Dieses registriert und misst den Grad von Bereitschaft für eine neue Liebesbeziehung. Die „Wärme" lässt sich überdies der aktuellen Befindlichkeit anpassen.

4. PartnerWinner als Prototyp

Soweit bekannt, ist die vorliegende repräsentative Umfrage sowohl im englischen wie im deutschen Sprachraum der erste Versuch, ein Datingportal im Rahmen einer Fallstudie als *Prototyp* einer Kontaktbörse mit höchster Gründlichkeit zu untersuchen - auch darin, dass nach den Erfolgserlebnissen von Benutzerinnen und Benutzern bei ihrer Partnersuche gefragt wird. Bis jetzt hat kaum jemand mit methodisch sinnvollen Untersuchungsdesigns festzustellen vermocht, ob und inwiefern Menschen mit ihren Kontaktinseraten in der Presse erfolgreich waren, da diese für die Untersuchung schlicht unerreichbar waren.

Das erste Motiv für diesen Entscheid lag in der Grösse der Plattform PartnerWinner. www.partnerwinner.ch ist auch heute, nach Einführung der Kostenpflicht für alle Benutzer in der Deutschschweiz, noch die grösste Datingplattform der Schweiz. Zum Zeitpunkt der Umfrage, im Februar 2002, zählte sie 15 Millionen Page-Impressions und nahezu 100000 seit der Entstehung registrierte User (davon 80000 in der Deutschschweiz und 20000 in der Romandie). Pro Monat schrieben sich 8500 Personen neu ein, was im Durchschnitt 275 Neuanmeldungen pro Tag entsprach. Die User verbrachten mit einer durchschnittlichen Sitzungsdauer von 12 Minuten und 4 Sekunden im Vergleich zu anderen Websites sehr viel Zeit auf PartnerWinner.

Der zweite Grund für unsere Wahl lag darin, dass sich dieses Portal durch *Seriosität* auszeichnet. Es ist als Ort angekündigt, wo hauptsächlich ernsthafte, langfristige Beziehungen gesucht und gefunden werden. Deshalb wird das Niveau der Profile und Kontaktinserate laufend moderiert.

Da wir die Datingsite PartnerWinner als Prototyp eines Datingportals betrachten, gehen wir von einer erhöhten externen Validität der repräsentativen Ergebnisse der dazugehörenden explorativen Studie aus.

5. Identitätskonstruktion

Im virtuellen Raum besteht im Unterschied zum realen Leben die neuartige Option, sich Cyber-Identitäten wie Masken überzustülpen, die nach Lust und Laune an - und wieder ausgezogen werden können. Man bewegt sich ausschliesslich in einer Gruppe von digitalen „Traumpartnern", die noch genauestens definierbar sind (Vorschlag: „Mann, blond, blaue Augen, 180 cm gross, Journalist und ohne Kinder" etc.). Auf PartnerWinner wurden die reichhaltigen Selbstdarstellungen nicht nur anhand der veröffentlichten Anzeigen untersucht, sondern auch anhand der virtuellen „Personae" (Profile). Die Datingplattform ist nicht bloss ein schwarzes Anschlagsbrett, wo Tausende von Inseraten veröffentlicht werden. Potentiell erlaubt allein die Analyse eines „qualitativen" Merkmals wie das Motto eines Profils (z.B. das von *Affettuosa 71*: „Wer glaubt, dass er nicht mehr besser werden kann, hört auf, gut zu sein", von *Volllverkältet*[8] "Ich werde gedacht, also bin ich" oder „Hab' Sonne im Herzen und Voraussicht im Kopf!" von *mamalaguna*) die Entdeckung einer ungeheuren Fülle an Selbstinszenierungsstrategien. Nicht zuletzt das sich Vertiefen in die zumeist originellen Nicknamen - ihre Herkunft ist oft ein unlösbares Rätsel - kann eine reizvolle Aufgabe darstellen. Eine im Diskurs der Cyberforschung populäre Debatte - die der so genannten „multiplen Identitäten" - lässt sich hier mühelos untersuchen. Die Benutzer

---

[8] Der Nickname besteht tatsächlich aus drei „L".

haben eine oder mehrere virtuelle Identitäten "konstruiert", was die Plattform besonders attraktiv für die Untersuchung sozialer Beziehungen macht.

6. Datingportale als gleichberechtigte Institution der Partnersuche

Nicht zuletzt stellte sich noch diese Frage: Wie wichtig sind die in den Medien hoch gelobten Datingsites im Verhältnis zu herkömmlichen Begegnungsorten wie Arbeitsplatz, Schule oder Freizeitaktivitäten? Exakte empirische Belege konnten uns die Feststellung erlauben, dass solche Internet-Portale tatsächlich zur Entstehung und Aufbau erfolgreicher, neuer Liebesbeziehungen führen und dass Cyberspace als sozialer Raum als eine gleichberechtigte Institution der Partnersuche betrachtet werden kann. Für viele Online-Dater erhält das Cyberdating sogar den Status einer *ultimativen Möglichkeit*[9] der Partnersuche - einer übergeordneten "Gelegenheitsstruktur"[10], die eine ebenbürtige Rolle im Vergleich zu traditionellen Orten wie Arbeitsplatz oder Nachbarschaft spielt. Unser Ziel betrachten wir dann als erfüllt, wenn die in dieser Arbeit dargestellten Resultate quantitative, aber auch qualitative Antworten auf die aufgeworfenen Fragen möglich machen. Nicht zuletzt setzen wir darauf, dass unsere Ergebnisse „richtig" und gleichzeitig „kontraintuitiv und nicht absurd" sein mögen und damit auch wirklich aufklärerisch wirken (um dazu Hartmut Esser zu paraphrasieren). Mit dem Risiko, dass unsere Erkenntnisse, immer noch nach Essers Worten, nicht nur Heiterkeit, sondern auch Verärgerung auslösen.

---

[9] Hier im Sinne universelle, ideale Möglichkeit.
[10] Die Bezeichnung „Gelegenheitsstruktur" hat Günther Burkart geprägt.

3. Liebe und Partnerschaft als Gegenstände der Soziologie

3.1. Das geeignete Adjektiv zum Wort ‚Beziehung'

In diesem Kapitel wird zuerst versucht, eine bessere Orientierung in der Begrifflichkeit im Bereich der Beziehungen und deren Forschung zu erlangen. Welche Bezeichnung für Beziehung ist am besten geeignet: heterosexuelle Beziehung, Paarbeziehung, Zweierbeziehung, Dyade, romantische Beziehung, oder gar Liebesbeziehung (siehe Tabelle 1)? Zuallererst wenden wir uns dem Begriff ‚Dyade' zu. In der Mathematik gehört sie zur Vektorrechnung und bedeutet „Zusammenfassung zweier Einheiten"[11].

Tabelle 1. Systematisierung des Beziehungsbegriffs

BEGRIFF	LEITBILD-KONNOTATIONEN[12]
Dyade	„Paarverhältnis": weist auf zwei Individuen hin. Eine Beziehung kann als eine Dyade aufgefasst werden, eine Dyade ist aber nicht zwingend eine Beziehung.
Zweierbeziehung	Eher neutrale Konnotation, synonymisch zur Paar(beziehung) verwendet; wird häufig bevorzugt
Heterosexuelle Beziehung	Synonymisch mit Geschlechterbeziehung, mit Akzent auf Sexualität
Geschlechtsbeziehung	Betont die heterosexuelle Variante einer Beziehung; die homosexuellen werden so ausgeschlossen
Paarbeziehung oder Paar	Ähnlich wie Zweierbeziehung, Akzent auf der Einheit Paar, was mehr als die Summe der beiden Teile darstellt
Intime Beziehung oder Intimbeziehung	Kann breit (Beziehungen zu Geschwistern und Freunden eingeschlossen) und eng (sexuelle Beziehung, auch eine kurzfristige) aufgefasst werden
Enge Beziehung	Mit Betonung auf Bindung - problematisch, weil auch andere Arten persönlicher Beziehungen darunter fallen können, z.B. zwischen Geschwistern
Feste Beziehung	Betonung auf der Dauerhaftigkeit als Merkmal einer „richtigen" Beziehung

---

[11] Duden. Fremdwörterbuch (2001). Mannheim: Dudenverlag, S.248.
[12] vgl. auch Lenz (2003)

27

Partnerbeziehung oder Partnerschaft	Eine moderne Erfindung der Individualisierungsthese, die sich im Alltag überraschend behauptet hat; impliziert radikal das Axiom, wonach beide Partner gleichberechtigt sind
Romantische Beziehung	Einfluss aus dem Englischen; als Basis der Beziehung dient das romantische Liebesideal
Liebesbeziehung	Auch als Synonym zur „romantischen Beziehung" gebraucht; leider etwas vergänglich anmutend, mit Betonung auf der vorwiegend leidenschaftlichen ersten Phase einer Beziehung, korreliert negativ mit der Dauer.

Im übertragene Sinne ist diese Konnotation sehr bedeutungsvoll, weil sie darauf hinweist, dass es sich nicht nur um zwei aufeinander bezogene Einheiten handelt, sondern um ihr Gemeinsames. Bezeichnenderweise wird die soziologische Implikation von ‚Dyade' (ebenda) als ‚Paarverhältnis' angegeben. Unser Forschungsgegenstand ist das Paarverhältnis zwischen zwei *heterosexuellen* Erwachsenen. Die Bezeichnung „heterosexuell" oder „Geschlechtsbeziehung" setzt einen sexuellen Austausch als distinguierendes Merkmal voraus. Scanzoni et al. (1989) konzentrieren sich ausschliesslich darauf und wählen die rein deskriptive Bezeichnung *„sexually bonded primary relationship"*, was uns ziemlich zutreffend erscheint, wenn auch reichlich langfädig. Dadurch wird die Bedeutung der Sexualität klar überbewertet - bekanntlich existieren auch Beziehungen, die teilweise oder gänzlich ohne sexuelle Interaktion ablaufen. Mit einer Überbetonung der Sexualität zeichnet sich auch der Begriff *‚intime Beziehung'* aus. Hierzu ist anzufügen, dass intime Beziehungen auch zwischen Eltern und Kindern oder den unter Geschwistern gemeint sein können, deshalb ist uns dies zu wenig differenzierend. Günter Burkart (1997) zieht die Bezeichnung ‚Paar' oder ‚Paarbeziehung' vor und bietet dazu eine Definition an: „Eine soziale Institution, gestützt auf das kulturelle Wertmuster „Liebe", auf Dauer angelegte heterosexuelle Verbindung mit einer bestimmten Institutionalisierungsform (Sexualpartnerschaft; Wohngemeinschaft; Ehe)". Für Herrmann (2001, 172) ist es gar *die* Funktion der Partnerschaft, „eine lebendige Institution darzustellen, die Rückhalt und Geborgenheit bieten kann - in einer Gesellschaft, die es einem schwer macht, sich zu behaupten". Diese wird charakterisiert durch eine andauernde Interaktion zwischen den Partnern und erzeugt Wirklichkeit - eine *geteilte Wirklichkeit* könnte man hier anfügen, die exklusiv für dieses Paar Geltung besitzt. Sie unterscheidet sich durch gemeinsame Sinnordnungen und erscheint in der Form einer paareigenen Geschichte. Der Aspekt der Partnerschaftsgeschichte und ihre Konstruktion wird von mehreren Autoren herausgestrichen, unter anderem von Horst Herrmann (2001).

Partnerbeziehungen oder *Partnerschaften* werden in letzter Zeit sowohl in der sozialwissenschaftlichen Forschung als auch im täglichen Gebrauch immer häufiger verwendet. Dass wir damit ebenfalls sorglos umgehen, zeigt die Tatsache, dass sich unser Untersuchungsobjekt, die Datingsite PartnerWinner, im Kern programmatisch auf das Konzept einer *partnerschaftlichen* Beziehung stützt. Dieser Sachverhalt hat jedoch eher einen konventionellen Charakter und impliziert keinesfalls, dass in unserer Untersuchung nur Beziehungen auf partnerschaftlicher Basis gemeint sind. Der Begriff *„feste Beziehung"* betont primär das Merkmal der Dauerhaftigkeit des Bandes, und als solche war sie bei der Erhebung der Daten ausschlaggebend, um eine Liebesbeziehung von einer kurz andauernden Verliebtheit klar zu trennen. Häufig ziehen wir jedoch vor, die Bezeichnung *Liebesbeziehung* zu verwenden - in formaler Hinsicht tun wir dies synonymisch mit *Zweierbeziehung*. Letztere kann als eine erfolgreiche, da neutral besetzte Bezeichnung bewertet werden. ‚Liebesbeziehung' haftet im allgemeinen der Nachteil an, dass der Fokus auf die Aufbauphase einer Beziehung gesetzt wird, was uns in diesem Fall recht gelegen kommt.

Ab und zu wird auch die Bezeichnung *romantische Beziehung* oder *Romanze* benutzt. Die Begriffe Liebesbeziehungen sowie romantische Beziehungen deuten darauf hin, dass die romantische Vorstellung von Liebe im Zentrum steht. Wir verwenden diese zwei Begriffe prioritär (wie auch im Titel dieser Arbeit), ohne dabei zu vergessen, dass gegenwärtig zwei gegensätzliche, sich konkurrenzierende Leitbilder von Liebe dominieren: ein romantisches und ein partnerschaftliches (Vgl. Kraft & Witte 1992). Dies impliziert nicht, beide Begriffe würden inhaltlich übereinstimmen. Wir möchten bloss ein bestimmtes Paradigma nicht zu Lasten eines anderen bevorzugen. Gestützt durch eine Menge soziologischer Untersuchungen halten wir trotzdem fest, dass das partnerschaftliche Leitbild von Liebe in der Postmoderne überwiegt und nicht das romantische. Die Erklärung wird mit der steigenden Mobilität und Flexibilität der postmodernen Gesellschaft sowie der fortschreitenden Individualisierung und Autonomie des Individuums erklärt, welche eine lebenslange Bindung a priori verunmöglicht.

3.2. Der Liebesdiskurs aufgewertet

3.2.1. Semantische Kodierungen der Liebe

Die Schöffen schrieben alle auf ihre Täfelchen: "Ihrer Meinung nach ist darin keine Spur von Sinn", aber keiner machte den Versuch, den Sinn zu erklären. "Wenn es keinen Sinn hat", sagte der König, "können wir uns sehr viel Mühe sparen, denn dann brauchen wir ihn gar nicht erst zu suchen. Und doch, ich weiss nicht", fuhr er fort, indem er das Papier glatt strich und mit einem Auge darauf niedersah, "einigen Sinn kann ich, glaube ich, doch darin entdecken. (Alice im Wunderland, Kapitel 12)

In der Kunst wird die Liebe in zahllosen Liebesbildern dargestellt, vielfach in solchen in Gestalt von Liebesgott Amor. In einem Bild von Rembrandt von 1634[13] sehen wir den geflügelten, nackten Knaben mit Pfeil und Bogen (Abbildung 1). Mit einem Strohhalm macht er eine Seifenblase. Zwei symbolische Aussagen sind in dieser Darstellung miteinander verknüpft - der geflügelte Gott stiftet mit seinen Pfeilen die Liebe, und sie ist im Moment ihrer Entstehung so abgebildet.

Abbildung 1. Rembrandt - Amor, eine Seifenblase blasend, 1634

---

[13]Im selben Jahr heiratet er seine große Liebe Saskia.

Gespannter Bogen und Seifenblase, die jeden Moment zerplatzen kann, belehren uns die Kunsthistoriker, verweisen auf *die Unbeständigkeit* der Liebe. In der Malerei des 17. Jahrhunderts sollten Knaben mit Seifenblasen die Flüchtigkeit des Lebens vermitteln. Dieses sehr beliebte Thema wurde auf Drucken häufig als Allegorie der Vergänglichkeit mit der lateinischen Unterschrift „Homo bulla"[14] versehen, was aber bei Rembrandt als ungewöhnliches Motiv gilt.

Die Verletzung durch Eros' Liebespfeil erinnert stark an die altbekannte Vorstellung vom „coup de foudre"[15] - das Verliebtsein als eine schlagartige Erleuchtung wider alles Rationale (man denkt an das Englische „falling in love"), so wie es Flaubert mit Emma Bovary einmalig schilderte. Sie glaubte, die Liebe müsse ganz plötzlich kommen, sozusagen mit Donner und Blitz, mit Krach und Knall - wie „ein Orkan aus heiterem Himmel ins Leben hinein prasselnd, es umstürzend, dass der Wille wie dürres Leib zerrissen und das ganze Herz in den Abgrund geschleudert wird".[16]

Das Motiv der *Unbeständigkeit* der Liebe wiederholt sich in zahlreichen anderen Kunstwerken. Auf ein weiteres Liebesbild wird in diesem Zusammenhang Bezug genommen: auf „Fugit Amor" von Auguste Rodin. Die Skulptur ist noch als Fragment des „Höllentors" im Kunsthaus Zürich zu entdecken, in der Mitte des linken Flügels und über dem rechten Türflügel.

---

[14] Der Mensch ist eine Luftblase (lat.).
[15] Blitzschlag (franz.)
[16] Flaubert, G. (1993). Madame Bovary. München: Artemis & Winkler.

Abbildung 2. Auguste Rodin - Fugit Amor, 1884

Die beiden nackt dargestellten Figuren - eine weibliche und eine männliche - liegen Rücken an Rücken und sehen ihre Gesichter nicht. Die Frau mit ihren über dem Kopf verschränkten Armen entgleitet gerade dem verzweifelten Versuch des Mannes, sie zu fangen. Mit ihren fast schmerzhaft gedehnten Körpern berühren sie sich beinahe in voller Länge. Diese Berührung ist als eine sich ewig wiederholende, nie endende Handlung zu begreifen. Sie kommen nie zusammen, so sehr er sich auch nach ihr streckt, denn, je mehr der Mann nach der Frau (als Sinnbild der Liebe) zu greifen versucht, desto mehr entgleitet sie ihm, ignoriert ihn gar. Das Flüchtige ist nicht festzuhalten. Sinnbildlich steht unser Beispiel „Fugit Amor" - die entfliehende Liebe - für den Liebesbegriff schlechthin: schwierig fassbar sei die Liebe, entschuldigen sich reihenweise die Autoren in ihren Schriften. Es gibt kaum einen anderen Begriff, der derartiges Kopfzerbrechen verursacht: *Vielförmigkeit, Uneinheitlichkeit, Mannigfaltigkeit, Wandelbarkeit* sind nicht auf einer Momentaufnahme festzuhalten - was erkenntnistheoretisch notwendig wäre, um überhaupt eine seriöse Analyse vorzunehmen. Die Schwierigkeit, den Begriff aus anderen Begriffen herzuleiten oder ihn wenigstens im Wort zu erfassen sind gross; *Seele* oder *Welt* werden dafür häufig herangezogen. Die Phänomenologie der Liebe und ihre mannigfaltigen Erscheinungsformen, die *cortese*[17]*, follia*[18]*, fati*[19]*, sacrificio*[20]*, amour fou*[21] haben die Geister seit eh faszi-

---

[17] Freundliche Liebe.

32

niert. Die phänomenologische Betrachtungsperspektive geht von der Prämisse aus, es bestehe eine bestimmte Prädisposition, sich zu verlieben, und diese wäre in verschiedenen Umfeldern mit verschiedenen Personen ausführbar. So werden die *Einmaligkeit* und die *Schicksalhaftigkeit* des Ereignisses „*Liebes*begegnung" kundgemacht.[22]

Obwohl für den Laien alltäglich, ist das Zustandekommen der (gewürdigten) Liebe eigentlich äusserst ungewiss: Ist die als Liebe etikettierte Liebe wirklich Liebe gewesen? Ist die als Liebe gezeigte Liebe tatsächlich Liebe gewesen oder nur eine Illusion von Liebe? Das *Erkennen* der Liebe als Liebe ist das Resultat der Übereinkunft zweier Kommunikationspartner; oft schliesst diese sogar ihre unmittelbare Umgebung mit ein. Dieser Konsens ist aber nur deshalb möglich, weil kulturelle, in Jahrhunderten entstandene Schemata (zum Beispiel Liebeszeichen in Form einer bestimmten Bewegung des Fächers) Auslegungen in einer bestimmten Richtung zulassen und dadurch das Dilemma „Liebe" oder „keine Liebe" eindeutig lösen. Damit ist allerdings die Frage noch immer nicht beantwortet, wie Menschen vor der Entdeckung der Liebe ihre Liebesgefühle geäussert haben.

Eindeutige symbolische Handlungen können häufig aber echte Gefühle dahinter verdecken. Von den immensen Schwierigkeiten, die demonstrierte, angebliche Liebe als Wirklichkeit und nicht bloss als Schein-Wirklichkeit (blosse Konstruktion von Wirklichkeit) zu interpretieren, sei hier schon gar nicht die Rede. Alain de Botton[23] wusste dies auf humorvolle Art zu illustrieren:

> Anders als die Geschichte der Liebe lässt die Geschichte der Philosophie eine beharrliche und schonungslose Auseinandersetzung mit der Diskrepanz zwischen Schein und Wirklichkeit erkennen. "Ich glaube, ich sehe draussen einen Baum", murmelt der Philosoph, "aber ist es nicht möglich, dass dies nur eine optische Täuschung hinter meiner eigener Netzhaut ist?" - Ich glaube, ich sehe meine Frau", murmelt der Philosoph hoffnungsvoller, "aber ist es nicht möglich, dass auch sie nur eine optische Täuschung ist?

---

[18] Verrückte Liebe.
[19] Liebe zum Schicksal, zum Notwendigen und Unausweichlichen (lat.).
[20] Opfernde Liebe.
[21] Verhängnisvolle, leidenschaftliche Liebe (fr.).
[22] Heidegger betrachtete das Subjekt als Ausgangspunkt der Erkenntnis, das Phänomene durch Intuition auch hinter Verdecktheiten erkennt.
[23] De Botton, Alain (2002) Versuch über die Liebe. Frankfurt am Main: Fischer.

Und wenn schon Liebende nicht gleichzeitig auch philosophieren können: Ihre Gefühle haben durchaus ein ontologisch bedingtes Existenz-
recht, wie Jean-Jacques Rousseau im „Emil oder Über die Erziehung"[24]
diagnostizierte:

> Alles ist nur Illusion in der Liebe, ich gebe es zu. Aber die Ge-
> fühle, mit denen sie uns für das wahrhaft Schöne begeistern und
> es uns lieben lehrt, sind wirklich. Dieses Schöne liegt nicht im
> geliebten Gegenstand, es ist das Werk unserer Irrtümer. Was liegt
> schon daran? Opfert man doch darum nicht weniger seine
> niedrigen Gefühle diesem Wunschbild.

Georg Simmel hatte ein ausgedehntes Konzept von der „All-Liebe" - es
umfasste die Liebe zu unbelebten Gegenständen wie Wurm, Stern, oder
Pflanze. Oder zu belebten wie Mutterliebe, Gottesliebe und Nächstenlie-
be, aber auch zu sich selbst (Selbstliebe); die Liste der Erscheinungsformen von Liebe kann an dieser Stelle beliebig fortgesetzt werden. Wir
klammern die oben genannten Begriffe aus und beschäftigen uns mit einer einzigen Form der Liebe: *die heterosexuelle Liebe zwischen zwei Erwachsenen (Mann und Frau)*. In den zahlreichen Liebeskonzepten kommen ge-
schlechtsbezogene Unterschiede besonders zum Vorschein. Die empirische Forschung liefert ausserdem zahlreiche Evidenzen, dass Frauen
stärker zwischen kurzfristiger Verliebtheit und langfristiger Liebe differenzieren und daher weit pragmatischere Ansprüche an die Liebe haben
als Männer. Letztere bewerten die erotische Komponente höher - jedoch
nicht zu Lasten ihrer Vorstellungen von romantischer Liebe.

Gleich am Anfang gilt es jedoch, die „Signifikanz" der Liebe theoretisch
zu erfassen, bevor wir uns wie angekündigt den Liebesbeziehungen
(und ihrer Entstehung im Cyberspace) im besonderen widmen. Dass
man sich mit pluralistischen Konnotationen von Liebe ausgiebig befasst,
ist kein Zufall. Das vorliegende Kapitel ist jedoch lediglich als skizzen-
hafter Umriss des gegenwärtigen Liebesdiskurses zu verstehen - bestenfalls als eine Sammlung von Fragmenten der Liebessemantik,[25] die keinen Anspruch auf Vollständigkeit erheben, falls ein solcher hier überhaupt angebracht wäre. Die prominente Stellung eines Liebesentwurfs in
einer Arbeit über Paarbeziehungen habe zumindest drei nennenswerte
Gründe, von den Ergebnissen Jürg Willis repräsentativen psychologischen Studie inspiriert[26]:

---

[24] Rousseau, Jean-Jacques (1965). Emil oder Über die Erziehung. Stuttgart: Philipp Reclam.
[25] „Das Wagnis Liebe und die entsprechende komplizierte, anforderungsreiche Alltagsorientierung ist
nur möglich, wenn man sich dabei auf kulturelle Überlieferungen, literarische Vorlagen,
überzeugungskräftige Sprachmuster und Situationsbilder, kurz: auf eine tradierte Semantik
stützen kann" (Luhmann 1982, 47).
[26] vgl. Willi (2002) und seine Umfrage „Was hält Paare zusammen?"

- der *essentielle Beweggrund* für eine Zweierbeziehung;
- der *bedeutendste Faktor*, der ein Paar zusammenhält und somit die Stabilität einer Beziehung sichert;
- das *zentrale Motiv* in einer Paarbeziehung.

Auf die Frage, was Paare zusammenhält, haben 204 Paare in seiner Befragung die Liebe als wichtigstes Motiv fürs Zusammenbleiben genannt. Gefolgt war Liebe von den Punkten „Identifikation mit der Partnerschaft"[27], „Austausch im gemeinsamen Gespräch" und „persönliche Entwicklung in der Partnerschaft". Männer und Frauen erzielten dabei identische Rangordnungen. Der erste Rang der Motivation „Liebe" ergab sich aus der Konkurrenz mit 19 anderen Motivationen, darunter „finanzielle Situation", „Angst vor dem Alleinleben" und „Alltag mit Kindern". Zärtlichkeit stand erst an zehnter, Erotik an zwölfter und gemeinsames sexuelles Leben an vierzehnter Stelle.

Auch andere Familiensoziologen streichen die Bedeutung der Liebe heraus - sie bleibe, wie Burkart (1997, 48) schreibt, „das Bindemittel des Paares und sichert so seine Beständigkeit". Und weiter: „Partnerschaftliche Beziehungen verlangen, anders als frühere Ehe-Beziehungen, eine Verbindlichkeit, die persönlicher angelegt ist als jene, die sich durch die institutionellen Regelungen der Ehe ergab". Mit der Einschränkung, dass auch die Liebe selbst - trotz Omnipräsenz des romantischen Liebescodes - nicht die einzig notwendige Bedingung für das Entstehen einer Paarbeziehung ist.

Der Begriff Liebe ist heute wahrscheinlich so zentral wie der Begriff *Melancholie* in der Epoche der Romantik.[28] Im Alltag scheinen alle genau zu wissen, was Liebe ist, das ist die umfassendste Laientheorie überhaupt.

---

[27] Darunter haben die Forscher in Willis' Studie den Zusammenhalt gemeint, der durch die gemeinsame Geschichte entsteht, sowie die Überzeugung, Zusammenleben lohne sich.

[28] Aus einer Mitteilung der dpa (gekürzt): Am ersten deutschen Liebesroman-Kongress heissen die Bücher „Fieber der Sehnsucht", oder „Wild wie deine Zärtlichkeit". Angemeldet in Bad Homburg waren, nebst Verlagen und Autoren, einige hundert Leserinnen. Außer den Heftchen gibt es unzählige Taschenbücher mit Liebesromanen. Das Strickmuster der Geschichten ist - ob Bergroman, Segeltour oder Arztroman - bei allen gleich: Kennenlernen, Verlieben, schöne Augen machen, das erste Date, Irrungen, Verstrickungen - Happy End. Längst haben die Heldinnen und Helden den gesellschaftlichen Wandel mitgemacht. Die Geschichten sind aus dem heutigen Leben gegriffen: Die Frauen sind im Gegensatz zu früher emanzipiert, dürfen geschieden oder allein erziehend sein. Die Männer sind längst keine Machos mehr, sondern verständnisvoll, sensibel und kinderlieb. «Heute haben die Frauen auch mal den Chefposten, früher waren sie allenfalls Sekretärinnen», beschreibt die Herausgeberin der Erotikromanreihe «Plaisirs d'Amour» und Organisatorin der «Booklover Conference», Angela Weiß, die Veränderung. «Die Geschichten funktionieren heute nicht mehr nach dem Motto: Multimillionär mit Ferrari errettet Aschenbrödel.» Der Cora Verlag verkauft pro Jahr 20 Millionen Heftchen. Legte man alle verkauften Exemplare der vergangenen 25 Jahre aufeinander, wäre der Stapel höher als der Mount Everest.

Als ein Gefühl höchst intensiver Zuneigung kann Liebe letztendlich von jedem Laien beschrieben werden. Einer strengen analytischen Betrachtung unterzogen, erweise sich Liebe allerdings heute, so Niklas Luhmann, nicht als *Ideal*, sondern als *Problem*: „Die Form des Code scheint sich vom Ideal über das Paradox zum Problem hin gewandelt zu haben, und das Problem wäre dann ganz einfach: einen Partner für eine Intimbeziehung finden und binden zu können" (Luhmann 1994, 197). Denn die Liebe sollte vor allem gelebt und nicht analysiert werden, so Luhmanns Versuch der Normalisierung allfälliger Romantisierungsnostalgiker. Der wichtigste Grund für die besagte analytische Unfassbarkeit des Begriffs Liebe ist vermutlich nicht seine Unversöhnlichkeit mit dem Alltag, sondern seine stetige Wandelbarkeit. Und nicht zuletzt die ehrfurchtsvolle Distanz davor, was Jürg Willi „Scheu vor der Entzauberung der Liebe durch die Wissenschaft" nannte (2002, 14):

> Die *schwierige wissenschaftliche Fassbarkeit* von Liebe mag ein Grund sein, dass bis in die achtziger Jahre Liebe kaum ein Forschungsgegenstand war und sich als Stichwort auch erst vereinzelt in psychologischen Wörterbüchern findet. Ein anderer Grund mag die *Scheu vor der Entzauberung der Liebe* durch wissenschaftliche Objektivierung sein. Sollte Liebe nicht jener Bereich bleiben, der vor der wissenschaftlichen Ausleuchtung zu bewahren ist? (Hervorhebung d.V.)

Einzelne Wissenschaften wollen Liebe verstehen als:[29] *Krankheit* (medizinisch), *Beziehungsform* (psychologisch), *Religion* (theologisch), *kulturelles Muster* (ethnologisch), *soziale Institution* (soziologisch). Aus einer individualistischen Perspektive heraus ist die Liebe eine Angelegenheit von Selbstverwirklichung und Selbstveränderung (statt Selbstaufopferung). Die Genderforschung behauptet gar, es gebe *männliche* und *weibliche* Liebe. Für Talcott Parsons ist Liebe ein *Affekt*, für Niklas Luhmann *symbolischer Code* oder gar „ein symbolisch generalisiertes Kommunikationsmedium mit der Aufgabe, kommunikative Behandlung von Individualität zu ermöglichen" (Luhmann 1994, 15). Als notorischer soziologischer Zweifler definiert er das höchste aller Gefühle nicht als das Selbstverständlichste aller Dinge, sondern lediglich als eine *Abweichung* und *Abnormität*, als *Anomalie* gar, und deshalb als etwas Seltenes eingestuft („Liebe ist nicht nur eine Anomalie, sondern ganz normale Unwahrscheinlichkeit"). Anomalie, Abweichung vom Normalen, Abnormität? Schwierig zu vereinbaren mit der Vorstellung der Liebe als *Totalität* (als *Vollkommenheit* und *Absolutum* begriffen). Inwiefern der *Zufall* bei diesem unwahrscheinlichen und antilogischen Ereignis im Übrigen für die Entstehung von Liebe verantwortlich ist, glaubt auch Alberoni (2000, 16) zu wissen: „Es kann sich deshalb um ein Verhalten handeln, das nur zufäl-

---

[29] Hier nur einige sorgfältig ausgewählte Beispiele - um die kopfzerbrechende Weite zu spüren.

lig an den Tag gelegt wurde, in welchem das Subjekt sehr viel mehr zu erkennen glaubt, als effektiv vorhanden ist". Der Zufall der Zusammenkunft und seine schicksalhafte Bedeutung - im virtuellen Raum sind ähnliche Phänomene zur Genüge beobachtbar. Partnersuchende im Internet haben häufig Mühe zu erklären, weshalb sie in ihrer Liebessuche bestimmte Personen überhaupt wahrnehmen und andere „ausblenden". Oft glauben sie nicht an einen Erfolg - umso überraschter zeigen sie sich, wenn dieser doch eintritt. Mehrheitlich handelt es sich um eine unbewusste - keine wohl überlegte - Entscheidung (man beachte im nachfolgenden Zitat den ausgiebigen Gebrauch der Worte *gerade*, *gleich* und *genau*):

> Ich habe, glaube ich, zuerst das Profil [auf PartnerWinner] erstellt und dann *gerade* ,Delphin'[30] - im *gleichen* Moment, in der *gleichen* Stunde ist es dann passiert. Ich habe mein Profil erstellt, gesucht und *gerade* sie gefunden, in der *gleichen* Zeit. [...] Warum war ich *gerade* im Moment, wo sie sich auch eingeloggt hat, präsent, warum war ich *gerade* dann darauf, warum habe ich *genau* sie angeklickt? Das sind die schönen Geheimnisse, die es gibt - der Zufall oder was es auch immer ist. (Aus dem Interview mit Tomasito39)

3.2.2. Versuch einer Definition

Beginnen wir prosaisch mit einer Definition der Liebe aus dem Brockhaus-Lexikon. Als Liebe wird dort die Fähigkeit bezeichnet, „eine intensive gefühlsmässige Beziehung zu einem Menschen zu entwickeln, eine Form affektiver Zuneigung zu den anderen, die in unterschiedlichen Epochen unterschiedlich erlebt, aufgefasst und durch Verhaltensmassregeln bestimmt wird". Liebe ist, Herrmann (2001, 204) folgend, ein instinktives *Naturereignis*, nicht planbar und herbeiführbar, eine banalitätsarme *Idealkonstellation* und *Harmoniemodell*, eine besondere *Sinn-Instanz* und *Nachreligion*, dem immer instabiler werdenden Menschen Stabilität verleihende, eine *Verschmelzung* zweier Liebenden (der Andere wird in der Liebe sein eigen - seine Fremdheit lässt sich vollkommen überwinden), ein Ereignis, das mit seiner Faszination totale Betroffenheit auslöst...

Zu allem Übel leben diese teils universelle, teils kulturell geprägten Semantiken der Liebe nicht friedlich miteinander. Nicht nur innerhalb des Liebesdiskurses - was weniger problematisch ist -, sondern innerhalb mancher Beziehung kollidieren verschiedene Vorstellungen, was echte Liebe sein soll. Eine andere Frage ist, wie in der alltäglichen Wirklichkeit der Beziehung semantische Liebeskodierungen von den Liebenden ver-

---

[30]Nickname der virtuellen Partnerin.

innerlicht und auch tatsächlich gelebt werden. Sie werden nicht wahr-heitsgetreu aus dem Diskurs übertragen, sondern in rekonstruierter, eher trivialisierter Form: „Liebe als kulturelles Ideal nimmt nicht Notiz von den zahlreichen Banalitäten, mit denen der Beziehungsalltag eines Paa-res durchsetzt ist, und auch nicht von Routininisierungsprozessen, die ganz wesentlich zur Entlastung und dadurch zum Funktionieren einer Zweierbeziehung beitragen" (Lenz 2003, 284).

Von der Metaphorik der „Verschmelzung" zur Liebe als „System der Interpenetration"

Nehmen wir beispielsweise „Verschmelzung" als eine mögliche Erschei-nungsform der Liebe. Die Sehnsucht nach dem Einssein mit dem ande-ren Menschen resultiert ursprünglich aus einem Verlust: Nach mytholo-gischer Vorstellung eines Menschen war dieser wie eine Kugel, mit vier Beinen, vier Armen und zwei Gesichtern. Ein solches Wesen drohte aber, Konkurrenz der Götter zu werden. Daher teilte Zeus die Vollkommen-heit in zwei Hälften - eine weibliche und eine männliche. Seitdem ist die Geschichte der Menschheit von der Suche nach der zweiten Hälfte be-stimmt (daher der Ausdruck „Gegenpart"). Ist diese gefunden, kommt es zu der ursprünglichen Einheit, zur Wiederverschmelzung. Luhmann wandte sich gegen die noch so verankerte „Metaphorik der Verschmel-zung" und versuchte sie restlos aufzulösen, weil für ihn die Bezeichnung „Penetration" aus den zwei aufeinander bezogenen Systemen keine un-lösbare Einheit zu bilden vorhat.[31] Das „System der Penetration" - ob-wohl uns die Bezeichnung zu derb und überdies reichlich unromantisch erscheint - ersetzt für Luhmann die Idee einer „Reziprozität der Per-spektiven", oder mit anderen Worten, die Vorstellung einer Dyade, wel-che mehr ist als die Summe zweier Menschen, die zueinander in dialek-tischer Verbindung stehen, etwa so wie im Kierkegaards „Tagebuch des Verführers" beschrieben:

> Was tue ich? Betöre ich sie? Keineswegs; damit wäre mir nicht gedient. Stehle ich ihr Herz? Keineswegs, ich sehe es auch lieber, dass das Mädchen, das ich lieben soll, ihr Herz behält. Was tue ich dann? Ich bilde mir ein Herz nach ihrem Herzen. Ein Künstler malt seine Geliebte, das ist jetzt seine Freude, ein Bildhauer formt sie. Das tue ich auch, aber im geistigen Sinn. Sie weiss nicht, dass ich dieses Bild besitze, und darin liegt eigentlich mein Betrug. Geheimnisvoll habe ich es mir beschafft, und in diesem Sinn habe ich ihr Herz gestohlen, so wie es von Rebekka heisst, dass sie La-bans Herz gestohlen habe, als sie ihm auf hinterlistige Weise seine Hausgötter entwendete.[32]

---

[31]„Man kann in Liebe nur so handeln, dass man genau mit genau diesem Erleben des anderen weiterleben kann. Handlungen müssen in die Erlebniswelt eines anderen eingefügt und aus ihr heraus reproduziert werden." (Luhmann 1994, 219)

[32] Kierkegaard, S. (1983) Tagebuch des Verführers. Frankfurt am Main: Insel.

Drei ausgewählte Semantiken der Liebe werden hier näher betrachtet: (1) Affekt oder Gefühl; (2) symbolischer Code und (3) Selbstverwirklichung.

(1) Affekt oder Gefühl

„Im allgemeinen wird die Liebe, auch als blosses Binnen-Ereignis in der einzelnen Seele, als *Wechselwirkung* empfunden; der Andere, sie erwidernd oder nicht, ja, um sie wissend oder nicht, ist ein aktiver Faktor in ihr und unter seiner, wenn auch sozusagen nur ideellen Mitwirkung entsteht im Liebenden sein *Gefühl"*[33]. Für Parsons bleibt Liebe ontologisch ein *Affekt* und ist als solcher ein Teilsystem der *Affektivität* (zusammen mit anderen Emotionen wie Freude); die Affekte[34] sind in seiner Auffassung jedoch mehr als extreme Emotionen im psychologischen Sinne, sondern *generalisiertes symbolisches Medium*:

> Indem wir Affekt als generalisiertes symbolisches Medium betrachten, befreien wir es von der ausschliesslichen Bezogenheit auf die Persönlichkeit und machen es zum Vermittler einer Kommunikation zwischen Personen wie auch zwischen Kultur und Organismus. In diesem Sinne erschient sein *sozialer* Brennpunkt sinnvoll. (Parsons & Platt 1990, 116)

Affekte werden demnach als hochdifferenziert ausgebildete Form von Sinn gesehen, die keine kulturelle Überform benötigen - „keine blossen Ereignisse, sondern Bedeutungen, die eine symbolische Ordnung erfahren: auf kultureller Ebene in expressiven Symbolssystemen, auf personaler Ebene in Motivationssystemen, auf sozialer Ebene in Solidaritätsstrukturen" (Parsons & Platt 1990, 116 ff.). Hier muss allerdings bemerkt werden, dass Parsons hier Affekte und Emotionen (oder Affekte und Gefühle) mehr oder weniger synonymisch verwendet. Rahde (1999, 14) macht den Vorschlag, die Liebe als eine emotionale Erfahrung zu deuten, die aus nicht genetisch vorprogrammierten Prozessen entsteht und soziokulturell geformt wird: „Liebe ist nur ein Paradebeispiel des Fühlens als eine Grundform der Aneignung und Konstruktion von Welt". Bezeichnenderweise hat nicht nur die Soziologie, sondern auch die Psychologie erhebliche Mühe bekundet, Emotionen zu ihrem Gegenstand zu erklären. Lenz (2003, 251) begründet es mit dem Image der Emotionen, die mit Unbeständigkeit, Unberechenbarkeit und Widersprüchlichkeit assoziiert werden. Dass Emotionen, Affekte und Gefühle Bestandteile soziologischer Erklärungen sind und sein dürfen, bedarf keiner Rechtfertigung. Dies ist heute umso wichtiger, als gilt: „In Zweierbeziehungen der Gegenwart entstehen emotionale Bindungen in einer Stärke, die alle

---

[33] Simmel, G. Frankfurter Zeitung und Handelsblatt, 21. Juli 1912, 1-3, 56. Jg., Nr. 200, Frankfurt am Main.

[34] Affekt (lat.) Heftige Erregung, Zustand einer ausserordentlichen seelischen Angespanntheit; im Plural Leidenschaften bedeutend.

anderen Bindungen, auch die zu den eigenen Eltern und Geschwistern, übersteigen" (Lenz 2003, 248). Schon Max Weber sah mit der Forderung, den subjektiven Sinn der handelnden Akteure zu verstehen, die Notwendigkeit, auch die so genannten „irrationale Handlungen" wie Vorlieben, Abhängigkeiten oder Überzeugungen (nach Pareto *nicht-logische Handlungen*) zu berücksichtigen.[35] Dazu gesellt sich noch die Schwierigkeit, dass die Grenze zwischen (zweck-)rationalen und irrationalen oder affektuellen Handlungen - wie das mit dem Bedürfnis nach Paarbildung der Fall ist - nicht immer einfach zu ziehen ist.

(2) Symbolischer Code

Die Bezeichnung Luhmanns „symbolischer Code" wurde nicht zufällig ausgelesen. Warum ist die Bezeichnung „symbolischer Code" für die soziologische Theorie tatsächlich so spannend? Weil damit Luhmann den unbestrittenen ontologischen Status der Liebe als Gefühl entsagt. Danach bleibt aus ihr höchstens das Zeichen, das Symbol - ein symbolischer Code. „Liebe wird hier nicht als Gefühl behandelt, sondern als symbolischer Code, der darüber informiert, wie man in Fällen, wo dies eher unwahrscheinlich ist, dennoch erfolgreich kommunizieren kann. Der Code ermutigt, entsprechende Gefühle zu bilden" (Luhmann 1994). Die kulturelle Codierung würde unsere eigentlichen Vorstellungen von Liebe formen und vor allem die dazu passenden Sprache, Symbole und Verhaltensmuster herausfinden, die alle zum Ziel haben, Liebe zu zeigen und diese jemandem bestimmten zu kommunizieren. Diese zentrale Auffassung Luhmanns erscheint nur auf den ersten Blick paradox. Liebe will gelernt sein, sonst würde sie gar nicht erst entstehen, und diese reichlich nichtmaterialistische Auffassung treibt als erster La Rochefoucauld auf die Spitze: „Es gibt Menschen, die sich nie verlieben würden, wenn sie nicht Gespräche über die Liebe gehört hätten".

(3) Selbstverwirklichung

Entwicklungspsychologisch könne Liebe auch mit Selbstverwirklichung gleich gesetzt werden (Willi 2002). Abgesehen vom spontanen Vorwurf des radikalen Individualismus tut er dies nicht zu Unrecht - denn in seiner Betrachtung wird Liebe nicht als höchstes Glück begriffen („Paradies auf Erden"), sondern als *Erfüllung* und Selbstverwirklichung: „Persönliche Reifung und Entwicklung wird im Erwachsenenleben durch keine andere Beziehung so herausgefordert wie durch eine Liebesbeziehung" (Willi 2002, 9). Die Verwirklichung des persönlichen Potentials innerhalb einer engen Beziehung gehört aus soziologischer Perspektive ohnehin zu den Hauptpostulaten der individualistischen Auffassung der Postmoderne. Willi (2002, 15) verweist auf die *vermittelnde Liebe* des Religi-

---

[35] Emotionen werden seit langer Zeit als Antonym von Verstand betrachtet.

onsphilosophen J. Needleman - auf der Suche nach seinem Weg braucht man jemanden, um wieder *vollständig* zu werden. Aus der Funktion der Selbstverwirklichung entsteht eine weitere - nämlich die *identitätsstiftende* Funktion der Liebe. Daher ergibt sich die Konnotation, dass mit Liebe nicht die Erfüllung aller Wünsche und somit die höchste Form des Glücks verstanden wird, sondern die *persönliche Verinnerlichung* der Beziehung.

Um den Anfang unseres Kapitels erneut aufzuschlagen: die Liebe bleibt letztendlich - trotz aller analytischer Übungen - in ihrem nicht mehr weiter zerlegbaren Kern *selbstreferentiell* (Luhmann), d.h. *Lieben um der Liebe willen.* „Die Liebe gibt sich ihre Gesetze selbst und zwar nicht abstrakt, sondern im konkreten Fall und nur für ihn. [...] Radikaler als je zuvor wird man konzedieren müssen, dass Liebe alle Eigenschaften auflöst, die für sie Grund und Motiv sein können" (Luhmann 1994, 223). Als eine kaum überwindbare Aufgabe erwies sich ohne Zweifel „das Hintergründige, Verborgene und Unaussprechbare der Liebe" zu enthüllen (Willi 2002). Es bleibt zu hoffen, dass wir nicht wieder zu der pessimistischen Schlussfolgerung gelangen, wonach aus der wissenschaftlichen Betrachtung der Liebe lediglich deren Banalisierung resultiert.

3.2.3. Exkurs: Das Liebeskonzept der PartnerWinner-User

> Im Wesentlichen gibt es zwischen Partnern vier Arten von Chemie: die körperliche, die emotionale, die geistige und die seelische Chemie. Die körperliche Chemie weckt Begehren. Die emotionale Chemie erzeugt Zuneigung. Die geistige Chemie weckt Interesse. Und die seelische Chemie erzeugt Liebe. Ein Seelengefährte besitzt alle vier. (Zitat von John Gray im Inserat von *Adorabile*, Frau 41)

„Auch wenn wir nicht genau festlegen können, was Liebe ist, so können wir die Auswirkungen dessen, was Menschen als Liebe bezeichnen, beschreiben" (Willi 2002, 13). Eine ähnliche Motivation hat uns zu folgender Frage an die Untersuchungsteilnehmer bewogen: „Wenn Sie Liebe mit drei Worten beschreiben müssen, welche wären diese?" Es ging darum, spontane Assoziationen zum Wort „Liebe" einzufangen, welche frei und ohne jegliche Einschränkung seitens der Forscher von den Befragten selbst formuliert sind. Eine Liebeslandschaft zu zeichnen, so wie es schon 1777 die Angestellten der Druckerei Johann Gottlieb Immanuel Breitkopf versucht hatten, stellte eine reizvolle Aufgabe an sich dar (siehe Abbildung 3).

"Definieren Sie Liebe in drei Worten... Andere schreiben ganze Bücher zum Thema", empörte sich ein Befragter in seinem Kommentar. Richtig, nur war es nicht unser Forschungsziel, dass die PartnerWinner-User für uns ein Buch über die Liebe schreiben - denn hier handelt es sich um eine soziologische Untersuchung, die nach einem bestimmten methodologischen Kanon (in diesem Fall nach dem quantitativen) gestaltet ist. Wir sind uns sehr wohl bewusst, dass diese Methode einige Nachteile besitzt, dafür ermöglicht sie aber im Gegensatz zu den schönsten Büchern über die Liebe, die je geschrieben worden sind, die Aufstellung "repräsentativer" Häufigkeiten der assoziativen Liebesschilderungen. Es kamen 3331 von den Befragten niedergeschriebenen Vorschläge zusammen - 2056 von männlicher Seite, 1271 von weiblicher. Damit könnte man sicherlich viele Seiten in einem Buch über die Liebe füllen (hier nur ein kleiner Ausschnitt):

LIEBE IST: Vertrauen, Treue, Geborgenheit, Ehrlichkeit, Zärtlichkeit, Sex, Respekt, Zuneigung, Glück, Verständnis, Wärme, Toleranz, Leidenschaft, Nähe, Harmonie, Gemeinsamkeit, Erotik, Offenheit, Spass, Freundschaft, Partnerschaft, Gefühle, Romantik, Freiheit, Freude, Zweisamkeit, Achtung, LIEBE, schön, Humor, Verbundenheit, Hingabe, Vertrautheit, Zufriedenheit, Sicherheit, Zusammengehörigkeit, Wohlbefinden, Gemeinsam, Kommunikation, Anziehung, Zusammenhalt, Akzeptanz, Loyalität, Sehnsucht, Leben, Wertschätzung, Zuverlässigkeit, Intimität, Lust, Zusammensein, Geben und Nehmen, Zukunft, Schmetterlinge, Sinnlichkeit, Austausch, Herz, Miteinander, Erfüllung, Verantwortung, Begehren, Ewigkeit, Teilen, Seelenverwandtschaft, Faszination, Herzklopfen, Lachen, Unterstützung, Wohlfühlen, Kribbeln, Spontaneität, aufregend, bedingungslos, Beziehung, Emotionen, Ergänzung, Verlangen, Familie, Spannung, Bewunderung, Gemeinschaft, Geniessen, Hoffnung, Intensität, Tiefe, Verbindlichkeit, Herausforderung, ich, Kuscheln, Rückhalt, Rücksicht, Schmerz, Team, Verschmelzung, Wohlwollen, Zugehörigkeit, Zuwendung, Inspiration, Intelligenz, Kraft, Passion, Seele, Stärke, unbeschreiblich, Wachstum, Chemie, Dasein, Energie, unendlich, Zusammengehen...

Abbildung 3. „Beschreibung des Reichs der Liebe mit beygefügter Land-
karte". Druckerei Johann Gottlieb Immanuel Breitkopf,
Leipzig 1977

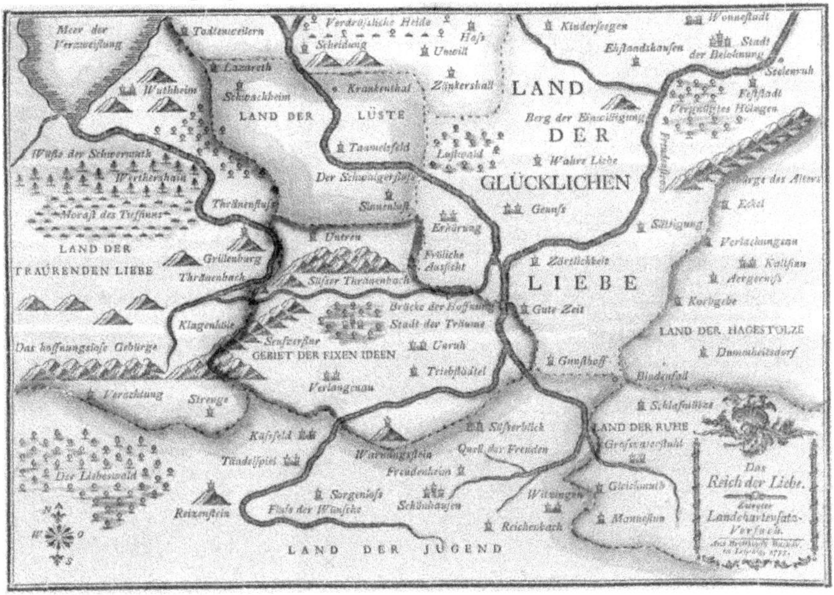

Das Spektrum der gewählten Begriffe ist auffallend breit, der Schwer-
punkt der Verteilung liegt allerdings auf nur wenigen Semantiken (siehe
Abbildung 4). Überraschenderweise hat fast die Hälfte der Partnersuchenden an erster Stelle *Vertrauen* gesetzt (1516 Nennungen). *Vertrauen*
ist demnach die mächtigste Interpretation von Liebe. An zweiter Stelle,
allerdings mit deutlichem Abstand, folgte *Treue* (607 Antworten, bzw.
18%) und an dritter *Geborgenheit* (475 Antworten, bzw. 14%). *Ehrlichkeit,
Zärtlichkeit, Sex, Respekt, Glück, Zuneigung* und *Verständnis* wurden ebenfalls des öfteren genannt. Erst auf Position 12 folgte *Leidenschaft* – vor
Wärme und *Toleranz*. „Partnerschaft" vereinigte nur noch 2.2% der Er-
wähnungen auf sich, noch weniger „Romantik" (2%). 47 Personen umschrieben „Liebe" mit „Liebe". Mit „Freiheit" wurde die Liebe von 58 Befragten gedeutet, mit „Freude" von 56 und mit „Zweisamkeit" von 53.
Die Liebe bedeutet ferner „Verbundenheit" (43), „Hingabe" (41) und
„Vertrautheit" (39), aber auch „Humor" (43), Kommunikation (27) oder
„Schmetterlinge" (17).

Abbildung 4. Häufigkeitsverteilung der zur Beschreibung von Liebe gewählten Worte

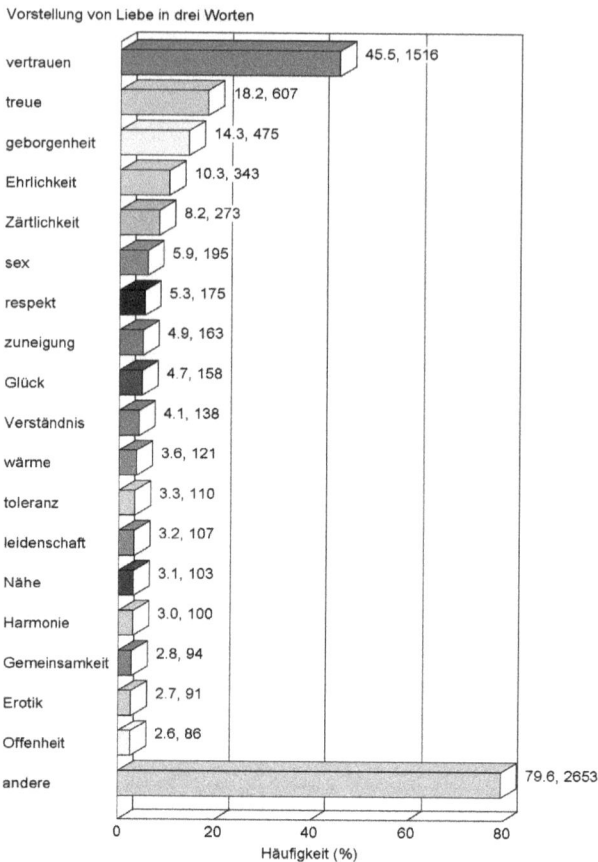

Vorstellung von Liebe in drei Worten

Wort	Häufigkeit (%), Anzahl
vertrauen	45.5, 1516
treue	18.2, 607
geborgenheit	14.3, 475
Ehrlichkeit	10.3, 343
Zärtlichkeit	8.2, 273
sex	5.9, 195
respekt	5.3, 175
zuneigung	4.9, 163
Glück	4.7, 158
Verständnis	4.1, 138
wärme	3.6, 121
toleranz	3.3, 110
leidenschaft	3.2, 107
Nähe	3.1, 103
Harmonie	3.0, 100
Gemeinsamkeit	2.8, 94
Erotik	2.7, 91
Offenheit	2.6, 86
andere	79.6, 2653

Häufigkeit (%) — 0, 20, 40, 60, 80

* Note: Multiple answer percentage-count totals not meaningful.

Liebe wurde auch mit dem Adjektiv „schön" (44) umschrieben. So lautet die endgültige Drei-Worte-Definition von Liebe: *Vertrauen, Treue, Geborgenheit.*

Dreieckstheorie der Liebe von Sternberg

Sternberg (1986) hat eine der bekanntesten Liebestheorien in der Sozialpsychologie verfasst – das Dreiecks-Modell der Liebe. Demnach ist Liebe ein mehrdimensionales Konstrukt und setze sich aus drei Komponenten zusammen: *passion (Leidenschaft, Erotik), intimacy (Nähe, Vertrautheit)* und *commitment (Bindung, Engagement)*, welche sich gegenseitig beeinflussen. Die *passion* steht für die *motivationale*, *intimacy* für die *emotio-*

nale und *commitment* für die *kognitive* Komponente der Liebe - als Analogie zur philosophischen Unterscheidung von Körper, Seele und Geist. So sieht Sternberg die Liebe dann erfüllt, wenn Leidenschaft, Intimität und Bindung gleichermassen intensiv sind (siehe Tabelle 2). Eine zum Beispiel nur auf Nähe und Vertrautheit basierende Beziehung nennt er „Sympathie", eine mit hoher Ausprägung an Leidenschaft und Intimität – „romantische Liebe". Aus den drei Komponenten lässt sich, so Sternberg, ein Dreieck formen, wobei ein grösseres Dreieck stärkere Liebe zum Ausdruck bringt als ein kleineres. Leidenschaft wird mit physischer Attraktivität, sexueller Anziehung (Erotik) und physiologischer Erregung verknüpft. Unter *intimacy* versteht Sternberg Kommunikation und Selbstöffnung, aber auch Nähe im Sinne von zeitlicher Dauer des Beisammenseins, gemeinsamer Aktivitäten und gegenseitiger Beeinflussung.[36] *Intimacy* soll eine umfassende Zuwendung zu einer anderen Person ermöglichen, sie ist aber keine exklusive Charakteristik romantischer Beziehungen. Der Begriff „*commitment*" kollidiert mit a*ttachment*, was irrtümlicherweise mit der Bindungstheorie in Zusammenhang gebracht wird. Mit *commitment* sei hier die Entscheidung für einen bestimmten Partner oder Partnerin gemeint, die aus längerfristiger Perspektive in eine kognitive, emotions- und verhaltensbezogene Bindung übergeht.

Tabelle 2. Liebestypen je nach Ausprägung der drei Komponenten nach Sternberg (1986)

LIEBESTYPEN	PASSION (LEIDENSCHAFT, EROTIK)	INTIMACY (VERTRAUTHEIT, NÄHE)	COMMITMENT (ENGAGEMENT, BINDUNG)
keine Liebe	-	-	-
Sympathie	-	+	-
Vernarrtheit	+	-	-
leere Liebe	-	-	+
romantische Liebe	+	+	_
kameradschaftliche Liebe	-	++	+
verblendete Liebe	+	-	+
vollendete Liebe	+	+	+

---

[36] Vgl. auch eine Definition von Luhmann (1994, 176): "Intimität ist der Begriff zweier Liebender, die darin besteht, dass das Glück für beide in genau den gleichen Handlungen liegt".

Damit ist eine Übereinstimmung der Rollen und Wertvorstellungen beider Partner verbunden (siehe Bierhoff & Grau 1999). Mit dem häufigst genannten Stichwort „Vertrauen" (vgl. erneut Abbildung 3) zeichnet sich ein Liebesentwurf der Online-Dater ab, welcher den Liebesbildern von Kunst und Literatur nicht entspricht (Eros, mit seinen Pfeilen das Herz treffend, die blinde Leidenschaft symbolisierend). Vertrauen entspricht eher der zweiten Komponente in Sternbergs Theorie, der intimacy (zu Deutsch: „Nähe, Vertrautheit"). Die drittplatzierte *Geborgenheit* ist wohl ebenfalls mit der zweiten Komponente verwandt (Vertrautheit). Und „Treue" steht der dritten Komponente „Commitment" (Engagement, Bindung) am nächsten.

Nach freier Schilderung des Liebeskonzepts wurden die Umfrageteilnehmer im letzten Teil des Fragebogens zusätzlich gebeten, die drei Komponenten von Sternbergs Modell nach ihrer Wichtigkeit zu ordnen. Die Ergebnisse sind Abbildung 5 zu entnehmen. Deutlich und mit grossem Abstand wurde die zweite Komponente *intimacy* (Vertrautheit und Nähe) favorisiert (M=2.4), gefolgt von der ersten Modellkomponente *passion* (übersetzt als „Erotik und Leidenschaft") mit M=2.0, am Schluss folgt die dritte Komponente *commitment* (Engagement, Bindung) mit M=1.2. Es handelt sich hier also um eine Form der Liebe, in welcher die Komponente Vertrautheit, Nähe (wie erwähnt, mit Seele assoziiert) am stärksten ausgeprägt ist. Somit zeichnet sich ein von den Befragten entworfene Modell ab, das von der zweiten Sterberg'schen Komponente dominiert wird: *intimacy*.

Abbildung 5. Sternbergs dreidimensionales Modell der Liebe - Rangordnung der Komponenten, Geschlechtsunterschiede und t-Tests für unabhängige Stichproben

Descriptive Statistics

	N	Mean	Std. Deviation
Nähe, Vertrautheit	3065	1.23	.495
Leidenschaft, Erotik	3035	1.97	.652
Engagement, Bindung	3030	2.42	.722
Valid N (listwise)	2999		

Group Statistics

	U:Geschlecht	N	Mean	Std. Deviation	Std. Error Mean
Leidenschaft, Erotik	männlich	1871	1.90	.663	.015
	weiblich	1161	2.08	.619	.018
Nähe, Vertrautheit	männlich	1874	1.28	.526	.012
	weiblich	1188	1.15	.430	.012
Engagement, Bindung	männlich	1852	2.46	.713	.017
	weiblich	1176	2.37	.731	.021

Independent Samples Test

		Levene's Test for Equality of Variances		t-test for Equality of Means					95% Confidence Interval of the Difference	
		F	Sig.	t	df	Sig. (2-tailed)	Mean Difference	Std. Error Difference	Lower	Upper
Leidenschaft, Erotik	Equal variance assumed	15.311	.000	-7.429	3030	.000	-.18	.024	-.227	-.132
	Equal variance not assumed			-7.551	2587.496	.000	-.18	.024	-.226	-.133
Nähe, Vertrautheit	Equal variance assumed	172.774	.000	6.985	3060	.000	.13	.018	.091	.163
	Equal variance not assumed			7.301	2868.406	.000	.13	.017	.093	.161
Engagement, Bindung	Equal variance assumed	2.188	.139	3.484	3026	.001	.09	.027	.041	.146
	Equal variance not assumed			3.466	2457.036	.001	.09	.027	.041	.146

3.2.4. *Virtuelle Liebe,* durch das tausend Jahre alte Beispiel von Nala und Damayanti illustriert

Irgendwie entsteht ein Gefühl, denke ich, und dieses Gefühl entsteht nicht nur durch den visuellen Kontakt, das kann auch durch Schreiben entstehen... Es gibt ja mehrere schöne literarische Beispiele in der Geschichte. *(Mephisto48)*

Zahlreiche Fälle virtueller Liebe sind aus dem Cyberspace bekannt, die sich empirisch leicht registrieren und untersuchen lassen[37]. Es wäre jedoch vermessen, zu behaupten, ein Medium wie Internet hätte das Phänomen der augenlosen Liebe erfunden! Gerlander & Takala (1997, 77) konstatieren es ähnlich: „Though developing relationships at a distance is not a novel phenomenon, computerization has vastly increased the field of available relationships far beyond the limits set by physical proximity".

Früher erfüllten berühmte Liebesbrief-Geschichten teilweise die Rolle einer virtuellen Liebe. Wir erinnerten uns im Vorfeld dieser Studie aber immer wieder an Nala und Damayanti aus dem alten indischen Epos 'Mahabharata'. Das Sujet dieses Epos sei nachfolgend kurz umrissen, in der Absicht, einen mythologisch-narrativen Rahmen zu unserer eigens erforschten Cyberliebe-Szenarien bereitzustellen. Und dies soll weniger als blosse Analogie für virtuelle Liebe dienen, sondern eher als Bezugspunkt. Zu Beginn wäre eine Begriffsklärung angebracht: Was versteht man unter ‚virtuell'? Wir schicken hier voraus, dass in dieser Abhandlung mit ‚virtuell' etwas *dem Auge und den Sinnen echt Erscheinendes* verstanden wird - *etwas* also, *das* in der Wirklichkeit *nicht* vorhanden ist. Die Betonung liegt allerdings nicht auf dem zweiten Teil dieser Definition - nämlich, dass das Virtuelle Irreales ist -, sondern auf dem ersten: Etwas erscheint dem Subjekt, als wäre es real. Diese Spannung bedarf einer entsprechenden Würdigung. Tatsächlich ist mit virtueller Liebe gemeint,

---

[37]**Ehepaar flirtete im Internet: Scheidung.** Eine Internet-Romanze zweier Eheleute hat in Jordanien mit einer Scheidung im realen Leben geendet. Das durch einen Ortswechsel mehrere Monate voneinander getrennte Ehepaar Bakr und Sanaa Melhem nutzte die Zeit, um im Internet nach neuen Partnern Ausschau zu halten. Wie es der Zufall wollte, bandelten die beiden Eheleute in einem Internet-Chatroom ausgerechnet miteinander an. Dies berichtete die staatliche Nachrichtenagentur Petra am Sonntag. Bakr, der sich im Datennetz Adnan nannte, verliebte sich rasend in Sanaa, die unter dem Pseudonym Dschamila auftrat und sich als kultivierte unverheiratete Frau und strenggläubige Moslemin ausgab. Das Paar unterhielt sich 3 Monate lang im Cyberspace und fasste rasch Hochzeitspläne. Schliesslich vereinbarten die beiden ein Rendezvous, um ihre Verlobung festzumachen. Als Bakr bei dem Treffen zu seinem Entsetzen seine Internet-Liebe als seine Ehefrau erkannte, rief er in voller Lautstärke: „Ich verstosse dich, ich verstosse dich, ich verstosse dich" - im Islam ist das die traditionelle Formel, um eine Ehe zu scheiden. „Du bist ein Lügner", antwortete Sanaa noch, bevor sie in Ohnmacht fiel, wie die Nachrichtenagentur meldete (www.kleinreport.ch, 7. Februar 2005).

dass beide Partner sich im Cyberspace erstmals begegnen, sie lernen einander ohne ihre Körper kennen, sie sind füreinander unsichtbar; es entstehen spontan Liebesgefühle, sie tauschen Liebeserklärungen aus, ohne sich vorher in der herkömmlichen Wirklichkeit gesehen zu haben.

Eine zauberhaft schöne Prinzessin namens Damayanti durfte ihren Gatten selber auslesen. Damayanti erwarb sich ihr Bild von Nala ausschliesslich durch mündliche Schilderungen anderer, ebenso Nala erwarb sich sein Bild von Damayanti ausschliesslich durch mündliche Schilderungen anderer. Sie verliebten sich unsterblich ineinander - ohne sich je gesehen zu haben. Im Vorwort der monographischen Erzählung zu "Nala und Damayanti" bemerkt die Autorin Adelaide Rudolph (Rudolph 1902, VIII)[38] , dass erstaunlicherweise beide Charaktere gar als *Einheit* im Gedächtnis der nachfolgenden Roma-Generationen haften:

> The story of Nala and Damayanti is one that has been popular in India for many hundreds of years. In Europe and America, however, it has not been known for much over a hundred years, except by the gypsies; and it has become so confused in their minds, since it was told them before they started for Europe in the fourteenth and fifteenth centuries, that they believe Nala and Damayanti together form one name and *belong to one person instead of two*. (Hervorhebung d.V.)

Die Geschichte erzählt, dass Nala und Damayanti allein durch mündliche Erzählungen anderer Menschen voneinander Kenntnis genommen haben. Demnach hörte Damayanti von Nala, dass man ihn den Tiger-Mann genannt habe und dass es bisher *kein Vergleichbarer* in Sachen Schönheit unter den Menschen auf der Erde gab, gerade so, als würde er den Liebesgott persönlich verkörpern. Tatsächlich hätten auch Damayantis Dienerinnen seine Tugenden ununterbrochen gepriesen. Auch Nala hörte in seinem Königreich nichts Anderes denn von Damayantis Schönheit und Grazie. Es überrascht deshalb kaum, dass beide kurz darauf von einer unstillbaren Sehnsucht füreinander erfüllt waren. Ob es sich hier bereits um ein uraltes Beispiel virtueller Liebe handelt? Die besagte extreme Schönheit der beiden ist eine rein imaginäre, aus den Übermittlungen anderer, medial produzierte: Weder Nala noch Damayanti wussten aus eigener Erfahrung, wie schön der andere denn nun tatsächlich war. Später begegnen wir dem Übermittlungsmedium in Gestalt eines goldenen Schwans. Seine Mission ist schwer - er ist berufen, mehr zu tun, als bloss postillon d'amour zu spielen. Er agiert so, als wäre er in der Lage und erst noch dazu ermächtigt, Damayantis Liebesgefühle zu entflammen:

---

[38] Alle hier wiedergegebenen Zitate stammen aus Rudolph (1902)

While Nala was wandering about one day, he came across beautiful golden plumage. As he caught hold of one, and thought,
"What a fine dish of meat for my table today!" the swan, assuming a human voice, said: "You must not kill me, O King, for I will
do you a favour. I will speak of you to Damayanti, so that she will
never at any time love anybody but you.

Allein die Liebesdienste des Schwans, initiiert durch Nalas Todesdro-
hung, sind der Antrieb für die aufkeimende und letztendlich unsterbli-
che Liebe von Damayanti. Damayanti war machtlos, sich gegen diese
Liebe zu wehren, welche eine verheissungsvolle, fatalistische Kraft besass („she will never at any time love anybody but you"). Die schicksalhafte Schlüsselbedeutung des Schwans als vermittelnde Instanz ist nicht
nur deshalb gegeben, weil er als eine Art Bote zwischen zwei Menschen
vermittelt, die in ihrer Schönheit vergleichbar sind und daher den gleichen Status als potentielle Partner haben (*Gleichheitsthese*) - er ist schön
wie die „Götter des Morgenlichts und niemand unter den sonstigen Le-
bewesen ist ihm ebenbürtig", sie ist das „Juwel unter den Frauen". Ein
solches Band verheisst, das Auserlesenste auf der Welt zu sein. Es geht
hier auch nicht bloss um das Arrangieren einer Ehe - es geht in diesem
Epos darum, die einzig glaubhafte Liebesbotschaft unbedingt zu über-
bringen, weil sonst keine Liebe entstehen würde; diese *mediale Botschaft*
muss beide über ihrer Liebeswahlbestimmung aufklären (wer ist der
einzig richtige Gatte oder die einzig richtige Gattin). *Ohne diese Botschaft*
könnten Nala und Damayanti diese Erkenntnis aus eigener Kraft nicht
erlangen. Die zu erwartende Wirkung kompliziert sich ins Unermessli-
che, haben sich doch Nala und Damayanti noch nie zuvor gesehen. Mit
der Art von Liebesvermittlung, welche möglicherweise nur deshalb
fruchtet, weil sich die beiden bereits virtuell kannten:

Damayanti, at that time, was walking with her hundred friends in
a pleasure-grove near the palace. When the maidens saw these
golden-feathered birds flying into the grove, they ran towards
them with cries of delight, each maiden selecting one for pursuit.
The swan that Damayanti approached, assuming a human voice,
said: "O Damayanti, there is a prince among the Nishadhans,
whose name is Nala. He is as beautiful as the Acvins[39]. O Fair-
faced One, if you were only his wife! We have seen gods, Gand-
harvas[40], snakes, and demons, but never a creature which was
Nala's equal. *You are the jewel of women; Nala is the most excellent of
men. If you were to marry each other, your union would be the most
distinguished in all the earth.*

---

[39] Gods of the morning light.
[40] Heavenly singers.

Es mag sein, dass sich in der Gestalt dieses Schwans eine Gottheit in tierischer Gestalt versteckt (allenfalls der persönliche Bote eines Gottes), so wie es im indischen Epos üblich ist. Was an Analogie zu unserer Cyberspace-Szenarien auffällt: Die entscheidende Arbeit wird nur oberflächlich von den Göttern (und ihren jeweiligen Personifizierungen) verrichtet; es sind die Menschen, welche die Geschehnisse aktiv handelnd vorwärts treiben. So fleht Damayanti den Schwan an, ähnliche Liebesworte auch an Nala zu übermitteln, ohne sich auf seine Zuverlässigkeit hinreichend verlassen zu können: „Damayanti, thus addressed, replied: "Say this also to Nala, O Golden-plumaged One." The bird promised to do so, and flying back told everything to Nala". Das Medium hat seine Funktion erfüllt, und um die beiden ist es geschehen - nach hin und her flatternden sehnsüchtigen Liebeswerbungen verfällt Damayanti in unbändigen Liebeskummer:

> After that, Damayanti could think of nothing but Nala. She grew pale and thin, and often was so lost in reverie that she did not hear her friends when they addressed her. Sometimes, if they used other means than their voices to arouse her, she would look up in a startled way like one losing her mind. She did not sleep, she did not eat; she did not rest at night or by day, but kept weeping and sighing, "alas! alas!" again and again. Finally, her friends went with the matter to King Bhima. They announced that his daughter was ill.

Der Schwan als Bote erscheint in unserer Erzählung über Nala und Damayanti stellvertretend als *symbolisches Medium* einer *fernen* (virtueller) Liebeskommunikation auf der Bühne - weil die ferne Liebeskommunikation Hauptmotiv unserer Online-Liebesgeschichten sein wird. Die Liebe verlange nach einem *Zeichen*, nach einer *Antwort* (Burkard 2003), damit der Graben zwischen den Personen überwunden wird, ohne Kommunikation komme keine Liebe zustande, von den eigenen Gefühlen muss man den anderen wissen lassen.

Auch in der Begegnung von Angesicht zu Angesicht ermöglichen verschiedene Medien die Liebeskommunikation: das Reden, die Stimme, das Lied (Musik) und das Gedicht. Beide Liebende müssen anwesend sein, was damals und auch heute nicht immer möglich war und ist. Der Königsweg der Kommunikation sei damals, stellt Burkard fest, der Liebesbrief (Burkard 2003, 22). Die späteren Medien der Liebeskommunikation waren Brief, Postkarte, Telegramm[41] und schienen von ihrer tech-

---

[41] „Die erste Kontaktanzeige Deutschlands erschien 1738. Zu Beginn des 19.Jahrhunderts konnte man in bestimmten Cafés der Kontakt von Tisch zu Tisch mit optischen Telegraphen, später mit Tischtelefonen hergestellt werden", lesen wir in: liebe.komm. Botschaften des Herzens (2003) Ausstellungskatalog, Frankfurt am Main: Braus.

nischen Struktur her als *Liebesboten* gerade prädestiniert. Ende des 20. Jahrhunderts kam das Telefon hinzu, danach Internet und Handy samt SMS - alles technische Erfindungen, welche geographische Distanzen zwischen Liebenden zu überwinden vermochten. Gegenwärtig würde man wohl sagen, dass der Königsweg der gegenwärtigen Liebeskommunikation das E-Mail ist.

Es gilt nicht nur, die Medien zur Überwindung von Entfernungen heranzuziehen. Gerade für die erste, verletzliche Phase der Annäherung scheinen die Medien unersetzlich zu sein: „Um eine intime Beziehung zwischen zwei Menschen herzustellen, ist ein geschützter Bereich wichtig, der das fragile und schwierige Geschäft der Paarwerdung ohne Einblick und Eingriffe Dritter ablaufen lässt" (Burkard 2003, 20). Solch ein *geschützter Raum* ist für uns der Cyberspace. Das Ziel bleibt dasselbe wie damals: die Enthüllung der Liebesgefühle, die im Verborgenen geschieht, denn die E-Mail-Kommunikation ist im Normalfall vertraulich. Das Schriftliche wird wie in den alten Zeiten bevorzugt, weil es einen höheren Status als das mündliche besitzt – Ernst- und Dauerhaftigkeit, Zeit, damit die Gefühle ihre vollkommenste Form annehmen. Die schriftlichen Liebesbotschaften überwinden schlussendlich die unbehagliche Unmittelbarkeit einer face-to-face-Situation. Und nicht zuletzt erreiche man dadurch die „Erfahrung der Steigerung des Sehens, Erlebens, Geniessens durch Distanz", für Luhmann eine typisch romantische Paradoxie:

> Der Abstand ermöglicht jene Einheit von Selbstreflexion und Engagement, die im unmittelbaren Genuss verloren gehen würde. So wird der Akzent von der Erfüllung in die Hoffnung, in die Sehnsucht, in die Ferne verlagert, und man muss den Fortschritt im Prozess des Liebens dann ebenso suchen wie fürchten. (Luhmann 1994, 172)

Das 19. Jahrhundert, schreibt Wyss (2003a), sei „das Jahrhundert der Korrespondenz" und die Medien spielten für die *Liebe auf Distanz* eine nur fördernde Rolle: „Die *Schriftlichkeit* der Liebeskommunikation hat viele Vorteile: man kann sich kennen lernen, ohne miteinander zu leben, man kann sich nah sein, ohne sich zu treffen; man kann intim sein, ohne die Ehre der Frau anzutasten, man kann Vertrauen aufbauen, eine Beziehung aufbauen, bevor man mit dem gemeinsamen Eheleben beginnt" (Wyss 2003a, 79). Berechtigterweise stellt sich die Frage, wie das 21. Jahrhundert in der Terminologie von Wyss (2003b) zu benennen wäre - das Jahrhundert der Online-Liebeskommunikation?

3.2.5. Plädoyer einer gleichberechtigten Soziologie der Liebe

Bevor wir uns mit der Angelegenheit befassen, warum sich die Soziologie vom „Beziehungsfieber lange Zeit nicht hatte anstecken lassen" (Lenz 2003), bedarf eine andere Fragestellung näherer Beleuchtung: Welche Sozialwissenschaften haben überhaupt substantielle Beiträge zu Beziehungs- und Liebesforschung geleistet? Bei der vorgenommenen, näheren Erwägung gewinnt man relativ schnell den Eindruck, dass selbst in der Psychologie paradoxerweise eine gewisse Geringschätzung des Gegenstandes ‚Beziehung' feststellbar ist. In allen Sozialwissenschaften besteht ein mehr oder weniger breiter Konsens darüber, dass die Liebe als Untersuchungsobjekt vernachlässigt wird. In der einschlägigen Literatur sind vorwiegend evolutionsbiologische, psychoanalytische oder austauschtheoretische Erklärungsansätze anzutreffen (die wichtigsten sind in Kürze im Kapitel 4 skizziert). Aber selbst die Sozialpsychologie beschäftigt sich mit dem Thema Liebe seit nicht allzu langer Zeit. Dort wird Liebe primär als psychisches Korrelat verstanden, das auf Vertrauen, Selbstöffnung, Gemeinsamkeiten oder Abhängigkeiten, Fairness und Gerechtigkeit bezogen ist. Man hat vor allem versucht, das unmessbare Konstrukt der Liebe zu messen. Hier sind die Arbeiten von Zick Rubin von 1970 zu nennen, welche den Unterschied zwischen *liking* und *loving* herausdestillieren. Die 13 Items seiner Liebeskala hat Rubin mittels Faktoranalyse in drei Dimensionen zusammengefasst: Bedürfnis nach der geliebten Person, Fürsorge für den anderen und totale Inanspruchnahme.

Ziemliche Popularität genossen Hazan & Shaver (1987) mit ihrem bindungstheoretischen Beitrag zur Erfassung des Phänomens Liebe. Auch das Klassifikationssystem der idealtypischen Liebesstile von J.A. Lee (1973) verdient eine Erwähnung. Den Liebesstilen romantisch (*Eros*), pragmatisch (*Pragma*), altruistisch (*Agape*), spielerisch (*Ludus*), freundschaftlich (*Storge*), besitzergreifend (*Mania*) ordnete er bestimmten Farben zu. Der romantische Stil (Eros) betrifft die unmittelbare Anziehung zwischen den beiden, die mit Erregung und Sexualität gekoppelt ist (Bierhoff & Grau 1999). Zentral für die Sozialpsychologen war jedoch das Merkmal Beziehungsqualität. Amerikanische Untersuchungen aus dieser Zeit sind kaum zufällig mit der Bezeichnung *psychologische Sozialpsychologie* bekannt. Die Notwendigkeit, eine *soziologische Sozialpsychologie der Liebe* wurde immer spürbarer (vgl. Kraft & Witte 1992). Wie Lenz (2003, 289) aber zu Recht bemerkt, implizieren die erwähnten Messskalen, dass es eines oder sogar mehrere Wesen der Liebe gäbe, die über Zeiten und Kulturen konstant vorfindbar sind. Ein universalistischer Charakter der Liebe wird somit vorausgesetzt - und in seinem Kern stehe *Passion*. Dem individualpsychologischen Ansatz ist vorzuwerfen, dass er von einer *statisch*en, zu Unrecht stabilen Auffassung des

Individuums ausgeht, das an der Beziehung teilnimmt. Sozialpsychologischen Ansätze wie die Anziehungsforschung oder Kompatibilitätsmodellen im Sinne eines „Wer mit wem?" (siehe Kapitel 4.3.) wurde vorgeworfen, sie enthielten für das soziologische Auge zu viel Sozialpsychologie. Sind deren Erkenntnisse bei der Erfassung der zeitlichen Dynamik eines Paares überhaupt von Belang?

Um der anfangs gestellten Aufgabe des Plädoyers einer gleichberechtigten Soziologie der Liebe gerecht zu werden, widmen wir uns, das Kapitel über den Liebesdiskurs abschliessend, der Beantwortung von zwei Fragen: Ist und kann die *Liebe* überhaupt ein Gegenstand der Soziologie sein? Ist und kann ein *Paar* ein Gegenstand der Soziologie sein? Es scheint ausreichend belegt, dass sich die Klassiker der Soziologie mit dem Phänomen der Liebe nicht allzu ausgiebig beschäftigt haben - Georg Simmel und Niklas Luhmann wären hier zwei Ausnahmen. Viele Soziologen waren ausserdem der Annahme, dass persönliche Beziehungen soziologisch irrelevant sind, weil sie bloss ein privates Anliegen darstellen. Dabei hat sich schon Max Weber mit dem Konzept einer Beziehung in seiner verstehenden Soziologie befasst („Wirtschaft und Gesellschaft"). Georg Simmel und Leopold von Wiese wären zwei weitere Ausnahmen. Da Simmel sein Augenmerk auf besondere Art und Weise auf mikrosoziologische Prozesse richtet, gehören die Typen persönlicher Beziehungen ebenfalls zum Gegenstand der Soziologie. Für Simmel ist die persönliche Beziehung eine weitere Form sozialer Wechselwirkung. Leopold Wiese hat die Soziologie sogar „Beziehungslehre" genannt und dadurch den theoretischen Versuch unternommen, die Beziehung als eine Grundkategorie zu unterscheiden, erinnert uns Lenz (2003).

Die Soziologie der Zweierbeziehungen „fristet ein Kümmerdasein", stellt Herrmann (2001) mehrfach fest, ähnlich tut das auch Schmidt (2000, 74): „Eine Soziologie der Liebe, die sich frei macht von familiensoziologischen Implikationen und Interessen und sich auf die intime Zweierbeziehung konzentriert, ist gerade erst im Entstehen". Im deutschsprachigen Raum nennt man eine formlose Bindestrichsoziologie bequem Familiensoziologie - das Wort *Paar* kommt nicht vor. Man gewinnt zunehmend den Eindruck, als sei das Paar in der Familienforschung ungenügend vertreten, als würden Ehe und Familie selten voneinander getrennt. Partnerschaft und Elternschaft sind zwei Kernelemente der Familie und somit keine unabhängigen Einheiten. Dies sei, so heisst es als Begründung, weil die Liebe als ein mit Emotionen assoziiertes Phänomen für die rationale Wissenschaft unfassbar erscheint. Wir sind mit Horst Herrmann jedoch der gegensätzlichen Meinung: „Emotionen sind legitime Gegenstände soziologischer Forschung, auch wenn das noch nicht allgemein anerkannt ist, weil das Thema ohne besonderen Begründungsaufwand den mehr psychologisch ausgerichteten Untersuchungen überlassen wird" (Herrmann 2001).

Die persönliche Beziehung ist ein äusserst schwieriger Gegenstand, weil er eine eigenständige Ebene darstelle (Lenz 2003), die nicht mit gängigen soziologischen Betrachtungsebenen wie Gesellschaft, Organisation oder Interaktion zu decken sei. Der Begriff der Interaktion genüge nicht, obwohl eine Beziehung als Dialogform (Interaktion) zu begreifen sicherlich fruchtbar wäre. In einem weiteren analytischen Schritt betrachtet Lenz (2003, 38) die Gruppe als eine Systemebene zwischen Organisation und Interaktion und fragt, ob die persönliche Beziehung schliesslich eine Gruppe sei: „Im klaren Kontrast zur Organisation - und auch zur Gruppe - ist eine persönliche Beziehung durch die *personelle Unersetzbarkeit strukturbildend* geprägt. Eine persönliche Beziehung lässt einen Personenwechsel nicht zu; sie kann nur durch eine neue persönliche Beziehung aufgelöst werden" (Hervorhebung d.V.).

Obschon eine Zweierbeziehung heute von der Einzigartigkeit der Partner getragen wird, darf die soziologische Analyse ihr Augenmerk nicht ausschliesslich darauf setzen, warnt Lenz (2003, 51). Auch bei ihm geht es, wie bei Burkart (1997) und Herrmann (2001), um das Aufzeigen und Auffinden sozialer Regelmässigkeiten, von Regelstrukturen, kulturellen Kodierungen und makrosozialen Konstellationen. Diese erheben sich über die Einmaligkeit der Personen in der Beziehung. Eine Theorie des Paares sollte sich gemäss Burkart (1997) mit der *Institutionalisierung* des Paares, seiner *Ausdifferenzierung* und seinem *Bedeutungszuwachs* befassen, oder mit kulturell variablen Interpretationsmustern und, gemäss Herrmann (2001), gruppensoziologischen Ansätzen (Dyaden). Liebe und Beziehung gehören ebenfalls zum Kernbereich der Soziologie und in diesem Sinne plädieren wir für eine gleichberechtigte Soziologie der Liebe und der Partnerschaft.

3.3. Paarbildung als gesellschaftliche Norm

Es erscheint paradox - die alte Vorstellung von romantischer Liebe ist geblieben, während gleichzeitig ein zunehmender Verzicht auf soziale Bindungen beobachtet wird. Anders ausgedrückt, würden Ehe und Familie in einer Krise stecken; der Selbstverwirklichung im Rahmen einer romantischen Beziehung stehe aber nichts im Wege. „Die dauerhafte Liebesbindung ist schon lange nicht mehr - und künftig wohl noch weniger - eine exklusive Option", schreibt Herrmann (2001, 168) und diagnostiziert gleichzeitig die „Sehnsucht nach Bindung" fest. Andere Autoren wie Swidler (1980, zit. nach Kraft & Witte 1992) gehen allerdings von der Annahme aus, dass der romantische Mythos an Bedeutung verliert, ohne aber von neuen Mythen ersetzt zu werden - eine plausiblere Erklärung. Der Grundtenor des gegenwärtigen Partnerschaftsdiskurses basiert jedoch auf der Annahme, die alte, romantische Vorstellung von Liebe sei zu Gunsten der partnerschaftlichen in den Hintergrund getreten. Die Gegenwart wird durch Suche nach egalitären Beziehungsformen, Abkehr von der Monogamie und den exklusiven Paarbindungen dominiert, was zu einer Diversifizierung der Paar- und Haushaltsformen schlechthin führt. Dieser Wandel hat mehrere Charakteristiken und darf nicht gesondert betrachtet werden (vgl. Herrmann 2001, 114):

♦ zunehmende Instabilität bestehender Partnerschaften;

♦ Versagen der herkömmlichen Sozialkontrollen und Legitimitätsschwund;

♦ Abkehr von traditionellen Glaubens- und Weltanschauungssystemen und daraus resultierender Deinstitutionalisierung;

♦ Entkoppelung von Ehe und Sexualität (multiple Elternschaften);

♦ Individualisierung und Autonomisierung der Lebensführung;

♦ Pluralisierung der Moral;

♦ Wandel der geschlechtsspezifischen Arbeitsteilung;

♦ wachsende Mobilität der modernen Gesellschaft.

Die Liste kann beliebig fortgesetzt werden. Parallel verursacht der soziale Wandel der Partnerschafts- und Familienformen eine kulturkritische Empörung über den Sittenverfall (sog. *Werteverlust-These).* Man spricht von Krise der Familie oder noch radikaler: von deren Ende und vom Tod der Familie. Führen die genannten Prozesse aber zu totaler Abkehr bestimmter festgesetzter Lebensformen oder verursachen sie nur ihre Revidierung? Dies aus der Perspektive der globalen Pluralitäts- und Fragmentierungsprozesse in der heutigen Gesellschaft zu erklären, ist nichts Neues. Norbert Elias würde entgegnen, dass Liebesbeziehungen als menschliche Schöpfung gleichermassen polymorph und strukturiert wie Gesellschaften sind. Wie Herrmann (2001) feststellt, lassen sich allerdings zu allen Zeiten Modelle der Zweierbeziehungen finden, woraus folgt, dass diese keinesfalls eine Erfindung der Moderne sind - „neu und historisch einmalig ist ihr *Massencharakter"* (Herrmann 2001, 112, Hervorhebung d.V.). Niklas Luhmann benennt diesen Prozess *„Demokratisierung der Liebe",* da jedem ein allgemeiner Anspruch auf Liebe zustehe. Unabhängig von Klassen und Schichten ist die Liebe jedem zugänglich - daraus resultiert der Anspruch einer klassenlosen Gesellschaft.

Tabelle 3. Typisierung der Entwicklung in den Paarbeziehungen (nach Burkart 1997)

TRADITION	MODERNE	POSTMODERNE
Häusliche Gemeinschaft, Verwandtschaft	Familie	Paar
3-Generationen-Haushalt	2-Generationen-Haushalt	1-Generation-Haushalt
Patriarchale Herrschaft	Komplementarität	Egalität
Ökonomisch-soziale Sphärentrennung der Geschlechter	Instrumentell-expressive Aufteilung der Geschlechter	Androgynisierung Individualisierung
Versorgungsgemeinschaft	Romantische Liebe	Hedonistische Liebe Sexualität und Selbstverwirklichung
Ehe ohne Liebe; Liebe ausserehelich	Liebe führt zur Ehe Ehe setzt Liebe voraus	Liebe ohne Ehe; ohne Liebe endet die Beziehung
Familieninteresse	Familienglück	Persönliches Glück
Entdeckung der Kindheit	König Kind	Verschwinden der Kindheit

Ausgangspunkt der nachfolgenden Abhandlung ist die These (der wir auch vollumfänglich zustimmen), dass die Neigung nach Paarbildung trotz des Wandels der familiären Strukturen *langfristig stabil geblieben ist* (siehe Tabelle 3). Ebenso gilt dies für das nach wie vor feste Bedürfnis nach einem Zusammenleben als Paar. Die Paarbeziehung wird strukturell als Bindeglied zwischen dem Individuum und der Familie gesehen. Statt das *Ende der Familie* vorauszusagen, sagt man lieber eine *Renaissance der Paarbeziehung* voraus. Niklas Luhmann würde hier sagen - *der Bedarf für Intimität bleibt bestehen*:

> Im Vergleich zu älteren Gesellschaftsformationen zeichnet sich die moderne Gesellschaft durch eine doppelte Hinsicht aus: durch mehr Möglichkeiten zu unpersönlichen und durch *intensivere persönliche Beziehungen"*. Es werden soziale Beziehungen ermöglicht, in denen mehr *individuelle, einzigartige Eigenschaften der Person* oder schliesslich prinzipiell alle Eigenschaften einer individueller Person bedeutsam werden. (Luhmann 1994, 13, Hervorhebung d.V.)

Eine Erfindung der Moderne ist hingegen die *Intensivierung* und *Individualisierung* der persönlichen Beziehungen. Im Zuge allgemeinen gesellschaftlichen Wandels hat sich die klassische, patriarchalische Familie in eine partnerschaftliche Ehe umgewandelt. Für die mittelalterlichen Ehen galt das Theorem von Thomas von Aquino: Der Mann ist *Oberhaupt* und die Frau *Unterleib,* die Frau war dem Manne untertan (so genannte *Gefässthese,* vgl. Herrmann 2001, 62). Die damaligen Ehegemeinschaften hielten zusammen als Resultat sozialer Kontrolle oder verkürzter Lebensdauer. Von Liebesbeziehungen mit individualistischen Motivationen im heutigen Sinne war nicht die Rede, ausser in der Liebesliteratur - dort war Liebe etwas Vergängliches, das den Verstand raubt und daher nicht als erstrebenswert erachtet wurde. Eine egalitäre Beziehung war zu dieser Zeit undenkbar. Seit die romantische Liebe starke Verbreitung unter dem Bürgertum erfuhr, vor allem beim Bildungsbürgertum mit seinem Kult zur Innerlichkeit, avancierte diese zu einem immensen Kulturerfolg, fasst Herrmann (2001, 83) zusammen.

Abschliessend lässt sich feststellen, dass die Paarbeziehung immer noch als eine der stärksten gesellschaftlichen Normen gilt und Paarbildung als Normalfall menschlicher *Vergemeinschaftung* und *Vergesellschaftung.* „Die Zweierbeziehung - und die Eigenfamilie - stellt die primäre Gefühlsgemeinschaft dar, die Priorität vor allen Vergemeinschaftungsformen besitzt" (Lenz 2003, 249). Erst deren Fehlen wird normativ als etwas Anomisches bewertet.

3.4. Das Phänomen „Single"

3.4.1. Das Single-Dasein als Lebensform der Gegenwart

> Ich sitze auch mal gerne ganz urban einsam zuhause, um mich selber zu spüren. Ich kann mir kaum vorstellen, auf Schritt und Tritt jemanden neben mir zu haben (nicht mehr), das würde mir den Atem rauben, und doch möchte ich gerne wieder das geniessen, was nur mit einer Frau möglich ist. (*Tartuffo62* in einem Inserat, 4.06.2003)

Ist das Single-Dasein als abweichende Lebensform zu betrachten? Oder ist das Single-Dasein ein wünschbarer Zustand, den man nicht verändern will? Der Bedarf für Intimität bleibt bestehen, hören wir Niklas Luhmann wieder sagen, und dennoch sind Sprachausdrücke wie *„das Lustprinzip Single", „Single als Hätschelkinder der Konsumgesellschaft"* heute geläufig. Singles ausschliesslich als Medienkonstrukt? Das Phänomen Single, symbolisch für eine hedonistische Lebensart gedeutet?

Nur schon den diffusen Begriff „Single" zufriedenstellend zu definieren, erweist sich als schwierige Aufgabe - trotz grosser pragmatischer Bedeutung des Begriffs im Alltag. Beate Küpper (2003) beispielsweise definiert Singles als „Partnerlose im mittleren Erwachsenenalter (dem klassischen Familienalter). Ob sie geschieden oder verwitwet sind (also ihr Familienstand), in einer Wohngemeinschaft leben (also ihre Haushaltsform) oder ob sie Kinder haben (also möglicherweise alleinerziehend sind) spielt dabei eine untergeordnete Rolle" (Küpper 2003). Steinlin et al. (1999) zeichnen folgendes Portrait der Singles-Gruppe im Vergleich zu den Nicht-Singles: Singles sind ein ausgeprägt städtisches Phänomen (die Autoren erklären es mit der kulturellen Vielfalt und der geringen sozialen Kontrolle in den Städten, die eine individuelle Entfaltung und moderne Lebensformen ermöglichen, gleichzeitig aber als Anziehungspunkt für Unkonventionelle und Individualisten fungieren), eindeutig einsamer, haben weniger Sex, obwohl sie im selben Ausmass daran interessiert sind. Es handelt sich hier somit nicht um eine freiwillige Abstinenz, sondern um eine durch die Umstände erzwungene Enthaltsamkeit. Singles stellten paradoxerweise höhere Ansprüche an eine Beziehung als Nicht-Singles; Steinlin et al. (1999) warnen jedoch, dass dieser Befund aufgrund fehlender Messinstrumente für klassische Single-Tugenden wie Autonomie, Freiheit und Ungebundenheit mit Vorsicht aufzunehmen sei. Von ähnlichen empirischen Evidenzen berichten auch Bachmann (1992) und Küpper (2003): Partnerlose sind am wenigsten zufrieden mit ihrem Leben und zwar unabhängig davon, ob sie freiwillig oder unfreiwillig Single sind. Sie haben die höchsten Einsamkeitswerte (insbesondere geschiedene Männer). Die höchsten Glücksgefühle stammen von verheirateten Männern, während unfreiwillige Single-Männer von tiefstem Kummer berichten. Daraus wäre abzuleiten, dass eine funktionierende Beziehung ein wichtiger Prädiktor für das allgemeine Wohlbefinden ist.

In vorliegender Studie verzichten wir auf eine enge Definition von Single und schlagen folgende erweiterte Arbeitsdefinition vor:

Mit Single wird eine Person bezeichnet, die

1. nicht verheiratet ist (d. h. ledig, geschieden oder in gerichtlicher Trennung);

2. zurzeit nicht mit einem Partner lebt (das bedeutet nicht zwangsläufig, dass sie alleine leben muss, sie wohnt unter Umständen bei en Eltern oder in einer Wohngemeinschaft);

3. seit mindestens einem Jahr keine feste Beziehung hat (oder nie eine solche gehabt hat);

4. älter als 25 Jahre ist (nach oben haben wir bewusst keine Altersgrenze festgelegt).

Zudem sprechen wir in dieser Abhandlung von *temporären Singles* und *dauerhaften Singles*. *Temporäre Singles* werden Singles genannt, die nur über eine bestimmte Zeit keine Partnerschaft hatten. Als *dauerhafte Singles* bezeichnen wir Singles, die noch nie in ihrem Leben eine feste partnerschaftliche Beziehung hatten. Die Variable Alter spielt dabei eine wichtige Rolle, denn fast die Hälfte der stets Beziehungslosen waren unter 25 Jahre alt. Eigentlich bilden die temporären Singles eine viel grössere Gruppe als die dauerhaften, obwohl dies auf den ersten Blick anders erscheinen mag.

3.4.2. Die Einzelgänger-Gesellschaft?

Es ist äusserst schwierig, die Anzahl der Singles genau zu bestimmen, da es sich um eine heterogene Gruppe mit fliessenden Konturen handelt; es existieren höchstens ungenaue Schätzungen. Auch wurden Singles bisher in der Forschung nur dürftig untersucht. Wenige Forscher wie etwa Bachmann (1992) haben sich ihnen ausführlich gewidmet. Viele Singles sind Menschen in Übergangsphasen, vor allem Getrennte oder Geschiedene. Eine weitere zu berücksichtigende Gruppe sind Menschen, die ihre aktuellen Beziehungen als unbefriedigend einschätzen und somit zu jedem Zeitpunkt Singles werden könnten. Gemäss dem neuesten Datenreport vom Jahr 2000 ist die Hälfte der deutschen Bevölkerung verheiratet. Fast 30% der 25- bis 30-Jährigen (2 Mio. Menschen) leben in einer Konsensual-partnerschaft. Ungefähr 16% ist der Anteil jener, die im Alter von 20 bis 50 ohne feste Partnerschaft leben, unabhängig davon, ob freiwillig oder nicht (zitierte Zahlen nach Küpper 2003). Laut Hradils Einschätzung (Hradil 1995) weisen aber nur 3% der Wohnbevölkerung folgende drei Charakteristiken auf: (1) Sie leben freiwillig und dauerhaft ohne Lebenspartner, (2) sie wohnen alleine und sind ledig (3).

Immer mehr Menschen würden alleine leben, unsere Gesellschaft sei eine *„Gesellschaft der Einzelgänger"* geworden (Hoffmann-Nowotny). Das ist die eine Perspektive in der Familiensoziologie. Die andere ist gerade die umgekehrte - Singles werden an den Rand einer familiendominierten Gesellschaft gedrängt. Für beide Perspektiven scheint es ausreichend empirische Belege zu geben. Aus den Ergebnissen des Mikrozensus Familie[42] des Bundesamtes für Statistik geht hervor, dass die Zahl der Einpersonenhaushalte in der Schweiz zwischen 1960 und 1990 um 700000 Personen sehr stark zugenommen hat. Die 920000 Einpersonenhaushalte stellen 1990 somit ein Drittel aller Privathaushalte dar - 1960 waren es ein Siebtel. Die Studie hält fest, dass Einpersonenhaushalte vorwiegend ein Phänomen der städtischen Agglomerationen sind. Sie machen in Zürich

---

[42] Das Projekt wurde im Rahmen des "Family and Fertility Survey" der UNO-Wirtschaftskommission durchgeführt. Es wurden 1994-1995 ca. 6000 Personen befragt.

oder Basel rund die Hälfte aller privaten Haushalte aus. Viele Familien-
forscher, beispielsweise Höpflinger (2001c), berichten von einem Trend
zu mehr Einpersonenhaushalte, wo zunehmend mehr Personen wenigstens zeitweise alleine leben (wie beispielsweise in Schweden oder Dänemark). In Südeuropa (Italien, Griechenland, Portugal, Spanien) sind
Einpersonenhaushalte hingegen weniger verbreitet.

Trotz steigender Zahl alleinlebender Frauen und Männer bestreitet
Höpflinger (2001a) die Annahme, die Gesellschaft entwickle sich zu einer „Gesellschaft von Singles": „Der Anteil von Personen in Ein-
Personen-Haushalten ist angestiegen, dies namentlich bei jüngeren Erwachsenen und älteren Menschen. Hingegen ist der Anteil permanent
alleinlebender Frauen und Männer eher gesunken - bloss 5% der Frauen
aller heutigen Altersklassen haben nie eine Partnerschaft erlebt. Die zunehmende Zahl von Ein-Personen-Haushalten darf nicht mit "Singulari-
sierung" gleichgesetzt werden". Das Single-Dasein wird als möglicher
Lebensabschnitt in Kauf genommen, ist aber keineswegs als Dauerzustand zu verstehen. Viele Personen leben zwar zeitweise alleine, sind
aber dennoch in Partnerbeziehungen involviert. Die populäre Bezeichnung von Hoffmann-Nowotny[43] (1995), die *Single-Gesellschaft* als die
„Lebensform der Zukunft" müsste man hier konsequenterweise radikal
überdenken. Die Zunahme von Einpersonenhaushalten spricht für einen
fortschreitenden Prozess der Individualisierung, der für den längerfristi-
gen Wandel der Paarbeziehung mitverantwortlich ist. Die Konstrukte
Single und *Einpersonenhaushalt* dürfen nicht vermischt werden. Diese
Trennung wird in der einschlägigen Literatur zwar erfolgreich vollzo-
gen, Erhebungen der Statistikämter arbeiten aber dennoch ausschliesslich mit der Variable *Einpersonenhaushalt*- sei dies mit oder ohne Partnerbeziehung.

Vorausgesetzt, man definiere Singles als Partnerlose, ergeben sich daraus
analytische Schwierigkeiten, die Qualität der Partnerlosigkeit zu bestimmen. Denn diese beruht auf einer Selbstdefinition der befragten Person und ist daher sehr subjektiv: Handelt es sich dabei um eine Beziehung oder um eine Nichtbeziehung? Ein Definitionsvorschlag hiefür wäre, jene als Single zu bezeichnen, welche nach eigenem Bekunden seit
mehr als einem Jahr keinen Partner gehabt hat. Die Variable *Alter* ist eine
substantielle, in vielen Untersuchungen sind „echte" Singles Menschen
im Familienlebensalter von 25 bis 50 Jahre, weil in diesem Lebensabschnitt die grössten Chancen bestünden, eine Beziehung einzugehen. Für
die Schweiz liesse sich aufgrund dieser Angaben eine Zahl von ca.
640 000 Singles errechnen. Es sind junge Erwachsene, die gewollt, wenn

---

[43] Hoffmann-Nowotny, H.J. (1995) Die Gesellschaft auf dem Wege zur individualistischen
    Selbstauflösung? In: Perret , M. et al.(Hrsg.) Familie in Wandel. Bern: Huber Fribourg,
    Universitätsverlag 3-17.

auch meistens nur temporär, als Singles in derartigen, bis vor kurzem als „innovativ" bezeichneten Lebensformen" leben, und weniger alte Menschen, vorwiegend Frauen, die nach dem Tod ihres Ehemannes alleine leben. Dabei hat sich *das erste Zusammenleben als Paar zeitlich nicht verschoben.*

Der Anteil der Frauen, die in einem bestimmten Alter eine Partnerschaft haben, hat sich nur gering verändert: 69% der 1945-1949 und 65% der 1965-1969 geborenen Frauen haben vor dem 25. Altersjahr bereits mit einem Partner zusammengelebt. Männer gehen ihre erste Lebensgemeinschaft in der Regel später ein als Frauen. Der Anteil Männer, die vor ihrem 25. Altersjahr mit einer Partnerin zusammenleben, liegt bei praktisch allen untersuchten Jahrgängen bei 45%. Hingegen haben sich die Verhaltensweisen in diesem Zusammenhang stark verändert - die Gründung eines gemeinsamen Haushalts ist immer seltener mit Heirat verbunden. 73% der Frauen mit Jahrgang 1945-49 kamen als unter 25-jährige durch Heirat zu ihrer ersten gemeinsamen Wohnerfahrung.

**Tabelle 4. Beurteilung verschiedener Lebensformen 1986 und 2000
(zit. nach Höpflinger 2001b, Quelle Univox Befragungen)**

%-POSITIV	JAHR	TOTAL	18-39 J.	40-64 J.	65-84 J.
Verheiratet	1986	80%	74%	85%	94%
	2000	85%	82%	88%	87%
Unverheiratet, mit festem Partner	1986	46%	62%	41%	25%
	2000	73%	70%	79%	66%
Unverheiratet, mit wechselnden Partnern	1986	9%	12%	8%	2%
	2000	19%	16%	22%	16%
Alleinleben	1986	31%	37%	23%	37%
	2000	59%	57%	62%	55%
Wohngemeinschaft	1986	18%	21%	15%	14%
	2000	48%	49%	49%	42%

Gegenwärtig entscheiden sich jedoch viele Paare, die ihr Zusammenleben in Form einer nichtehelichen Lebensgemeinschaft begannen, zu einem späteren Zeitpunkt für eine Ehe. Im Alter von 30 Jahren waren knapp 70% der zwischen 1960 und 1964 geborenen Frauen verheiratet, jedoch hatten nur 22% unter ihnen eine Heirat an den Anfang ihres Zusammenlebens mit ihrem Partner gesetzt. Paare, die unverheiratet und mit einem oder mehreren Kindern zusammen leben, sind nach wie vor selten.[44]

Als Erklärungsvariablen für die Zunahme von Singles und die wachsende Häufigkeit der nichtehelichen Partnerschaften, sowie der Alleinerziehenden gelten: weniger Geburten, steigendes Heiratsalter (Verzögerung der Familiengründung), wachsende Scheidungszahlen bei gleichzeitig sinkender Quote von Unverheirateten, gesteigertes Bildungsniveau sowie höheres Einkommen der Frauen. Auch der Wandel der privaten Lebensformen im Zuge der Modernisierung, Individualisierung und Plu-

---

[44] Die Familie in der Schweiz: Tradition und Wandel. Erste Ergebnisse des Mikrozensus Familie
http://www.statistik.admin.ch/news/archiv97/dp97005.htm

ralisierung ist für dieses Phänomen verantwortlich - die subjektive Beurteilung verschiedener Lebensformen hat sich in den letzten 15 Jahren grundlegend zugunsten des Single-Daseins verschoben (siehe Tabelle 4).

Die Lebensformen würden häufiger nicht auf Dauer, sondern, angepasst an die jeweilige Lebenssituation, begründet und aufrechterhalten, so Höpflinger (2001a). Dieser Prozess führe zu einer „zunehmenden Verschmelzung von Lebensform und Lebensphase". Hier sei allerdings betont, dass dyadische Partnerschaften weiterhin eine sehr verbreitete Lebensform sind - gewandelt haben sich die Wertvorstellungen, was eine gute Partnerschaft ausmache, wie Höpflinger differenziert. Die traditionelle Familie ist heute immer noch die dominierende Lebensform - sie hat bei den 35- bis 44-jährigen einen Anteil von 70%. Bei den jüngeren Menschen herrschen Konsensualpartnerschaften so lange vor, bis Kinder geboren werden (drei Viertel der 20- bis 24-jährigen Frauen, die ohne Kind mit einem Partner leben, sind unverheiratet). Ehe und Familie werden immer weiter hinausgeschoben - Nur jede fünfte Frau des Jahrgangs 1965-69 hat vor dem 25. Altersjahr ein Kind geboren (21%; Jahrgang 1945-49: 44%). Umgekehrt wohnen die jungen Menschen länger bei den Eltern als früher: nur 23% der Männer mit Jahrgang 1970-74 haben ihr Elternhaus vor dem 20. Lebensjahr verlassen (Jahrgang 1945-49: 45%).[45]

Konsensualpartnerschaften ist die heute *dominierende Partnerschaftsform* - bis Kinder gewünscht und geboren werden, wie die Studie „Mikrozensus Familie" folgert. Die bedeutendste empirische Untersuchung im Bereich der Familie und der Partnerschaft betont zusammenfassend folgende Grundtendenzen des Wandels:

◆ Es gibt *kein einheitliches Modell* der Paar- und Familienbildung, da der Prozess stark bildungsspezifisch und schichtabhängig ist. Frauen mit einer kürzeren Grundausbildung heiraten früher und sehen ihren Lebensschwerpunkt stärker in einer traditionell organisierten Familie.

◆ Eine Mehrheit der Männer hält am traditionellen Familienbild fest, während Frauen mit steigender Ausbildung und Berufstätigkeit immer weniger bereit sind, sich mit der hergebrachten Rollenverteilung abzufinden.

◆ Die Zahl der teilzeitarbeitenden Frauen mit Kindern hat stark zugenommen.

---

[45]Die Familie in der Schweiz: Tradition und Wandel. Erste Ergebnisse des Mikrozensus Familie
http://www.statistik.admin.ch/news/archiv97/dp97005.htm.

- *Ehe und Familie werden im Lebensentwurf immer weiter hinausge- schoben.* Die Schwierigkeiten bei der Verbindung Beruf und Familie sowie von Partnerschaft und Elternschaft sind für Frauen das grösste Problem bei der Realisierung des Kinderwunsches.

- Kinder wohnen länger bei den Eltern als früher und erleben oft auch ihre ersten Partnerschaften, ohne von zu Hause weggezogen zu sein.

Die vorliegende Untersuchung soll nicht zuletzt auch eine Antwort auf die Frage finden, ob Partnersuchende im Internet überhaupt als Singles zu charakterisieren sind. Denn Singles sind eine äusserst heterogene Gruppe, und deshalb wäre zu untersuchen, ob determinierende Unterschiede zwischen der Gruppe der Singles und der Gruppe der Nicht-Singles festzustellen sind. Im realen Leben beklagen Singles vor allem, dass sie keinen Zugang zu anderen Gruppen von Singles haben. Im Cyberspace haben sie primär den Vorteil, der alltäglichen Stigmatisierung des Singleseins zu entfliehen und damit Vorurteilen gegenüber herkömmlichen Singletreffs auszuweichen. Versteckt hinter der Anonymität einer virtuellen, von ihnen selbst konstruierten Identität, dürfen scheue und introvertierte Leute im Netz mit neuen Mustern der Kontaktsuche experimentieren.

3.5. Exkurs: Zur Konstrukterfassung von Einsamkeit

> Es ist mir im PartnerWinner auch bewusst geworden, dass es offensichtlich nicht nur mein Problem ist, neue Menschen kennen zu lernen, sondern, dass das ein ziemlich weit verbreitetes Problem ist und dass offensichtlich vor allem oder vermehrt junge Leute sehr einsam sind (Umfrageteilnehmer)

Um ein Portrait des Singles und des Partnerlosen zu zeichnen, wurden in unserer Studie soziodemographische Merkmale wie Alter, Geschlecht, Bildungsniveau, Einkommen und vor allem Lebensform berücksichtigt, ebenfalls Anforderungen an den Partner und an die Beziehung (sind diese anspruchsvoller?). In mehreren Untersuchungen wurde ermittelt, dass Singles auffällige neurotische und schüchterne Charakteristiken aufweisen. Die festgebundenen Menschen waren selbstbewusster, gewissenhafter und offener für Einflüsse von aussen. Ist Einsamkeit eine Charakteristik, die nur der Singles-Gruppe vorbehalten ist?

Singles sind nicht a priori, wie das mehrmals betont wird, einsame Menschen. Dennoch sind verheiratete Menschen, heisst es übereinstimmend in vielen sozialwissenschaftlichen Untersuchungen, im allgemeinen weniger einsam im Vergleich zu Singles (siehe zum Beispiel Stack 1998), und zwar unabhängig von der Nationalität[46]. Sogar wenn Variablen wie finanzielle Zufriedenheit und Gesundheit kontrolliert wurden, war die verbleibende Korrelation substantiell, wobei verheiratete Männer weniger einsam als verheiratete Frauen waren. Paare mit Kinder zeigten einen schwachen negativen Zusammenhang mit dem Einsamkeitsgrad.

Wir haben mehrfach hervorgehoben, dass das Hauptmerkmal eines Singles das Alleinsein ist. Partnerlose verzeichnen in zahlreichen empirischen Studien die höchsten Einsamkeitswerte (insbesondere geschiedene Männer). Soziologische Ansätze lokalisieren die Entstehungsbedingungen von Einsamkeit nicht innerhalb, sondern ausserhalb des Individuums und begreifen das Alleinsein vorwiegend in Form *sozialer Isolation*. Riesman (1961) behauptet, dass der heutige Mensch im Gegensatz zum traditionsgeleiteten Typus unvorbereitet für das Erfahren von Einsamkeit und individueller Selbstfindung sei. Er neige zu übermässiger Konformität, um dem "terror of loneliness" zu entkommen. Einsamkeit nach Riesman ist ein *Abgeschnittensein* von sich selbst, den eigenen Bedürfnissen und Gefühlen, aber auch ein Ausgegrenztsein von einer Gesellschaft, die für persönliche und innere Dimensionen normativ gesperrt ist. Deswegen sei Einsamkeit *kein pathologisches* Phänomen (so die psychodynamischen Theorien), sondern ein *normatives*. Es handelt sich dabei um eine Art *Fremdbestimmtheit*, die Individualität nur in Form einer Zustimmung zur Uniformität bejaht. Das Einfügen in eine Gemeinschaft wird überbetont, was auch eine Entfremdung mit sich bringt. Der moderne Mensch fürchte sich vor der übermässigen Freiheit und flüchte ins Autoritäre, Destruktive und Konformistische, schreibt Erich Fromm in seinem Buch "Die Furcht vor der Freiheit". Als Resultat gibt er sich selbst auf: "Die Diskrepanz zwischen dem Ich und der Welt schwindet und damit auch die bewusst werdende Angst vor dem Alleinsein und der Ohnmacht" (Fromm 1983, 162).

Der überschätzte Individualismus der amerikanischen Gesellschaft ist nach Slater (1976) der Grund, der zu Einsamkeit führt - im Unterschied zu Riesman, der die normativen gesellschaftlichen Zwänge zu betonen wusste. Bowman (1955) behauptet einen „Niedergang der Beziehungen in den Primärgruppen, eine Zunahme der Mobilität in der Familie und in der Umwelt, die vermehrt kritische Lebensereignisse auslösen". Dies lässt Defizite in der Sozialfähigkeit sowie in der Stabilität der Persönlichkeit wirksam werden, die zur Erfahrung von Alleinsein und Verlassensein führen. Generell kann man über die soziologischen Ansätze sagen, dass sie Einsamkeit als Resultat der Wirkung veränderter so-

---

[46]In der Untersuchung von Stack wurden Probanden aus 17 Nationen einbezogen.

ziostruktureller Rahmenfaktoren begreifen. Einsamkeit artikuliert sich im Verlust der eigenen Identität aufgrund übermässiger Anpassung an Strukturen und Normen.

Die *Diskrepanz-Theorie* hat sich in vielen Untersuchungen gut bewährt, zum Beispiel in Untersuchungen über die Bedeutung der Einsamkeit in Zeiten kritischer Lebensereignisse wie *Partnersuche*. Sie ist sozialpsychologischer Natur und beruht auf zwei Annahmen: Das Individuum vergleicht seine aktuellen, tatsächlichen sozialen Bedingungen mit den Beziehungen, die es sich als erstrebenswert im Sinne eines Soll-Wertes vorstellt. Einsamkeit entsteht nicht automatisch dann, wenn der Ist-Wert im Vergleich zum Sollwert defizitär ist, sondern wenn bestimmte subjektive Bewertungen, soziale Vergleiche und kausale Attributionen stattfinden. Diese Diskrepanz muss als bedeutsam im Sinne von belastend und bedrohlich interpretiert werden.[47] Das Gefühl von Einsamkeit wird nicht gleichzeitig durch objektive soziale Gegebenheiten ausgelöst, sondern durch deren subjektive Bewertung aufgrund früherer persönlicher Erfahrungen. Dabei finden auch soziale Vergleiche statt, die auch an bestehende soziale und kulturelle Normen gebunden sind. Die Diskrepanz-Theorie kann erklären, warum Menschen mit *vergleichbarem sozialen Beziehungsnetz nicht notwendigerweise gleich einsam sein müssen*. Die subjektive Bedeutung von signifikanten sozialen Interaktionen ist der wichtigste Prädiktor für Einsamkeit, was bedeutet, dass meistens eher qualitative denn quantitative Charakteristiken für das Verstehen von Einsamkeit wichtig sind.

Ausserdem wurden Effekte der Variablen *Kameradschaft* (Companionship) und *Beziehungen* auf Einsamkeit untersucht - dieser Zusammenhang wurde besonders von Rook (1987) hervorgehoben. Sie fand heraus, dass das Fehlen von Kameradschaft ein stärkerer Prädiktor für Einsamkeit ist als die soziale Unterstützung in ihrer instrumentellen Form. Dieses Ergebnis spricht für eine differenzierte Betrachtung der einzelnen Typen von sozialer Unterstützung, da sie offensichtlich unterschiedliche Voraussagekraft für das Konstrukt Einsamkeit besitzen. In der Studie von De Jong-Gierveld (1987) war die Variable Lebenssituation[48] der wichtigste Prädiktor für Einsamkeit, und erst dann folgten Faktoren wie Selbstkonzept oder subjektive Evaluation sozialer Beziehungen. Menschen, die alleine lebten, fühlten sich einsamer als solche, die *zusammen mit einem Partner* waren. De Jong-Gierveld (1987, 127) erklärt aus der Sicht der Bindungstheorie, dass nur bestimmten Arten von Beziehungen Einsamkeit verhindern können:

---

[47] Wir sind durchaus bereit, manche Istwerte gelassen zu ertragen, insofern sie das Erreichen momentan wichtiger Ziele nicht gefährden.

[48] Living arrangement (engl).

The problems of lonely people, especially of those living on their own and of parents without partners, cannot be regarded as individual features only. Characteristics of our society, such as the prevailing norms concerning matrimony and the nuclear family, the emphasis on individual fulfilment, and the downgrading of the importance of satisfactory and stable relationships and of the importance of commitment to others, might also be considered loneliness-provoking factors.

Obwohl man die einzelnen Verursacher der Einsamkeit im Auge behalten sollte, darf eine globale oder *integrierte* Perspektive dieses Phänomens nicht aussen vor gelassen werden. Es ist ziemlich erstaunlich, dass auch in Studien neueren Datums, etwa in der von Ernst & Cacioppo (1999, 17), immer noch die "negative Affektivität" als Schlüssel zum Verstehen von Einsamkeit angepriesen wird: "The adult lonely person seems to be awash in negative affectivity such as depression and cynism". Diese indirekte Stigmatisierung hat zur Konsequenz, dass Einsame, unterrichtet über ihren Zustand, dazu ermutigt werden, sich noch passiver in den Interaktionen mit anderen zu verhalten. Vor allem Männer haben Hemmungen über ihre Einsamkeitsgefühle zu berichten, da solches nicht zu ihrer sozialen Rolle passt. Dabei ist auch von Belang, ob die Umwelt adäquate Ressourcen anbietet, die Individuen benötigen.

3.6. Gelegenheitsstrukturen als Determinante der Partnerwahl

3.6.1. Ist die freie Partnerwahl frei?

Who does not meet, does not mate (englisches Sprichwort)

Die zentrale Frage bei der Frage der Partnerwahl ist eine ganz einfache und lautet: Wie kommt überhaupt ein Paar zustande? Ist es allein die freie, individuelle Wahl beider Personen, die sich für die Aufnahme der Beziehung entscheiden? Hierzu antwortet die Soziologie - wie es ihre Aufgabe ist - aus einer kollektivistischen, antiindividualistischen Perspektive, indem sie auf der gesellschaftlichen Determinierung der Partnersuche und der Partnerwahl beharrt:

> Die Soziologie fördert die ernüchternde Erkenntnis zu Tage, dass noch die privateste aller Entscheidungen, die Partnerwahl, von ziemlich strikten sozialen Vorgaben wie Klasse, Schicht, Einkommen und Bildung abhängig ist. Selbst „wo die Liebe hinfällt"

ist für den unromantischen soziologischen Zweifler also kein unerforschliches Mysterium - jedenfalls nicht ausschliesslich. (Eickelpasch 1999)

Wie kann das Zustandekommen des Paares theoretisch erfasst werden? Sind die altbekannten kulturellen „Heiratsnormen" entscheidend, oder ist die Wahl eines bestimmten Partners bloss Resultat eines Zufalls? Die soziologische Perspektive geht über eine individuumszentrierte Sichtweise hinaus und fokussiert in den Worten Simmels auf die *sozialen Wechselwirkungen*. Es gilt, so die Forderung in selber Stossrichtung von Burkart (1997), die *Mechanismen der sozialen Steuerung in der Partnerschaftsbildung* zu erfassen - die überindividuellen Mechanismen der angeblich „freien" Partnerwahl, die doch nicht so frei ist, wie sie auf den ersten Blick erscheinen mag.

Partnerwahl ist in unserer Auffassung als erste Phase eines längeren Paarbildungsprozesses zu benennen. Nach einer Definition von Herrmann (2001, 184) sind „Paarbildungen als mehrstufige Selektionsprozesse zu deuten, bei denen die Kontaktfindung und Kontaktaufnahme die Eingangstufe bildet. Gerade diese erste, im allgemeinen von den Partnern nur unrealistisch zu planende Phase ist stark von Selbst- und Fremdtäuschungen bedroht." Der Prozess der Partnerwahl hat eine Schlüsselfunktion für die stabilen Paarbeziehungen und bestimmt zu einem massgeblichen Teil, wie sich die Beziehung künftig entwickelt. Die gegenseitig wahrgenommene Attraktivität der Partner wird durch eine fortschreitende Selbstöffnung ergänzt, begleitet von intensivierender Interaktion und Kommunikation. Die Entscheidung für einen bestimmten Partner und die subjektiv erlebte Richtigkeit derselben ist auch entscheidend dafür, ob die Beziehung als glücklich bewertet wird oder nicht - womöglich eine der wichtigsten Entscheidungen im Leben eines Menschen, so Herrmann (2001), „auch wenn diese Wahl in der Regel nicht mehr für ein ganzes Leben getroffen zu werden braucht" (181). Mehrere Faktorenkomplexe und ihr Zusammenspiel (siehe dazu noch Kapitel 4) bestimmen die individuelle Partnerwahl - persönliche Wertvorstellungen und soziale wechselseitige Abhängigkeiten, aber auch situative Merkmale und Zufallskonstellationen.

Wie frei - anders gesagt wie zufällig - ist die Partnersuche der Gegenwart? Die nur scheinbar unbegrenzte Freiheit der Wahl (im Vergleich zu früher keine arrangierte Ehe) wird, wie bereits angesprochen, durch mehr oder weniger feste Partnerwahlschemata eingeschränkt, welche das statistisch endlose Potential von passenden Partnern auf dem Heiratsmarkt erheblich reduzieren.

Nachdem die kulturelle Hegemonie der Familie abgelöst wird, wird auch das Thema *Partnerwahl* als soziologisches Thema entdeckt - zuerst in den 80-er Jahren des 20. Jahrhunderts im englischsprachigen Raum (es darf nicht vergessen werden, dass die Bezeichnung "Partnerwahl" im heutigen Sinne etwas mehr als 50 Jahre alt ist). Verblüffenderweise wurde befürchtet, dass die Partnerwahl als Folge eines romantischen Liebesideals zu einer Desorganisierung der Familie führen würde. Früher bedeutete eine passende Partnerwahl, dadurch den eigenen sozialen Status zu wahren oder gar zu erhöhen. Ferner hatte sie die Funktion der Sicherung des Lebensunterhalts - häufiger für Frauen - oder des Besitzerhalts. Eine auf Liebe und Zuneigung gestützte Partnerwahl existierte zwar, sie unterlag aber weitgehend ökonomischen Gegebenheiten und war daher für den definitiven Entscheid für einen Partner nicht massgebend. Um die Zunftmitgliedschaft zu erhalten, bewarben sich beispielsweise Gesellen und Handwerker bis ins 19. Jahrhundert um Handwerkstöchter, wobei ihr Werben um Ehepartnerinnen sich gezwungenermassen auf einen sehr engen Frauenkreis beschränkte (vgl. Möhle 2001). Die Initiative zur Partnerwahl kam in den oberen (Adels)Schichten vom Bräutigam oder dessen Familie, während in der Unterschicht auch Frauen eigenständig auf Männersuche gingen. Eltern mussten ihre Zustimmung zur Eheschliessung geben und demonstrierten damit ihren Einfluss bis ins 19.Jahrhundert. Voreheliche Partnerschaften konnten existenzbedrohend sein.

Erst in der zweiten Hälfte des 19. Jahrhunderts, mit fortschreitender Industrialisierung der Arbeiterklasse, liess sich erstmals von Ehewahl sprechen, dann also, als geltende Heiratsbeschränkungen dahinfielen. Auch kirchliche und staatliche Regulierungsinstanzen wurden weitgehend abgelöst. Kinder klagten vor Gericht gegen ihre eigenen Eltern, weil diese ihnen die Einwilligung zur Heirat verweigerten. Die bürgerliche Oberschicht propagierte bereits im 18. und 19. Jahrhundert das Motiv der Liebe als Grundlage für eine Eheschliessung - im Gegensatz zu den arrangierten Ehen des Adels, von denen sich das Bürgertum abzugrenzen versuchte. Das 20. Jahrhundert verzeichnet mit der allmählichen Auflösung der rechtlichen Hindernisse für eine nichteheliche Beziehung den faktischen Durchbruch der freien Partnerwahl, begünstigt durch die Emanzipation des weiblichen Geschlechts (Möhle 2001).

Das Thema der Partnerwahl ist aus soziologischer Sicht bedeutend. Die sich immer wieder reproduzierende soziale Ungleichheit zwischen den Generationen wird substantiell auch von bestehenden Mustern der Partnerwahl mitgetragen, wie Bourdeau in „Marriage Strategies as Strategies of Social Reproduction" darstellt (Bourdeau 1976). Das Prinzip der *Ho-*

mogamie[49] unter den Liebespartnern in Bezug auf Merkmale wie Herkunft, soziale Schicht, Bildung, Religion oder Alter ist dabei ein erwiesenermassen zufälliger Tatbestand. Des weiteren sind Themen wie Durchlässigkeit des Schichtungsgefüges und der sozialen Mobilität mit dem Thema der Paarbildung fest verflochten. Um diese Überzufälligkeit (eine quasi sozial gesteuerte Zufälligkeit") der sozialen Prozesse der Partnerwahl zu erklären, wird eine Vielzahl von Faktoren verantwortlich gemacht. Im allgemeinen haben wir das Haupt-Dilemma der sozialen Steuerung von *gesellschaftlichen Normen/individuelle Präferenzen* gegenüber *situativen Gelegenheiten* vor Augen. In Kürze darf man den für die Analyse notwendigen theoretischen Rahmen folgendermassen skizzieren:

1. *Normative Regeln.* Darunter versteht man in Gesetzen festgelegte Heiratsregeln (mit Ausnahme von Verwandtschaft und Minderjährigkeit) und sozial geteilte Wertvorstellungen über die angemessene Partnerwahl - mit dem Steuerungsmechanismus der sozialen Kontrolle. Die normative Perspektive begreift das Ehewerben als Handeln, das hauptsächlich von sozialen Wertvorstellungen determiniert ist. Hierbei handelt es sich um handlungstheoretische Erklärungsversuche, die Antwort auf die Frage „wer mit wem" liefern.

2. *Persönliche Präferenzen* (z.B. die individuellen Vorstellungen einer Person, wie ein Partner sein soll). Diese werden in der Austauschtheorie - als Balance zwischen Bedürfnissen und Erwartungen und in familienökonomischen Ansätzen - als Kosten-Nutzen-Abwägungen thematisiert. Auch hier handelt es sich um handlungstheoretische Erklärungsversuche, die Antwort auf die Frage „wer mit wem" zu geben versuchen.

3. *Sozialstrukturelle Rahmenbedingungen,* darunter *Gelegenheitsstrukturen.* Hierbei handelt es sich um strukturelle Erklärungsversuche als Antwort auf die Frage „wo und wie?" Den *Gelegenheitsstrukturen* wird in der vorliegenden Untersuchung spezielle Aufmerksamkeit gewidmet: (a) Bildungsinstitutionen Schule und Universität, (b) Arbeitsplatz und mit dem Beruf verbundene Aktivitäten; (c) Freizeitorte wie Disco oder Bar, (d) zufällige Begegnungs-orte; (e) Verwandte sowie engste Freunde und Bekannte mit Vermittlungsfunktion.

Mit *Gelegenheitsstrukturen* werden die äusseren Rahmenbedingungen umschrieben (Blau 1977, 1982; Blum 1985). Das zielgerichtete Handeln der Akteure in Form einer Beziehungssuche findet nicht im luftleeren Raum statt, sondern in strukturierten Umgebungen, deren vermeintliche Relevanz - in Bezug auf die Wahrscheinlichkeit, fündig zu werden - im

---

[49]Ähnlichkeit oder gar Gleichheit.

voraus zumindest annähernd bekannt ist. Es könnten bloss Orte sein, die allgemein als „Verkupplungtreffs" bekannt sind (Discos), aber auch Orte, die sich in einer bestimmten Gegend sekundär als solche etabliert haben[50]. Für solche Örtlichkeiten ist charakteristisch, dass sie raumgebunden sind und dass das darin vorhandene „Angebot" limitiert ist.

Die Gelegenheitsstrukturen werden normalerweise nicht als *exogene* Determinanten der Partnerwahl betrachtet, wie Klein & Lengerer (2001) festhalten, im Unterschied zu den individuellen Präferenzen, welche von allgemein gültigen Wertvorstellungen geteilt werden - obwohl „soziale Verkehrskreise vielmehr nach den selben Regeln ausgewählt werden wie die Partner selbst" (Klein & Lengerer 2001, 267). In der einschlägigen Literatur der Familiensoziologie wird, obwohl dauernd beklagt, die Perspektive der Gelegenheitsstrukturen kaum berücksichtigt und wenn doch, dann untergeordnet. Dies gilt nicht nur für theoretische Beiträge, sondern auch für empirische Daten, welche die quantitative Bedeutung der einzelnen Wege der Partnerwahl messen (vgl. hierzu der Literaturüberblick von Lengerer 2001). Es fällt auf, dass die empirischen Untersuchungen allesamt älteren Datums sind - wie bei den Arbeiten von Burgess & Locke (1960), Coleman (1973), Hollingshead (1952).

Der Einfluss der *normativen Regeln* wird als die massgebliche Determinante überbewertet (siehe zum Beispiel Jäckel 1980, Rückert et al. 1979), was heutzutage umso erstaunlicher ist, als es in den westlichen modernen Gesellschaften kaum gesetzlich verankerte Heiratsverbote gibt. In psychologischen und sozialpsychologischen Arbeiten wird dies überwunden, allerdings mit der Konsequenz, dass sich der herrschende Diskurs primär mit *individuellen Präferenzen* befasst und nicht mit *Gelegenheitsstrukturen* der Partnersuche. Natürlich ist der Zugang zu bestimmten situativen Kontexten (oder Teilheiratsmärkten) abhängig von Merkmalen der Gruppenzugehörigkeit, wie in diesem Zusammenhang Klein & Lengerer (2001, 270) bemerken: „Soziale Kontaktchancen und die daraus resultierenden Möglichkeiten der Partnerwahl sind deshalb auf Personen konzentriert, mit denen man ohne eigenes Zutun etwas gemeinsam hat". Auf der anderen Seite darf mit der Durchlässigkeit der alten sozialen Schichtung nicht länger von einer rigiden Klassenzuordnung gesprochen werden. Beispielsweise wurde der Bereich des Wählbaren von Winch (1958) aus austauschtheoretischer Perspektive so definiert, dass Menschen situative Gegebenheiten wählen, über deren Homogenität sie im voraus wissen und gleichzeitig die heterogenen bewusst meiden. Auch familienökonomische Ansätze reduzieren das Verständnis der Wahl der Gelegenheiten auf die Optimierung der Suchkosten auf dem Partnermarkt - man zieht die Orte vor, von denen man annimmt, dass die

---

[50]In Zürich wäre ein solcher Ort zum Beispiel die Zentralbibliothek am Predigerplatz.

Wahrscheinlichkeit, den passenden Beziehungskandidaten zu finden, am grössten ist.

Jäckel (1980) betrachtet normative Aspekte und Gelegenheitsaspekte als einander nicht ausschliessende Erklärungsversuche, ausgehend von der Annahme, dass soziale Verkehrskreise nach denselben Normen, Wertvorstellungen und individuellen Präferenzen ausgewählt werden wie die Partner selbst - was wiederum heisst, dass die Begrenzung potentiell geeigneter Partner zur Einschränkung denkbarer Kontaktmöglichkeiten führt. Allerdings wäre hier anzumerken, dass die nicht zu verneinende Beeinflussung des Homogamie-Prinzips bei der Paarbildung stark variiert und von den verschiedenen Wegen der Partnersuche abhängt. Es lässt sich zum Beispiel ein hoher Homogamiegrad bei Beziehungen ermitteln, die über Verwandte und weniger über Bekannte und Freunde zustande gekommen sind. Die soziale Kontrolle und somit die normative Steuerung der Partnerwahl spielt womöglich die grösste Rolle für das Kennenlernen über Verwandte, insbesondere über Eltern (Schütze & Wagner 1998), ebenso verhält es sich bei Bildungsstrukturen. Wie aus den Daten der Konstanzer Partnerwahlstudie hervorgeht (Klein & Lengerer 2001), dominierte in Westdeutschland zum Beispiel bei den über Bildungsinstitutionen vermittelten Beziehungen die Alters- und Bildungshomogamie. Allerdings war dabei im Vergleich zu früher eine sinkende Homogamie-Tendenz auszumachen, und zwar sowohl bildungs- als auch altersmässig. Das Ausmass an Homogamie ist am Arbeitsplatz im Vergleich viel geringer. Geringer war der Grad der Homogamie bei Partnerschaften, die über Freunde und Bekannten oder Verwandte vermittelt wurden. Die vergleichende Analyse von Klein & Lengerer (2001) ergab, dass Freunde und Bekannte sowie Bildungsinstitutionen über mehr als drei Jahrzehnte hinweg die mit Abstand häufigsten Wege des Kennenlernens darstellten. Die Relevanz von Freunden und Bekannten gilt umso mehr für Personen ab 20, da hier die Bedeutung der Schule zurückgeht, Verwandte haben vergleichsweise eine geringe Relevanz.

Ein spannender Aspekt des Themas ist wohl auch, ob die oben angesprochenen Gelegenheitsstrukturen im Laufe der Zeit eine Art „Gattungsevolution" durchlaufen. Auf dem Land waren früher beispielsweise neben Dorf- und Familienfesten auch die Spinnstuben Treffpunkte der Heiratswilligen (Möhle 2001). Wie Wunder (1992) berichtet, waren sog. „Nachtfreien" und „Probenächte" eine der wenigen Formen der Brautwerbung, bei denen junge Männer und Frauen ohne Vermittler agierten. Das waren akzeptierte voreheliche Kontakte und boten den Paaren eine Chance festzustellen, ob sie zueinander passten. Die strikte soziale Kontrolle in den Gemeinden verhinderte jedoch, dass dieses „Ausprobieren" eine wirklich freie Wahl beförderte. Da die Akzeptanz beim Nachtfreien für Männer eine Frage der Ehre war, barg dieser Brauch ausserdem ein gewisses Benachteiligungspotential für Frauen. Sie standen jeweils unter Druck, einen Mann nicht zurückweisen zu dürfen, ohne damit seine Mannesehre zu verletzen.

Die Wege des Kennenlernens liefen öfters auch über Nachbarschaft, Vereine und Tanzveranstaltungen, ausserhalb des Arbeitsbereichs auch über kirchliche und sonstige Feste. Im Handwerkermilieu gab es für Männer mehr Orte für die Partnersuche als für Frauen. Üblich war jeweils noch das sonntägliche Flanieren junger Männer und Frauen auf Spazierwegen der Umgebung. Frauen waren dabei eingeschränkter in ihrem Verhalten, da ihre Reputation durch allzu auffälliges Liebeswerben leicht beschädigt werden konnte. Der gemeinsame Spaziergang war im 18. und 19.Jahrhundert, wie Hufton (1981) notierte, eine akzeptierte Form des öffentlichen Werbens. Die damalige Heiratsmobilität war jedoch eng verwoben mit normativen Beschränkungen - bestimmte, in der Stadt lebende soziale Gruppen wie Handwerker und Soldaten durchliefen bei ihrer Heiratssuche breitere Kreise, die Menschen auf dem Land hingegen beschränkten sich gezwungenermassen auf das unmittelbare, nachbarschaftliche Umfeld. Ein Bürgerlicher suchte eine geeignete Frau innerhalb gleichgestellter bürgerlicher Kreise. Auch aus entfernten Regionen wurden gleichgestellte Familien einbezogen. Eine gelungene Wahl diente im allgemeinen dazu, die neu entstandene soziale Gruppe zu verfestigen und ihre Stellung im sozialen Gefüge zu etablieren. Wie Möhle (2001) aber in ihrem historischen Rückblick zu Recht konstatiert, erfahren die gängigen Heiratskreise im Laufe der Industrialisierung keine wesentliche, schichtenübergreifende Ausdehnung.

Im Laufe der historischen Gattungsevolution der Gelegenheitsstrukturen verlieren traditionell essentielle Orte allmählich an Gewicht und verschwinden gar, um durch neue ersetzt zu werden (etwa Tanzabende durch Discos). Es entstehen neue Orte und erleben ihre Blüte, das Medium Internet darf wohl als erster quasi „raumauflösender" Nicht-Ort betrachtet werden:

> Vor zehn Jahren... hätten wir uns nie getroffen, mit hoher Wahrscheinlichkeit hätten wir uns nie getroffen, weil wer kommt von A nach B und umgekehrt? (*Mephisto48*)

> Wir wären uns kaum begegnet. Er wohnt in S., arbeitet in Z., ich in Y. Ich wüsste nicht wie, woher auch? (*Kamelia*)

Die neuartige Relevanz des neuen Partnermarkts auf einer Datingsite wie PartnerWinner darf als global bezeichnet werden. Einerseits werden erstmals die begrenzten Interaktionsmöglichkeiten lokaler Heiratsmärkte um ein Mehrfaches erweitert. Andererseits charakterisiert sich der Onlinemarkt durch einen unbehaglichen Verlust an Homogenität, der in so-

zialer Hinsicht eher unerwünscht ist. Ein Akademiker ärgert sich beispielsweise über Kontaktzuschriften, die er in seiner internen E-Mail-Box
erhalten hat, weil diese auffällig viele Schreibfehler enthalten (ungenü-
gende Bildungshomogamie).

Generell kann der Schluss gezogen werden, die Gelegenheitsstrukturen
einerseits und die Normen und Präferenzen andererseits steuern die
Partnerwahl auf unterschiedliche Art und Weise. Wenn wir von der
Prämisse ausgehen, dass es sich bei der Partnerwahl um eine subjektiv
zu treffende Wahl handelt, gewinnt die Struktur-Perspektive an Gewicht
als Konsequenz. Ein Akzent der vorliegenden empirischen Untersuchung wird deshalb insbesondere auf die Gelegenheitsstrukturen (auch
„Wege des Kennenlernens" genannt) gelegt. Die Ausgangsthese hierzu
lautet, dass *der Radius potentiell geeigneter Partner genauso durch die aktuell
vorhandenen Wege des Kennenlernens eingegrenzt wird*, wobei hier betont
sein soll, dass letztere ihre eigenständig wirkende Kraft besitzen und
nicht restlos von den bestehenden Normen sowie individuellen Präferenzen determiniert werden. Ohne die bis jetzt wohl am stärksten untersuchte Perspektive der individuellen Präferenzen aus den Augen zu
verlieren, werden wir uns der Frage des *wo und wie der Partnerwahl* widmen. Bei welchen kontextuellen Gegebenheiten treffen sich Menschen im
Wissen, dass sie am wahrscheinlichsten geeignete Partner für eine feste
Liebesbeziehung finden können?

3.6.2. Einige Notizen zur Partnerwahl-Geographie

Die räumliche Distanz als Thema verdient es, als unentbehrlicher Teil
des grossen Themas „Partnerwahl-Gelegenheiten" eigens gewürdigt zu
werden. Obwohl auf den ersten Blick wenig spektakulär, ist unseres Erachtens die Determinante *räumliche Nähe* von beträchtlicher sozialer Relevanz. Ob die geographische Distanz zwischen den Partnern isoliert
betrachtet werden soll, oder ob es sinnvoll wäre, sie als Variable im Zusammenhang mit normativen und subjektiven Faktoren zu analysieren,
wird dabei berechtigterweise diskutiert. Tatsächlich beeinflussen individuelle Merkmale die geographischen Spektren der Partnersuche. Wir
teilen mit Klein & Lengerer (2001) die These, dass „bereits die blosse
Verortung sozialer Handlungskontexte im Raum das Angebot wählbarer
Partner erheblich vorstrukturiert". Wenn wir davon ausgehen, dass sich
verschiedene geographische Regionen voneinander erheblich unterscheiden, dann ist es konsequenterweise besonders unentbehrlich, ihre
spezifischen Charakteristiken bei der Beschreibung lokaler Partner-
märkte mit zu berücksichtigen.

Die räumliche Distanz als Faktor der Paarbildung wurde in der Forschung erstaunlich früh von Bossard (1932) untersucht. Er fand 1932 heraus, dass die Wahl von Ehepartnern in überraschend geringer Entfernung stattfindet (Bossard 1932, 222, zit. nach Lengerer 2001). Seine wesentlichste Erkenntnis gipfelt in der humorvollen Schlussfolgerung: „Cupid may have wings, but apparently they are not adapted for long flights". Nachfolgende Untersuchungen zeigten sich kongruent mit seinen Resultaten, Repliken von seiner Studie bestätigten vollumfänglich seine Ergebnisse (Abrams 1943, Clarke 1952, Davie & Reeves 1939, Harris 1935, Kennedy 1943). Abrams (1943) stellte fest, dass der Anteil von Heiraten in Philadelphia zwischen 1905 und 1931 über die Stadtgrenzen hinaus trotz grösserer Mobilität nicht zunahm. Eine Ausdehnung der Einzugsgebiete für Heiraten registrierte Kerckhoff (1956) mit wachsendem Einkommen, Harris (1935) und Koller (1942) stellten Ähnliches mit steigender Berufsposition fest. Danach, wie Lengerer (2001) in ihrem Überblick konstatierte, verschwand der Diskurs der räumlichen Entfernung als Determinante der Partnerwahl wieder.

In der neueren Zeit hat sich die Familiensoziologie hauptsächlich mit den klassischen Schwerpunkten Alter, Bildung, Standeszugehörigkeit und Religion befasst. Erst einige Jahre später haben Schwarz (1967) und Martin (1977) aussagekräftige empirische Daten vorzuweisen: Der Anteil der im Jahre 1965 in Baden-Württemberg geschlossenen Ehen, in denen beide Partner aus derselben Region stammen, lag bei 67%; in 13% der Fälle kommen die Partner aus unmittelbar benachbarten Kreisen. So stellte auch Martin (1977) für rein dörflichen Regionen fest, dass 70% aller Ehen mit einem maximal 10 km entfernt wohnenden Partner geschlossen werden. In bäuerlich geprägten Ortschaften werden in der Untersuchung von Walter (1956) 70 bis 90% der Ehen mit einem aus höchstens 20 km Entfernung stammenden Partner geschlossen. Zusätzlich fand Schwidetzky (1967) für Westfalen heraus, dass mit zunehmender Bevölkerungsdichte der Anteil der Ehen mit zwei ortsansässigen Partnern steigt - von 10% für dünn besiedelte Gebiete bis 50% in Städten wie etwa Dortmund. Die überzufällige konfessionelle Homogamie erklären Klein & Wunder (1996) fast vollständig mit der lokalen Strukturierung der Heiratsmärkte. Höherer Sozialstatus und höheres Einkommen werden mit höherer Mobilität in Verbindung gebracht - dadurch ergeben sich vermehrt Kontaktmöglichkeiten mit Personen, die geographisch weit entfernt sind. Eine umstrittene Rolle spielte die *Segregation*: der räumlich segregierte Charakter der amerikanischen Grossstädte war Hauptursache für die Dominanz nachbarschaftlichen Heiratens (Davie & Reeves 1939, Kennedy 1943). Aber auch da wird unterstellt, dass eine homogene Partnerwahl die Norm darstellt.

Aufmerksamkeit gebührt überdies der Frage, ob die lokal eher homogen orientierte Wahl andere Muster erzeugt als die Wahl über grössere Distanzen. Ob das Homogamie-Prinzip räumliche Nähe bewirkt oder räumliche Nähe a priori ein bevorzugter Partnerwahl-Faktor ist, bleibt umstritten. Uneinigkeit herrscht darüber, ob die Homogamie mit der Erweiterung der Heiratskreise wächst. Als kontrovers gilt die These, dass über grössere Distanz sich findende Paare heterogamer sind - ohne vorgängige Veränderungen ihrer (von den Gelegenheitsstrukturen unabhängigen) Präferenzen. Haavio-Mannila (1965) präzisiert dazu, dass durch räumliche Nähe die Heterogamie bei anderen Merkmalen kompensiert werden kann oder dass räumliche Distanz in Kauf genommen wird, wenn die Partner in anderen wichtigen Merkmalen Ähnlichkeiten aufweisen.

Die Partnerwahlkreise haben sich bis heute trotz gegenwärtig gesteigerter sozialer Mobilität nicht substantiell vergrössert. Nahezu 40% aller Partnerschaften werden innerhalb desselben Ortes geknüpft, weitere 20% in einem Radius von 20 km. Die Bewohner einer Grossstadt wählen in über 80% der Fälle einen Partner mit Wohnsitz in derselben Stadt (Klein & Lengerer 2001). Die Tendenz zur *lokalen Homogamie* wird durch die real existierenden „Heiratsgrenzen" verstärkt. Gemeint sind damit nicht nur politische oder religiöse Barrieren, sondern Charakteristiken der Landschaft (Flüsse, Wald- und Berggegenden), weil diese den Austausch zwischen den Partnern praktisch erschweren oder gar verunmöglichen. Dies bestätigt eindrücklich, dass die Heiratskreise normalerweise eine geographisch kleine Ausdehnung haben und somit im wesentlichen an lokale Gegebenheiten gebunden sind. Geringe Distanz erhöht die statistische Wahrscheinlichkeit, sich zu treffen, ohne dass dies mit hohen Kosten (wie auch unser Interviewpartner *Elessar* zum Ausdruck brachte) verbunden ist - unter anderem auch deshalb, weil Paare heutzutage nicht zwingend einen gemeinsamen Haushalt haben:

> Ich wollte keine Long distance-Beziehung - das hatte ich ein Mal gehabt, wo man sich praktisch nur an den Wochenenden sieht und die Woche über miteinander telefoniert, aber sich letztendlich nur aufs Wochenende konzentriert. Ich wollte online eine Beziehung suchen, wo es kein grosser Aufwand ist, sich zu sehen. Ich komme heute Abend vorbei oder ich komme nicht vorbei und nicht, wo man sich erst in Auto oder den Zug setzen muss und hundert Kilometer fahren muss, um den anderen zu sehen. (*Elessar*)

Hier wäre auf die Theorie der *„intevening opportunities"* von Stouffler (1949) zurückzugreifen: Die Gelegenheiten werden mit grösser werdendem Radius zwar umfangreicher, werden aber umso seltener auch effektiv genutzt, je zahlreicher die dazwischen liegenden Möglichkeiten sind. Die Erklärung der Ausdehnung ausschliesslich durch die normative Steuerung der Paarbildung verwerfen Catton & Smircich (1964) zu Gunsten von Kosten-Nutzen-Abwägungen - schliesslich werden die Kosten für das Aufrechterhalten der Beziehung allein schon durch die geringe Entfernung minimiert. Dass die Homogamie bei Paaren aus benachbarten Regionen dennoch nicht selten verletzt wird, ist gut mit der Seltenheit der zur Kontaktaufnahme stehenden Kandidaten erklärbar. Aus dieser Knappheit der real existierenden Beziehungswilligen erwächst dafür im virtuellen Raum eine beachtliche Menge potentieller Kandidaten. Dennoch verlieren die geographisch vorgeformten Gelegenheitsstrukturen ihre Vorrangrolle selbst im Internet nur teilweise.

4. Sozialwissenschaftliche Erklärungsansätze der Paarbildung

Welches Forschungsparadigma eignet sich am besten, im virtuellen Raum entstehende Beziehungen zu analysieren - jenes der Theorien computervermittelter Kommunikation oder dasjenige der Paarbildungsforschung? Vorstellbar wäre es, sich dem Forschungsgegenstand von beiden Seiten her zu nähern. Da wir uns hier ohnehin nicht mit rein virtuellen Beziehungen beschäftigen, erscheint eine komplementäre Anwendung von Erkenntnissen in beiden Gebieten sinnvoll. Bei der Erforschung von interpersonalen Beziehungen möchten wir den Fokus mit Lea & Spears (1995, 199) auf den sozialen Kontext richten - mit der Feststellung, dass solche Beziehungen, obwohl nicht im realen Leben entstanden, genauso „socially situated" zu sein scheinen.

4.1. Evolutionsbiologische Erklärungen

Die *evolutionsbiologischen* (auch soziobiologisch oder evolutionstheoretisch genannt) Erklärungsperspektive soll an dieser Stelle zumindest der Vollständigkeit halber berücksichtigt werden. Ihre Grundannahme besteht darin, dass biologische Verhaltensprogramme bestehen, die sich auf unsere sozialen Beziehungen auswirken, darunter auch auf Ehe, Familie und Paarbeziehung, und dass diese Programme, auch Strategien genannt, biologische Rahmenbedingungen bereitstellen, die zu bestimmten sozialen Differenzierungen führen können. Gewisse Verhaltensmuster bieten in bestimmten Situationen *Überlebensvorteile,* und diese Vorteile bestimmen das Handeln in Bezug auf den Fortpflanzungserfolg, der Anpassungsgrad an die Umweltbedingungen wird dabei als *Fitness* bezeichnet. Das ist eine spezielle Variante der Entdeckung von genetischer Ähnlichkeit. Von Belang ist überdies, dass sich solche Anpassungsmuster aus verhaltensbiologischer Sicht jeglichen normativethischen Qualifizierungen zu entziehen vermögen - beispielsweise, um Egoismus oder Altruismus zu rechtfertigen. Bezeichnenderweise finden gegenwärtig sowohl in der soziologischen als auch der psychologischen Familien- und Beziehungsforschung solch evolutionsbiologische Erklärungsansätze immer grösser werdende Beachtung.

Enge Paarbeziehungen, Ehe und Familie sind eine zentrale Voraussetzung menschlicher Entwicklung. Kulturabhängige, reproduktive Verbindungen zeichnen sich durch bestimmte Merkmale aus: wechselseitige Verpflichtung der Partner, sexuelle Zugänglichkeit, Aufzucht des Nachwuchses etc. (vgl. Lösel & Bender 2003). Mindestens ein Mal in ihrem Leben gehen 90% der Erwachsenen eine Paarbeziehung ein.

Erweitert wurde die soziobiologische Perspektive von Buss & Schmidt (1993, zit. nach Lösel & Bender 2003) mit der Hypothese, dass die *menschliche Paarbildung über kontextabhängige Strategien für Langzeitbeziehungen* verfügt, deren Ziel ist, Anpassungsprobleme, die unter dem Selektionsdruck der Fortpflanzung entstanden sind, im Laufe des Evolutionsprozesses zu lösen. Obwohl diese Strategien einen bestimmten Zweck verfolgen, sind sie weder geplant noch werden sie bewusst wahrgenommen. Die kurzzeitigen Beziehungen unterliegen hingegen anderen Strategien und sind kulturell relativ robust. In verschiedenen Gesellschaften hatten Frauen in der Regel grössere elterliche Investitionen zu leisten - Schwangerschaft, Stillzeit, Kinder grossziehen. Aus diesem Grund hatten sie weniger Zeit für kurzfristige Beziehungen als Männer. Bei den langfristigen Beziehungen kam ausserdem das Problem der *genetischen Qualität* von Männern und Frauen dazu. Daraus resultieren geschlechtsspezifische Strategien, etwa dass sich Männer zum Beispiel eine grössere Anzahl Partnerinnen für Kurzbeziehungen wünschen, sexuellen Motivationen bei der Kontaktaufnahme eine bedeutsame Rolle zukommt, oder geringere Ansprüche an Persönlichkeitsmerkmale (eine Ausnahme bildet in diesem Zusammenhang das Merkmal physische Attraktivität) festzustellen sind. Frauen bewerten den physischen Schutz für die Aufnahme einer Beziehung als bedeutungsvoller und dessen Fehlen als Grund für deren Auflösung (Bleske-Rechek & Buss 2001). Viele empirische Resultate belegen übereinstimmend, dass sich Männer jüngere Frauen wünschen und Frauen ältere Partner als sie selbst. Der berufliche Status des Mannes korreliert mit der physischen Attraktivität der Frau; häufige Scheidungsgründe sind weibliche Untreue und männliche Ressourcendefizite. Teilweise evolutionstheoretisch kann beispielsweise die Norm erklärt werden, dass der Mann grösser sein muss als die Frau. Tatsächlich konnten wir auf dem Datingportal PartnerWinner empirische Belege dafür finden, dass Männer mit Körpergrösse 170 und weniger beispielsweise geringere Chancen haben, von Frauen angeschrieben zu werden.

Die Bedeutung der soziobiologischen Perspektive ist beschränkt - allein vermag sie bestehende Paarungsmuster nicht restlos zu erklären. Auch Machtverhältnisse oder Statusungleichheiten spielen eine wesentliche Rolle - für deren Interpretation wäre dieser Ansatz ungenügend. Viele dieser ursprünglichen Muster wurden in der modernen Zeit teilweise überwunden, was für die relative kulturelle Autonomie sowie situative Kontextabhängigkeit der Paarungsmechanismen spricht. Einige dieser bestehenden, biologisch oder genetisch bedingten Mechanismen wurden heute durch soziale Strategien überlagert, deren Zweck nicht mehr in den Überlebensvorteilen oder im grösst möglichen Fortpflanzungserfolg zu suchen ist. Heute ist für beide Geschlechter die physische Attraktivität wichtiger als früher - mit gleichzeitig wachsender Bedeutung der Liebe und des Vertrauens.

4.2. Familienökonomische Theorien

Diese Theorie liefert eine interessante Auffassung zur Erklärung vieler auf PartnerWinner beobachtbaren Mechanismen der Partnersuche. In der Auffassung dieser Theorien besteht der Hauptzweck einer Beziehung darin, den subjektiven Nutzen der Person durch *Güter* (engl. Commodities) zu maximieren, die ausschliesslich in der Beziehung erzeugt und konsumiert werden können. Solche Güter sind: *Liebe, Gesundheit, Erholung* oder *Anerkennung*. Von den übrigen Gütern unterscheiden sie sich dadurch, dass sie auf dem Markt nicht „gekauft" werden können und deren Vorhandensein nur in sozialen Arrangements wie Ehen (diese werden als langfristige Verträge betrachtet) sichergestellt wird. Hierzu werden konsequenterweise *Entscheidungsfindungsprozesse* der Partnersuche stärker betont, die ein Partnersuchender im Netz aufgrund der flexibleren Selektionsmöglichkeiten willentlich leichter steuern kann. Diese Entscheidungsprozesse sind aber nur vermeintlich befreit von äusseren Zwängen, denn die blosse Verfügbarkeit einer grossen Anzahl bindungswilliger Partner garantiert weder das Zustandekommen eines ersten Kontaktes, noch wiederholende Interaktionen.

Mit Hilfe des familienökonomischen Ansatzes ist relativ leicht zu erklären, wieso die potentiell vorhandene Wahrscheinlichkeit, einen möglichst geeigneten Beziehungspartner kennen zu lernen, in der Alltagswelt erheblich reduziert ist: „Die Annahme, dass zu Beginn der Partnerschaft ein subjektiv optimaler Partner gewählt wird, wird nur dann realistisch, wenn ein vollkommener Markt existiert" (Lösel & Bender 2003, 55). In der Realität ist aber niemals ein derartig vollendeter, idealer Heiratsmarkt gegeben - selbst in einer halbkünstlich geschaffenen Umwelt wie der Datingplattform PartnerWinner. Das Partnerangebot ist gegeben, vereinfachte Suchprozeduren werden gewährleistet, die simultane Verfügbarkeit mehrerer potentieller Kandidaten ist tausendfach. Die Betroffenen treffen nach wie vor beziehungsrelevante Entscheidungen, die sie nicht immer als optimal empfinden.

Der persönliche Gewinn oder Nutzen für die Person ist bei den ökonomischen Theorien breiter gefasst als bei den Austauschtheorien (siehe Kapitel 4.4.). Entscheidungskriterien für die Wahl des jeweiligen Partners sind aus dieser Perspektive dessen *individuelle Eigenschaften*. Paradoxerweise werden nicht nur Partner gesucht, die ähnliche Merkmale aufweisen, sondern Ersatz oder Kompensationen für persönliche Mängel und Defizite, also jene Eigenschaften, die man selbst nicht besitzt (etwa Prestige).

4.3. Psychoanalytische, psychologische und sozialpsychologische Ansätze

Psychoanalytischer Ansatz
Im Sinne von Vollständigkeit möchten wir hier kurz auch den psycho-analytischen Ansatz würdigen, obwohl er für unsere Abhandlung kaum von Relevanz sein wird. Die grundlegende Annahme ist, dass Erfahrun-gen in der frühen Kindheit das Verhalten des Erwachsenen später ent-scheidend beeinflussen, dass also eine irreversible Prägung besteht, die das Partnerwahlverhalten bestimmt und a priori auf Charaktermerkmale des anderen setzt. Die Partnerwahl ist von der phallischen Phase zwi-schen drei und sechs Jahren mitbestimmt. Eine psychoanalytische Hy-pothese wäre demnach, dass Frauen ihren künftigen Partner nach dem physischen Abbild ihres Vaters wählen und umgekehrt Männer ihre Partnerin nach jenem ihrer Mutter. Empirische Untersuchungen waren jedoch nicht imstande, derartige physische Ähnlichkeiten zu belegen. Bis heute wurde nicht festgestellt, wie sich Menschen mit erfolgreich gelö-stem Ödipuskomplex in ihren Partnerwahlstrategien von jenen mit un-gelöstem Ödipuskomplex unterscheiden (siehe Klein 1995, 43). Eine spannende, kritische Frage wäre, ob solche Konstellationen dazu führen, dass man in seiner Partnerwahl mit eingeschränkten Partnervorstellun-gen operiert.

Lern- und verhaltenstheoretische Ansätze
Die *Lern- und verhaltenstheoretischen Ansätze* werden ebenfalls nur kurz umrissen - obwohl sie empirisch als bestens fundiert gelten. Anders als evolutionsbiologische oder austauschtheoretische Zugänge (Kapitel 4.2.) betreffen sie kommunikative und interaktive Aspekte zwischen den Partnern. Vielfach handelt es sich um eine Verflechtung lerntheoretischer und kognitiv-behavioristischer Ansätze mit Fokussierung auf Attribu-tionen, Wahrnehmungen und Interpretationen. Zentrale Ausgangsthese hier ist: Der tägliche Umgang der Partner miteinander und das Verhalten vor allem in Konflikt- und Krisensituationen bestimmen die Qualität und die Stabilität der Beziehung. Die daraus entstehenden Interaktions- und Kommunikationsmuster können funktional (Belohnung) oder dys-funktional (Liebesentzug) sein. „Nach der sozialen Lerntheorie kann eine dauerhafte Unterdrückung unerwünschter Verhaltensweisen nur durch

ständige, und wegen der Habituierung, durch immer intensivere Bestrafungsmassnahmen erzielt werden" (Lösel & Bender 2003, 58). Bestimmte Interaktionsmuster gelten nach Gottmans *Kaskadenmodell* (Gottman 1994, zit. nach Lösel & Bender 2003) als Risikofaktoren für die Qualität einer Beziehung und für deren Stabilität. Demnach durchlaufen Paare auf dem Weg zur Trennung vier Stufen, die „apokalyptische Reiter"[51] genannt wurden. Das Verhältnis von positiven zu negativer Kommunikation sollte gemäss *Gottmans Konstante 5:1* betragen - und dies sollte umso mehr für die Kommunikation in der Phase der Verliebtheit Geltung haben.

Ähnlichkeits- und Komplementaritätsthese

Dies ist eine der berühmtesten und gleichzeitig theorieübergreifenden Thesen der Paarforschung schlechthin (getreu dem Sprichwort *„Gleich und gleich gesellt sich gern"*). Sie besagt, dass sich Menschen von andern mit ähnlichen Eigenschaften angezogen fühlen, Eigenschaften wie Bildung, Intelligenz, physische Attraktivität, Werte-Vorstellungen. Dieses empirisch leicht zu belegende Phänomen kann integrativ mit den oben referierten Erklärungsansätzen erläutert werden. Bereits austauschtheoretische Ansätze deuten darauf hin, dass vorhandene Ähnlichkeiten zwischen den Partnern bezeichnenderweise als gerecht erlebt werden. Hierzu dienlich sind noch familienökonomische Konzepte, weil sie begreifbar machen, warum Menschen am Ende doch keine Partner gewinnen können, die sich in vielen persönlichen Ressourcen erheblich von ihnen unterscheiden. Kaum abwegig wäre dazu das Argument, dass sie darin aus Angst vor Enttäuschung, Abweisung oder Spott scheitern. Ähnlich verhält es sich mit der Tatsache, dass sich Menschen vorwiegend innerhalb ihrer eigenen Schichten und Milieus bewegen. Lerntheoretisch inspirierte Forschungsbemühungen zeigen, wieso gegenseitige Belohnungen die Ähnlichkeit in den Verhaltensweisen sowie Persönlichkeitsmerkmalen nur noch verstärken. Aus der Sicht der soziobiologischen Perspektive wiederum ist zu erklären, wieso sich eher Partner voneinander angezogen fühlen, die bezüglich genetischer Qualität vergleichbar gestellt sind (optimale Fortpflanzungsfähigkeit).

Obwohl man ziemlich leicht den Eindruck gewinnen könnte, die Erklärungskraft der Ähnlichkeitsthese wäre allgegenwärtig, geniesst eine entgegengesetzte These nichtsdestotrotz zunehmende Dominanz: die sogenannte Ergänzungs- oder Komplementaritätsthese (im Volksmund „Gegensätze ziehen sich an"), mit teilweise tiefenpsychologischem Ursprung. Die Ergänzungsthese ist jedoch empirisch unzureichender belegt

---

[51] Kritik (Vorwürfe, Anklagen, ständiges Nörgeln, Sichbeklagen), Verachtung/Herabwürdigung (Beleidigungen, abwertende, zynische und sarkastische Bemerkungen), Abwehr/Verteidigung (Rechtfertigung, Gegenvorwürfe, Schuldabweisungen), Mauern/Abblocken (Kommunikation verweigern, nicht zuhören, den anderen ignorieren).

als die Ähnlichkeitsthese. Diesbezüglich erfolgsversprechender sind Konzepte, welche versuchen, beide Thesen in einen Rahmen aufeinander folgender Beziehungsphasen zu integrieren: soziale Homogenität des Netzwerkes (ähnliche Milieus) und normative Vorgaben. Sie können erkenntnistheoretisch als gelungen bewertet werden, da hier dem dynamischen Aspekt einer Beziehung Rechnung getragen wird. Auch viele lern- und verhaltenstheoretische Konzeptualisierungen kommen zur Geltung. Obwohl bei der Partnerwahl mehr die Übreinstimmung von Interessen und Werten im Vordergrund steht, spielt in einer späteren Phase die wechselseitige Ergänzung der Bedürfnisse eine Rolle (Winch 1958). Verbesserungen dieses Modells mittels *Sequenzen* stammen von Murstein (1976). Er ortet konkret drei Phasen der Partnerwahl. Während zu Anfang äussere Merkmale wie Status oder physische Attraktivität von Bedeutung sind (erste Phase), tritt später die Übereinstimmung von Werten (zweite Phase) und dann die Ergänzung der Rollen innerhalb einer Beziehung in den Vordergrund (dritte Phase).

Verabsolutiert werden dürfen solche Ähnlichkeits- sowie Ergänzungstendenzen allerdings nicht. Bei bestimmten Merkmalen wirken sich Ähnlichkeiten je nach konkreter Interaktion günstiger für die Beständigkeit der Beziehung aus als Unterschiede. Umgekehrt existieren Merkmale, wo sich gerade die Andersartigkeit positiv auswirkt. Nach Felser (2003) kann ein inhaltlicher Anspruch an die Beziehung massgebend sein, nämlich inwieweit diese Merkmale die individuelle Entwicklung der Beteiligten fördern oder behindern. Die Versöhnung zwischen den beiden Thesen schliessen wir mit dem poetischen Inserat einer Partner-Winner-Userin namens *seeprinzessin* ab: „Und ich suche Dich, der zweite Kreis für meinen Traum. Der meinen Kreis schneidet und deren zwei Teilmengen die Schnittmenge befruchten. Denn Gemeinsamkeiten ziehen sich bekanntlich an - und trotzdem braucht es Unterschiede".

Anziehungsforschung

Es handelt sich hier um eine sozialpsychologisch geprägte Forschungsrichtung, die als eine der populärsten zu werten ist. Aufschwung widerfuhr ihr Anfang der 60er-Jahre und ihre Beliebtheit ist eigentlich bis heute ungebrochen. Als Determinante der zwischenmenschlichen Anziehung gilt die *körperliche Attraktivität*. Das Hauptpostulat besagt, dass attraktivere Personen bei der Partnerwahl gegenüber weniger attraktiven bevorzugt werden. Es wurden mehrere experimentelle Studien durchgeführt, wie die bekannte Studie von Walster et al. (1978) mit Studenten am Tanzabend (zit. nach Lenz 2003). Trotz ihrer Verbreitung erzeugt die Anziehungsforschung eher ein statisches Bild von Beziehungsaufnahme und lässt deren dynamische Aspekte unberücksichtigt. Sie konzentriert sich ausschliesslich auf die Aufbauphase; selbst die Prozesse dieser Phase werden aber nicht zur Genüge gewürdigt, da hier der individualpsychologische Blick geschärft wird (Persönlichkeitsmerkmale) und nicht die Betrachtung der Interaktion zwischen den Partnern. Dadurch wird suggeriert, dass die Personen über ein mehr oder weniger unveränderliches Persönlichkeitsprofil verfügen, das im Laufe der Zeit, aber auch unter dem Einfluss aktueller Beziehungen konstant bleibt. Auch die Ähnlichkeit der Einstellungen und Wertvorstellungen ist ein Prädiktor für die Anziehung zwischen zwei Personen - je höher die Übereinstimmungen in den Einstellungen, desto grösser die Sympathie zum Unbekannten.

In den letzten dreissig Jahren wurde der gewichtigen Anziehungsforschung zunehmend weniger Erklärungskraft zuerkannt. Kritische Stimmen werfen ihr sogar vor, sie vermöge nicht einmal die Entstehungsphase persönlicher Beziehungen ausreichend zu erklären (vgl. Lenz 2003). Der Hauptvorwurf richtete sich gegen die individualpsychologische Optik der Attraktivitätsforschung: Persönlichkeitsmerkmale und individuelle Einstellungen wurden darin als stabil und unveränderlich angesehen - die Veränderung dieser Charakteristiken unter dem Einfluss des Partners wurden dabei nicht berücksichtigt.

Bindungstheoretische Zugänge
Bezogen auf Paarbeziehungen besteht die Grundannahme der Bindungstheorie darin, dass ein in der Kindheit entwickelter Bindungsstil (*Attachment*) eine Art Bezugssystem für die Gestaltung späterer Beziehungen im Erwachsenenalter (Hazan & Shaver 1987) formt. Das Mutter-Kind-Beziehungsmuster wird auf die Beziehung zwischen zwei Erwachsenen übertragen. Diese drei Grundstile wurden „sicher", „ängstlich-ambivalent" und „vermeidend" genannt. Bei diesem Ansatz wird auf die emotionalen Aspekte einer Beziehung grösster Wert gelegt. Für Damasio (1994) haben Emotionen eine „Marker-Funktion". Sie führen dazu, dass in der alltäglichen Interaktion automatisch auf das Verhalten des anderen reagiert wird.

Es besteht zwar kein Konsens darüber, in welchem Bezug die erwähnten Stile zueinander stehen. Wenn aber beide Partner einen sicher gebundenen Bindungsstil aufweisen, ist die Voraussetzung für eine längerfristig stabile Beziehung gegeben. Im Unterschied zu ängstlich oder vermeidend gebundenen Partnern begegnen sie Problemen konstruktiver und wenden vermehrt beziehungserhaltende Strategien an. Man geht davon aus, dass die ‚sicher gebundenen" besser mit Nähe und Distanz umgehen können. Die in einem Bindungsstil niedergeschlagene Bindungsqualität kann als Basis für alle übrigen Dimensionen der Beziehung betrachtet werden - Interaktion, Kommunikation, Kosten und Investitionen. Wenn aber das angeeignete Mutter-Kind-Beziehungsmuster nicht unveränderbar und schon gar nicht irreversibel ist, lässt es sich direkt auf die Beziehung zwischen zwei Erwachsenen übertragen? Trotz Bedenken ist es empirisch nachgewiesen, dass ein sicher gebundener Partner seinen vermeidend gebundenen Partner positiv beeinflussen kann. Als Konsequenz zeigt der Vermeidende ein weniger vermeidendes Verhalten in der Beziehung.

Belastungs-Bewältigungsmodelle
Die Belastungs-Bewältigungsmodelle sind in der gegenwärtigen Paar- und Familienforschung sehr fruchtbar, obwohl sie in der Soziologie oft vernachlässigt werden.[52] Sie knüpfen an die Begriffe Vulnerabilität, Stress und Coping an, die für die Klinische wie für die Gesundheitspsychologie zentral sind. Dieser Ansatz ist besonders geeignet, weil Paare als aktiv handelnd und nicht nur als passive Objekte der Belastung betrachtet werden. Hier werden im Unterschied zu den bereits erläuterten Theorien nicht nur individuelle und dyadische Beziehungsaspekte berücksichtigt, sondern Umwelteinflüsse in Form von Belastungen - wie einzelne kritische Lebensereignisse (Tod) oder chronisch belastende Situationen, etwa unheilbare Krankheiten. Hill hat bereits 1949 sein so genanntes ABCX-Modell eingeführt: Die Stressoren (A) führen nur zu Abhängigkeit von verfügbaren Bewältigungsressourcen (B) und Bewertungen der belastenden Ereignisse (C) zu mehr oder weniger krisenhaften Verläufen (X). Für eine erfolgreiche Bewältigung sind mannigfaltige interne und externe Faktoren verantwortlich - solche wären die Beziehungszufriedenheit, die Qualität der Kommunikation zwischen den Partnern, die Stützfunktion des sozialen Netzwerkes etc. Die Anpassung durchläuft Phasen der Desorganisation, Wiedererlangung eines Gleichgewichts und Reorganisation. Burr (1973) erweiterte das Modell von Hill durch integrative Konzepte familiärer Vulnerabilität[53] und der Regenerationsfähigkeit[54]. Es wurden Strategien der Belastungsbewältigung in einer system-theoretischen Betrachtung herausgearbeitet:

♦ *kognitive* (Informationssuche, Umwertung);

♦ *emotionale* (Ärgerkontrolle);

♦ *kommunikative* (Zuhören, Offenheit);

♦ *beziehungsorientierte* (Vertrauen, Kooperation);

♦ *individuelle Entwicklung* (Freizeitaktivitäten, Autonomie);

♦ *soziale Unterstützung* (Freunde, Verwandte).

---

[52] Eine Ausnahme ist die Gesundheitssoziologie.
[53] Ergibt sich aus der Bewertung des Belastungsgrades.
[54] Alle Fähigkeiten und Ressourcen, die bei Krisen ein neues Gleichgewicht ermöglichen.

McCubbin (1988) hat in einem „doppelten ABCX-Modell" die Prozess-haftigkeit der Belastung hervorgehoben sowie die Typen von Ressourcen differenziert (individuelle, intrafamiliale und über die Familie hinausrei-chende, erweiterte Ressourcen). Bei diesem Ansatz werden mit Vorliebe auch Konstrukte aus der Entwicklungspsychologie wie *Hardiness* und *Resilienz* (auch *Widerstandskraft* genannt) verwendet.

4.4. Soziologische Perspektive der Zweierbeziehung

Individualisierungsthese
Eines der gängigsten soziologischen Paradigmen im Bereich der Partner-schaftsbeziehungen gründet auf der Annahme der *Individualisierungsthe-se* (Beck 1986). Die individuelle Freiheit in Bezug auf die Wahl des Part-ners führt dazu, dass man auch ausserhalb der eigenen Schicht-, Bil-dungs- und Milieugrenzen heiraten kann, was auch als *Heterogamie* be-zeichnet wird. Dies äusserte sich im Übergangsprozess von familienar-rangierter zur persönlichen Partnerwahl. Eine weitere Tendenz bestand darin, dass weniger ökonomische und mehr affektive Gesichtspunkte diese Wahl mitbestimmten, wie wir das schon im Zusammenhang mit dem Siegszug der romantischen Liebe beobachtet haben: „Ohne „Indivi-dualisierungsschub" ist die Intensivierung der Liebesvorstellung kaum denkbar. Mit gesteigerter Individualität wächst die Möglichkeit von „Liebe" und umgekehrt" (Burkart 1997, 50). Der gesellschaftliche Wan-del charakterisiert sich demnach durch Wahlfreiheit, Selbstreflexion, Entscheidungszwang und Selbstverantwortung, bezogen auf die Option, eine feste Partnerschaft aufzubauen und zu pflegen. Wie Burkart aber warnt, bedeutet die allgemeine Individualisierung der Paarbildung nicht einen vollständigen Abbau von sozialer Steuerung und Partnerschafts-regeln. Die Singles wären hier ein äusserst dankbares Untersuchungsob-jekt, insofern sie in ihrer Rolle als „Trendsetter" im Individualisierungs-prozess fungieren. In ihrer radikalen Form verherrlicht die Individuali-sierungsthese das Alleinleben als „Lebensform der Zukunft".

Mildere Varianten bezeichnen die Individualisierung im Gegenteil als stärkende Kraft für die Paarbeziehung. Oder sie beziehen sich auf die postmoderne Familie, in deren Zentrum das Paar, und nicht die Familie selbst steht. Im Laufe des Wertewandels, begleitet von Prozessen der in-dividuellen Selbstverwirklichung und Selbstbestimmung, kommt es zur Auflösung der Paarbeziehung (siehe Tabelle 3, Seite 57). Luhmann nennt es „Ausdifferenzierung des Subsystems Intimität" - was bedeutet, dass am Ende des Individualisierungsprozesses die „ganz persönliche Kom-munikation" zwischen Mann und Frau steht, gesteuert vom Medium

„Liebe" (Luhmann 1994). Er sprach ausserdem von *Autonomisierung der Intimbeziehungen*, als „Freigabe von Intimbeziehungen zur eigenen, persönlichen Gestaltung", die eine neue Situation schafft: „Der Aussenhalt wird abgebaut, die inneren Spannungen werden verschärft. Die Stabilität muss jetzt aus rein persönlichen Gründen heraus ermöglicht werden, und dies zugleich im Sicheinlassen auf den anderen" (Luhmann 1994, 198). Er diagnostiziert auf radikale Art und Weise die soziale Konflktträchtigkeit der Intimverhältnisse. Die erste Feststellung der Soziologie der 20-er und 30-er Jahre sei, dass die romantische Liebe der Ehe „nicht bekomme" - denn später hätten die Soziologen entdeckt, dass die Freigabe von Intimbeziehungen zur eigenen, persönlichen Gestaltung selbst Grund dieser Probleme sei. Somit ist die Ehe auch kein ausreichender Schutz gegen die genuine Instabilität intimer Beziehungen (also nichts mit der Vorstellung von ewig anhaltender Liebe). Sind aber diese „autonomisierten" Paarbeziehungen ein freies Subsystem im Luhmann'schen Sinne? Sind sie quasi „sozial haltlos", können sie an und für sich bestehen - denn von intimen Beziehungen als soziale Systemen wird erwartet, dass sie „den Ansichten und Bedürfnissen der beteiligten Personen voll und ganz gerecht werden".

Strukturfunktionalismus

Oft wird die Familien-Problematik aus der Sicht des *Strukturfunktionalismus* beleuchtet - es werden die Funktionen der Familie oder des Familienwandels und der Verlust der Familie analysiert. Bei Emile Durkheim geht es um *Desorganisation* und *Deinstitutionalisierung*, bei Talcott Parsons - um die „*strukturelle Isolierung*" der Kernfamilie. Derartige Anpassungsverläufe sind als Folge sozialer Wandlungsprozesse wie Mobilität, Individualisierung unumgänglich. Der struktur-funktionalistische Ansatz betont die Funktion der Zweierbeziehung für das gesamte Sozialsystem. Die Familie[55] wird somit als transkulturelle Gegebenheit gesehen, als „natürliche Keimzelle der Gesellschaft". Eine erweiterte Auffassung der sozialen Funktionalität definiert sie sogar als „Lebensordnung". Die Familie, formell betrachtet als Kleingruppe, zeichnet sich durch innere Differenziertheit, hohe Intensität der Beziehungen, grosse Intimität, hohes Solidaritätsniveau, innere Konsistenz und bedeutsame Sozialisationskraft aus. Sie ist „gesicherte soziale Einheit" und Schnittstelle unterschiedlicher Lebensverläufe (Herrmann 2001). Als die wichtigsten, historisch geprägten Hauptfunktionen[56] der Familie, welche systembezogen stabilisierend wirken, werden genannt (vgl. Herrmann 2001, 137; Neidhardt 1975):

---

[55] Familie bedeutet etymologisch „Vereinigung mehrerer Gefährten, Freundschaft, Liebe".
[56] Die Leistung eines sozialen Elements für den Aufbau, Erhaltung und Veränderung eines bestimmten Zustands des gesamten Systems, zu dem das Element gehört (Herrmann 2001).

- Intim-expressive Funktion (Nähe, Geborgenheit, Sexualität)
- Orientierungsfunktion (Familie als Wertsystem)
- Regenerationsfunktion (Rückzug- und Zufluchtsort)
- Wirtschafts- und Haushaltsfunktion
- Sicherungs- und Fürsorgefunktion
- Reproduktionsfunktion (Nachkommen)
- Sozialisierungs- und Erziehungsfunktion
- Statuszuweisende Funktion
- Freizeitfunktion (Erholung, Hedonismus).

Andererseits wurde der Funktionsverlust der Familie als Symptom sozialen Wandels mit zwei Ausprägungen thematisiert: Desorganisation und Desintegration (Herrmann 2001, 136). Der Diskurs ist gegenwärtig allerdings ein anderer - es handelt sich nicht um *Verlust*, sondern um *Verlagerung* oder um die *Aneignung* neuer Funktionen.

Der Strukturfunktionalismus hat es als sein Hauptverdienst verstanden, einen allgemeinen Rahmen für die Verknüpfung von makrosozialen Entwicklungen und mikrosozialen Prozessen in Paarbeziehungen zu erstellen (Lösel & Bender 2003). Die Psychologen bemängeln jedoch, dass es sich hier nach wie vor um eine Theorie handelt, die das Primat der Gesellschaft postuliere und somit Wechselwirkungen zwischen der Makro- und der Mikroebene unzureichend Rechnung trägen würde. Ein Vorteil liegt im Versuch, die Thematik dynamisch zu analysieren, was jedoch zur Folge hat, dass Variationen innerhalb einer aktuellen Gesellschaft zu wenig zur Geltung kommen.

Austausch- und Investitionstheorien
Die Austauschtheorien sind theoretisch als Erweiterung des strukturfunktionalistischen Ansatzes aufzufassen, die makrosoziale gesellschaftliche Veränderungen berücksichtigen. Eine besondere Form davon sind *Rational-Choice-Theorien*, deren Bedeutung sich im Zuge der Rationalisierungs- und Individualisierungstendenzen vergrössert. Die Rational Choice-Theorie („a priori Festsetzung von Rationalität") erklärt reduktionistisch, dass Liebe aus Kalkulation, Täuschung, List und Tücke besteht (Burkart 1997). Ob Austausch-, Rational Choice- oder Investitionstheorien - sie bauen ein ökonomisches Verhaltensmodell auf mit dieser zentralen Annahme: Die Partner bewerten ihre Interaktionen fortlaufend nach Kosten und Nutzen. Daher resultiert das Ausmass ihrer Bedürfnisbefriedigung nach Sexualität, Nähe, Geborgenheit, sozialer Unterstützung. Die erhaltenen Belohnungen (*Nutzen*) und Konflikte (*Kosten*) werden gegeneinander aufgerechnet und ergeben den jeweiligen Nettoer-

trag. Wenn die positive Seite, der Nutzen überwiegt - was konsequenterweise zu einer Verletzung der Reziprozität führt - ist auch die Zufriedenheit mit der Beziehung grösser.

Um die Ausgangssituation eines virtuellen Partnermarktes besser zu verstehen, hilft uns in verdankenswerter Art und Weise auch das *Vergleichsniveau der Alternativen* (Attridge 1994, zit. nach Lösel & Bender 2003). Dieses Konzept besagt, dass die Bewertung einer bestehenden Beziehung davon abhängig ist, wie der Partnermarkt und die damit verbundenen, eigenen Chancen subjektiv vom Partnersuchenden eingeschätzt werden. Ein Ausgangspunkt - um bei unserem Untersuchungsobjekt zu bleiben - ist die Feststellung eines PartnerWinner-Users, dass seine fortlaufend aufgegebenen Inserate stets unbeantwortet blieben. Als mögliche Reaktion kann er die Schlussfolgerung ziehen, seine Chancen zur Kontaktaufnahme seien gering. Als möglichen Ausweg wird er die Datingsite verlassen. Die aktuelle Beziehung und deren Gewinn muss grösser als der Ertrag aller potentiell möglichen Alternativen erscheinen, damit diese künftig aufrechterhalten wird, so die Sicht der Theorie 'Vergleichsniveau der Perspektiven'. Deshalb würde sich der User kaum Gedanken über eine allfällige misslungene Selbstdarstellung machen, sondern eher die Wahrscheinlichkeit, bessere Alternativen zu finden, ausloten. Auch als Kosten angesehene, erwartete Schwierigkeiten vor der eventuellen Auflösung der Beziehung spielen eine Rolle, sogar dann, wenn gleichzeitig verlockende Alternative für eine Aufnahme neuer Beziehungen vorhanden wären. Zweifelhaft ist allerdings, ob solch rein rationale Kosten-Nutzen-Abwägungen tatsächlich immer gemacht werden, oder ob Abrechnungen dieser Art nur punktuell erfolgen, zum Beispiel durch kritische Lebensereignisse oder chronische Belastungssituationen hervorgerufen. Kritische Stimmen des austauschtheoretischen Diskurses stellen fest, dass bei solchen Kosten-Nutzen-Abwägungen die angewendeten Bewertungsmassstäbe keine konstante Grösse sind und im Lebensverlauf mehrfacher Revidierung unterliegen. Ein anderer kritischer Einwand hierzu wäre, dass verschiedene Menschen Belohnungen und Kosten unterschiedlich bewerten, sodass die definitive Bilanz nicht nur nach ökonomischen Gesichtspunkten vorgenommen wird.

Eine weitere theoretische Entwicklung erfahren die oben beschriebenen Ansätze durch Rusbults *Investitionsmodell* (Rusbult 1980, zit. nach Lösel & Bender 2003), das dem Konstrukt *Commitment*[57] eine zentrale Bedeutung einräumt. Demnach hängt die Bindungsstärke vom Ausmass der bisher für die Beziehung geleisteten Investitionen und Ressourcen

---

[57] Es ist nicht einfach, die exakte deutsche Übersetzung ausfindig zu machen. Hier drei Vorschläge: Bindung, Verpflichtung, Engagement.

ab. Derartige Ressourcen können das gemeinsame Leben mit Kindern oder die als sehr zufriedenstellend erlebte Sexualität sein. Im virtuellen Raum laufen diese Bewertungsprozesse effizienter und schneller ab, Selektions-, Erprobungs- und Revidierungsszenarien vereinfachen sich deutlich. Die in Gang gesetzten Evaluationsprozesse haben die Funktion, den aktuellen Wert des Partersuchenden auf dem virtuellen Partnermarkt immer wieder zu berechnen.

In den Rahmen allgemeiner austauschtheoretischer Erklärungszugänge für Zweierbeziehungen ist ebenfalls die *Ressourcentheorie* einzuordnen. Ein spannender Beitrag in diesem Zusammenhang wurde von Foa & Foa (1980, zit. nach Stalb 2000) geleistet. Sie unterscheiden sechs Typen von Ressourcen: Liebe, Status, Information, Geld, Güter und Dienstleistungen. In einem Koordinatensystem werden zwei Dimensionen „konkret-symbolisch" und „partikularistisch-universalistisch" miteinander in Beziehung gesetzt (siehe Abbildung 6). Demnach sind Liebe und Geld in konkreter und in symbolischer Form ausgetauscht und nehmen einen mittleren Platz auf der Horizontalachse ein, auf der Vertikalachse hingegen sind sie entgegengesetzt positioniert.

Für den Liebesempfänger ist es entscheidend, wer der Liebesgebende ist (dies ist bei der Ressource Geld nicht der Fall). Liebe als Ressource ist partikularistischer als Status und Dienstleistung. Diese Darstellung verdeutlicht auf originelle Art und Weise, dass keine klaren Grenzen zwischen den einzelnen Ressourcen definiert sind. Die Tauschbarkeit wird gefördert, je partikularistischer die Ressourcen sind, und reduziert, je universalistischer diese sind. Liebe wird nur mit Liebe getauscht, Geld kann man gegen alles eintauschen. Daraus folgt, dass je ähnlicher eine Ressource der Liebe ist, desto weniger Tauschalternativen hat sein Besitzer.

Abbildung 6. Anordnung der Ressourcen im Koordinatensystem „partikularistisch-universalistisch" und „konkret-symbolisch" (nach Foa & Foa 1980)

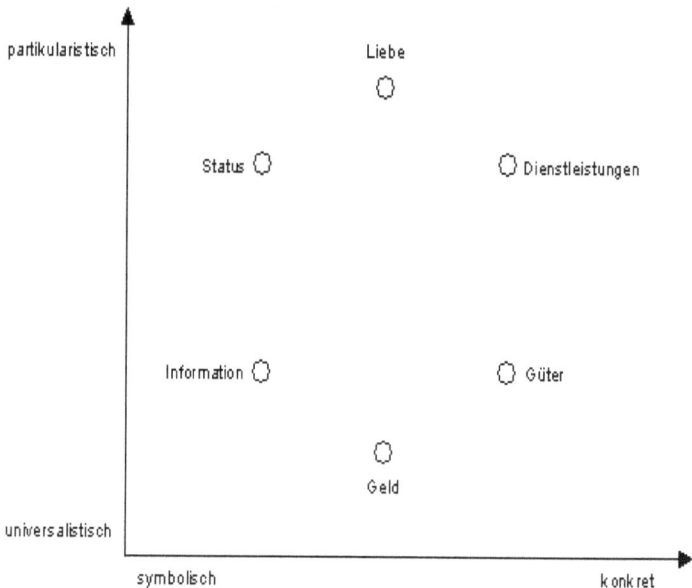

So wird von Foa & Foa (1980) die Tatsache erklärt, das eingeschränkte Tauschpotential der Liebe und vergleichbarer Ressourcen kann zu minimierten Wahlmöglichkeiten oder gar tendenzieller Abhängigkeit führen. Die Autoren führen das unterschiedliche Tauschpotential auf die spezifische 'Speicherfähigkeit' zurück, die daraus resultiert, dass die universalistischen Ressourcen beliebig ausserhalb des Körpers zu speichern sind - im Unterschied zu den partikularistischen Ressourcen, die begrenzt innerhalb des Körpers gespeichert werden.

Die *Equity-Theorie* (Walster et al. 1978) ist als Erweiterung der Austauschtheorie zu betrachten. Demnach ist nicht nur der Netto-Ertrag der Gegenüberstellung wichtig, sondern dessen wahrgenommenes, relatives Gleichgewicht. Teile dieses Phänomens werden durch die Ähnlichkeitsthese erklärt (siehe Kapitel 4.3.). Falls der Vergleich für die Person unbefriedigend ausfällt, d.h. wenn sie ihre aktuelle Situation als unter ihren Erwartungen betrachtet, dann ist ihre Zufriedenheit mit der Beziehung auch niedrig. Interessanterweise spielt dabei nicht nur der Nettoertrag an sich eine Rolle, sondern auch der Bewertungsmassstab (quasi Standard), der diesem Vergleich zugrunde liegt. Diese Massstäbe bestimmen die anfänglichen Beziehungserwartungen und werden durch eigene Erfahrungen, beispielsweise mit bisherigen Beziehungen, oder durch sozial geteiltes Wissen geleitet. Das *Instrumentalitätsmodel* ist auch eine austauschtheoretisch inspirierte Variante und stammt von Centers (1975). Ihm liegt die Idee zu Grunde, dass soziale Interaktionen vom Individuum instrumentell zur Bedürfnisbefriedigung (Sexualität, Intimität und Geselligkeit, Sicherheit und Aufrechterhaltung des Selbstwertes) benutzt werden können. Der Partner kann als Adressat für Belohnungen und als Hilfe zur Verminderung von Frustrationen dienen. Die Anziehung zwischen den beiden Individuen ist bloss eine Funktion des wahrgenommenen Belohnungswertes des Partners. Mikula & Stroebe (1991) kritisieren am Ansatz, dass die Verträglichkeit bei der Partnerwahl alleine aus der Bedürfniskonstellation hergeleitet werden könne.

Die *Filtertheorie* von Kerckhoff & Davis (1962) beschäftigt sich mit der Komplementarität der Bedürfnisse und der Homogenität der Werte samt ihren Auswirkungen auf die wahrgenommene Beziehungsqualität. Konkret wurde ein Beziehungsfortschritt mit einem hohen Wertekonsens in Zusammenhang gebracht. In ihrer Studie konnten sie dies aber nur für Paare signifikant bestätigen, die sich seit weniger als 18 Monaten kannten. Daraus ergibt sich die Erwartung, dass sich Paare mit geringer Übereinstimmung der Werte früher trennen würden. Die Komplementarität der Bedürfnisse braucht hingegen hoch zu sein und hat in einer späteren Phase der Beziehung eine differenzierende Funktion. Die filternden Faktoren Bedürfniskomplementarität und Wertekonsens haben somit unterschiedliche Wirkung in den verschiedenen Stadien der Beziehung. Filternde Faktoren wie demographische Merkmale spielen anfänglich eine Rolle, auch wenn die Tendenz besteht, den Partner zu idealisieren und Werte wie Rollenplanung weniger bedeutend sind (vgl. Klein 1995).

Fazit
Sicherlich ist eine komplementäre Vorgehensweise zur Erklärung der Paarbildung ergiebig: Einerseits ist die Makroebene zu berücksichtigen (in Form einer demographischen Analyse des Heiratsmarktes), andererseits die Mikroebene (in Form sozialpsychologischer Wahlstrategien zur Partnerfindung). Aber um insbesondere im Internet entstehende romantische Beziehungen zu analysieren, eignen sich zwei Forschungsparadigmen: das erste in Theorien, die aus der (Offline)-Partnerwahlforschung stammen, das zweite aber in Theorien, die sich ausschliesslich mit computervermittelter Kommunikation befassen (siehe den nachfolgenden Kapitel). Beklagt wird vor allem, dass fast keine Mikroanalysen von Interaktionsprozessen in Paaren existieren, obwohl deren Stellenwert bereits anerkannt ist. Oft wird eine Versöhnung der interaktionistischen Ansätzen und der Soziologie der Emotionen und Austausch-Theorien vorgeschlagen. So würden die drei Bereiche Liebe, Paarbezie-

hung, Geschlechter - bisher mehr oder weniger getrennt untersucht - miteinander versöhnt. Günter Burkart zeigt die Interdependenzen zwischen diesen Überlegungen mit dem in Tabelle 5 dargestellten Raster auf, denn die Familienforschung, so seine These, sei immer noch zu sehr an zahlenorientierte Untersuchungen gebunden. Demnach würden sich Paarbildung und Partnerwahl durch die Verknüpfung von vier Ebenen analysieren lassen: Kultur, Struktur, Interaktion, Persönlichkeit (Sozialisation).

Tabelle 5. Ebenen der Paarbildung (nach Burkart 1997)

KULTUR	STRUKTUR	INTERAKTION	SOZIALISATION (PERSÖNLICHKEIT)
Kulturelle Muster (Liebe, Erotik, Paar, Sexualität)	Institution Paar (gestützt durch eine „Gelegenheitsstruktur"; Anbahnungs-, Flirt- und Verführungsrituale)	Partnersuche	Strategien („Partnerwahl")
„Ideologie" (Naturalisierung)	Paarbildungsstrukturen („Märkte")	Aushandlungsprozesse (gemeinsame Definitionen der Wirklichkeit, Reziprozitätsnormen)	Affektive Praxis („Liebe")
		Paardynamik	Körperliche Basis (Sexualität)
Sozialstrukturelle Differenzierung (Milieus)			

5. Das Internet als sozialwissenschaftliches Forschungsobjekt

5.1. Eine Makroinnovation

Das Internet als das neue Medium, das unzählige Möglichkeiten im Sinne einer besseren Gesellschaftsordnung offen legt? Die "revolutionäre" Kommunikationsstruktur des Internet hat seine Beobachter zu unzähligen Metaphern angeregt: „Makroinnovation", „Gemeinschaftswerk", „das umfangreichste Nonprofit-Unternehmen" (Geser 1997). Das ganze Netz wird mit einem grossen Mythos oder einem Metanarrativ verglichen, der „aber zugleich auf geradezu paradigmatische Weise die Ideen und Ideale symbolisiert, aus denen sich unser gegenwärtiges Bild der zukünftigen Gesellschaft zusammensetzt".[58] Der grosse Metanarrativ wird mit einem *Supermedium* beschrieben (Geser 1997), das sich durch *Dezentralität, Robustheit und Globalität* auszeichnet und in dem eine *spontane soziale Ordnung* herrscht. Die planende Gestaltungsfunktion von Institutionen, die zentralistische Normgebung und Kontrolle, wie man sie aus dem real life kennt, sind im Internet nicht vorhanden - denn, wie Geser (1997) zu recht ironisch bemerkt - „es existiert schliesslich kein theoretisches Modell Internet". Die konventionelle Soziologie bekundet Mühe, Natur, Entstehung und Aufbau sozialer Beziehungen im Netz zu erklären. Das rational handelnde Subjekt von Weber wird in Frage gestellt; selbst das „technosoziale Selbst" wird im Cyberspace[59] als *project to be constructed* begriffen.

McLuhan nannte es *new global village*, Florian Rötzer *global Telepolis* und Wolfgang Welsch - *transkulturelle Gesellschaft*. In der "Magna Charta for the Knowledge Age" ist von Kolonialisierung des *cyberspace* die Rede, da man befürchtet, dass die gegenwärtigen Kolonialisierungsprozesse des Internet durch die hollywoodzentrierte Medien- und Unterhaltungsindustrie den Regeln eines kulturellen Imperialismus folgen - mit der Englischen Sprache als lingua franca. Cyberspace als *last frontier*, wo öffentliche Güter wieder private Güter werden und die individuelle Freiheit - in der Wildwest-Manier der Hacker - ihre Kulmination erfährt. Die Neue Cyber-Aufklärung verkündet den *free flow of information*. In der „Unabhängigkeitserklärung des Cyberspace" von John Perry Barlow in 1996 liest man: Das Internet ist ein natürliches Gebilde, welches durch die kollektiven Handlungen der Community wächst. Es bestehe aus Trans-

---

[58]Das Internet als Saatgut einer neuen, globalen (und) virtuellen Community? Erlösungsutopien und (H)Aktivisten im Cyberspace (http://viadrina.euv-frankfurt-o.de/~sk/SS99/global/netz.html)

[59]„A microcosm of the vast, expansive physical and social world that preceded and exists apart from it" (Cornwell & Lundgren 2001)

95

aktionen und Beziehungen, die überall und nirgends seien; im Internet gebe es keine gewählte Regierung. Das Internet sei für alle offen, unabhängig von Rasse, Wohlstand, Herkunft. Es herrsche Meinungsfreiheit und der kategorische Imperativ von Kant sei das einzige Gesetz: "Handle so, dass die Maximen deines Willens stets als Prinzip einer allgemeinen Gesetzgebung gelten können."

Viele Netizens haben eine Vorstellung vom Cyberspace als neuem Wilden Westen, als neue Grenze, jenseits der keine Gesetze gelten. Vor allem die „Unabhängigkeitserklärung des Cyberspace" von Barlow sowie die „Magna Charta for the Knowledge Age" pflegten diesen Mythos, der von Politikern und Cybercops allerdings längst widerlegt wurde, die das Netz mit neuen Gesetzen und Vorstössen zum *Grossen Digitalen Lauschangriff* schon längst kontrollieren.

Der Mythos der Freiheit dreht sich um das Internet als Ort der Grenzenlosigkeit und Unmittelbarkeit, was je nach Standpunkt als Chance oder als Bedrohung wahrgenommen wird, wie etwa im Streit um die richtige Verkehrsmetaphorik (anarchistisches Datenmeer vs. regulierte Datenautobahn). Hier ist der Mythos der basisdemokratischen, elektronischen Agora ebenso zu finden, wie der Last Frontier-Mythos einer ungeregelten Selbstorganisation des Netzes. Die Erlösungsutopien erstrecken sich von einer qualitativen Änderung des Lebens durch die digitale Technologie (vertreten vorwiegend bei der Kalifornischen Ideologie von Barlow et al.), dem Emporkommen der virtuellen Klasse (eine Pro-Technopia-Bewegung, die eine Mischung aus Sozialdarwinismus und Tech-Hype ist), bis zur Wiederbelebung des ökonomischen Neoliberalismus durch die Hypermedien und die Entstehung elektronischer Marktplätze mit freier Konkurrenz. Im Lager der Gegner der Egalisierungstendenz ist die Theorie der Cybergauner anzusiedeln, die Technopessimisten mit ihren apokalyptischen Szenarien, durchdrungen von Ängsten und der Vorstellung des Exodus. Die Befürworter einer Elitentheorie des Cyberspace hingegen betonen die negativen gesellschaftlichen Auswirkungen des Internet wie Digital Divide-Effekte (Trennung zwischen *information rich* und *information poor*); Cyber-Hegemonie (totale Abhängigkeit der Menschen vom Cyberspace), Orwell-Wirklichkeit (eine allumfassende Kontrolle durch den Staat und Informationszensur).

Theorien des sozialen Wandels wie die der Informationsgesellschaft, der Wissensgesellschaft, der Multioptionsgesellschaft oder der polyzentrischen Gesellschaft unterschätzen den fundamentalen Paradigmenwechsel, der die Computertechnologie bewirkt, stellt Achim Bühl (1997) fest. Sein Begriff der *virtuellen Gesellschaft* geht von einer epochalen Umbruchsphase und von einem Transformations-prozess aus, der zu einem qualitativ neuen Gesellschaftstyp führen wird, dessen strukturelle Eigenschaften vom Verhältnis der Realwelt zur Cyberwelt (Bühls *Spiegelwelt*) abhängig sind (vgl. Tabelle 6). Im Unterschied zur klassischen Industriegesellschaft sei dieser Transformationsprozess im Cyberspace zu verorten, der quasi ein Gravitationszentrum mit Auswirkungen auf alle gesellschaftliche Bereiche darstelle.[60] Im Modell der virtuellen Gesellschaft, so Achim Bühl (1997), überlagere der virtuelle Raum den realen, bilde zu diesem neue Assoziationen, verdränge ihn, ersetze ihn aber als Ganzes nicht. Aus soziologischer Sicht ist das Verhältnis von Realität und Virtualität von Belang, da diese Verdoppelung soziale Strukturen prägt und transformiert: "Das Konzept der Virtualität wird überall ins reale Leben, in homöopathischen Dosen, hineindestilliert".[61] Es bilden sich in allen gesellschaftlichen Bereichen „Parallelwelten" heraus. Die Dialektik Realraum - Cyberspace führt zu qualitativ neuen Mechanismen der Vergesellschaftung[62] in allen Subsystemen der Gesellschaft.

---

[60] Bühl, A. (1997) Die Virtuelle Gesellschaft. Ökonomie, Politik und Kultur im Zeichen des Cyberspace. Frankfurt am Main: Campus

[61] Baudrillard, J. (1994) Die Illusion und die Virtualität. Bern: Benteli.

[62] In einer marxistischen Perspektive heisst dies: Aufhebung des Gegensatzes von Arbeit und Kapital durch Überführung der Produktionsmittel ins Gemeineigentum. Bei Max Weber: Das soziale Handeln beruht auf rational motiviertem Interessensausgleich oder Interessensverbindung.

Tabelle 6. Bereiche der virtuellen Gesellschaft (nach Bühl 1997)

BEREICHE DER VIRTUELLEN GESELLSCHAFT	AUSPRÄGUNG
Produktion und Ökonomie	Virtuelle Firmen und Büros, Telearbeit, virtuelles Geld, Online-Shopping
Technologie	Telematik, Telepräsenz, CMC, Multimedia
Technologische Risiken	Cyberterrorismus, virtuelle Realität
Öffentlichkeit	Fragmentierung, Vielzahl von Öffentlichkeiten. Elektronische Demokratie, „Demokratiemaschine" Internet. Revitalisierung öffentlicher politischer Diskussionen. Das Fernsehen als Zuschauerdemokratie wird von der 'Beteiligungsdemokratie' Internet abgelöst Der Begriff der Zivilgesellschaft erlebt eine Renaissance.
Internationale Ordnung	Krise des Nationalstaates; Macht und Herrschaft in globalen Netzen
Raum und Zeit	Netzwerk von Kommunikation, Echtzeit; Kommunikation und Sozialität: virtuelle Gemeinschaften, Cybersex, virtuelle Beziehungen.

Es ist heute unumstritten, dass das Internet bereits entscheidende Aus-
wirkungen auf die Gesellschaft hat, mehr als sich dies die grössten Netz-
Euphoriker gewünscht hatten. Nie zuvor wurde eine neue Technologie
mit so viel Medienrummel, Werbung und neuen Wortschöpfungen gewürdigt. Sprachmetaphern wie *Datenautobahn, Cyberspace, digitale Stadt*
(,*Telepolis'*), *virtueller Staat* oder *Cybergrenze* entstanden, um dem diffusen
Gefühl der Entstehung neuer sozialer Wirklichkeiten gerecht zu werden.
Gleichzeitig sah man sich vor ein neuartiges Dilemma gestellt: Hat das
Internet primär egalisierende Funktion (als ein universales Medium globaler Sozialisation), oder bildet es neue Eliten, sodass sich die Ungleichheiten zwischen Zentrum und Peripherie in der Weltgesellschaft vergrö-
ssern? Jones (1995) nannte die erste Variante zutreffend "Cybertopia" (eine eigentliche CyberGesellschaft), und die zweite - CyberGhettos. Letztere gleichen traditionellen Gemeinschaften (communities) und sind
demzufolge durch hierarchische soziale Beziehungen und Klassen
strukturiert.

Ist das Internet nun ein anarchisches oder autopoietisches[63] System? „Für den Soziologen ist das Internet eines der faszinierendsten Beispiele von spontaner sozialen Ordnung, die ohne planende Gestaltung durch Institutionen entstanden ist und ohne zentralistische Normgebung und Kontrolle bisher durchaus zufriedenstellend funktioniert", schreibt Geser (1997). In diesem Zusammenhang verläuft auch die Debatte, ob das Internet im breiten Sinne ein (soziales) Kunstwerk sei oder, im engeren Sinne, ein technisches Werkzeug (Instrument) darstelle.

5.2. Medienökologisches Rahmenmodell computervermittelter Kommunikation

Welche Auswirkungen hat es, wenn soziale Interaktion und Kommunikation computervermittelt erfolgen? In diesem Kapitel wird bewusst darauf verzichtet, relevante Theorien computervermittelter Kommunikation ausführlich abzuhandeln. Elf relevante Erklärungsansätze, unter anderem soziale Informationsverarbeitung und Kanalreduktion, wurden in der Tabelle 7 zusammengefasst (vgl. dazu den Überblick von Döring 2003). Grundsätzlich ist festzuhalten, dass es sich um ein äusserst komplexes Zusammenspiel vielfältiger Faktoren handelt und dass es forschungstechnisch deshalb ein rein utopisches Unterfangen wäre, die ultimative Theorie vorlegen zu wollen. Zu einem umfassenden Überblick bestehender Theorien über CMC sei an dieser Stelle auf Döring (2003) verwiesen.

---

[63] etymologisch: sich selbst entfaltend, wandelnd, erneuernd.

Tabelle 7. Elf Theorien der computervermittelten Kommunikation (Döring 2003)

THEORETISCHES MODELL	KERNAUSSAGE
MEDIENWAHL	
Rationale Medienwahl	CvK[64] ist für einfache Kommunikationsaufgaben geeignet, für komplexere nicht. Aufgabenangemessen ist CvK eine Bereicherung.
Normative Medienwahl	CvK wird durch soziale Normen im Umfeld beeinflusst [...]
Interpersonale Medienwahl	CvK wird durch die Medienpräferenzen der Beteiligten beeinflusst, wobei sich die Kommunikationspartner wechselseitig abstimmen müssen
MEDIENMERKMALE	
Kanalreduktion	CvK ist wegen fehlender Sinneskanäle im Vergleich zur Face-to-Face-Kommunikation defizitär und unpersönlich.
Herausfiltern sozialer Hinweisreize	CvK führt wegen ihrer Anonymität zu Enthemmung und steigert sowohl prosoziales als auch antisoziales Verhalten.
Digitalisierung	CvK verändert durch die Möglichkeiten digitaler Datenverarbeitung die Produktion, Verbreitung und Rezeption der Botschaften, was ambivalente Folgen für die Nutzer hat.
MEDIALES KOMMUNIKATIONSVERHALTEN	
Soziale Informationsverarbeitung	Nutzer können nonverbale Botschaften und soziale Hintergrundinformationen bei der CvK verbalisieren, so dass kein Informationsdefizit auftritt.
Simulation und Imagination	Nutzer können die Freiheitsgrade der textbasierten Selbstdarstellung und Personenwahrnehmung bei der CvK ausschöpfen und damit veränderte soziale Wirklichkeiten erschaffen.
Soziale Identität und Deindividuation	Nutzer können ihre saliente personale und soziale Identität unter Anonymitätsbedingungen bei der CvK verstärkt erheben und ausdrucken.
Netzkultur	Nutzer erschaffen im Internet eigene Kulturräume mit spezifischen Werten, Normen, Konventionen usw., die ihr Verhalten bei der CvK beeinflussen.
Internet-Sprache	Nutzer stimmen ihren Sprachgebrauch auf Adressaten, Ziele und technische Bedingungen ab, so dass spezifische Sprachvariationen bei der CvK entstehen, die wiederum soziale Prozesse im Netz beeinflussen.

---

[64] Abkürzung für „Computervermittelte Kommunikation".

Die bestehenden Erklärungskonzepte lassen sich auf unterschiedliche Art und Weise strukturieren. Eine gängige Unterscheidung unterteilt die Ansätze in *technikdeterministisch* und *kulturalistisch*, je nachdem ob auf den sozialen oder den technischen Aspekt fokussiert wird (vgl. auch Döring 2003). Technische Charakteristiken des Mediums verursachen soziale Auswirkungen (beispielsweise *Reduced cues-These)* oder Theorien, welche die Medienwahl allein durch die bewusste Abwägung der technischen Merkmale des Mediums zu erklären versuchen. Kulturalistische Zugänge - welche von uns in dieser Abhandlung vorgezogen werden - gehen davon aus, dass Individuen imstande wären, Defizite und Nachteile des Mediums zu kompensieren, abzuschwächen oder diese bei ihrem herkömmlichen Handeln in ergänzender und bereichernder Weise nützlich zu machen. Eine andere Kategorisierung unterscheidet in vergleichbarer Art und Weise zwischen *medienzentrierten* und *akteurzentrierten Konzepten.* Die Lösung des Entweder-oder-Dilemmas wird in der komplexen sozialen Wechselwirkung zwischen dem Medium als solchem und den Akteuren gefunden; jenen also, die es nutzen und so auch untereinander den virtuellen, nicht realen Raum in einen wahrhaft realen (sozialen) umwandeln. „Internet-Effekte werden weder allein auf das Medium noch allein auf die Person und ihr mediales Kommunikationsverhalten zurückgeführt, sondern aus dem Zusammenspiel beider abgeleitet, das wiederum durch die Merkmale der Nutzungssituation (Nutzergruppen und realweltliche Nutzungskontexte) sowie die Alternativen für andere Medienwahlen beeinflusst wird" (Döring 2003, 128).

Dörings medienökologisches Rahmenmodell
Zur Überwindung der technikdeterministischen Perspektive schlägt Nicola Döring (2003) eine medienökologische Perspektive vor. Diese sieht Menschen als „souveräne Nutzer" - d.h. als autonome Personen, die fähig sind, aus ihrer Internetnutzung Gewinne zu ziehen und nicht als handlungsunfähige, abhängige Menschen, die im Medium hilflos gefangen werden, deren Lebenswelten offline dadurch verarmen. Daher gilt das Augenmerk Dörings den *Wechselwirkungen* zwischen den Menschen und der Umwelt. Damit kann durchaus der enge Blick einer allzu technisch deterministischen Sicht gegenüber dem Medium und gleichzeitig auch die Willkür einer zu sehr konstruktivistischen Medienperspektive nüchtern überwunden werden. Breit diskutierte Phänomene wie beispielsweise *Flaming* oder *Deception* verlieren dadurch einen Teil ihres viel gepriesenen Zaubers - sofern man kritisch Prozesse der Medienwahl oder des medienspezifischen Kommunikationsverhaltens der Menschen in unterschiedlichen kulturellen Umgebungen erforscht. Die Prämisse von Döring lautet, dass computervermittelte Kommunikation nicht ein „Techniknutzungsverhalten" ist, sondern eine „in einer spezifischen

medialen Umgebung stattfindende Form sozialer Kommunikation" (Döring 2003, 189):

> Die Umgebungsmetapher soll die Aufmerksamkeit darauf lenken, dass natürliche und technische Kommunikationsmedien jeweils spezifische Optionen und Restriktionen für die zwischenmenschliche Verständigung zur Verfügung stellen, die von den Kommunizierenden situativ und übersituativ auf unterschiedliche Weise angeeignet und gestaltet werden. Eine solche medienökologische Perspektive integriert mit den Aneignungsprozessen auch die intra- und interindividuellen Differenzen im Kommunikationsverhalten als entscheidende Determinanten für CvK-Effekte. (Döring 2003, 189)

Das von Döring (2004, 198) vorgeschlagene *medienökologische Rahmenmodell* ist als integrative Zusammenfassung bestehender kommunikationswissenschaftlicher und soziologischer Erklärungsansätze bezüglich computervermittelter Kommunikation zu verstehen. Sie besteht aus fünf Komponenten: (1) *Medienwahl*, (2) *mediale Umgebung*, (3) *mediales Kommunikationsverhalten*, (4) *kurzfristige soziale Effekte* und (5) *langfristige soziale Folgen*). Dieses Modell stellt tatsächlich einen möglichen Ausweg aus dem unlösbaren Dilemma der Entweder-Oder-Kontroversen dar. Neu dabei ist, dass der Fokus auf die Rahmenbedingungen, die zu bestimmten Netzeinflüssen führen, gerichtet wird.

Bei der *Medienwahl* handelt sich um die Entscheidung eines Nutzers, ein bestimmtes Medium anderen vorzuziehen (die Auswahl kann von Telefon, Handy bis Brief und andere Internet-Umgebungen wie Newsgroup, MUD-Spiel oder Chat reichen). Die zweite Komponente ortet Döring in der medialen, durch bestimmte Medienmerkmale gekennzeichneten Umgebung. Dabei spielt der Kommunikations-code eine zentrale Rolle, aber auch der Teilnehmerkreis, die Lokalität und die Temporalität. Das *mediale Kommunikationsverhalten* bezieht sich darauf, wie Individuen auf die mediale Umgebung reagieren und wie sie sich die damit verbundenen Kompetenzen aneignen. Die vierte Komponente nennt Döring *kurzfristige soziale Effekte*, die durch die ersten drei Komponenten bedingt sind (als Beispiele wären da Kommunikationsbeschleunigung, Enthemmung oder Entsinnlichung zu erwähnen). Zuletzt ist von *langfristigen sozialen Folgen* (Selbstdarstellung, Beziehungsentwicklung, Gruppenkooperation) als fünfter Modellkomponente die Rede.

Gegen das Modell ist im Grunde nichts Substanzielles einzuwenden, ausser dass uns die Bezeichnung „medienökologisch" aus zwei Gründen unzutreffend erscheint. Erstens favorisiert das so gewählte doppelte Adjektiv „medienökologisch" in seinem ersten Teil die mediale Komponente und ist so eher mediumsorientiert. Dies widerspricht Dörings Ansichten, wonach das Medium aus seiner Frontstellung zu verdrängen sei. Auch die Bezeichnung „ökologisch" würdigt die neu eingeschlagene Perspektive bedauerlicherweise nicht gebührend. Es ist richtig, dass ein Adjektiv wie „ökologisch" eine Verknüpfung mit *Umgebung* (eine mediale Umgebung) anstrebt, allerdings ist diese Umweltsemantik wiederum zu statisch, weil sie bedauerlicherweise das *Situative* und nicht das *Akteurbezogene* ins Zentrum rückt, denn so erlangt die Umwelt das Primat. Der Begriff „ökologisch" als Sammelbegriff für „sämtliche physikalischen, medialen und kulturellen Gegebenheiten" (Döring) ist unseres Erachtens nicht treffend.

Das Dynamische der von Döring gewählten medienökologischen Perspektive besteht unseres Erachtens im Gedanken an die *Interaktion* zwischen *Mensch* und *Medium* - diese Betrachtungsweise erlaubt an sich schon das Potential einer freien Gestaltbarkeit, die den Benutzern den Mut und auch die Handelsautonomie zugesteht, das Medium nach ihren Bedürfnissen, Interessen und Motivationen facettenreich zu nutzen. Die Idee einer *fluktuierenden sozialen Gestaltbarkeit der Netz-Settings* scheint im Einklang mit der Vorstellung einer multioptionalen, mobilen Gesellschaft zu sein, wobei der Begriff Sozialisation noch seinen immanent dialektischen Charakter in Erinnerung ruft. Wir möchten hier betont für eine akteurzentrierte, auf der Umgebung und deren prozessorientierten Aneignung sowie Einordnung gerichtete Perspektive plädieren. Aus diesem Blickwinkel wäre es vermessen, allgemein verbindliche Handlungs- und Interaktionsnormen im Netz in Form eines Ratgebers zu erstellen - sie sind ja je nach Kontext äusserst variabel und zudem zeitlich wandelbar. Selbst radikale Kritiker wie Nie (2001), der die Meinung vertritt, Internetnutzung führe zu sozialer Isolation, anerkennt dies: „Internet must be user-driven. Although interruptions can certainly still occur, it is much more difficult for the Internet [im Vergleich zum Fernsehen - A.V.] to become a background noice" (Nie 2001, 431). Daher auch die Betonung von Konfrontation mit der jeweiligen Umwelt, aus der eine medialsozialisatorische Anpassung und Reifung der Akteure resultiert: „Medium may be the message, but wo/man makes the medium" (Gerlander & Takala 1997, 80).

6. PartnerWinner als sozialwissenschaftliches Forschungsobjekt

6.1. Portrait der Dating-Plattform

Die ersten dedizierten Online-Datingräume entstanden in den 90-er Jahren, so z.b. in den USA match.com oder cupidnet.com („American Singles"). Das Portal „American Singles", gegründet 1999, nimmt über 3 Millionen User für sich in Anspruch, hinzu kommen täglich 8000 Neueinschreibungen. Orientierungshilfen im Online-Dating-Dschungel sind dicke Führer wie z.b. „It takes two.com: A psychological and Spiritual Guide to Finding Love on the Internet Personals" (Regent Press, Oakland), wo unter anderem steht: „Don't be e-mail monogamous. If you don't want to play, find someone else. Don't forget to use spellcheck".

In der Deutschschweiz sind zahlreiche Dating-Plattformen entstanden, wie swissflirt.ch, flirt.ch, webcontacts.ch, singles.ch, jetztverlieben.ch, abenteuerlust.ch. Selbst diese Vielfalt spricht für die zunehmende Bedeutung solcher virtueller Umgebungen.[65] Die Leiter der Plattformen sind oder waren nicht selten selber Kunden, wie Trish McDermott, Executive Manager von match.com[66]. Es sei immer schwieriger, jemanden kennen zu lernen, auch am Arbeitsplatz: "With a click of the mouse, you kann change your potential", so McDermott.[67] Noch bieten zumindest ausserhalb von Amerika viele Dating-Portale ihre Dienste gratis an und versuchen, sich über Werbung zu finanzieren.[68] Manche werden auch als Referenzprojekte von Webfirmen oder von „Betroffenen" in Fronarbeit betreut:

> Die neue Schweizer Party- und Dating-Plattform Axe-Nightlife.ch bietet Partygängern einen laufend aktualisierten Party-Guide, auf dem Parties, Clubs und DJ-Auftritte in der ganzen Schweiz abrufbar sind. Daneben kann, wer ein Abenteuer oder auch nur einen Begleiter sucht, sich zur richtigen Party auch gleich ein passendes Date organisierten. Regelmässige Benutzer der Seite können ihr eigenes Profil erstellen und werden beim nächsten Ein-

---

[65] Ein Vergleich verschiedener Kontaktbörsen in Deutschland bietet http://www.singleboersen-vergleich.de/.
[66] Heute börsenkotiert, zusammen mit Udate.com mit einem Jahresumsatz von mehr als 100 Millionen Euro hochprofitabel.
[67] Jones, Keren M. (1999) An E-ffair to remember Finding Love on the Internet, in: The Providence Journal, 2.11.1999.
[68] Zu Jahresbeginn herrscht Hochbetrieb an den Online-Partnerbörsen. Viele Singles haben für das neue Jahr den Vorsatz gefasst, sich einen Partner zu suchen. Das Geschäft mit der Internet-Ehe boomt. Partnervermittlung ist einer der weniger erfolgreichen Geschäftsmodellen im Netz (Handelsblatt, 15.01.2003).

loggen mit zu ihren Vorlieben passenden Party-Infos und Dates versorgt.[69]

Wie bereits angekündigt, steht im Fokus unserer Aufmerksamkeit die Dating-Website „PartnerWinner". Die Datingplattform des Zürcher Medienhauses Tamedia, seit dem 1. Mai 2000 unter der Adresse www.partnerwinner.ch online zu finden, wies zum Untersuchungszeitpunkt im März 2002 über 150000 registrierte Benutzer in der Deutsch- und Westschweiz aus (unsere Befragung richtete sich allerdings an die Deutschschweizer User, die ca. 80% der gesamten Benutzerschaft ausmachen). Das aktuelle Kapitel soll die Frage, was PartnerWinner sei, im Sinne einer Bestandesaufnahme der Untersuchungssituation beantworten. Zu Hilfe kommt uns dabei die Selbstdefinition der PartnerWinner-Macher[70]:

> PartnerWinner.ch ist die seriöseste und grösste Dating-Plattform der Schweiz, über die sich Menschen kennen lernen können, um erste Kontakte in den Bereichen Partnerschaft, Dating, Freizeit und Reisen zu knüpfen. Sie allein entscheiden, was aus diesem ersten Kontakt wird: Ob es zu einem Date kommt, oder ob Sie nur eine E-Mail-Freundschaft pflegen wollen.

Auf PartnerWinner werden sieben Tage in der Woche rund um die Uhr Kontakte geknüpft. Abends sind oft 800 bis 1000 Singles gleichzeitig online, Tendenz stetig steigend. Schätzungsweise ergeben sich dank PartnerWinner monatlich 4000 Dates im wirklichen Leben, 1200 Paare finden im selben Zeitraum zueinander. Im Juli 2003 hat PartnerWinner über 740000 Besuche verzeichnet, insgesamt wurden fast 20 Millionen Seitenabrufe getätigt. Etwa 36% der Benutzer sind Frauen, denen 64% Männer gegenüberstehen - ein Ungleichgewicht, das in noch schärferer Form für andere Online-Dating-Plattformen und für das Internet im allgemeinen typisch ist. PartnerWinner richtet sich an die breite Masse der Internet-Partnersuchenden in der Schweiz. Die grösste Altersgruppe (40% der Benutzer) ist die der 27- bis 36-jährigen, gefolgt von der Gruppe der 17- bis 26-jährigen (26%) und der 37- bis 46-jährigen (23%). Personen aus allen Regionen der Deutsch- und Westschweiz, aus den unterschiedlichsten Bildungs- und Einkommensschichten und mit den verschiedensten Präferenzen suchen dank der gezielten Such- und Kontaktmöglichkeiten ihr passendes Pendant.

In der Rubrik „FAQ" werden genaue Anweisungen für die ersten wichtigen Schritte gegeben. Mit Hilfe anderer User aus der Community lernen die weniger Erfahrenen in einer Art virtuellem Sozialisationspro-

---

[69]Netzticker Meldungen vom 21.2.2002. Axe-Nightlife.ch ist ein Dialogmarketing-Projekt von Lever Fabergé, Herstellerin der auf ein junges Publikum ausgerichteten Axe-Reihe (Parfums, Duschmittel).
[70]Zu finden in der Rubrik „Frequently Asked Questions" auf www.partnerwinner.ch.

zess, wie man sich online geschickt orientieren kann. So wird diesen Anfängern solidarisch der „Lernprozess" durch die erfahrenen User erleichtert. „Ich danke allen" - schrieb in Inseratform eine aufgeregte Userin, die soeben erfahren hatte, wie man sich in diesem Raum bewegt: „Ihr lieben, die mir auf *schnäggeli* gemailt habt, tausend dank!!! Ich bin neu unter *medium* zu erreichen. Ich wusste nicht, wie das hier so läuft. BITTE VERZEIHT MIR ALLE???!!! EUER MEDIUM".[71]

6.1.1. Des PartnerWinners neue Kleider

PartnerWinner wurde - nicht wie viele andere Plattformen in diesem Bereich - von Anfang an auf professioneller Basis aufgebaut. Entsprechend hoch ist das Personal-, Werbe- und Entwicklungs-Budget der Plattform. Realisiert und weiterentwickelt wurde das Portal von der in Zürich ansässigen Webagentur FutureCom Interactive (http://www.future com.ch). Durch seine orangefarbigen Schattenfiguren (Avatars) vermittelte das graphische Design der ersten Version von PartnerWinner die Vorstellung von einer immer grösser werdenden Cybergemeinschaft, deren Menschen ihren Platz in der virtuellen Welt fest reserviert haben. Dunkel-lila in der Farbe des duftenden Veilchens gehalten, als Symbol der leidenschaftlichen Liebe (siehe Abbildung 7), repräsentierten die Schattenrisse die neuen Cybersuchenden. Via Flash-Features tummelten sie sich geheimnisvoll auf der Bühne, wie wenn sich durch die auf der Bühne geformten Kreise jederzeit zurück ins *real life* hätten hinausstürzen können.

---

[71] Die Interpunktion ist aus dem Original (ausser den Kommazeichen) unverändert beibehalten worden.

Abbildung 7. Der Französische PartnerWinner, erste Version. Screenshot vom 19. Juli 2001

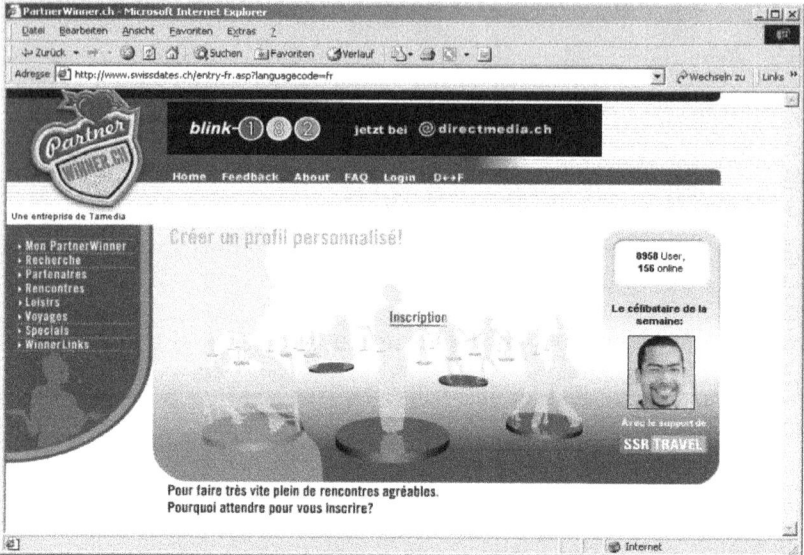

Abbildung 8. Der deutsche PartnerWinner, zweite Version. Screenshot vom 1.Dezember 2004

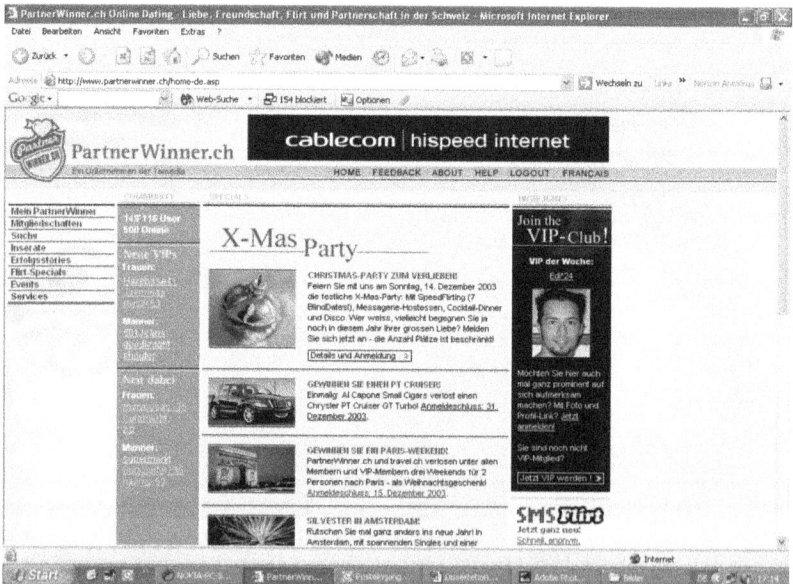

Seit 2002 präsentiert sich die Plattform in einem neuen Webdesign (siehe Abbildung 8), dessen Farben stimmungsentsprechend nach Jahreszeiten wie Kleider gewechselt werden: hellblau-weiss im Winter, gelb-orange im Sommer. Die Avatare haben den Design-Sturm überlebt und wurden durch frische "Modelle" ergänzt. Sieben weitere Merkmale der Plattform verdienen hier nähere Beschreibung: die Suchmaschine, die Anonymität mit „Nickname", die Profil-Gestaltung der Bildlosen (Identitätskonstruktion), der SingleSlider, die Kontaktanzeigen und das interne E-Mail-System.

6.1.2. Suchmaschine

Eine wichtige Eigenschaft des Datingportals ist die *Suchmaschine*. Man kann damit nach Profilen und - seit der Eröffnung des VIP-Clubs im Jahr 2002 - auch nach Photos suchen. In den einzelnen Rubriken lässt sich zudem differenziert nach Inseraten oder bestimmte Nicknamen suchen. Zu den Suchkriterien gehören: Alter, sexuelle Orientierung, Augenfarbe, Zivilstand und Wohnregion, Sternzeichen oder die genauen Körpergrösse (siehe Abbildung 9).

Die Konturen des Wunschpartners seien versuchshalber recht präzise definiert - beispielsweise ein 30- bis 40-jähriger Mann, Körpergrösse zwischen 180 und 188 cm, Journalist und in Zürich wohnhaft, Religion unwichtig, unbedingt blond. Zu strenge Kriterien gewählt? Die Suchmaschine prüft sekundenschnell die Verfügbarkeiten im virtuellen Partnermarkt und entdeckt, den kapriziösen Bedingungen unserer Wunschidentität genau entsprechend[72], gleich zwei „Traummänner": „*Roger33*" und „*Bluetrain*". *Roger33* ist 33 Jahre alt, 187 cm gross, Figur Grösse L, mit grünen Augen, Sternzeichen Wassermann, ledig, ohne Kinder und Raucher. Er hat keinen Avatar und begnügt sich mit der dummen Ente, die gesichtslose User bestrafen soll.

---

[72] Die Suche erfolgte am 11. Mai 2001.

Abbildung 9. Profile suchen mit der Suchmaschine (Screenshot)

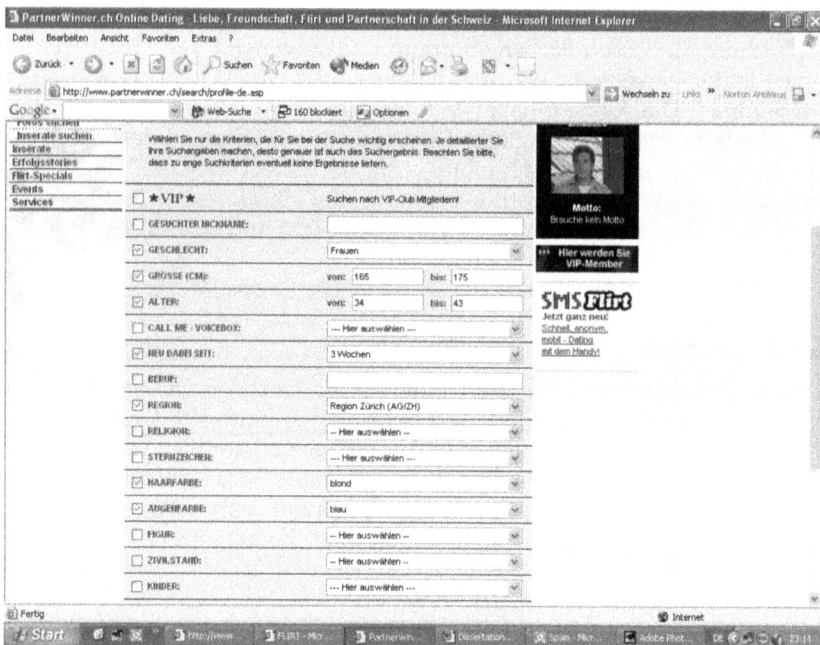

Der User mit dem romantischen Nickname *Bluetrain* ist 34-jährig, Deutscher, 188 cm gross, Grösse S, ledig, kinderlos und sein Motto lautet „Don't sweat it". Er hat einen Avatar, war aber seit fünf Monaten nicht mehr auf PartnerWinner eingeloggt. Er gehe seinen eigenen Weg, heisst es weiter unten auf der Skala - vielleicht deswegen könne er Arbeit mit Familie „prima verbinden". Auf die Frage des intimen Interview - „Wann vergeht Ihnen beim romantischen Candlelight-Dinner der Appetit?" - antwortet er: „Wenn mir beim besten Willen nicht mehr einfällt, über was ich jetzt noch mit meinem Gegenüber reden könnte".

6.1.3. E-Mail-Korrespondenz

Einen ersten Kontakt knüpft man mit Hilfe des internen E-Mail-Systems der Plattform: Jeder Benutzer hat eine eigene E-Mail-Box, die nur ihm zugänglich ist und in der er alle erhaltenen und selber geschriebenen E-Mail-Zuschriften aufbewahren kann. Eine E-Mail-Zuschrift kann per Default auch mit standardisierten schnellen Reaktionen beantwortet werden: mit einem Uhr-Bild („Ich melde mich später"), mit einem „Korb" in Form eines Stop-Zeichens („Sorry, nicht interessiert") oder mit einer Rose (sag's mit Blumen) (siehe Abbildung 10).

Abbildung 10.
Symbolische Schnellantworten
zur Verfügung der PartnerWinner-User

Eine spezielle Funktion der Kontaktzuschriften ist der „Virtuelle Kuss".
Member und VIPs können so einem Gast (User, der sich noch nicht für
eine der kostenpflichtigen Mitgliedschaftsvarianten entschieden hat und
deshalb noch keine Mails empfangen kann) ihr Interesse signalisieren.
User, die nur Gast-Status haben, können keine virtuellen Küsse versenden, solche aber erhalten.

Abbildung 11.
Auch virtuelle Küsse können auf PartnerWinner
verschickt werden

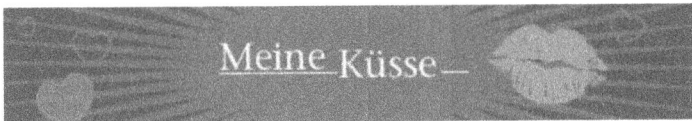

6.1.4. Das Prestige der Plattform

PartnerWinner hat den Anspruch, eine „ernsthafte" Plattform zu sein.
Damit will sich der PartnerWinner von den zahlreichen Flirt-Portalen
unterscheiden, die auf dem Netz mit unseriösen Angeboten oder gar
pornographischen Inhalten inklusive entsprechenden Photos in Verbindung gebracht werden. In den Profilen nicht toleriert sind Nicknamen,
Mottos und Antworten mit sexuellem Inhalt oder sexuellen Anspielungen. Personen unter 16 Jahren sowie solche, die im Auftrag von Dritten
handeln (Vermittler), dürfen daran nicht teilnehmen. Kommerzielle Inserate oder in Inseraten versteckte Werbung sind unzulässig. Bei der Plat-
zierung von Inseraten behält sich die Plattform vor, Änderungen zu
verlangen oder Inserate ohne Angabe von Gründen abzulehnen. Bei einem Verdacht auf eine widerrechtliche oder unsittliche Verwendung des
Online-Angebots kann der Zugang des Users sogar ohne weitere Nachricht gesperrt werden. Folgende Inhalte und die zugehörigen Profile
werden kommentarlos gelöscht:

♦ Inserate mit rein sexuellen oder erotischen Absichten, auch wenn diese nur als Andeutung formuliert sind;

♦ Inserate und Profile, die im Auftrag von Dritten (Vermittler) aufgegeben werden;

♦ Anspielungen auf sexuelle Praktiken;

♦ Suche nach ausserehelichen Beziehungen;

♦ Die Suche nach erotischen Beziehungen mit Paaren;

♦ Männer, die sich als Frauen ausgeben und umgekehrt;

♦ Prostitution oder Inserate mit finanziellen Absichten oder Angeboten;

♦ Beleidigende oder ehrverletzende Inhalte.

Das oberste Ziel bei der Moderation der Inhalte ist, den Usern ein Gefühl von Sicherheit und Vertrauen zu vermitteln. Ein Helpdesk beantwortet täglich bis zu 40 Mails, die beileibe nicht nur technische Fragen enthalten. Ausserdem führt er eine „Qualitätskontrolle" der Inhalte durch - nicht zu letzt mit Hilfe der PartnerWinner-User selbst, die die Rolle einer sozialen Kontrollinstanz ausüben dürfen:

> Wir nehmen uns das Recht, unseriöse, anzügliche oder beleidigende Profile und Inserate auf PartnerWinner.ch zu löschen. Hierfür haben wir verschiedene Mechanismen eingebaut - unter anderem die Selbstkontrolle aller PartnerWinner.ch-User. Wenn Sie also Inserate oder Profile sehen, die gegen den guten Geschmack verstossen oder unseriöse Angebote erhalten - melden Sie das uns via Feedback-Button. Wir werden die betreffende Profile und Inserate kontrollieren und allenfalls löschen.

Über den Helpdesk treten die PartnerWinner-Macher in direkten Kontakt mit den teils erfreuten, teils verärgerten, frisch verliebten oder schrecklich einsamen Benutzern ihrer Plattform, und die Menschen von der PartnerWinner-"Kummerbox" können manche Geschichte erzählen - wie eine auf PartnerWinner entstandene Beziehung endet oder wie eine neue beginnt:

> Da ich mich bereits [...] verliebte und beide meinten, dass es nichts mehr anderes gäbe, hatten wir uns entschlossen, die Profile zu löschen - leider. Wir sind nun nicht mehr zusammen und die Suche beginnt von vorne. Ich wollte mich bei ihnen erkundigen, ob es möglich ist, ein einmal gelöschtes Profil wieder zu reaktivieren - am liebsten mit Daten.

> Hallo Partnerwinner Team. Ich möchte euch herzlich und tausendmal bedanken, dass ihr mir endlich meine Traumfrau

geschickt habt. Stefanie und ich sind seit 27.5.03 zusammen und lieben uns abgöttisch. Ich wusste gar nicht, dass es überhaupt so eine Liebe gibt. Doch dank euer Hilfe habe ich bei meinem Schatz Stefanie gefunden. Vielen Dank.[73]

Sie müssen sich aber auch manchmal Beleidigungen gefallen lassen, wie von diesem Benutzer, dessen Inserat gelöscht wurde, weil er explizit eine aussereheliche Beziehung gesucht hat: "Ihr seid halt ein wenig verklemmt, und solltet deswegen mit der Kirche zusammenarbeiten."

6.1.5. „Flirt-Specials" im Offline-Leben

Auf PartnerWinner werden Liebeshoroskope, Psychotests („Welcher Single-Typ bin ich?") und Wettbewerbe angeboten. Seit seiner Gründung verfolgt PartnerWinner das Konzept einer redaktionellen Betreuung der Online-Gemeinschaft von Partnersuchenden. Präsentationen von Liebespaaren, die sich via PartnerWinner kennen gelernt haben, Aktionen wie die "Sommer-Single-Wahl" (Benutzer wählen ihren Single des Sommers) oder die "Al-Capone-Wahl"[74] haben zum Ziel, den Benutzern ein Community-Gefühl zu vermitteln und die Präsenz anderer Singles auf der Plattform spürbar zu machen. Die Betreiber legen viel Wert auf eine multimediale Zusammenarbeit und nutzen Synergien mit anderen Medien, z.B. durch eine Begleitung der Fernsehsendung „Swissdate" und den SMS-Flirt in Zusammenarbeit mit den Zürcher Sendern Radio 24 und TeleZüri. Aus einer Zusammenarbeit mit dem Nachrichtenmagazin FACTS und Swisscom Mobile entstand das Single-Booklet, in welchem über 300 Singles von PartnerWinner die Chance nutzten, ein kostenloses Inserat zu platzieren.[75] Alle Singles im Single-Booklet konnten via Mail oder SMS von PartnerWinner aus kontaktiert werden.

Speedflirting

Auch Veranstaltungen, an denen sich die Benutzer "offline" begegnen können, werden angeboten. Die rege besuchten Anlässe sind vielfältig und reichen von Partys über Kochkurse bis hin zu Museumsbesuchen oder einem Tag auf dem Golfplatz. Ein Beispiel hierfür wäre Speedflirting - das „Flirten im Sieben-Minuten-Takt", was soviel wie sieben Dates à je 7 Minuten in ca. zwei Stunden bedeutet. Die Idee stammt aus Amerika und wird von Frauen besonders geschätzt. In einem seriösen Umfeld unter Wahrung der Anonymität kann man in wenigen Minuten feststellen, ob gegenseitige Sympathie entsteht oder nicht. Eine Gruppe von

---

[73] Namen und Datum geändert.
[74] Welcher PartnerWinner-Single ist das sympathische, moderne Pendant zum legendären Gangsterboss?
[75] Das Büchlein mit Inseraten und Fotos von auf PartnerWinner registrierten Singles wurde der FACTS-Ausgabe vom 20. März 2003 beigelegt.

mindestens 7 Frauen und 7 Männer trifft sich in eigens dafür reservierten Lokalen in Bern, Genf, Lausanne, Luzern oder Zürich. Die Gruppen sind nach Alter eingeteilt: "um 30", "um 35", "um 40", "um 45" und "um 50". Anfangs sitzt jeweils eine Frau an einem Tisch, ein Mann setzt sich ihr gegenüber. Beide versuchen innerhalb von 7 Minuten soviel wie möglich vom Gegenüber zu erfahren und sprechen sich mit einem Übernamen an. Beide notieren auf ihrer SpeedFlirting-Karte, ob sie den Gesprächspartner wiedersehen möchten oder nicht. Die Frauen bleiben sitzen, die Männer rotieren nach 7 Minuten an einen neuen Tisch und sitzen einer anderen Frau gegenüber. Es gibt 7 Rotationen, dann ist das Speedflirting beendet. Die SpeedFlirting-Karten werden von der Moderatorin eingesammelt und später ausgewertet. Alle Teilnehmer können über eine Hotline erfahren, ob ein Wiedersehen gewünscht ist. Die Organisatoren übermitteln Telefonnummer und E-Mail-Adresse nur dann, wenn beide Teilnehmer auf der SpeedFlirting-Karte ein Interesse aneinander bekundet haben. Je nach Jahreszeiten werden weitere Offline-Parties angeboten: „Christmas-Party zum Verlieben"; Silvester im Amsterdam, Weekend in Paris, Schlittschuhlaufen „Hearts on ice", Valentins-Party, Summerlove-Party.

Call me

Die Benutzer von PartnerWinner haben auch die Möglichkeit, bei ihrer Partnersuche zwischen verschiedenen Medien zu migrieren und sich so die unterschiedlichsten Vorteile der Medien zu nutze machen. Eine solche Funktion ist die so genannte „Call me". Sie ermöglicht, dass die Benutzer miteinander telefonieren, ohne ihre private Telefon- oder Handynummer zu verraten. Die Verbindung erfolgt über eine Zentrale, damit keiner der beiden Telefonpartner die Nummer seines Gegenübers erfährt. Für den Fall, dass sie nicht direkt erreichbar sind, nimmt die Voicebox den Anruf entgegen. Die Voicebox wird automatisch zu einem Profil erstellt. Sie kann mit einem persönlichen Ansagetext versehen werden und so das Profil mit einer zusätzlichen Audio-Dimension erweitern. Profile mit persönlichem Ansagetext werden am Hinweis "Höre meine Stimme!" erkannt. Man kann die Voicebox des gewünschten Users anrufen, seine Stimme hören und ihm auch gleich eine Nachricht hinterlassen. Auch eine Voicebox, die noch nicht mit einem persönlichen Ansagetext versehen ist, kann aufgerufen werden. Wenn der Call Me!-Direktkontakt aktiviert ist, kann ein Benutzer in dem von ihm festgelegten Zeitrahmen von anderen Benutzern angerufen werden. Man kann den anderen anrufen, ohne selbst für andere telefonisch erreichbar zu sein.

SMS-Flirt

Als Zusatzfeature zum Grundangebot bietet PartnerWinner den „SMS-Flirt". Diese Option erlaubt den Partnersuchenden, ihre virtuelle Suche in einem anderen modernen Medium fortzusetzen und unverbindlich, schnell und mobil neue Leute kennen zu lernen (SMS lassen sich auch im Zug schreiben, wenn man nicht gerade auf www.partnerwinner.ch online ist). Das SMS-Flirt-Inserat erscheint in verschiedenen medialen Kanälen, wodurch sich die Chancen auf ein Date zusätzlich erhöhen: PartnerWinner.ch listet alle SMS-Inserate online auf, TeleZüri, eine lokale Zürcher Fensehstation, zeigt die SMS-Inserate auf ZüriText. Der Zürcher Lokalsender Radio 24 lädt jeden Samstag SMS-FlirterInnen in die Live-Sendung ein.

6.2. Pseudonyme und Identitätskonstruktion

Alle User sind durch ihre Profile mit Pseudonymen, so genannten ‚Nicknamen' vertreten: Diese immanente Charakteristik der Plattform gewährleistet die Anonymität der betroffenen Personen, sie können sich hinter ihrer Nickname-Maske verstecken wie an einem Karneval. Der User entscheidet selbst, ob und wann er einer Person, die er auf PartnerWinner kennen gelernt hat, vertrauliche Angaben wie Adresse oder Handynummer zukommen lässt. Da ist ein entscheidendes Merkmal der Nicknamen im Unterschied zu den wirklichen Namen in der realen Welt: sie sind einzigartig, jeder Benutzer hat seinen eindeutigen Nicknamen. Wenn der gewünschte Nickname bereits besetzt ist, fordert das interne System von PartnerWinner den User auf, ein anderes Pseudonym zu wählen. Kreativität ist somit zwangsläufig gefordert - hier nur einige eindrucksvolle Beispiele von Nickname-Konstruktion: *Theaitetos*[76], *Unikuss, Grosszügig_Er, herzhüpf, DerStaat, prickleseeker, auchtreu+, blaueswunder, crazynice, muecke36, Affengesicht, Inmichgänger, raritaet, wolkenflitzerin.*

Einige User lösen zwar das Problem, einen noch nie gewählten Nick zu finden, weniger heuristisch, indem sie wenig aussagende Ziffern, Sonderzeichen oder Buchstaben vor oder nach dem gewählten Pseudonym anhängen, z.B. *zues1.* Für die virtuelle Partnersuche kann man sich auch *Sonnenbrand* (30, Mann) oder *sonderangebot* (38, Mann) nennen. Ein 21-jähriger Mann wählt für seine Identität *Typ_von_nebenan.* Die 35-jährige Userin mit dem Pseudonym *@ngel* erklärt ihre Wahl so: „Das 'Engelchen' ist bei mir nicht vom 'Bengelchen' zu trennen... Beide Seiten gehören zu mir und entsprechend lebe ich auch beide Seiten aus". Ihr Motto entwikkelt das gewählte Motiv „Engel" weiter: „Gute Mädchen kommen in den Himmel... ;-))". Auf die zahlreichen fragenden Zuschriften der Partner-

---

[76] Titel eines Dialogs von Platon. Der Mathematiker Theaitetos (ca. 415 - 369 v. Chr.) war ein Schüler und Freund Platons, der von ihm in einem nach Theaitetos benannten Dialog berichtete.

Winner-User, dieses zu erläutern, antwortet sie: „Gute Mädchen kommen in den Himmel und böse eben überall hin... ;-) Gibt's auch als Buch von der Psychologin Ute Ehrhardt und wäre durchaus auch Lesestoff für nette Jungs... "

Augenzauber lässt zukünftige Partner frei phantasieren und bietet trotz Nickname keine visuelle Vorstellung von sich. *Vagabundin_36* lädt mit einer Art knapper Anleitung zur ersten Kontaktaufnahme ein: „Bitte zuerst Interview und Inserat lesen, Phantasie, Herz & Humor einschalten, dann erst schreiben". *Paradoxale* ist 26, Kleinkindererzieherin, und hat das Motto: "Voir le verre à moitié plein et non à moitié vide"[77]. *Irishrain* (28, Frau) antwortet auf die Frage „Was finden Sie an sich selbst sexy?" im intimen Interview: „Meine Augen, wenn sie in deine schauen". Das Alter ist sehr häufig ein Teil des Nickname-Konstruktion, wie zum Beispiel bei *MODEL1974*. Mit diesem Nickname wird zudem suggeriert, dass die Frau dahinter von Beruf Model sei, oder sehr gut aussehe. In ihrem Profil steht unter ‚Beruf' lakonisch „Büro". Der *zauberling* (44) erklärt die Wahl seines Nicks: "Den "Zauberlehrling" hat Wolfgang Goethe erfunden: "Die Geister, die ich rief, ich werd' sie nicht mehr los...". Und so ist es auch mit mir. Manchmal entwickelt sich aus einem Vorhaben etwas ganz anderes als das, was ich wollte - so ist das Leben. Es ist sogar besser so".

Das Hauptziel von PartnerWinner, so der vormalige Leiter der Plattform Marco Boselli, ist Menschen auf unkomplizierte Art kennen zu lernen, wobei das Äussere nicht als unentbehrlichster Aspekt im Zentrum stehen soll. Eine Eigenheit von PartnerWinner ist deshalb, dass die Standardprofile „körperlos" sind und keine Photos enthalten. Mit dem integrierten E-Mailsystem kann man per Definition keine Attachments und auch keine Bilder verschicken. Statt Photos erhält man eine ‚virtuelle' Vorstellung eines Users anhand seines Avatars[78], den er aus einer vorgegebenen Palette von Köpfen und Körpern zusammenstellen kann (siehe Abbildung 12). Nur VIP-Members dürfen ihr Profil nach Wunsch mit einem Foto ergänzen.

---

[77] Das Glas halb voll sehen und nicht halb leer (fr.).

[78] Schattenriss. Avatar (sanskr.-engl.) bedeutet graphische Darstellung, Animation, Karikatur; Verkörperung des Benutzers im Cyberspace, virtuelle Kunstfigur (Duden (2001). Fremdwörterbuch. Mannheim: Dudenverlag).

Abbildung 12. Profil der Userin *Wildromantic* (Screenshot)

6.2.1. SingleSlider

Die Interaktionen zwischen zwei Personen unter Wahrung der Anonymität beider ermöglichen die unbeschwerte Äusserung einer *Kontakt-oder gar Beziehungsbereitschaft*, die ausserhalb des Cyberspace meistens schwer fehlt. Der allgemein gültige Modus einer „*Exklusivität der Kontaktbereitschaft*" - wenn wir hier die in einem anderen Kontext geschaffene Bezeichnung Luhmanns (Luhmann 1994) verwenden dürfen - erzeugt erstmals eine bisher nie da gewesene Statusgleichheit der Kommunikationspartner online. Dieser privilegierte Status ist auch für die Partner-Winner-Benutzer evident: "Ein entscheidender Vorteil ist, dass sich auf einer solchen Plattform Menschen treffen, die auch auf der Suche sind. Im realen Leben sieht man ja nicht, wer nun frei ist oder nicht" (Umfrageteilnehmer). Im wirklichen Leben ist es in der Tat so, dass potentielle Kandidaten, die für einen Partnersuchenden in Frage kommen, nicht zwingend bereit sein müssen, das Begehren des anderen zu erwidern und sich in einen Austausch in Bezug auf eine mögliche Beziehungsanbahnung zu verwickeln. Sie sind in ihrem Inneren vielleicht auch von der potentiellen Partnerin beeindruckt, möchten aber zum gegebenen Zeitpunkt keine Beziehung, oder sie sind nicht „frei". So hat unsere Gesellschaft verschiedene Rituale und symbolische Gegenstände entwickelt, um Kontaktbereitschaft (oder ihr Fehlen) anzuzeigen. Der Ehering ist ein Beispiel. Weniger universell sind die „Bollenhüte" aus dem Gutachtal im Schwarzwald: Die mit den roten Bällchen trugen ledige Frauen und die mit den schwarzen - die verheirateten. Moderne Varianten sind Kontaktanbahnungs-Signalgeber wie der "Contact Messenger", die kuppelnde Uhr "Swatch synchro.beat" oder die violetten Einkaufskörbchen eines innovativen Pariser Supermarkts[79].

---

[79] **Der Supermarkt als Single-Treffpunkt.** Renommierte Pariser Warenhäuser buhlen auf ihre Weise um jüngere Kundschaft mit Partnersuchaktionen, im Tages Anzeiger, 18.11.2003.
Es ist Donnerstagabend, und in den Galeries Lafayette am Boulevard Haussmann herrscht reges Treiben. Vor der Abteilung der exotischen Teesorten stehen zwei junge Menschen und unterhalten sich über den Geschmack tiefgefrorener Entrecôtes. In der Hand halten die beiden einen violetten Einkaufskorb, den sie beim Betreten der Nahrungsmittelabteilung gefasst haben - als Zeichen, dass sie ledig und damit unter Umständen auf Partnersuche sind.
Singles kommen in Scharen . . .
Die Galeries Lafayette, eine der grossen Warenhausketten Frankreichs, haben die unübersehbar gekennzeichneten Einkaufskörbe vor einem Monat für das wöchentliche Einkaufen am Donnerstag bis 21 Uhr eingeführt. Anfangs schauten nur wenige Singles herein; schüchtern nur schnappten sie sich einen violetten Korb. Bald merkten sie, dass sie in bester Gesellschaft sind. Heute kommen sie in Scharen.
Die Anordnung der Verkaufsstände in Inseln, bei denen zum Teil an Stehbars kleine Häppchen oder ein Glas Wein feilgeboten werden, tut ihr Übriges, um die Situation aufzulockern und die Kontaktnahme zu erleichtern. Bei der Backstube werden zwei Freundinnen von zwei gleichaltrigen Jungs angehauen; an einer Tapas-Bar trinkt ein älteres Paar ein Glas Wein, während zu ihren Füssen je zwei violette und gähnend leere Einkaufskörbe miteinander Bekanntschaft schliessen. Ein älterer Herr kreuzt etwas ziellos zwischen den Regalen und nähert sich einer sportlichen Dame, als de-ren Handy klingelt. «Ich komme, mein Liebes», ruft sie hinein, und der Herr stoppt bei den Konfitüren.
. . . auch Liierte freuen sich
Eine Verkäuferin sagt, an den Donnerstagen herrsche eine viel bessere Stimmung als an anderen Tagen. Auch Kunden ohne speziellen Einkaufskorb neigten dazu, sich zuzulächeln und manchmal ein paar Worte miteinander zu wechseln. Unsicher ob des Erfolgs, hatten die Organisatoren die Operation Partnershopping auf zwei Monate limitiert. Nach einem Monat beschlossen sie aber bereits eine unbefristete Verlängerung, da der Umsatz in der Essabteilung an den «Ledigenabenden» um 20 Prozent zugenommen hatte. Am stärksten ist die Hausse in den Sparten Aperitife, Wurstwaren und Milchprodukte.
Um das junge Publikum bei der Stange zu halten oder zu gewinnen, kommen aber auch andere Mittel zum Einsatz: Die Galeries Lafayette haben in Paris ferner die weltgrösste Unterwäscheabteilung eröffnet. Zur Feier des Anlasses wurden interessierte Kundinnen kürzlich in halbstündigen Striptease-Lektionen geschult. Männer waren nicht zugelassen. Dem Vernehmen nach wurde in dieser Lektion das Hüllenfallenlassen bei gleichzeitigem Anbehalten hochhackiger Schuhe gelernt (Stefan Brändle).

Die Kontaktbereitschaft auf PartnerWinner ist zwar für die ganze Community die Norm (alle tragen die „Schildchen"), sie wird aber symbolisch durch den Wert eines Liebesbarometers, genannt *SingleSlider,* in feine Abstufungen ausdifferenziert (siehe Abbildung 13). Der SingleSlider weist einen Wert von 1 bis 100 auf (Prozentangaben). Je höher der Wert, desto stärker der Wunsch des Users, andere Menschen kennen zu lernen. Der Partnersuchende kann seinen SingleSlider jederzeit neu einstellen. Ein Wert von 1 bis 20% bedeutet: „Hände weg. Sie haben weder Lust noch Zeit auf eine Romanze. Ihr Profil ist für andere PartnerWinner-User nicht sichtbar. Sie können aber trotzdem Inserate aufgeben und andere PartnerWinner-User kontaktieren". Ein SingleSlider zwischen 20 und 40% bedeutet: „Flirten erlaubt. Sie sind einem unverbindlichen Flirt weder abgeneigt noch verschlossen. Doch Ihre Grenzen sind klar gesetzt"; zwischen 40 und 60% - „Unverhofft kommt oft. Sie wollen vorwiegend einfach mal neue Menschen kennenlernen. Dass daraus was werden könnte, sei dem Zufall überlassen"; zwischen 60 und 80%: „Das Spiel mit dem Feuer. Sie fiebern nach einem heissen Flirt. Brennt dabei was an, kann es Ihnen nur recht sein" und zwischen 80 und 100% - „Offen für Neues. Sie sind ungebunden, Single, frei und Ihr Herz soll im Sturm erobert werden".

Abbildung 13. Der SingleSlider als Liebesthermometer (Screenshot)

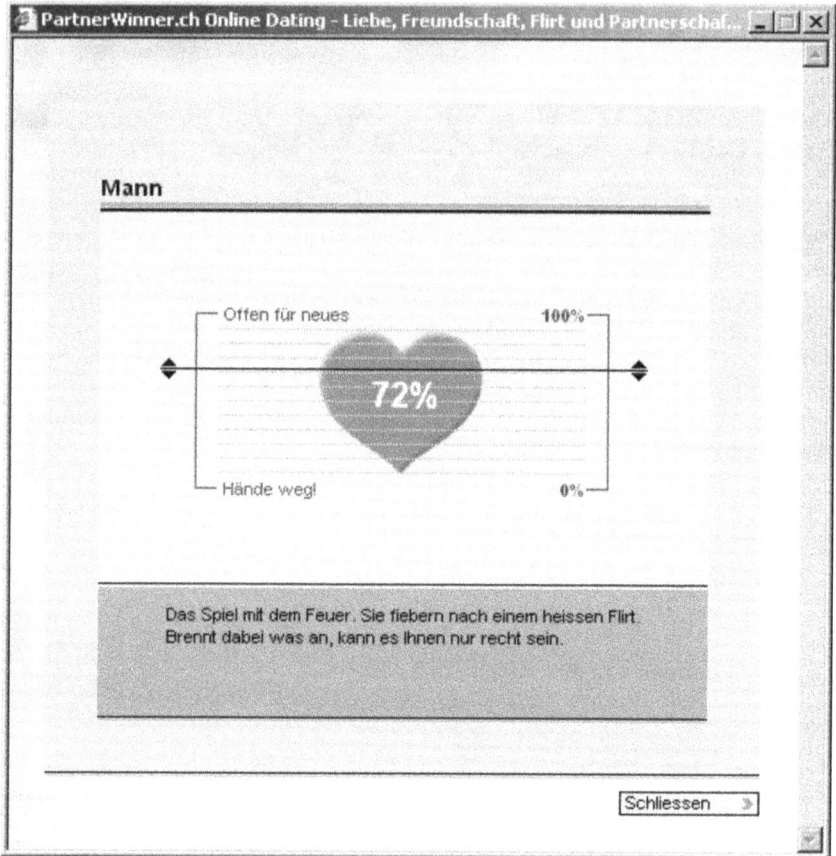

6.2.2. Der Tod einer virtuellen Persona

Die virtuellen Identitäten können, einmal erstellt, nicht mehr umgetauft werden. Wenn ein anderer Nickname gewünscht wird, muss der User ein neues Profil eröffnen. Wenn der SingleSlider auf 0% gestellt wird, führt das automatisch zu Deaktivierung des Profils. Ein deaktiviertes Profil kann jederzeit wiederbelebt werden, indem der SingleSlider auf eine höhere Prozentzahl gesetzt wird. Wie lange ein virtuelles Profil, ein Cybercharakter zu leben hat, hängt von seinem Schöpfer ab. Oft braucht er nicht um jeden Preis zu ‚überleben'. Die virtuellen Figuren werden nicht allzu selten auch nur aus einem Lustgefühl ihres Schöpfers erschaffen oder weil sie ihm vorübergehend die richtige Gestalt zu sein scheinen. Selbst nach solchen spontanen kreativen Akten bekundet die Mehrheit der User Mühe, sich von ihren virtuellen Schöpfungen für immer zu trennen, weil sie bereits eine mehr oder weniger reale Existenz erlangt haben. Technisch bedingt war es auf der Plattform „PartnerWinner" während langer Zeit nicht möglich, dass die Benutzer selbständig ihr Profil „töten", damit musste man den Helpdesk beauftragen. Seit 2002 ist die Option „Profil löschen" verfügbar - man kann eigenhändig und unwiderruflich seine Figur ‚töten'. Diese Aktion ist dann irreversibel - eine Wiedergeburt ist ausgeschlossen.

Es kommt auch vor, dass Profile vom Helpdesk-Moderator gelöscht werden, weil sie gegen den guten Geschmack verstossen oder unseriöse Angebote enthalten. Ihre Besitzer tun sich schwer mit dem Tod ihrer Persona: „Meine Identität ohne nur eine Vorwarnung einfach so zu löschen betrachte ich als bodenlose Anmassung" (User). Auf der anderen Seite verkommen einige Profile zu Karteileichen, entweder weil ihre Schöpfer diese nicht löschen wollten, oder weil sie aus verschiedenen Gründen lange nicht eingeloggt waren. Manche Tötungsakte wurden post factum bitter bereut, wie im Fall einer Frau, die den Helpdesk bat, ihr altes Profil zu löschen - weil sie sonst der Versuchung, sich immer wieder auf PartnerWinner einzuloggen, nicht widerstehen könne: „So hat mich nun erneut die Lust gepackt, wieder auf diesem Weg neue Leute kennen zu lernen. So habe ich mich wieder eingeloggt. Ich will in Zukunft versuchen, die Sache nicht so ernst wie bis anhin zu nehmen und hoffe auch, dabei Glück zu haben" (Userin).

6.2.3. Das schwarze Brett des PartnerWinners

Typische Eigenschaft der Plattform ist die Möglichkeit, zusätzlich zur Profilgestaltung und Profilsuche Inserate aufzugeben, um die öffentliche Aufmerksamkeit der gesamten Community prominent auf sich zu lenken (Salienz). Dafür ist die entsprechende Inserate-Rubrik (Partnerschaft, Dating, Freizeit, Reisen) vorgesehen, in welcher eine Liste mit den zuletzt aufgegebenen Inseraten erscheint. Das veröffentlichte Inserat bleibt zwei Monate lang online, ausser wenn der Benutzer bei der Inseratseingabe explizit ein Datum angegeben hat. „Je detaillierter das Profil und die Inserate, desto grösser ist die Chance, dass man einen idealen Partner finden oder von ihm gefunden werden", empfiehlt PartnerWinner seinen Mitgliedern. Hier werden Selbstdarstellungseffekte äusserst essentiell, da PartnerWinner-User durch die Veröffentlichung eines Inserats automatisch zu öffentlichen Persönlichkeiten werden: Sie haben rein statistisch viel mehr Chancen, von anderen Usern angeklickt zu werden.

Das schwarze Brett der Plattform steht mit Tausenden von Inseraten im Fokus der öffentlichen Aufmerksamkeit und hat ausserdem den Vorteil der Aktualität. Die neu veröffentlichten Inserate zeugen davon, dass deren Autoren gegenwärtig auf der Plattform aktiv auf Partnersuche sind; oft sind bei den ganz frischen Anzeigen die Autoren online (das Feststellen, ob bestimmte User eingeloggt sind, gehört zu den systeminternen Eigenschaften der Plattform). Danach gilt es, die allgemeine Aufmerksamkeit, bekanntlich ein knappes Gut, auf seine eigene Anzeige zu lenken. Von der Normalität eines Alltags-Inserats abweichende Texte haben grössere Chancen auf dem virtuellen Markt, wo Tausende von Kandidaten darauf warten, kontaktiert zu werden. Die Benutzer beurteilen die Effizienz ihrer Anzeige zuallererst anhand der Anzahl Reaktionen, die darauf erfolgen. In einem weiteren Schritt können sie die als misslungen angenommenen Eigenschaften des Inserats schrittweise so verändern, dass mehr Zuschriften erfolgen: „*Klick* *klick* ... 'hmm, naja' ... *klick* ... 'ne, überzeugt nicht so'... *klick*... *gähn*... 'schade' ... *klick*... 'oh'... *klick*... :-). Eigentlich bin ich etwas skeptisch, ob ich mit einem Inserat etwas Wesentliches bewirken kann...“

Vier Hauptrubriken stehen für die verschiedensten Inserate zur Verfügung: Partnerschaft, Dating, Freizeit und Reisen. In der Rubrik „Partnerschaft" unter dem Motto „Welcher Adam möchte mit Eva22 ins Paradies" können Frauen Männer suchen („Sie sucht ihn") oder Männer Frauen („Er sucht sie"), aber auch gleichgeschlechtliche Anzeigen veröffentlicht werden. Auf dem schwarzen Brett von PartnerWinner wurden am 11 Mai 2003 beispielsweise 2247 Inserate von Männern auf der Suche nach Frauen und 1094 Inserate von Frauen auf der Suche nach Männern gefunden. Weit weniger häufig sind von Männern an Männer (93) und von Frauen an Frauen (94) gerichtete Inserate.

Zu den konkurrenzfähigen Charakteristiken des Inserats „Rapunzel lässt bitten" gehören das Märchen-Sujet und die dialogisch-einladende Form:

Rapunzel lässt bitten
Da sitzt sie in ihrem hohen Turm und wartet sehnlichst auf den Ritter, der angeritten kommt, sein Schwert zieht und sie aus ihrem erbärmlichen Dasein errettet. Na ja, manchmal geht sie auch aus, aber sie muss dann wieder enttäuscht zurückkehren und warten, warten... Wenn Du, edler Ritter, den Mut und die Intelligenz besitzt, die Selbstlosigkeit und Sanftmut, um Rapunzel aus ihrer Trübheit zu holen, lässt sie möglicherweise ihr Haar für Dich hinunter. Und wer weiss, vielleicht ist es dann auch lang genug und stark genug, um zu halten...(Allesandrina)

Beim nächsten Beispiel handelt es sich um einen imaginären IT-Heiratsmarkt von Informatikerinnen:

IT- FRAUEN
Würde man Frauen in IT-Klassen einteilen wollen, gäbe es folgende Varianten zur Auswahl:
Die Internet-Frau: Mann muss bezahlen, um sich Zugang zu ihr zu verschaffen.
Die Server-Frau: Sie ist immer beschäftigt, wenn du sie brauchst.
Die Windows-Frau: Du weißt, dass sie viele Fehler hat, aber du kannst nicht ohne sie leben.
Die Powerpoint-Frau: Sie ist ideal, um sie auf Feiern den Leuten zu präsentieren.
Die Excel-Frau: Man sagt sie könne vieles, aber du benutzt sie nur für die üblichen 4 Grundfunktionen.
Die Word-Frau: Sie überrascht dich immer wieder und es gibt niemanden auf der Welt, der sie wirklich versteht.
Die DOS-Frau: Alle hatten sie schon, aber niemand will sie jetzt.
Die Back-up-Frau: Du glaubst sie hätte alles, aber wenn es darauf ankommt fällt dir auf, dass ihr etwas fehlt.
Die Scandisk-Frau: Wir wissen, dass sie Gutes tut und dass sie nur helfen will, aber im Grunde weiß niemand was sie wirklich kann, und wenn wir ehrlich sind, nervt sie!
Die Screen-Saver-Frau: Sie hat keine wirklich wichtige Funktion, aber es gefällt dir, sie anzuschauen.
Die Hard-Disk-Frau: Sie erinnert sich an alles, zu jeder Tageszeit.
Die E-Mail-Frau: Von den zehn Dingen, die sie erzählt, sind neun absoluter Quatsch.
Die Virus-Frau: Wenn du es am wenigsten erwartest, installiert sie sich in deiner Wohnung und bemächtigt sich ihrer. Wenn du versuchst sie zu deinstallieren, wirst du sehr viele Sachen vermissen; wenn du es nicht tust, verlierst du alles (X 32).

Einzigartige, frische Inserate schreiben zu können spielt vor allem bei den Männern eine entscheidende Rolle, da sie auf der Plattform in der Überzahl (62%) sind. Nachfolgend ein Beispiel für ein provokatives Inserat, das Rückschlüsse auf die Persönlichkeit seines Autors erlaubt. Es wird mit der Metapher „Huhn" gespielt, die offensichtlich in seltsamer Ironie zu romantischen Metaphern wie der "Prinzessin" steht. Sein Nickname deutet hingegen entschieden auf eine *ortsbezogene Identität*, nämlich auf Aargau hin, wobei das Pseudonym nicht in einen *Aargauer* umgewandelt wurde, sondern direkt den Namen des Kantons annimmt:

Von: aargau
Wo ist das "verrückte Huhn", das mit mir die Welt erobern will?
Ich suche keine Prinzessin und keine Frau für den Haushalt - einfach eine Partnerin, mit der man(n) allerhand Dinge unternehmen kann...

Partnersuchende gehen mit der Veröffentlichung einer Anzeige das Risiko ein, sich vor einem heterogenen Publikum zu „enthüllen", das ungleiche Erwartungen an ein Kontaktinserat hat. Misslungene Selbstdarstellungen, die bereits auf dieser Stufe auf mangelnde Beziehungsressourcen hinweisen, sind wohl eine Erklärung dafür, dass bestimmte User wenig oder gar keine Reaktionen erhalten: „Workaholic, aber sehr romantisch... Da ich in Kürze als Mediziner meine eigene Praxis eröffnen werde, arbeite ich ziemlich viel. Doch weiss ich, dass ich gleich viel Zeit für meine Partnerin investieren würde, wenn es meine Traumfrau wäre".

6.2.4. Romantisches Vokabular: "Knockin' on heaven's door"

„Wo sind bloss die Schmetterlinge?" - wundert sich ein 32-jähriger Wirtschaftsinformatiker mit dem Nickname *Gangrad*, der mit Godzilla im Lift stecken bleiben will[80], mit seinen letzten Hundert Franken eine Heckenschere kauft, weil er Gärtner sein möchte und an sich selber sexy findet, „dass ich noch lesen kann, was ich schreibe". „Bin ich ein Traummann?" - fragt *Maesi30*, der als Motto im seinen Profil voll Optimismus schreibt: „Nicht aufgeben, irgendwo steckt meine Traumfrau schon". Sehnsüchtig beklagt sich *this_is_me*: „Hab Dich noch nicht gefunden, war auch schon auf dem Mond und anderen Planeten, aber Dich, ja Dich hab ich nicht getroffen."[81] Und nach einem solchen romantischen Bekenntnis gibt er auch zu, dass er „eher etwas nach der alten Schule" sei: „Ich halte einer Frau die Tür auf, lasse sie zuerst aus dem Lift". „Love is difficult to find...easy to loose ... and hard to forget", philosophiert der 23-jährige *Leech* und fordert mit dem Titel seines Inserates gleich „Tanz mit mir durch die Nacht":

> Ich könnte hier doch schreiben was für ein toller Kerl ich bin...
> -Sexy
> -Reich
> -Schön

---

[80] Teil der Profile auf PartnerWinner ist das so genannte „intime Interview" mit fünf Fragen: (1) „Sie sind mit Ihrem Partner / Freund etc. im Kino. Sein Handy klingelt an der romantischsten Stelle des Films. Wie reagieren Sie?"; (2) „Was finden Sie an sich selbst sexy?", (3) „Mit wem wollten Sie schon immer mal im Lift stecken bleiben?", (4) „Was machen Sie mit ihren allerletzten hundert Franken?", (5) „Wann vergeht Ihnen beim romantischen Candlelight-Dinner der Appetit?"

[81] Alle Zitate werden ungeändert wiedergegeben; aus diesem Grund ist auch die Schreibweise und die Interpunktion beibehalten.

-Zärtlich
Siehst du, ich kann hier schreiben, was ich will!
Ich möchte Dich kennenlernen, jedoch nicht unter falschen
Vorstellungen.

Eine „Sternschnuppe" sehnt *LePrince* herbei, *Epos* sucht „Suchende" und
milder – wind beschreibt sich nur mit Verben: „Geniessen... verwöhnen...
überraschen... lieben... träumen... lachen...herumalbern... und noch viel
mehr. Das bin ich." *Eisbaer* wirbt für sich mit „bin ein nicht normaler Typ
und suche Gleichgesinnte." In der Rubrik „Dating" unter dem Motto
„Welcher Harry will Sally treffen" fand ich[82] unter dem Thema „Ausgehen" 803 Anzeigen und 74 Inserate von Usern, die sich wiedersehen
wollen, wie z.B.

Freitag, 8.Juni. Karthause Ittingen.
Du mit zwei Kindern und Begleitung in einer Mönchszelle, nach-
her im Restaurant, im Laden, später ausgestiegen am Lichtsignal.
Ich mit dreifacher Begleitung. Treffen sich unsere Blicke nochmals?

„Welcher John lässt mit Olivia NJ das Tanzbein schwingen" ist das
Motto der Rubrik „Freizeit", wo man unter „Sport" und „Tanzen" am
meisten Inserate entdeckt (296, bzw. 153); unter „Kino" sind es 96, „Essen" 61, „Musik" 57, „Kultur" 34 und „Tiere" 33. In der letzten Rubrik
„Reisen" („Julia sucht Mitfahrgelegenheit nach Verona im Alfa Romeo")
steht die Möglichkeit offen, entweder gemeinsam die Ferien zu verbringen (247 Annoncen gefunden) oder nach einer Mitfahrgelegenheit zu suchen (26 Annoncen).

Die 42-jährige deutsche Akademikerin namens *bird_on_a_wire* ist auf der
Suche nach der ewigen Liebe.[83] Das Himmels- und Sternvokabular ist
von Frauen bevorzugt: „Heaven is over me" betitelt *Starwar* ihr Inserat.
„Die Reise nach Shamballa ist zwar weit... aber der Weg ist gepflastert
mit Liebe und Freude, gesäumt von Blumen und tanzenden Schmetter-
lingen", seufzt *Sternblume* und will „in der Erde verwurzelt nach den
Sternen greifen - oder gar noch höher?" Ihren ausgesprochenen Sinn für
Romantik beweist sie, indem sie ihre letzte Hundertfranken-Note in der
Erde vergraben und dann warten will, was passiert - anscheinend ähnlich wie Pinoccio. *Dornenrösli* wünscht sich, endlich das ihr längst ver-
sprochene Paradies auf Erden zu finden. *Mödeli* hebt einen ewigen Widerspruch leichter Dinge auf, denn sie ist „Realistin und Träumerin"
gleichzeitig. Dafür ist *Sannasmile* eine „träumende Realistin".

---

[82] Am 21.Mai 2001.
[83] Alle Zitate stammen aus Profilen und Inseraten auf www.partnerwinner.ch.

Auf der Suche nach der wahren Liebe sind zahlreiche Inserate. „Dafür belohn ich Dich mit meinen Küssen, und sollt ich Dich im Himmel suchen müssen!" - ruft eine 51-jährige Verwaltungsangestellte, eine dreifache *LoveLoveLove*. „Wer tanzt mit mir unter dem Regenbogen, wer zählt mit mir die Sterne, wer fliegt mit mir zur Sonne, wer heult mit mir den Mond an?" - poetisch fragt *Megumi*, Mutter von zwei Töchtern, und antwortet selber: „Ein Regenbogenmaler, ein Sternenpicker, ein Sonnenanbeter, ein Mondsüchtiger". Userin *Koala_w* nennt es „Freund fürs Leben", *kailua1* hingegen - „Mr. Right", und *Schöffli* will bloss keinen „Spargeltarzan". Die *Chaosfee* sucht keinen Perfektionisten, keinen Adonis und keinen Brad Pitt. Wenn man sich nach einer euphorischen E-Mail-Bekanntschaft im realen Leben trifft, hat man das Gefühl, man kenne den Anderen - keine Liebe auf dem ersten Blick. Wenn man auch so die ewige Liebe nicht findet, dann wurde zumindest ein aufregender Begegnungspunkt entdeckt. *Andersch*[84] scheint es zu wissen: „Wenn es eine Beschreibung für meinen Traummann gäbe, hätte ich schon lange WANTED Flugblätter auf der ganzen Welt verteilt. Mein Traummann liebt mich und ich ihn... und das ist schon der schönste Traum!"

6.2.5. VIP-Club der Privilegierten

PartnerWinner hat im Herbst 2001 den kostenpflichtigen VIP-Club geschaffen. Das VIP-Profil und die dazugehörenden Inserate erscheinen zusammen mit den anderen VIP-Membern automatisch am Anfang aller Listen, was das VIP-Mitglied zu einem bevorzugten Status innerhalb von PartnerWinner verhilft.

Als VIP-Member profitieren Partnersuchende im Unterschied zu gewöhnlichen Mitgliedern von einigen Vorteilen: einem Profil im edelblauen VIP-Look (siehe Abbildung 14), der Möglichkeit, ihr Profil mit einem Bild zu ergänzen und der Chance, in einem Interview mit 100 Fragen mehr über sich und ihre Vorstellung von Partnerschaft zu erzählen. Ein weiterer Vorteil ist die Top-Platzierung. Ungefähr 7.5% aller Benutzer entschieden sich vor Einführung der Kostenpflicht für den VIP-Club. Alle Fotos der VIP-Member werden in einer speziellen Fotokampagne angezeigt und mit dem Profil verlinkt. Ein weiteres Privileg ist, dass VIPs auf ihre private Mailadresse benachrichtigt werden, wenn sie neue Nachrichten in ihre PartnerWinner-E-Mailbox erhalten.

---

[84] Man bemerke die semantische, stilistische und syntaktische Phantasie bei der Auswahl der Nicknamen.

Abbildung 14. Profil eines VIP-Mitglieds (Screenshot)

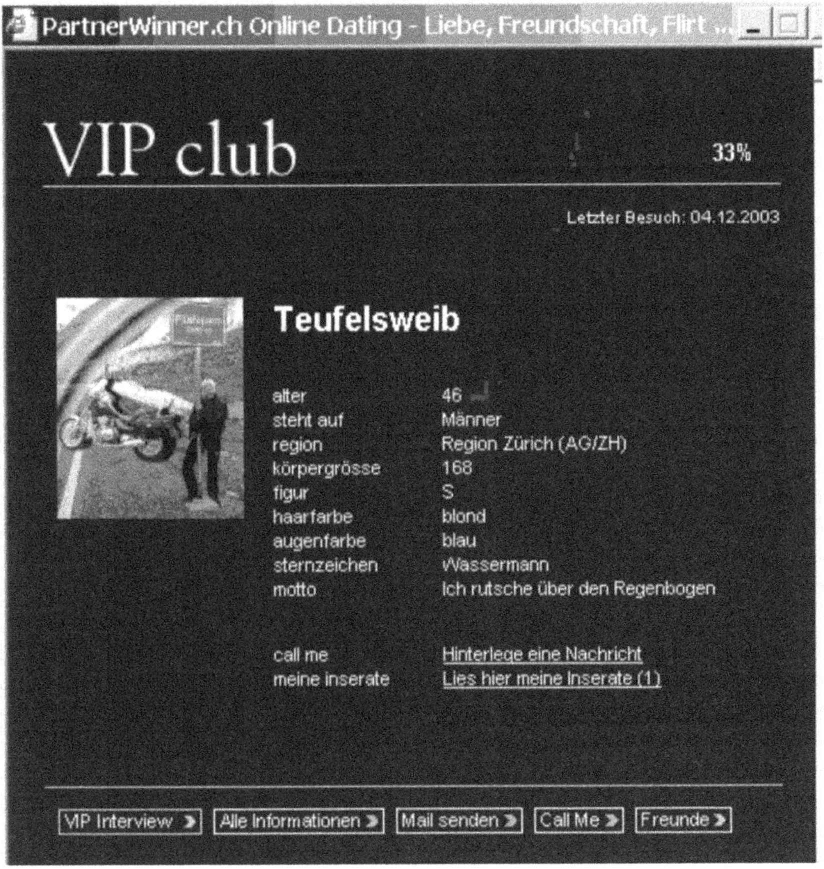

6.3. Kostenpflicht

Sommerschlussverkauf
Irgendwie ist hier eine ziemliche Hektik ausgebrochen, da in wenigen Tagen die Gratis-Mitgliedschaft abläuft. Aber seriöse Partnersuche ist doch keine Schnäppchenjagd! Bezahlen find' ich gut. Denn schon bald sind hier nur noch diejenigen vertreten, die wirklich einen Partner suchen. Sind wir doch ehrlich: Für wie viele (nötige und unnötige) Dinge im Leben geben wir Geld aus! Warum also nicht auch für die tolle Möglichkeit, hier neue Menschen kennen zu lernen? (*Clavicula*)

127

Die Einführung der Kostenpflicht auf PartnerWinner war von den Plattformbetreibern schon seit dem Jahr 2001 vorgesehen. Nach dem Platzen der NewEconomy-Blase stieg die Bereitschaft, für Internet-Dienstleistungen zu bezahlen, stetig. Viele Firmen waren plötzlich gezwungen, ihre Gratis-Angebote kostenpflichtig zu machen, oder, viel öfters, ganz einzustellen. Benutzer verloren ihnen lieb gewordene Dienste, und dies wiederum förderte glücklicherweise die Sensibilität dafür, dass auch Internet-Angebote der ökonomischen Realität unterworfen sind. Es galt aber den richtigen Zeitpunkt abzuwarten, an dem eine Kostenpflicht zwar vielleicht zu schmerzlichen Einbussen bei den Nutzerzahlen, nicht aber zu einem „Abwürgen" von PartnerWinner führen würde. Man sprach damals vom „Ebay-Effekt" - wie für die Auktionsplattform Ebay ist für eine Dating-Plattform der Faktor „Grösse" kritisch. Online-Dating funktioniert nur, wenn sich zu jeder Zeit eine grosse Zahl von aktiven Profilen auf einer Plattform findet. Ebay hatte die Kostenpflicht erfolgreich eingeführt, weil die Plattform auch nach dem zwangsläufig eingetretenen Verlust von Nutzern noch immer die grösste in ihrem Zielmarkt war. Ebay konnte, durch die Kostenpflicht profitabel, die Gratis-Konkurrenz nach und nach ausstechen, weil die Benutzer bereit waren, für den Vorteil „Grösse" (entspricht mehr Verkaufschancen, entspricht mehr Chancen auf Glück in der Liebe) Geld zu bezahlen.

Unter welchen Bedingungen Benutzer virtueller Dienstleistungen bereit sind, für diese zu bezahlen, bleibt bislang weitgehend unerforscht. Offensichtlich unterscheidet sich die Wahrnehmung der Wertigkeit einer virtuellen Dienstleistung substantiell von der Wahrnehmung der Wertigkeit einer im realen Leben erbrachten Dienstleistung. Was im realen Leben selbstverständlich bezahlt wird, „muss" im Internet gemäss vielen Benutzern kostenlos sein (von Journalisten verfasste Inhalte oder künstlerische Produkte sind hier ein gutes Beispiel). Ökonomische Realitäten, wie die Tatsache, dass auch Internet-Dienste von Menschen betreut werden müssen, werden dabei ignoriert. Dennoch mussten die PartnerWinner-Macher im Vorfeld der Kostenpflicht-Einführung gewisse Annahmen über die Motivationen ihrer Benutzer treffen. Benutzer, so nahmen sie an, sind bereit, für einen Dienst zu bezahlen, der:

- ein zentrales Bedürfnis des Benutzers befriedigt;

- vom Benutzer nicht leicht durch einen anderen Dienst ersetzt werden kann - weder per Klick auf eine Konkurrenzplattform, noch durch einen Wechsel ins „reale Leben". Hier kam PartnerWinner die relative Grösse und die Tatsache, dass diese Art von Kontaktplattform nur im Internet existieren kann, zugute;

- dem Benutzer das Gefühl gibt, eine gute Leistung (und nicht bloss den Zugang zu einer Datenbank) zu einem guten Preis zu kaufen. Der hohe Standard der persönlichen Betreuung auf PartnerWinner dürfte hier einmal mehr wichtig gewesen sein.

Im Herbst 2003 schien die richtige Zeit gekommen. Die Einführung der Kostenpflicht auf PartnerWinner erfolgte am 28.10.2003. Die bisher einzige kostenpflichtige Mitgliedschaft („VIP-Member") wurde durch einen zweiten Mitgliedschaftstyp ergänzt (sog. „Member"-Typ). Der am weitesten verbreitete, kostenlose Mitgliedschaftstyp wurde beibehalten, erhielt aber neu die Bezeichnung „Gast" und verlor die Fähigkeit, Mails auf der Plattform zu versenden bzw. zu empfangen und Inserate zu veröffentlichen - die Fähigkeit also, mit anderen Benutzern in Kontakt zu treten. Ein Gast kann einzig wortlose Küsse von interessierten zahlenden Usern erhalten (diese entsprechen einer Aufforderung, Member zu werden). Die Option, ein kostenloses Gastprofil zu erstellen, ermöglicht neuen Besuchern, die ihnen noch unbekannte Plattform PartnerWinner eingehender kennen zu lernen. Einem Member eröffne sich „die ganze Welt von PartnerWinner", versprechen die Content-Manager des Portals. Der Status eines zahlenden Mitglieds von PartnerWinner ist im Vergleich zu jenem eines „Gastes" hierarchisch höher. Ein zahlendes Mitglied signalisiert der Community der Partnersuchenden automatisch, dass es eine ernste Lebenspartnersuche anstrebt und somit auf Gleichgesinnte trifft.

Die Festlegung eines Preises für die einzelnen Mitgliedschaften stellte eine weitere Herausforderung dar, waren doch kaum Vergleichswerte verfügbar. Die PartnerWinner-Macher entschieden sich schliesslich, den „Preis eines Kinoeintritts" für die kürzeste Member-Mitgliedschaft von 60 Tagen zu verlangen: CHF 19.-. Gestaffelt nach Mitgliedschaftsdauer steigen von da an die Preise bis auf CHF 74.- für 120 Tage VIP-Mitgliedschaft. Die vor Einführung der Kostenpflicht angemeldeten Benutzer erhielten 30 Member-Tage geschenkt.

Nach Einführung der Kostenpflicht nahm die Zahl der täglich neu erstellten Profile (inkl. Gastprofile) auf PartnerWinner leicht zu. Dies war darauf zurückzuführen, dass nun bereits die detaillierte Betrachtung des Profils eines anderen Benutzers eine Einschreibung erforderlich machte. Seit Einführung der Kostenpflicht entscheiden sich stabile 35% der Neuanmelder für eine kostenpflichtige Mitgliedschaft.[85] Die VIPs und die "normalen" Member stehen in einem für die Site gesunden Verhältnis: 3 Member auf 1 VIP. 46% aller User bezahlen per Kreditkarte, 47% per Telefon und 7% per Einzahlung. Auch die Preisfestlegung scheint gelun-

---

[85]Die genauen Zahlen sind Geschäftsgeheimnis der PartnerWinner AG.

gen. Im Durchschnitt entscheiden sich die Benutzer für eine mittlere Mitgliedschaftsdauer von 80 Tagen und einen mittleren Preis von CHF 30.-.

Die bestehenden Benutzer begegneten der Kostenpflicht relativ ruhig. Bei 10000 Profil-Logins in den ersten 48 Stunden mussten nur 40 beunruhigte Benutzer beschwichtigt werden (hier war die Argumentation „im Internet darf es nicht kosten" allerdings oft vertreten). 15 lobten das Vorgehen von PartnerWinner als weiteren Beitrag zur Steigerung der Seriosität. Bezeichnenderweise haben seit der Einführung der Kostenpflicht die Verstösse gegen die Anstandsregeln rasant abgenommen. Mit der Seriosität ist der Frauenanteil weiter gestiegen, von 36% im Februar 2002 auf aktuell 45%[86]. Auch das Durchschnittsalter hat um fast 2.5 Jahre zugenommen (von 34.4 auf 37 Jahre).

"Our Web site actually made money, so the church sent someone over to witness the miracle."

Die Einführung der Kostenpflicht auf PartnerWinner.ch war ein Erfolg und hat nicht zum befürchteten Abwürgen der Site geführt. Die durch die Kostenpflicht erzielten Umsätze haben die Erwartungen der Plattform-Betreiber deutlich übertroffen. Die Kostenpflicht wird von einer zunehmend grösseren Nutzerbasis als Garant für die Ernsthaftigkeit ihres Gegenübers wahrgenommen. Daraus lässt sich der Schluss ziehen, dass die Gratis-Mentalität im Internet allmählich verschwindet und durch die Bereitschaft ersetzt wird, für qualitativ hoch stehende Dienstleistungen einen finanziellen Beitrag zu leisten. Einzig die jüngere Generation der Online-Dater verschliesst sich momentan noch dieser Ent-

---

[86]Stand 16. 9. 2004.

wicklung, dies wohl auch deshalb, weil in diesem Bereich qualitativ sehr hochwertige und der Zielgruppe besser angepasste, kostenlose Angebote verfügbar sind, und weil in diesem Alter wohl „Spass" die „Ernsthaftigkeit" der Suche an Bedeutung übertrifft.[87]

---

[87]Siehe in der Schweiz z.B. die Websites www.tillate.ch und www.meinbild.ch.

7. Kontroverse Theorien, Fragestellungen und Orientierungsthesen

7.1. Kontroversen

Das Thema Beziehungen im Internet ist wohl unbestritten das meist diskutierte Thema des Online-Diskurses. Ohne dabei den Anspruch auf Vollständigkeit zu erheben, umreissen wir an dieser Stelle fragmentarisch einige zentrale Kontroversen. Mindestens fünf kontroverse Auffassungen lassen sich hierzu ausmachen, einige in ihrem Ursprung mit technischem Determinismus behaftet. Es geht nicht um die Betonung von Besonderheiten der einen oder anderen Seite, auch nicht um eine „Versöhnung" strittiger Positionen, sondern um die Normalisierung des Diskurses. Es wird dabei eine offene Bestandsaufnahme und Betrachtung dieser Kontroversen angestrebt. Wir hegen die Hoffnung, die vorliegende Untersuchung möge statistisch gesicherte Antworten auf einige dieser Kontroversen anbieten.

7.1.1. „Online entstandene Beziehungen sind nicht real (authentisch)"

„Online entstandene Beziehungen sind nicht authentisch": ihre wesentliche Unzulänglichkeit besteht darin, dass Beziehungen im Cyberspace der Tiefe der Emotionen überhaupt entbehren, so wie es zum Beispiel Nie (2001) ausdrückt: „Whereas e-mail may promote a sort of contact with friends and family, that contact may be more *superficial* than that which occurs in more personal venues". Eine ganz triviale Vorhaltung - romantische Beziehungen im Netz seien nicht authentisch, weder echt noch real. Cornwell & Lundgren (2001) befanden, bei Online-Beziehungen sei das Ausmass von Engagement, Verpflichtung und Seriosität geringer. Sie erkannten vor allem die Gefahr einer irreführenden Selbstdarstellung der Partnersuchenden. Die computervermittelte Kommunikation bewirke, dass herkömmliche, soziale Bedingungen „abgeschwächt" und ihre soziale Breite eingeengt würden. Mit anderen Worten, ihre Einflussnahme auf Individuen dürfe nicht ernst genommen werden - sie wären ergo nur „virtuell".

Sind es aber tatsächlich nur „Halbbeziehungen" - fragmentarische, bruchstückhafte, unfertige, quasi unvollendete Beziehungen - weder tief noch beständig? Es gab schon in den Pionierzeiten des Internet Stimmen, welche dem widersprachen; der empörte Ruf Rheingolds (1998) gehört auch dazu: „Who is to say that this preference for one mode of communication - informal written text (instead of face-to-face) is somehow less authentically human than audible speech?"

Schuld daran sei der Umstand, so das Hauptargument, dass Begegnungen traditioneller Art eine Situation von Angesicht zu Angesicht voraussetzen. Merkwürdigerweise resultiert daraus die Schlussfolgerung, nicht auf diesem Weg entstandene Beziehungen seien nicht langfristig und als Konsequenz davon als Phantasiefigur oder Scheinbeziehungen zu werten. Dabei ist man mit einer klaren Ausgangslage konfrontiert: Intensive, öfter sogar feste interpersonale Beziehungen entstehen und entwickeln sich in virtuellen Settings wie Chats, MUDs-Spiele, Datingsites und Newsgroups, wie (Reid, 1994) und Chenault (1998) frühzeitig feststellten. Für Chenault war bereits 1998 evident, dass auf dem Internet Emotionen durchaus präsent sind und diese einen gewichtigen Teil des virtuellen Lebens im Internet darstellen: „These relationships can range from the cold, professional encounter, to the hot, intimate rendezvous". Der Journalist Rheingold (1998) sprach vernehmlich von emotionaler Bindung, die aus Online-Bekanntschaften resultiert: „These invisible friends sometimes show up in the flesh, materializing form the next block or other side of the planet."

McCormick & McCormick (1992) haben in ihrer Studie über E-Mail-Kommunikation an der Universität einen "highly intimate content" von unerwartet hohem Ausmass festgestellt. In einer Untersuchung mit 700 Studenten zeigte sich, dass das E-Mail für die Mehrheit der Untersuchten ausschliesslich soziale Funktion hatte. Weniger als die Hälfte der E-Mails der Stichprobe bezog sich auf Arbeit oder schulrelevante Inhalte. Auch Parks & Floyd (1996) gesellen sich mit ihren hoch geschätzten empirischen Untersuchungen dazu: "The participants come to depend on each other more deeply und in more complex ways". Sie beobachteten eine hohe Intensität gefühlsvoller Kommunikation selbst in aufgabenorientierten Internet-Umgebungen.

**"It's not Cupid's arrow, it's a cursor.
I fell in love over the Internet."**

Daraus folgernd müsste die Frage anders gestellt werden: Auf welche Art und Weise ist die Intensität der interpersonalen Anziehung in On-line-Umgebungen messbar? Die Attraktivitätsforschung hatte bislang den Augenkontakt, die Distanz zwischen den Partnern, die Ausprägungen ihrer Körpersprache gemessen. Die auf das mediale Umfeld Internet bezogenen, methodischen Schwierigkeiten bestehen in den hier zu messenden Grössen. Analog zum visuellen Kommunikationsakt ist man versucht, zwischen den Zeilen zu lesen - dass man mehr und öfters schreibt, kann beispielsweise ein Signal für die sich vertiefende Intimität zweier Interaktionspartner sein. Es entsteht eine Reziprozität, die mit wachsender Verpflichtung einhergeht und durch gegenseitige Selbstöffnung katalysiert wird, wie es Nice & Katzev (1998, 218) beschrieben:

> Online communication is also a very private experience, with each individual composing messages in a relatively solitary, sometimes isolated setting. Under these conditions it might be supposed they are as much as engaged in an eternal dialogue

with themselves as with the person with whom they are communicating. More often these messages consist of narratives from their own life. Individuals seem to derive great pleasure from relating narratives to those they are just beginning to know. The Internet capitalizes on the strong appeal to tell one's story to others.

Merkle & Richardson (2000, 189) machen noch weitere Schritte in dieser Denkrichtung, indem sie die Vermutung äussern, dass „CMR[88] may be characterized by a *higher* degree of personal investment of time and self-disclosure than are typical of face-to-face relationships. The *greater investment* may result in a stronger commitment to work through disagreements and maintain the relationship". Wellman & Gulia (1995) charakterisieren die „echte, tiefe Beziehung" nach Duck (1983) folgendermassen, um dabei die Schlussfolgerung zu ziehen, dass die genannten Kriterien auch für online entstehende Beziehungen, ihre Gültigkeit behalten:

> A sense of the relationship being intimate and special with a voluntary investment in the ties, and a desire for companionship with the tie partner, an interest in being together as frequently as possible in multiple social contexts over a long period, a sense of mutuality in the relationship with the partner's needs known and supported, intimacy often bolstered by shared social characteristics such as gender, socioeconomic status, stage in the life-cycle, and life-style. (Wellman & Gulia 1995)

Gerlander & Takala (1998, 78) fokussieren sich auf den Aspekt, dass die beklagte Abwesenheit nonverbaler Zeichen die emotionale und soziale Kommunikationsinhalte sogar verstärke. Dadurch wird eine *Unmittelbarkeit* erzeugt, die den weiteren Prozess des Sich-Kennenlernens ermutigt und begünstigt: "The high sense of immediacy has an effect on the content of communication and on the formation of social relationships. In e-mail communication users easily feel like having access to each others mental worlds" .

Es erstaunt kaum, dass die Face-to-face-Kommunikation und vor allem ihre immanenten physischen und räumlichen Dimensionen generell überbewertet werden. Schliesslich wird sie von Berger & Luckmann (1969) als eine prototypische Kommunikationsform gesehen. Menschen sind aber im virtuellen Raum mit ihrem geschriebenen Wort nicht alleine anwesend - sie sind im Internet mit ihrem ganzheitlichen Wesen präsent und durchaus fähig, „a sense of speaking for themselves to other individuals" (Albright & Conran 1996) zu erschliessen. "The absence of physical and nonverbal cues should not be taken to mean that the computer

---

[88] Computer-Mediated Relationships.

medium is impersonal or devoid of social cues, or that the cues it transmits lack the subtlety of those communicated face-to-face", differenzieren Lea & Spears (1995, 216). *Mündliche* Codes werden durch Erkennung, Erneuerung und Aneignung, wie das Walther (1992) beschreibt, zu *textuellen* Codes transformiert. Dutzende von Befragten in unserer empirischen Studie schilderten freiwillig ihre bloss „virtuellen" Eindrücke so, als wären es genuine Liebesbeziehungen. Dazu nur zwei Beispiele:

> Aus eigener Erfahrung kann ich sagen, dass eine im Internet aufgebaute Beziehung bei deren Auflösung denselben realen Liebeskummer auslösen kann, wie das Scheitern einer "realen" Beziehung. Man hält es zwar nicht für möglich, es ist aber so. (Umfrageteilnehmer)

> Innert 48 Stunden hatten wir schon so viele Mails ausgetauscht - ich wohne in Übersee, mein Partner in Deutschland - dass wir bereits wussten, dass wir beide den Traumpartner gefunden hatten. Nach drei Tagen hatten wir schon feste Pläne für die Zukunft. Der Umzug zu meinem neuen Lebenspartner wird in den nächsten Monaten erfolgen. Haben uns total ineinander verliebt, ohne uns gesehen zu haben, nur Fotos, viele Telefongespräche und Dutzende von Mails. (Umfrageteilnehmerin)

7.1.2. „Reduced Cues"- vs. „Liberated Cues"- Kontroverse

Die „Reduced Cues"-These ist keine selbstständige Kontroverse, sie ist eher als Vertiefung oder als eine erklärende Variante der ersten Kontroverse zu betrachten (Online entstehende Beziehungen sind nicht real). Ein zentrales Postulat der so genannten *Reduced Cues*-Perspektive lautet: Menschen, welche persönliche Beziehungen im Netz aufbauen, fehle es an sozialer Kompetenz, die notgedrungene Einschränkung der Kommunikationskanäle zu bewältigen (sog. soziale Deindividuation). Die Kommunikationsmöglichkeiten des Internet werden generell als reduziert betrachtet, weil die körperliche Präsenz fehlt und die Interaktionsteilnehmer nur auf reine Textmerkmale angewiesen sind. Solche Nachteile implizieren a priori die Unwahrscheinlichkeit einer tiefen virtuellen Liebesbeziehung, welche den Offline-Liebesbeziehungen gleichzusetzen wäre: Die Menschen wären ihrer Vorstellung des Äusseren ja beraubt. Die Befürworter dieser Perspektive haben sich stark auf Effekte wie *deception, flaming, gender swapping* etc. konzentriert, die auch Möglichkeiten für Missbrauch eröffnen.

Auch andere Autoren wie Kiesler (1984) und Stoll (1996, zit. nach Chenault 1998) vertreten die Ansicht, die computervermittelte Kommunikation wäre für den Menschen kein adäquater Weg, emotionale Inhalte auszutauschen und sinnerfüllte, langfristige Beziehungen zu entwickeln, weil nonverbale Zeichen fehlen. Online würde, so auch Nice & Katzev (1998), physische Nähe sowie körperliche Attraktivität letztendlich gar das körperliche Dasein verunmöglichen. Sie relativieren dennoch, dass solche Defizite durch andere Vorteile ausgeglichen werden können (zum Beispiel, dass scheue und ängstliche Menschen ihre Kontakthemmungen im Schutze der Anonymität besser bewältigen; dasselbe gelte auch für Merkmale wie sozialer Status und Reputation - sog. "low-risk social situation"). Diese Position stützt die diametral entgegengesetzte These - jene der *Liberated Cues*.

Als eine Art Kompensationshypothese vertritt sie im Gegensatz zur „Reduced Cues-These" eine optimistische Sicht auf die Auswirkungen des Mediums Internet. Zwischenmenschliche Online-Kommunikation würde sich auf einsame, scheue Menschen positiv auswirken, welche sich im Internet mit anderen Personen austauschen, um Persönlichkeitsdefizite zu kompensieren. Obwohl die Antwort zu dieser Kontroverse auf den ersten Blick klar und hinreichend belegt scheint, wurde die sozialwissenschaftliche Forschung dieser Angelegenheit bisher nicht ganz gerecht. Sie ist bis heute nicht vollständig geklärt. In der Anfangsphase der Internetforschung hatte man den Eindruck, als würde die so genannte „Reduced Cues"-Perspektive überbewertet. Die auch unter dem Namen "Cues filtered out" bekannte Theorie von Culnan & Markus (1987) ging von Annahme aus, dass mediale Kommunikation unentbehrliche Interaktionsaspekte herausfiltert (sog. „Cues filtered out"-These), welche die authentische soziale Präsenz minimieren und dadurch ein soziales Vakuum verursachen.

© 1997 Randy Glasbergen. www.glasbergen.com

GLASBERGEN

"You always complain that I don't know how to show my emotions, so I made these signs."

Schon 1995 hielt Walther (1992) diesen Auffassungen seine „Soziale Informationsverarbeitungs-Theorie" entgegen. Er sprach von *Adaptation* der textuellen Kommunikation in Abhängigkeit individueller und situativer Bedürfnisse: „Because people need to manage uncertainty and develop rapport, they will adapt the textual cues to meet their needs when faced with a channel that does not carry visual and oral cues". E-Mail-Kommunikation könne demzufolge aussergewöhnlich persönlich werden, sogar hyperpersönlich - derart, dass Emotionalität und Zuneigung mit jenen von physischen Begegnungen konkurrieren. So ist der Schluss zu ziehen, dass die Reduced-cues-Perspektive als überwunden gilt, wie es Parks & Floyd bereits 1996 vorschlugen: "Our results clearly indicate that high levels of relational development are occurring on line. [...] Personal relationships were found far more often and at a far higher level of development in this study than can be accounted for by the reduced-cues perspective".

7.1.3. Online entstandene Beziehungen sind instabil

„Online entstandene Beziehungen sind instabil": Eine sehr oft diskutierte These besagt, dass im Internet geknüpften Beziehungen zeitlich begrenzt sind und keine Beständigkeit haben. Der italienische Soziologie-Professor Gianpaolo Fabris vertritt hingegen den Standpunkt, die im Internet aufgebauten Liebesbeziehungen wären spontaner, offener und intimer als die herkömmlichen. Ihm gelang überdies zu belegen, solche Beziehungen seien dauerhafter und führten seltener zu einer Scheidung.[89] Lea und Spears (1995) vertreten die Ansicht, interpersonale, im Internet entstandene Beziehungen würden einen langsameren Aufbau denn die traditionellen erfahren: Es verstreiche mehr Zeit, bis die Kommunikation intim wird. Merkle & Richardson (2000) äussern überdies den dringenden Verdacht, solche Beziehungen besässen von allem Anfang an den Keim zur Auflösung. Aus Sicht der Austauschtheorie erklären sie dies mit mehreren, im Internet vermehrt zu beobachtenden Konstellationen: 1. die Kosten überwiegen die Belohnungen; 2. Es sind mehrere wünschbare Alternativen zur aktuellen Beziehung vorhanden (auf einem Datingportal besteht jederzeit die Möglichkeit, mit anderen Personen Kontakt aufzunehmen); 3. Die Beziehungen stimmen nicht mit deren Idealvorstellung überein; 4. Die in der Beziehung bisher geleisteten Investitionen waren nicht gross genug; 5. Es sind weniger Barrieren vorhanden, die Beziehung aufzulösen (es fehlt der soziale Druck von Freunden - und man kann einfach ausloggen oder Botschaften unbeantwortet lassen).

---

[89] „Heisse Flirts im Internet enden sehr oft im Ehebett", Blick, 25.10.2000.

Chenault (1998) warnte jedoch, computervermittelte Dialoge wären nicht an Ort und Zeit gebunden, in denen sie entstanden sind, da es sich dabei um eine asynchron verlaufende Kommunikation handle. Walther and Tidwell (1995, 361 ff.) wiesen darauf hin, dass die Verzögerung bei schriftlichen Antworten mit bestimmten (negativen) Wahrnehmungen erklärt wird und so die altbekannte Funktion einer quasi nonverbalen Kommunikation erfülle ("versanden lassen"):

> CMC often conveys nonverbal cues in terms of chronemics, or "time-related messages." Different uses of time signals in e-mail to affect interpersonal perceptions of CMC correspondents. They assert, with research support, that time is an "intrinsic part" of our social interaction and that time messages in a communication event convey meaning "across multiple levels". [...] Time is a resource in our culture, and may be akin to other resources the exchange of which marks more intimate relations. How time is used helps to define the nature and quality of relationships with others
> .

Walther & Tidwell (1995) fanden ihre Hypothesen bestätigt, wonach die Zeit ein gewichtiger Faktor für den Aufbau einer Beziehung ist und oft mit dem Inhalt der Mails verbunden ist - eine des nachts versandte, persönliche Mitteilung ist intimer als die tagsüber versandte, eine verzögerte Antwort auf eine persönliche Mitteilung intimer als die schnell versandte. Selbst wenn die E-Mail-Kommunikation asynchron erfolgt, kann die Zeit direkter kontrolliert und manipuliert werden, als dies offline möglich ist.

7.1.4. Online entstandene Beziehungen sind ein seltenes Ereignis

Der vierte Streitpunkt lautet: „Online entstandene Beziehungen sind ein seltenes Ereignis und verdienen daher keine spezielle Aufmerksamkeit". Handelt es sich bei diesem Phänomen tatsächlich um selten vorkommende, bloss eine vernachlässigbare Minderheit betreffende Ereignisse? Hören wir einige skeptische Stimmen:

> People tend to form casual relationships rather than intimate or romantic ones (McCown et al. 2001);

> It would seem quite unlikely that close personal relationships would ever develop on Internet (Nice & Katzev 1998);

> Diejenigen, die im Netz starke Bindungen in Form von Freundschaften oder romantischen Beziehungen eingehen, stellten innerhalb der Netzpopulation eine Minderheit dar (Döring 2000).

Die hohe Inzidenzrate online aufgebauter, persönlicher Beziehungen ist gemäss einer Fülle empirischer Befunde allerdings kaum zu leugnen. Entstehung und Aufbau von Online-Beziehungen sei eine „übliche Sache", bestätigen auch Parks & Floyd (1996) - fast zwei Drittel der Befragten in ihrer Untersuchung sagten aus, tatsächlich eine Beziehung zu pflegen, deren Anfang in einer Newsgroup lag. Diese Beziehungen dauerten unterschiedlich lange - von weniger als einem Monat bis sechs Jahre. Die „Erfolgswahrscheinlichkeit" war in allen von ihnen untersuchten Newsgroup-Typen („comp", „soc", „rec", „alt") etwa gleich hoch.

Laut einer Umfrage der Gesellschaft für Konsumforschung[90] haben 46% der Frauen und 36% der Männer bereits online Kontakte geknüpft, 14% haben ihren Partner im Internet gefunden. Damit erobert das Internet den dritten Platz unter den Gelegenheiten zur Kontaktaufnahme. Eine grosse empirische Untersuchung über Partnersuche online haben Brym et al. (2000) in Kanada durchgeführt. Nur für 36% der Befragten war Onlinedating kein effizienter Weg, um neue Kontakte zu knüpfen. Die kanadische Umfrage bestätigte die ausserordentlich hohe Zufriedenheit der Online-Dater. Bezeichnenderweise war ihre zentrale Erkenntnis, dass Partnersuchende weit weniger skeptisch dem Cyberdating gegenüber sind, gar eher optimistisch eingestellt denn die Gesamtheit der Internet-Benutzer:

> Moreover, among online daters, sceptics and optimists are roughly equally distributed between regions, sexes, community types, educational categories, and levels of social isolation. For example, 52% of women and 50% of men who use online dating services think these services are becoming more popular. Similarly, 25% of women and 23% of men who use online dating think "it is a great way to meet people whom they might like to date." One way of interpreting this finding is to conclude that, regardless of their social characteristics, online daters are similarly predisposed to think of online dating in non-sceptical and optimistic terms.

Der Kern des Problems liegt nicht im Umstand der episodischen Phänomene, sondern in der im Anfangsstadium unzureichenden Aufmerksamkeit von seiten der Öffentlichkeit gegenüber der Online-Partnersuche, wie das Merkle & Richardson (2000, 191) diagnostizieren: "It may be alarming to some that society may increasingly turn toward the internet as a medium for engaging in interpersonal and romantic setting". Ähnlich auch Chenault (1998): "From the way that "meeting online" is becoming more accepted, it is perhaps moving from the exotic to the everyday happening, and this move can be seen as somehow validating its social acceptance". Denn schliesslich haben wir es mit einer Innovation zu tun, die unkonventionelle Wege sozialer Interaktion, Kommunikation und Intimität einschlägt.

---

[90] http://www.gfk.com.

7.1.5. Online- vs. Offline-Beziehungen

Hellerstein (1985, zit. nach Chenault 1998) untersuchte den sozialen Gebrauch des Internet von 236 Studenten und fand dabei heraus, dass die aktiveren Internet-Nutzer eher persönliche Beziehungen im Netz knüpften als die weniger aktiven und dass erstere das Medium intensiver für ihre sozialen Bedürfnisse nutzen würden. Schon 1985 zeigte sich bezeichnenderweise die Tendenz, wonach Online-Kontakte, darunter romantische Beziehungen, ins reale Leben übertragen werden. Hellerstein stellt auch fest, dass sich Personen mit ihren Nicks ansprechen und weniger mit ihrem eigentlichen Namen. Walther (1992) kam zur trivial erscheinenden, aber folgenschweren Erkenntnis, man bräuchte sich als handelndes Individuum nicht auf ein einziges Medium einzuschränken, sondern könne auch andere Medien, entsprechend der jeweiligen Motivationen, einsetzen: „Another way people overcome the technical limitations of CMC is simply to supplement CMC with additional channels of communication (mail, telephone and face-to-face contact as supplements to CMC)". Die Einschränkungen einer computervermittelten Kommunikation werden von den Akteuren dadurch bewältigt, dass sie ihre Beziehungen auf eine andere Ebene - die Offline-Ebene - hinüberzutragen vermögen: „Whereas the possibility of abuse always exists, CMC also provides ways for people to transcend the limitations they experience in face-to-face settings" (Walther 1992).

© 1999 Randy Glasbergen.
randy@glasbergen.com

**"Five years ago, my husband and I fell in love
over the Internet. To celebrate our anniversary,
we're finally going to meet face to face!"**

7.1.6. Synthese der Kontroversen als eine Normalisierungsperspektive

Die Widersprüchlichkeit der oben skizzierten Kontroversen hat unsere Forschungsneugierde provoziert. Wir erkannten darin die dringliche Notwendigkeit, weitere empirischen Untersuchungen mit grösseren und vor allem repräsentativen Stichproben in die Wege zu leiten. Gleichzeitig waren unsere Forschungsabsichten von der Erkenntnis geleitet, dass es beim Medium Internet um die *Entdeckung eines neuartigen Raumes, einer neuen Lebenswelt* gehe, die bislang in dieser Form undenkbar war: „CMC not only lends itself to social uses but is, in fact, a site for an unusual amount of social creativity... Social realities are created through interaction as participants draw on language and the resources available to make messages that serve their purposes" (Baym 1995, 160). In derselben Zeit verringert sich erwiesenermassen die soziale Relevanz traditioneller Institutionen oder „Gelegenheitsstrukturen" der Partnerfindung. Die computervermittelte Kommunikation betrachten wir als soziales Phänomen, das, Gerlander & Takala 1997 folgend, „facettenreiche und zweckmässige Eigenschaften in sich vereinigt". Die moderne Gesellschaft unterscheidet sich von der alten dadurch, dass sie mehr Gelegenheiten zur Verfügung stellt - sowohl zur Bildung formeller wie auch intimer Beziehungen.

© 1999 Randy Glasbergen.
www.glasbergen.com

GLASBERGEN

"The moment we met in the chatroom, I could tell that you were better than those other wild animals who hang out there!"

In der Effizienz-Debatte über CMC würden sich die "duellierenden Dualisten", wie sie Wellman und Julia nennen, wohl kaum miteinander versöhnen. Auf der einen Seite sind es Kritiker wie Nie (2001), die behaupten, Menschen würden im Internet nicht sozialer, und Internetnutzung reduziere in Tat und Wahrheit die zwischenmenschliche Anziehung und Kommunikation. Internetnutzer würden sich im Vergleich zu Nichtusern in empirischen Untersuchungen geselliger und extravertierter zeigen. Dies, weil sie gebildeter, vermögender und jünger seien, nicht weil sie Internet nutzten. Entgegengesetzte, optimistische Positionen verfechten Forscher wie Lea and Spears (1995, 217): "By moving current relationship theory away from a dependency on "physical co-presence of individuals" and into a realm where attraction and social dimension are seen as essential components to forming relationships, CMC can be seen as a viable avenue for relationship-development".

Welche Schlussfolgerung drängt sich hierzu auf? Argumentiert man unprätentiös mit Chenault (1998), wonach das vollendete Verständnis des Wesens von CMC zur Zeit unmöglich ist und auch nie möglich sein wird? Wird die Natur des Mediums Forschende nie aus dem Dilemma herausführen? Genügt die Erkenntnis, dass computervermittelte, persönliche Beziehungen nur schwer in bestehenden Anziehungs- und Intimitätsmodelle hineinpassen (Lea and Spears 1995)? In diesem Sinne gehen wir mit den moderaten Ansichten von Parks & Floyd (1996) konform: "If cyberspace is becoming just another place to meet, we must rethink our image of the relationships formed there as being somehow removed and exotic. The ultimate social impact of cyberspace will not flow from its exotic capabilities, but rather from the fact that people are putting it to ordinary, even mundane, social uses". Mit unserer Studie hoffen wir, überzeugend genug demonstrieren zu können, dass das von Parks & Floyd geschilderte Szenario bereits Realität geworden ist.

7.2. Fragestellungen (die ‚Cybermenschen' als Partnersuchende)

Gleich zu Anfang nochmals eine terminologische Vorbemerkung: Hier werden *Partner- und Liebesbeziehungen* untersucht, die genauso als „Paar-", „Zweierbeziehungen" oder intime, enge oder romantische Beziehungen bezeichnet werden können. In der englischsprachigen Literatur werden diese Beziehungen *romantic* oder *close* genannt. Als Paar gelten zwei Menschen, die eine feste Beziehung führen, unerheblich, ob sie nun verheiratet sind oder ohne Trauschein zusammenleben. Zudem interessieren uns in dieser Untersuchung vorwiegend „feste", zwischen zwei

Personen online entstandene Beziehungen (hetero- oder homosexueller Natur), solche, die seit über einem halben Jahr Bestand haben und sich durch Tiefe und Intimität auszeichnen.[91] Hier muss die Bedingung vom Zusammenleben beider Partner nicht zwingend erfüllt sein. Andere Formen persönlicher Beziehungen wie „Freundschaft" sollen deswegen nicht gänzlich aus unserem Blickfeld verschwinden, seien jedoch im Zusammenhang mit den unterschiedlichen Motivationen, sich im Internet aufzuhalten, bloss am Rande erwähnt.

Eine zweite methodische Vorbemerkung: Die vielfältigen Computerumwelten werden in der einschlägigen Literatur auf verschiedene Art und Weise klassifiziert, beispielsweise nach dem Merkmal der Synchronität, wie das Döring (2003) macht (siehe Tabelle 8).

Tabelle 8. Formen der asynchronen und synchronen computervermittelten Kommunikation (nach Döring 2003)

TYP DER KOMMUNIKATION	ASYNCHRONE INTERNET-DIENSTE	SYNCHRONE INTERNET-DIENSTE
Individualkommunikation (interpersonale Kommunikation) 1:1	E-Mail	Internet-Telefonie Instant Messaging
Gruppenkommunikation n:n	Mailinglisten Newsgroups Newsboards	IRC-Chats Web-Chats Graphik-Chats Internet-Viedeokonferenzen Multi User Domains Online-Spiele Onlilne-Tauschbörsen
Unikommunikation oder Massenkommunikation 1:N	Websites	Websites

Für unsere Zwecke drängt sich jedoch eine anders fokussierte Kategorisierung nach dem Merkmal „Beziehungsintention" auf. Aus diesem Grund werden Internet-Dienste hier in zwei grosse Gruppen aufgeteilt - in *Internet-Settings erster Ordnung* und *Internet-Settings zweiter Ordnung*:

1. *Settings erster Ordnung*: Romantische Beziehungen entstehen spontan, da Beziehungen nicht bewusst angestrebt oder gesucht werden. Solche Settings werden zu Kommunikations-

---

[91] Konsequenterweise wurde eine Beziehung auch in unserer Umfrage so definiert.

zwecken, zum Spielen oder zur Informationsbeschaffung genutzt. Dazu gehören zum Beispiel Chats, E-Mails, Mailinglisten und Newsgroups.

2. *Settings zweiter Ordnung:* In diesen Umgebungen werden romantische Beziehungen bewusst und mit Absicht gesucht - wie dies bei Dating-Plattformen der Fall ist oder bei so genannten „Flirtchats". Hier steht ausschliesslich der zweite Typus (Settings zweiter Ordnung) im Fokus der Aufmerksamkeit, insbesondere die *Datingsites*, deren öffentlich angekündigtes Ziel darin besteht, feste Partnerschaften anzubahnen.

Partnersuche auf Datingsites ist im Vergleich zu Chatrooms nicht eine Aufenthaltsmotivation unter vielen (beispielsweise Spass, Langeweile, Geselligkeit), sondern die Hauptmotivation. Zwei Inserate auf Partner-Winner illustrieren es:

Here I am...
Kurz gesagt: Ich möchte mich einfach wieder verlieben! *(Classandstyle)*

Hallo Du
Bin im Moment auf der Suche nach dem Sinn des Lebens, habe ein bisschen den Koller, kannst Du mir dabei helfen, aus diesem Loch zu kommen? *(cms)*

Unseres Erachtens drängen sich im Bereich der engen Beziehungen Basisfragen mit grosser Alltagsrelevanz auf, welche die Sozialwissenschaften bislang nicht zu klären vermochten: Warum nehmen die Versuche zu, im Cyberspace eine Liebesbeziehung anzubahnen? Weshalb tendieren Menschen dazu, romantische Beziehungen im virtuellen Raum suchen? Wie kommt es, dass man sich online gegenseitig attraktiv finden kann, ohne ein visuelles Bild voneinander zu haben? Liegt im Bestreben der Online-Nutzer die allgemeine Suche nach Kommunikations- und Interaktionsmöglichkeiten (wie E-Mail-Kontakte, Freundschaften, Partner für Freizeit und Hobbys) oder nach festen Liebesbeziehungen? Hat man online eine grosse Auswahl geeigneter Partner, oder haben hier spezielle Bedürfnisse die bessere Chance auf ein Echo? Besuchen Menschen Kontaktsites, weil sie einen Partner suchen, oder spielen andere soziale Motivationen und Bedürfnisse eine Rolle? Wie schnell findet man einen Wunschpartner online? Wieso ist bestimmten Personen im Cyberspace mehr Erfolg beschieden als anderen?

Vier Hauptaspekte werden überdies von zentralem Interesse sein:

1. *Portraits der „Cybermenschen"*: Wie kommt es dazu, dass Menschen spontan romantische Beziehungen online haben können, und was für Menschen suchen Bekanntschaften im Cyberspace?

2. *Natur* der romantischen Beziehungen, die online entstehen: Wie unterscheiden sich Cyberspace-Beziehungen von den Beziehungen im realen Leben?

3. *Identitätskonstruktion* der virtuellen Partnersuchenden: Wie stellen sich Personen bei der Partnersuche online dar? Sind ihre virtuellen Identitäten mit den echten Individuen identisch?

4. *Entstehungsverlauf der virtuellen Beziehungen.* Im zweiten, qualitativen Teil der Dissertation werden Partnerschaftsbeziehungen in ihrem Entstehungsverlauf untersucht (Erster Mail-Kontakt, Telefonieren, erstes Face-to-face-Treffen, Entscheidung, eine Beziehung aufzunehmen). Existiert hierzu ein idealtypischer Verlauf einer Beziehung?

Die „nur" explorativ geplante Studie bemüht sich um die Erhebung detaillierter empirischer Hinweise auf die Entstehungsschemata von Liebesbeziehungen in virtuellen Umgebungen und der daran beteiligten Akteure. Danach sollte es möglich sein, kontroverse Perspektiven über die Natur von Online-Beziehungen zu hinterfragen. Daran knüpft sich die Hoffnung, dass neue Erkenntnisse über die virtuelle Anbahnung romantischer Beziehungen entstehen, um einige offenen Fragen zu beantworten und Forschungslücken zu füllen.

HAUPTZIEL DER ABHANDLUNG

Im Rahmen einer explorativen Fallstudie von PartnerWinner.ch, der grössten Datingplattform der Schweiz, sollen repräsentative, breit gefächerte empirische Evidenzen für online entstandene Liebesbeziehungen gesammelt und kritisch bewertet werden.

FRAGESTELLUNGEN DER EXPLORATIVEN QUANTITATIVEN STUDIE

Ist das Medium Internet die neu gefundene Gelegenheitsstruktur, in der Paar-Beziehungen entstehen und sich entwickeln können?

Welche Menschen tendieren dazu, im Cyberspace romantische Kontakte zu suchen und zu knüpfen?

Wie verbreitet sind romantische Beziehungen, die im Netz entstanden sind?

Wie gross ist die Wahrscheinlichkeit für die Entstehung enger Beziehungen auf einer Partnersuche-Site?

Wie schnell können feste Paarbeziehungen entstehen und auf welche Art und Weise?

Zu welchem Zeitpunkt verlieben sich Menschen ineinander, die online eine Beziehung knüpfen (während der E-Mail-Kommunikation, nach dem ersten Telefon, nach dem ersten Date im realen Leben)?

Wo sind die Grenzen zwischen Online- und Offline-Liebesbeziehungen?

Wann wird eine im Netz entstandene Liebesbeziehung ins reale Leben übertragen?

Interpersonelle Beziehungen bilden sich an allen erdenklichen Orten im Internet - sei es in MUDs und MOOs, in Chatrooms, Mailinglisten oder Partnersuch-Portalen. Wesentlichste Einschränkung der meisten bisherigen Studien ist, dass sie als Hauptforschungsgegenstand vornehmlich Chats oder, in einem früheren Stadium, Newsgroups im Zusammenhang mit dem Thema virtual community untersuchen. Dazu kommt der qualitative Charakter vieler Untersuchungen - die vereinzelten quantitativen Studien arbeiteten, bis auf wenigen Ausnahmen, mit kleinen Stichproben im kritischen Bereich (nicht selten unter 50) und verzichteten gleich zu Beginn auf den Anspruch von Repräsentativität. Im Bereich von Cyberdating und Kontaktbörsen im Netz waren Mitte 2001 kaum breit angelegte, repräsentative Untersuchungen zu finden (eine Ausnahme bildete die Studie von Brym & Lenton 2001).

Die vorliegende explorative Untersuchung versteht sich als erste Phase einer fundierten, sowohl quantitativen wie qualitativen Forschung über Online-Kontaktbörsen mit dem Anspruch, den Einfluss des Mediums Internet in diesen Umgebungen adäquat zu beleuchten. Vor dem Hintergrund dieses relativ bescheidenen Ziels sei darauf hingewiesen, dass uns die gestellten Fragen wohl zu genauen, aber kaum definitiven Antworten verhelfen werden.

7.3. Orientierungsthesen der Untersuchung

Wir ziehen es vor, lediglich mit *Orientierungsthesen*, statt mit gerichteten Erklärungshypothesen zu arbeiten. Dieser Entschied fusst hauptsächlich auf dem angekündigten Vorhaben, eine explorative Studie durchzuführen. Die Bezeichnung „Orientierungs*hypothesen*" verwendet Esser dahingehend, dass diese keine Erklärungen im eigentlichen Sinne, sondern bloss „vage formulierte Zusammenhänge" (Esser 1993, 57) liefern. Er betont in diesem Zusammenhang, den Orientierungshypothesen fehle die „genaue Spezifikation der Zusammenhänge, denn erst diese erlaubten, spezifische Randbedingungen anzuwenden". Dem Vorwurf, Orientierungshypothesen hätten, wenn überhaupt, nur geringe Erklärungskraft, stellen wir das Ziel gegenüber, nicht abschliessend erklären zu wollen, wohl aber „zentral bedeutsame Leitdifferenzen zu benennen" (Esser 1993). Es sei ausdrücklich davor gewarnt, dass Gesetzmässigkeiten und daraus abgeleitete Hypothesen weder belegt noch widerlegt werden. Simple Kausalerklärungen ohne hinreichende Berücksichtigung der Rahmenbedingungen wären auf dieser „Orientierungsstufe" der Forschung anmassend. In klarem Gegensatz zu Esser wird des weiteren die Meinung vertreten, soziale Prozesse wären schwierig - wenn auch nicht unmöglich - mit streng differenzierenden (dazu noch gerichteten) Hypothesen zu interpretieren. Deshalb wählen wir die Bezeichnung „These" statt „Hypothese", um unsere „vage formulierte Zusammenhänge" nicht zu sehr emporzuheben.

Haupt-Orientierungsthese 1:
Internet als neue gleichberechtigte Institution der Partnersuche

> Es gibt so viele nette Frauen, aber an der Kasse haben wir nicht miteinander gesprochen, an der Bushaltestelle haben wir uns auch nicht getraut, am Steuerschalter waren wir zu beschäftigt mit den roten Zahlen... (Inserat von *talktalk3*)

Paarbildungen vollziehen sich überall, jeder Ort kann potentiell geeignet sein. Diese Orte sind allerdings nicht gleichmässig verteilt: „Die Kontaktversuche der Individuen streuen nicht frei über eine gegebene Fläche. Vielmehr kann innerhalb der Bevölkerung von relativ fixierten Kontaktorten ausgegangen werden", stellt Herrmann (2001, 186) fest. Die gegebenen Kontakt-Orte, bestimmend für die Art von Kontaktnormen, sind überdies knapp - ihre gerechte Verteilung wird in der gegenwärtigen Gesellschaft zunehmend problematischer. Günter Burkart unterscheidet beispielsweise drei Haupttypen sozialer Institutionen von Paarbildung (1997, 60 ff.):

1. Institutionen, die regelmässige Kontakte mit den selben Personen des anderen Geschlechts ermöglichen. Hier nennt er Nachbarschaft, Bildungssystem und Arbeitsplatz.

2. Freizeit,

3. Heiratsvermittlungsinstitutionen.

Im Unterschied zu 2. und 3. ermutige 1. eine Partnerwahl nicht explizit - es gebe keine „ausgesprochene kulturelle Regel", wonach der Arbeitsplatz als offizieller Ort der Partnersuche gelte. Dies gilt genauso für die Universität als Heiratsmarkt. Die Freizeit als Institution enthält kulturelle Regeln der Ermutigung und die Heiratsvermittlungsinstitutionen leben gar von Aufforderung und Ermutigung zur Partnerfindung. Nur eine Minderheit der Beziehungen beginnt an öffentlichen Orten wie Café, Tram etc. Am meisten Kontakte werden dort geknüpft, wo Menschen Gelegenheiten erhalten, sich regelmässig treffen (das *Paarbildungsprinzip* der *Nähe* als Grundvoraussetzung). Institutionen wie Arbeitsplatz begünstigen die Zusammenkunft von Menschen gleicher sozialer Herkunft oder subkultureller Zugehörigkeit, sodass ein weiterer Mechanismus der Paarbildung - die Homogamie - zum Zuge kommt. Diese „opportinity structures" zeigen auch, dass einerseits kulturelle Wertmuster und normative Regeln die Partnerwahl bestimmen (z.B. Homogamie oder Hypergamie bezüglich bestimmte Merkmale) und dass andererseits das Feld von diesen Institutionen (Arbeitsplatz, Nachbarschaft etc.) vorstrukturiert wird (Burkart 1997).

Den oben aufgelisteten drei Gelegenheitsstrukturen darf und muss, so unsere Anregung, eine vierte, *gleichberechtigte* Gelegenheitsstruktur hinzugefügt werden - das Internet.

Uns geht es im weiteren darum, die Notwendigkeit gesellschaftlicher Anerkennung solcher *opportunity structures* aufzuzeigen. In der gegenwärtigen Gesellschaft ist die *Nachbarschaftsexistenz* des Mediums Internet - neben herkömmlichen Gelegenheitsstrukturen wie Arbeitsplatz oder Nachbarschaft, Freizeitbereich (Ausgang) und herkömmliche Heiratsvermittlungsinstitute - als wohl neue, mittlerweile aber etablierte Institution der Paarbildung anzuerkennen. Eine neue *Gattung* romantischer Beziehungen, wie Kraut es nennt (Kraut et al. 1998), behauptet sich im sozialen Raum immer stärker: die Gattung der Internet-Beziehungen. Immer mehr Sozialwissenschaftler erkennen diese fortlaufende Transformation bestehender Formen und Wege der Beziehungsanbahnung, so Merkle & Richardson (2000): „Relationships that previously were established and sustained primarily through face-to-face interaction have come to be complemented by a social technology". Der virtuelle Raum erfüllt somit eine *ergänzende,* gar *konkurrierende* Funktion gegenüber konventionellen Partnersuch-Strukturen.

Die neuartige Positionierung Burkart'scher Gelegenheitsstrukturen ist jedoch nicht dahingehend zu begreifen, dass das Internet traditionelle Paarbildungsorte ersetzt, ersetzen kann oder ersetzen muss: „Internet relationships can never wholly take the place of face-to-face interactions. [...] Face-to-face sexual relationships are the only way to procreate - relegating online relationships to the category of add-ons, rather than replacements for what we know as intimate relationships"(Levine 2000, 572). Trotzdem mag es für bestimmte Personengruppen - etwa Menschen in geographisch abgelegenen, kleinen Dörfern, alleinerziehende Mütter in kritischen Lebensphasen etc. - eine (teilweise) substituierende Kraft erlangen. Das Internet bietet im Unterschied zu anderen Strukturen der Partnersuche permanente Verfügbarkeit und dies erst noch zu geringen Kosten. Es stillt das Bedürfnis nach Nähe und Geselligkeit und hilft, aus der Einsamkeit herauszufinden.

Es kann der Schluss gezogen werden, der postmoderne Mensch würde dank dem neuen Medium offensichtlich sein Urbedürfnis nach Soziabilität und Intimität besser kompensieren können. Dabei handelt es sich um „Internet's potential role in the continuing decline of arenas for face-to-face-relationships", wie das Nie (2001) notiert. Das nach wie vor unverminderte Bedürfnis nach Intimität wird nun auch auf „virtuelle" Art befriedigt, was neu und bisher unbekannt war. Wird der abhanden gekommene Bezug zur traditionellen Gemeinschaft nun durch Rückzug oder gar Flucht in die virtuelle Zweisamkeit kompensiert? Sich vor Augen haltend, dass der Gemeinschaftssinn in der postmodernen Gesellschaft mehr und mehr verloren geht, ist das neue Medium Internet aus komplementärer Perspektive ein Kompensationsmechanismus, ein „Wiederort" gar, um verloren geglaubte, romantische Beziehungen zu finden, oder, Kaufman (1996) folgend: „The lost art of conversation is surviving online".

Orientierungsthese 2:
Virtuell entstandene Bindungen sind genuine soziale Beziehungen

Die zweite Orientierungsthese lautet: Auf Datingsites entstandene Beziehungen sind genuine[92] interpersonelle Beziehungen. In ihrem Realitätsanspruch unterscheiden sie sich nicht von herkömmlichen „Offline"-Beziehungen, also von Beziehungen, die auf konventionelle Art aus physischer Begegnung entstanden sind. Für die Bildung von Paarbeziehungen kann der Cyberspace als besonders geeigneter sozialer Raum betrachtet werden.

---

[92] Genuin (lat.): echt, naturgemäss, rein, unverfälscht.

Der erste Schritt besteht in der Entstehung gegenseitiger Anziehung - der Wunsch, sich jemandem zu nähern, da man ihn attraktiv findet. Ob sich daraus eine Beziehung entwickelt, ist damit noch lange nicht klar. Dieses Merkmal ist allen Beziehungen gemeinsam, egal, ob on- oder offline gebildet. „We are attracted to individuals whose presence we find rewarding" schreibt Levine (2000, 566) und bezieht sich aus Sicht der Attraktionsforschung auf vier Merkmale der Anziehung: *Selbstdarstellung* (wir nennen es synonymisch Identitätskonstruktion), *Ähnlichkeit*, *Reziprozität* und *Selbstenthüllung, Erwartungen* und *Idealisierung*.

1. *Selbstdarstellung*: Menschen fühlen sich von anderen Menschen angezogen, die sie als physisch attraktiv einschätzen. Im Internet entsteht eine neuartige Situation. Man formt sich als erstes nicht einen Eindruck vom Äusseren, sondern schafft ihn sich aufgrund anderer, durch vorwiegend textuelle Beschreibung vermittelter Merkmale - füreinander existiert man nur als Text. Die Beschreibung der visuellen Erscheinung kann portionenweise angeboten, kontrolliert und gesteuert werden, auf dass man sich sukzessiv daran gewöhne, betonen Gerlander & Takala (1997). Zu jedem Zeitpunkt kann entschieden werden, was und wie viel vom Selbst enthüllt wird.

2. *Ähnlichkeit*: Menschen finden ihnen in Bezug auf Alter, familiärem Hintergrund, Religion, Bildung, politischer Einstellung usw. ähnliche Menschen attraktiv. Dem Internetnutzer ist bereits diese Charakteristik gemeinsam, stellt Levine (2000) fest: Alle Menschen, von welchen man sich potentiell angezogen fühlen kann, besitzen Computer, wissen damit umzugehen und benutzen das Internet.

3. *Reziprozität* und *Selbstenthüllung*. Die Prämisse hierzu lautet: Wir tendieren dazu, die Personen zu mögen, die uns selber mögen. Parallel dazu „The nature of self-disclosure in computer mediated relationships versus face-to-face realtionshhips seems to be markedly distinct" (Merkle & Richardson 2000 in Anlehnung an Wysocki 1998) - im Cyberspace lerne man sich schneller und intimer kennen denn von Angesicht zu Angesicht. Eine Erklärung dafür sehen die Autoren im Umstand, dass in einer interaktiven Situation bei Anwesenheit beider Gesprächspartner der psychische Komfort der Anonymität fehle. Sobald ein Gefühl der Unsicherheit aufkommt, tendieren diese, geringere Portionen zu ihrer Persönlichkeit preiszugeben. Im virtuellen Raum intensiviert

sich die Intimität hingegen - wegen physischer Absenz entfällt allfälliges Unbehagen vis a vis eines Unbekannten.

4. *Erwartungen* und *Idealisierung*. Die Erwartung, sich von einer Person angezogen zu fühlen, führt im Sinne einer „self fulfilling prophecy" oft zu einem Verhalten, das bei der anderen Person ein Gefühl der Anziehung hervorruft. Ein potentieller Partner wird idealisiert, indem bekannte negative Aspekte seiner Person verändert oder uminterpretiert werden.

Demzufolge fehlen im Internet drei aus Sicht der traditionellen Attraktivitätsforschung unabdingbare Elemente für das Entstehen von Beziehungen: (1) *physische Nähe*, (2) *visuelle Interaktion* (Augenkontakt) und (3) *nonverbale Kommunikation*. Die zentrale Frage in diesem Zusammenhang lautet: Finden diese Elemente im Internet gebührenden Ersatz?

Das erste Element - *Nähe und damit verbundene Kontakthäufigkeit* - ist essentiell, eine fundamentale Eigenschaft. Im virtuellen Raum definiert sich Nähe freilich nicht anhand geographischer Verortung, sondern durch den jeweiligen Umgebungsrahmen (Chat, Kontaktbörse, Mailingliste). Bei asynchroner Umgebung ist die Bedingung, gleichzeitig eingeloggt zu sein, nicht zwingend. Auf PartnerWinner lassen sich Mails auch später lesen. Es ist allerdings davon auszugehen, dass gleichzeitiges Online-Sein Kontaktfreudigkeit und Zutrauen fördert. Jedenfalls ist dadurch eine Maximierung sozialer Möglichkeiten für die Interaktion erreicht. Dass Personen wiederholt miteinander interagieren und kommunizieren erhöht wiederum die Wahrscheinlichkeit, dass aus Begegnungen Anziehung entsteht. Das hängt auch damit zusammen, dass sich bestimmte Menschen stets zu bestimmten Zeiten einloggen. So können sie unter Umständen ihre nächste gemeinsame Onlinezeit absprechen. Bisweilen können solche Prozesse online besser gesteuert werden denn offline. Für Levine (2000) erlangt das Merkmal „Nähe und Kontakthäufigkeit" im Internet zusätzliche Intensivierung. In einem mehr oder weniger geschlossenen Raum steigen die Chancen, in Wiederholungs-Kontakte mit anderen Mitgliedern zu treten - somit wächst aus Sicht der Attraktionsforschung auch die Wahrscheinlichkeit, in positiver Art auf häufig getroffene Personen zu reagieren (von Brehm 1992 *Exponierungseffekt* genannt).

Orientierungsthese 3:
Besondere Natur der Online-Beziehungen -
„Die anderen Augen" sehen von innen nach aussen

Virtuell entstandene Beziehungen haben eine qualitativ andere Natur als herkömmliche. Man lernt sich nicht, wie anhin, von *aussen nach innen* kennen, sondern von *innen nach aussen*. Dies ermöglicht ein Basiswissen übereinander bereits vor dem ersten visuellen Date (sich mit ,anderen' Augen anschauen), wodurch die gegenseitige, optische Wahrnehmung in eine positiven Richtung gelenkt werden kann.

Dass Partnersuche und Partnerwahl online anders verlaufen als im realen Leben, bedarf keiner Beweisführung: „The beauty of the virtual medium is that flirting is based on words, charm, and seduction, not physical attraction and cues" (Levine 2000). Anstey (1999) erkennt in diesen Beziehungen eigene Charakteristika und Attribute, welche diese einzigartig machen, was vielfältige Herausforderungen für bestehende Beziehungsmodelle provoziert. Sie werden von den Mediennutzern weder als „pure" - im Sinne Giddens' - noch als parasoziale[93] (hier im Sinne von medienvermittelten) Beziehungen[94] wahrgenommen. Das Konzept parasozialer Beziehungen, genauer der parasozialen Interaktion, stammt von Horton & Wohl (1956) und bezieht sich auf die Beziehung zwischen den Zuschauern und den Akteuren am Bildschirm, die durch eine Simulation von Intimität innerhalb einer Face-to-face-Situation gekennzeichnet ist („illusion of face-to-face relationship"). Dabei setzen nicht Identifikationsprozesse ein, sondern Rollenkomplementarität („Fernseh-Mutter" - „Sohn-Zuschauer"). Analogisch wäre vorstellbar, dass im Cyberspace ebenfalls eine Art parasozialer Beziehungen entsteht, falls die mit unsichtbaren Interaktionspartnern aufgebaute Nähe nur auf Simulation gründet. Eine leicht modifizierte Annahme geht in die Richtung, dass virtuell entstandene romantische Beziehungen parasozialer Natur sind - mindestens solange die Beziehung den Cyberspace nicht verlässt (dies geschieht schon beim ersten Telefongespräch, erst recht bei der ersten realen Begegnung).

Sind nun im Cyberspace gebildete Liebesbeziehungen oberflächlich, ein Schatten ihrer selbst, oder gar unvollkommen? Virtuell entstandene Beziehungen weisen in der ersten Phase (zumindest bis zur ersten Face-to-face-Begegnung) andersartige Charakteristiken auf, weil sie eine Art von experimentellem Ausschluss bestimmter Merkmale erlauben; offline wäre dies unter keinen Umständen möglich. Der Schlüsselsatz zum Verständnis dieser Andersartigkeit besteht in einer Sentenz von Jones (1999): *„You fall in love with someone from the inside out".* Der wesentlichste Unterschied besteht darin, dass man, infolge fehlender Körperlichkeit, sich dem Gegenüber von innen nach aussen nähert: „Ich habe mir vorgenommen– auch wenn sie wie ein Zombie aussieht, mache ich trotzdem etwas mit dieser Frau" (*Tomasito39*).

---

[93] abweichende, darüber hinausgehende.
[94] Siehe Hartmann, Tilo (2001). Cyber-Starlets. Eine empirische Untersuchung über parasoziale Beziehungen und Beziehungsqualitäten zu Star-Avataren wie E-Cyas oder Lara Croft. Diplomarbeit. Institut für Journalistik und Kommunikationsforschung, Hannover.

Dies führt zur vorläufigen Eliminierung der Wirkung von rein äusserlichen Eigenschaften wie physischer Attraktivität (oder wie Lenz 2003 es bezeichnet - „Körperkapital"). Die Frage ist hier, ob das Medium Internet, insbesondere in der virtuellen Umgebung, wie sie die untersuchten Datingsites bieten, nicht doch einem zutiefst menschlichen Bedürfnis nach einer besonderen Intimität entspricht, die bei der face-to-face-Interaktion durch die Allgegenwärtigkeit des Visuellen in den Hintergrund gedrängt wird: imstande sein, einen unbekannten Menschen zuerst von innen zu „sehen", mit *anderen Augen* zu sehen: „Das Wesentliche ist für die Augen unsichtbar", schreibt der Benutzer *eTomcat*. Oder: „Die seelische Chemie erzeugt Liebe", postuliert Userin *Adorabile*.

Orientierungsthese 4:
PartnerWinner ist ein idealtypischer Partnersuchmarkt

Auf humoristische Art hat die Frage der freien Partnerwahl ein 42-jähriger Inserent mit Nicknamen *www.neuanfang* in PartnerWinner gestellt - die auf den ersten Blick endlos erscheinende Zufallsauswahl ist imaginär:

> **Von 100000 Single-Haushalten...**
> ...in der Schweiz ist die Hälfte liiert, bei der andern Hälfte stellt sich heraus: 15% trauern ihren Ex-Lovern hinterher, 10% sind unheilbar beziehungsgeschädigt, 5% wissen nicht, warum sie eigentlich Single sind, 5% sind homosexuell, 5% sind für den gestrigen Alkoholkonsum verantwortlich. Von den restlichen 10% wollen mich 4% nicht, ich will die andern 5% nicht, also bleibst nur noch du? Also dann, antworte mir.

Die vierte Orientierungsthese lautet: Als virtueller *Treffpunkt* hat PartnerWinner die Funktion eines idealtypischen Partnersuchmarktes. Ist die Rede von „freier" Partnerwahl, entsteht der Eindruck, man würde über eine unbegrenzte Anzahl möglicher Partner verfügen und alle sind potentielle Kandidaten.[95] Gesteuert wird die Partnerwahl lediglich vom höchsten aller Gefühle - der Liebe. Der idealtypische Partnersuch-Markt soll absolut frei sein und allen offen stehen.

Wenn von Partnerwahl die Rede ist, präsentiert sich das omnipotente, laienhafte Leitbild des „einzig richtigen Partners", der irgendwo da ist und darauf wartet, entdeckt zu werden. „Der Begriff der freien Partnerwahl suggeriert die Möglichkeit, auf einem umfangreichen Partnermarkt den Besten oder die Beste auswählen zu können" (Klein 1995, 35). Für die Erforschung von Datingsites gewinnt dieser Aspekt von Freiheit ein noch grösseres Gewicht, da es einer flexiblen Suchmaschine möglich ist,

---

[95]Diese Illusion macht sich besonders stark auf Datingplattformen wie PartnerWinner bemerkbar, da man hier jederzeit die enorme Zahl „statistisch" verfügbarer Partner vor Augen hat.

den idealen Partner zu konstrurieren und dabei alle unpassenden Kandidaten auszuschliessen. Diese Möglichkeit ist nur hypothetisch gegeben. Die effektive Partnerwahl ist von sozialen Faktoren determiniert, auf welche die einzelnen Individuen keine Macht haben. Auf jede Kontaktsuche wirkt eine Menge vorher gefasster und internalisierter Einstellungen des Individuums ein, derer es sich nicht bewusst sein muss. Doch richtet sich das Suchverhalten (sukzessive Kontaktanbahnung) nach diesen Kriterien, die dem einzelnen anzeigen, dass ein Versuch erfolgreich ist oder nicht und bei welchen Kontakten Erfolge zu erwarten sind (Mindest-Befriedigung). Je grösser die Homogenität erreichbarer Kontaktpersonen ist, desto geringer fällt die Selektionsleistung für die Kontaktpflege zwischen den potentiellen Kontaktpersonen aus (Herrmann 2001, 185). Das Phänomen Partnerwahl ist einem tiefgreifenden sozialen Wandel unterlegen - Menschen suchen ihren Lebenspartner ernsthaft in einem höheren Alter als früher. Die Ablösung vom Elternhaus erfolgt zu einem späteren Zeitpunkt, und die Ausbildungszeit hat sich verlängert. Es existieren heute noch Gesellschaften, wo Ehen ausschliesslich von Eltern vermittelt und arrangiert werden. Die autonome Partnerwahl ist kulturell ein neues Phänomen hoch entwickelter westlicher Gesellschaften.

Burkart (1997, 61) nennt den Heiratsmarkt auch „Gelegenheitsstruktur" und hebt insbesondere den Makroaspekt des „marriage squeeze" im historischen Verlauf hervor. Darunter sind „Passungs-engpässe" oder Ungleichgewichte in der Beziehung Angebot-Nachfrage, die zur Einschränkung der individuellen Wahlmöglichkeiten führen. Ein Beispiel dazu liefert der in Deutschland zu beobachtende Frauenüberschuss (106 Frauen auf 100 Männer). Dies trifft auf 20-45-jährige Männer zu, vor allem auf jene unterer Schichten, haben diese doch geringere Chancen, eine höher gebildete Frau zu finden. Andererseits ist davon auszugehen, dass bei der Paarbildung kontextabhängig mehr oder weniger strenge kulturell- und milieubedingte Stereotypen dominieren - zum Beispiel, dass Männer älter und grösser als Frauen sein „müssen". Der Verhaltensbiologe Heinrich Neumann (Neumann et al. 2001) fand in einer Untersuchung von 20000 Kontaktanzeigen über eine Zeitspanne von 100 Jahren heraus, dass sich die darin enthaltenen Partnerwünsche nicht grundsätzlich geändert haben. Frauen werben heute noch mit ihrer Attraktivität als ihrem grössten Kapital - zu Beginn des 20.Jahrhunderts haben 33% der Frauen ihre Schönheit gelobt und in neueren Zeiten gar 53%. Die intellektuellen Eigenschaften des Weiblichen wurden von den Männern weniger geschätzt. Das grosse Kapital bei 80% der Männer lag hingegen bei Statussymbolen und finanzieller Sicherheit. Anfang des 20. Jahrhunderts schrieb man: „Als katholischer, solider Kaufmann suche ich die Bekanntschaft einer jungen, hübschen Dame, die lebensfroh, modern, fleissig und sparsam ist, zwecks baldiger Heirat". Heute würden, Neumann folgend, immer noch 40% der Männer bei der Partnersuche ähnlich argumentieren - trotz Emanzipation und finanzieller Unabhängigkeit der Frauen.

Eine Datingplattform wie PartnerWinner darf als ein erfolgreicher, neuartiger, virtueller Partnersuch-Markt betrachtet werden, welcher mindestens fünf, in diesem Ausmass nicht bekannte, funktionale Grundvorteile aufweist:

1. die Kontaktmöglichkeiten sind *globalisiert;*

2. die Berufstätigkeiten sind *internationalisiert;*

3. die Freizeitaktivitäten werden *ausgedehnt;*

4. es entstehen unerwartete *interkulturelle* und *internationale Verflechtungen* –geographische Distanzen können überwunden werden;

5. auf dem *virtuellen Markt* sind Beziehungswillige mit ihren Pseudonymen vertreten.

So ist die mediale Form derartiger Datingportale für eine breitere Partnerwahl bestens geeignet. Erstmals können Menschen ihre Kontaktversuche im Schutz der Anonymität aufnehmen und dabei solange suchen wie sie möchten. Voraussetzung zur Partnerwahl ist eine bestimmte Quantität an Kontakten zu einer Vielfalt von Gleichgesinnten. In der virtuellen Umgebung der Datingsites ist dies in hinreichendem Mass gewährleistet. Die statistisch erhöhte Anzahl von Gelegenheiten zur Begegnung für zwei Beziehungswillige ist eine der wichtigsten sozialen Innovationen der neuen medialen Umgebung. Ein Minimum an Interaktion über eine bestimmte Zeit zwischen den selben beiden Partnern ist für eine Beziehungsaufnahme unerlässlich. Gleichzeitig sind sekundäre Interaktionen zwischen weiteren, peripheren Personen im Spiel. Diese befinden sich sozusagen in Warteposition, treten als „Reservespieler", fein säuberlich in einer so genannten „Freundesliste" geordnet, erst dann in Erscheinung, wenn das anvisierte „Haupt-Liebesobjekt" nicht den Vorstellungen entspricht. Solche Konkurrenzprozesse sind im virtuellen Raum öfters viel dynamischer als im realen Leben.

Orientierungsthese 5:
Die Auswirkung des Internet auf Paarbildung ist eher egalisierend als elitenbildend

> Ich hab mit den Suchfunktionen rumgespielt. Dabei ist mir aufgefallen, dass es kein Kriterium "Ausbildung" gibt. Ich finde, dass man PartnerWinner um dieses Kriterium erweitern sollte, z.B. /angelernt / Berufslehre / Abitur / FH / Uni / Promotion / Habil. Ohne diese Suchmöglichkeit ist PartnerWinner für mich uninteressant - wer will schon einen "no brainer". (Feedback eines PartnerWinner-Users)

Die fünfte These bezieht sich auf die Manifestation sozialer Ungleichheitsprozesse, die sich auf einem Dating-Portal wie PartnerWinner abspielen. Diese Frage wurde in der Abhandlung schon mal gestellt: Hat Internet primär egalisierende Funktion (als ein universales Medium globaler Sozialisation), oder bildet es neue Eliten heraus, soziale Ungleichheiten vergrössernd? Jones (1995) wählte für die erste Variante den Namen "*Cybertopia*" (eine eigentliche CyberGesellschaft), und für die zweite - *CyberGhetto*(s). Im Gegensatz zum damals vorherrschenden „kalten Klima" von negativen Bewertungen computervermittelter Kommunikation und ihrer Implikationen äusserte Baym (1995) den Gedanken des "egalitarianism": CMC würde den Menschen über ihre physische Erscheinung hinaus die gleichen Chancen eröffnen (Baym 1995, 140). Walther (1992) benannte es "Teilnahmeausgleich" (balancing of participation): „The online world gives those people who do not fit a stereotypical model of human beauty a chance to be Don Juans and Carmen Mirandas and have an equal opportunity to be found desirable. For those considered beautiful for societal standards, it gives them a chance to be attractive to others for reasons other than their physical qualities (i.e., intellect, charm, interests, etc." (Levine 2000, 565). Bezogen auf ein Land wie die Schweiz sprechen einige Argumente für die Annahme, dass Egalisierungstendenzen stärker denn elitefördernde sind. Für breite Bevölkerungsschichten ist die Bereitstellung eines Internetzugangs unproblematisch, während die Bedeutung von Bildung abnimmt: auch User mit niedrigerer Bildung haben Chancen, „Gleichgesinnte" zu treffen. Vormals benachteiligte Gruppen werden als Konsequenz davon gestärkt.

Orientierungsthese 6:
Frauen sind erfolgreicher mit ihrer Beziehungssuche im Internet als Männer

Die sechste Orientierungsthese postuliert, dass Frauen einen grösseren Beziehungserfolg auf PartnerWinner haben als Männer. Unsere Untersuchung beabsichtigt überdies, allfällige *Geschlechter-unterschiede* des Partnersuchverhaltens aufzudecken und erste Erklärungsversuche dafür anzubieten. Widerspiegelt die Tatsache, dass sich deutlich mehr Männer als Frauen auf Datingsites aufhalten, bloss den altbekannten Umstand, dass im Internet zahlenmässig immer noch Männer dominieren? Parks & Floyd (1996) fanden beispielsweise heraus, dass Frauen häufiger eine Online-Beziehung aufbauen als Männer. Aus einer eingeschränkt technisch-deterministischen Perspektive erklärt hiesse das, Internet sei als Medium für eine Beziehungsanbahnung eher frauen- als männerkonform. Fern solch unseriöser Spekulation ist durchaus nicht auszuschliessen, dass Frauen am Computer anders auftreten als Männer. Frauen suchen im Internet einen Ausweg aus der sozialen Isolation mit dem Wunsch nach Zugehörigkeit, wohingegen Männer eher ihren sozialen Status pflegen (Tannen 1992, zit. nach Boneva 2001). Zusammengefasst bedeutet dies, dass Frauen *beziehung*sorientiert, Männer *handlung*sorientiert sind (Deaux & Major 1987., zit. nach Boneva 2001). Darüber hinaus ergaben Untersuchungen der 90-er Jahre (Caldwell & Peplau 1982, Davidson & Duberman 1982, zit. nach Boneva 2001), dass das weibliche Geschlecht *expressive* und das männliche *instrumentelle Strategien* für und in seinen Beziehungen anwendet. Konkrete Beiträge zur Erklärung des Genderphänomens leistet auch Rupp (2001): Männer würden sich bei ihren Messages auf wesentliche Antworten wie Richtigkeit oder Falschheit von Aussagen beschränken, Problemlösungen anbieten und bei geringer Hoffnung auf Erfolg eher zum Beenden des Dialogs tendieren, während Frauen sich diskussions-bereiter zeigen. Grundsätzlich gilt, Boneva folgend: Internetnutzung überwindet traditionelle Geschlechterrollenträger in ihrem Kommunikationsverhalten nicht, sondern festigt sie (Boneva et al 2001). Frauen definieren sich eher durch persönliche Beziehungen, sie schätzen diese anders ein als Männer und setzen demnach erfolgreichere Strategien zum Aufbau von romantischen Beziehungen um.

8. Untersuchungsdesign

8.1. Quantitativer Teil

8.1.1. Methodenwahl und Durchführung der Umfrage

> Beim Ausfüllen dieser Umfrage lernt man sich besser kennen - seine Wünsche, Bedürfnisse, Ängste etc. Man überlegt sich das Für und Wider von Online-Kontaktbörsen, was die eigene Person betrifft. (Umfrageteilnehmer)

In diesem Kapitel werden die wichtigsten methodologischen Lehren aus der Durchführung unserer repräsentativen Umfrage erwähnt. Die „Königsmethode" der soziologischen Forschungsmethoden - die Befragung - haben wir zur Gewinnung zahlreicher empirischer Daten eingesetzt. Die Erfahrungen der Benutzer mit der Partnersuche im Internet und im realen Leben werden so *retrospektiv* erfragt, parallel zu ihren Einstellungen und Motivationen zu Cyberdating.

Ob man eine Umfrage postalisch, im Web, via E-Mail oder sogar kombiniert durchführt, ist unseres Erachtens eine zentrale Frage im Zusammenhang mit der Wahl des optimalen Forschungsdesigns in der konkreten Untersuchungssituation. Sie ist aber gleichzeitig eine der schwierigsten. Der Forscher steht vor einer harten Entscheidung, die mit zahllosen Pros und Kontras gekoppelt ist. Grundsätzlich hängt dieser Entscheid ab: 1) vom Thema der Untersuchung; 2) von der Erreichbarkeit der Zielgruppe 3) von den vorhandenen Ressourcen wie Budget, Personal, Infrastruktur, Informatik-Knowhow etc. Nach einer entsprechender Evaluation möglicher methodischer Verfahren wurde einer Web- statt einer E-Mail-Umfrage der Vorzug gegeben. Hierzu waren fundierte Kenntnisse der PartnerWinner-Site unentbehrlich. Die Verfasserin kann auf ihre reichliche eigene Erfahrung mit virtueller Partnersuche zurückgreifen (monatelange teilnehmende und auch nichtteilnehmende Beobachtung). Ein weiterer, wichtiger Schritt in der Vorbereitung waren zahlreiche und intensive Gespräche mit den PartnerWinner-Machern vor Ort: mit dem Projektleiter des Portals, Christoph Lüscher[96], dem CEO Marco Boseli[97], der Contentmanagerin Claudia Wyss sowie dem Helpdesk-Verantwortlichen Paul Zehnder. Dieses differenzierte und konsequente „Screening" unseres Untersuchungsgegenstands war die notwendige erste, explorative Phase.

---

[96] Gegenwärtig Geschäftsführer von PartnerWinner.
[97] Heute Chefredaktor von „20 Minuten".

Schwerpunkte und Fragebogenkonstruktion

Endresultat war ein standardisierter Fragebogen in elektronischer Form mit 119 verschiedenen Fragen (davon drei offene Fragen und mehrere Frage-Blöcke). Die Gestaltung des Fragebogens durchlief Dutzende Versionen. Nach einem ausgiebigen Studium der vorhandenen Literatur zu Partnerschafts-beziehungen und Onlinekommunikation musste ein Erhebungsinstrument geschaffen werden, denn es liessen sich für unsere Forschungszwecke keine bestehenden, geeigneten Messinstrumente finden. Auf dem Internet ist eine Demoversion des Fragebogens vorhanden. Sie ist mit der "echten" Version identisch und abrufbar im Netz[98]. Die thematischen Schwerpunkte des Fragebogens sind in Tabelle 9 zusammenfassend dargestellt. Auch wenn der Fragebogen relativ lang ist, sind die darin enthaltenen Fragen leicht verständlich, möglichst kurz und einfach, ohne schwere Fachwörter. Die gewählte Sprache entsprach somit einer soziodemographisch sehr heterogenen Population unterschiedlichen Alters, Bildungsgrads und kulturellen Hintergrunds. Wir verzichteten bewusst darauf, vor jedem Fragenblock umständliche Einleitungen, wie die nachfolgenden Fragen zu beantworten seien, einzufügen.

---

[98] http://www.suz.unizh.ch/partnerwinner/demo.shtml.

Tabelle 9. Thematische Schwerpunkte des Fragebogens

BLOCK	THEMA	BEISPIELE
1.	Soziodemographische Charakteristik	Alter, Geschlecht, Zivilstand, Lebensform, Bildungsabschluss, jährliches Bruttoeinkommen, Sexualpräferenz, Beruf, Erwerbspensum, Kinder
2.	Persönlichkeitsmerkmale (Selbsteinschätzung)	Wohlbefinden, Selbstbewusstsein, sexuelle Zufriedenheit, Einsamkeitsgefühle
3.	Allgemeine Erfahrung des Users mit Internet	Dauer und Intensität, Internetzugang
4.	Motivationen für die Benutzung der Datingsite	Dating, dauerhafte Liebesbeziehung, E-Mail-Kontakte
5.	Einstellungen gegenüber Partner und Partnerschaften	Guter Ruf, Arbeitsteilung bei der Haushaltsführung, Natürlichkeit
6.	PartnerWinner-Erfahrung des Users	Bisherige Beziehungen, Dauer des Singledaseins
7.	Aktivität der User	E-Mail-Kommunikation, Inserate, Zahl der Bekanntschaften auf PartnerWinner, Dates offline
8.	Liebeskonzept	3-Komponenten-Model von Sternberg
9.	Identitätskonstruktion	Deception, multiple Identitäten, SingleSlider, Unsichtbarkeit
10.	Real Life-Erfahrungen	Anzahl Dates, Einschätzung der Erfahrungen mit Dates
11.	Evaluationsfragen	Vertrauen, Sicherheit, Seriosität
12.	Selbstwirksamkeitserwartung	In welchem Ausmass bin ich als Individuum der Überzeugung, dass Internet ein effizientes Medium für Partnersuche ist, sodass ich dort umso wahrscheinlicher einen Partner finden kann?
13.	Offene Antworten	„Vorstellung von Liebe in drei Worten" „Erzählen Sie Ihre Liebesgeschichte" Feedbacks

Bei Nichtbeantwortung einer Frage wurde man aufgefordert, das Versäumnis nachzuholen. Fortzufahren ohne Beantwortung der Frage war nicht möglich, explizites Nicht-Beantworten (Antwortmöglichkeiten wie „Weiss nicht", „Anderes") wurde aber zugelassen. Wir haben erfreulicherweise keine kritischen Feedbacks erhalten, die auf Verständigungsprobleme hingewiesen haben. Das Fortschreiten beim Ausfüllen wird durch eine orangen Balken in der oberen, rechten Ecke markiert, um die Befragten zu ermutigen, bis zum Ende des Fragebogens durchzuhalten. Hauptprinzipien waren: wenige Fragen pro HTML-Seite (erübrigt mühsames Scrollen) und schlankes Seitendesign (siehe Abbildung 15). Inhaltlich bedeutete dies so wenig „lästige" soziodemographische Fragen wie möglich (obwohl sie für die Soziologie unentbehrlich sind), dafür wurden diese aber über den ersten Teil des Fragebogens gleichmässig verteilt. Die ursprüngliche Idee, einen Button "Zurück" einzufügen, wurde fallen gelassen in der Annahme, dies könnte die Spontaneität der Beantwortung beeinträchtigen.

Sobald die Entscheidung steht, eine Webumfrage durchzuführen, folgt als nächster entscheidender Schritt, die dazu passende, verlässliche Software zu finden. Es galt, eine Evaluation der vorhandenen Software-Programme aus der Perspektive des konkreten Forschungsdesigns vorzunehmen. Ein wichtiges Kriterium für die Beurteilung war, dass das Programm die Gestaltung eines Fragebogens ermöglicht, welches aus einzelnen HTML-Pages besteht, statt ein endloses „Fragebogen-Formular" zu erstellen (eine häufige Einschränkung der evaluierten Programme).

Abbildung 15. Ausschnitt aus dem Online-Fragebogen (Screenshot)

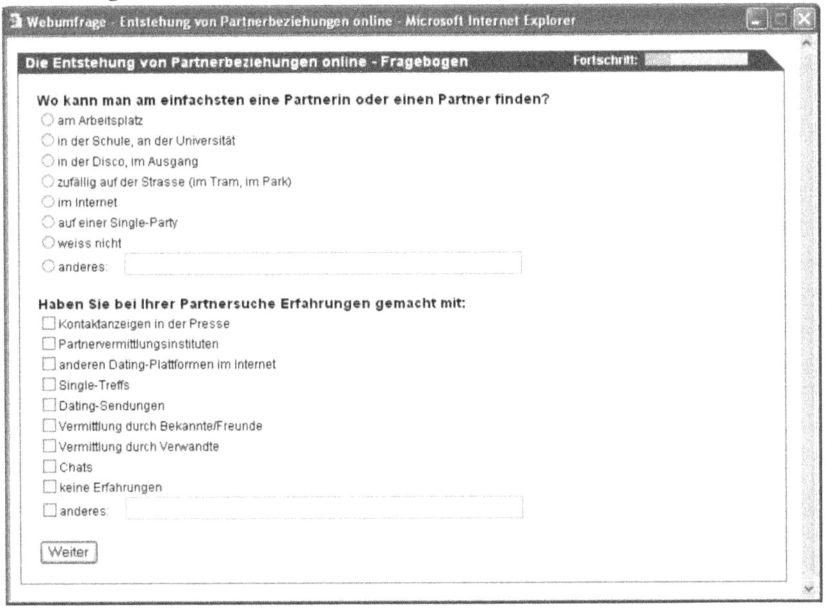

Die Tatsache, dass HTML-Pages einzeln zum Server abgeschickt werden, verhindert, dass bereits beantwortete Fragen bei einem vorzeitigen (absichtlichen oder unabsichtlichen) Abbruch der Befragung durch den Benutzer verloren gehen. Zudem erhöht diese Darstellungsform die Bedienbarkeit der Formulare deutlich.

Nach einem langwierigen Evaluationsverfahren wurde das Programm SurveyPro (www.apian.com) gewählt und gekauft. Mittels Subprogramm von SurveyPro namens Netcollect wurden die Daten auf dem Server reibungslos und zuverlässig verwaltet. Allerdings musste der von SurveyPro automatisch generierte Fragebogen im Sinne einer besseren Bedienbarkeit und ansprechenderen optischen Darstellung nachbearbeitet werden, bei diesem Prozess wurde auch der erwähnte „Fortschrittsbalken" eingefügt. Da die Fragenbogen-Anpassungen insgesamt 47 HTML-Seiten betrafen und mehrmals durchgeführt werden mussten, wurde zu diesem Zweck ein spezielles Programm geschrieben. Ein weiteres, speziell für diese Umfrage verfasstes Programm ermöglichte die Auswertung des Antwortverhaltens nach Tagen und Abbruchhäufigkeiten (siehe hierzu Kapitel 8.1.2.). Festzuhalten ist hierzu, dass zum Zeitpunkt der Planung unserer Umfrage keine komplette Web-Umfragelösung zu finden war, die ohne manuelle Intervention und detaillierte Web-Kenntnisse die Durchführung einer leicht bedienbaren,

165

optisch ansprechenden und zuverlässigen Sicherheitsstandards entsprechenden Webumfrage erlaubte. Die anschliessende statistische Datenanalyse wurde mit den Programmen SurveyPro und SPSS ausgeführt. Der
Datenexport aus SurveyPro in SPSS erwies sich hierbei als nicht unproblematisch, konnte aber mit zusätzlichem manuellen Aufwand in hoher
Qualität bewältigt werden.

Pseudonymität
Als Forscher hatte man zwei Analyseebenen, die sich aus dem oben beschriebenen Untersuchungsdesign ergaben: 1. Die PartnerWinner-Datenbank; 2. Die Fragebogendaten. Die Befragten waren für uns keine gänzlich anonymen Teilnehmer, sie wurden allerdings ausschliesslich anhand
ihrer Nicknamen kontaktiert. Nach einem Matching der dazugehörenden Profile mit den entsprechenden Fragebögen eröffneten sich einzigartige Optionen für eine vergleichende Datenanalyse. Durch „Online-
Identitätskonstruktionen" entstandene Verzerrungseffekte liessen sich
dadurch eruieren und allfällige Abweichungen auf ihre statistische Signifikanz überprüfen. Wichtig ist hier die Erkenntnis, dass eine über den
Fragebogen und das PartnerWinner-Profil kohärente Identitätskonstruktion kaum möglich war. Die Möglichkeit detaillierter Rückkopplungen auf der Basis der Initialstatistik (Alter, Geschlecht, Region, Nationalität, Beruf) beziehen sich auf deren Angaben zu ihrem virtuellen
Profil; dies verhindert Aufschluss über die dahinter stehende, reale Person. Es ist höchst unwahrscheinlich, dass eine Person, die die Attraktivität ihres PartnerWinner-Profils beispielsweise durch die Angabe eines
tieferen Alters zu steigern versuchte, sich zum (meist viel späteren) Zeitpunkt des Fragebogen-Ausfüllens an genau diese Altersangabe erinnern
konnte. Frauen verzeichneten, wie aus anderen Befragungen bekannt,
eine leicht höhere Teilnahmequote als Männer.

Grundgesamtheitsdefinition (Totalerhebung)
Im Normalfall braucht eine Stichproben-Befragung einen weit geringe-
ren Zeit- und Kostenaufwand als eine Vollerhebung. Was die Grösse von
"n" anbelangt: Im Vergleich zu einer Offline-Umfrage ist eine höhere
Zahl Versuchspersonen bei einer elektronischen Umfrage mit kaum steigenden Kosten verbunden. Für die Erhebung wurde keine Stichprobe
gebildet, sondern die vollständige Grundgesamtheit einbezogen. Die
Umfrage wurde an alle PartnerWinner-User adressiert, die zu dieser Zeit
auf dem deutschsprachigen Teil der Plattform aktiv waren. Diese wurden nicht per E-Mail, sondern anhand deren virtueller Identitäten (Profile) für die Webumfrage erreicht. Die Einladung zur Teilnahme mittels
eines Pop-Up-Fensters wurde deshalb allen Benutzern direkt beim Einloggen in die interne E-Mail-Box präsentiert. Dies ermöglichte eine Kontrolle über die Herkunft der Umfrageteilnehmer und machte eine Selbst-
selektionsstichprobe vermeidbar. Eine solche Stichprobe drängt sich bei

allen offenen, beispielsweise über Banner angekündigten Webumfragen auf, welche keine Teilnehmerkontrolle zulassen. Eine Fälschung wurde damit verunmöglicht, da nur PartnerWinner-Mitglieder erfasst wurden, die sich eingeloggt haben und deren effektive Online-Präsenz somit geprüft war.

Die Tatsache, dass nur *tatsächlich aktive Benutzer* an der Umfrage teilnehmen, erhöht die Qualität der Ergebnisse. Viele Profile auf Partner-Winner verkommen zu „Karteileichen", weil ihre Schöpfer entweder nicht mehr auf der Plattform sind und ihre Profile nicht löschen wollten, oder weil sie aus verschiedenen Gründen lange nicht mehr eingeloggt waren. Eine alternative Lösung wäre gewesen, die Untersuchungsteilnehmer via deren private E-Mail-Adressen zu erreichen. Aus folgenden Gründen hat man darauf verzichtet: 1) Eine Einladung im persönlichen PartnerWinner-Bereich hat den Vorteil, dass der User bereits online und im "Surfmodus" ist, was mit Sicherheit die Wahrscheinlichkeit einer Teilnahme erhöht. 2) So wurde eine sanfte Kontakt-Art gewählt und die Privatsphäre der Teilnehmer respektiert. 3) Das Problem einer E-Mail-Datenbank ist die Kurzlebigkeit der dort enthaltenen Adressen, die im Vergleich zu Postadressen eine niedrige Erreichbarkeitsquote erzielen.

Eine starke Bindung der Mitglieder an ihre Plattform erhöht ihre Motivation, bei einer Umfrage mitzumachen. Wir sind davon ausgegangen, dass die Mitglieder einer guten, erfolgreichen Plattform eine höhere Loyalität zeigen würden. So zeigten sie sich die User von PartnerWinner ausserordentlich kooperativ. Bekanntlich gilt die Online-Aufforderung zu einer Handlung generell weniger zwingend, also lassen sich in diesem Kontext nicht dieselben Massstäbe anwenden wie offline (oft ist mit einem rein "technischen" Ausfall von ca. 3 bis 7% zu rechnen: falsche E-Mailadressen, Zustellungsfehler, Ausfälle des Mailsystems, Abgänge, etc.). Das vollständige Ausfüllen des Fragebogens wurde mit der Teilnahme an einer Verlosung belohnt, in welcher es drei Geldpreise in Höhe von 1000, 600 und 400 Sfr. zu gewinnen gab - in der Hoffnung, die Rücklaufquote (eines der wichtigsten Güte-Kriterien) damit zu erhöhen.

Vor der Durchführung der Webumfrage wurde erfolgreich ein Online-Pretest geschaltet. Die Erhebung startete am 11. Februar 2002 um 15 Uhr. Die Log-Files auf dem Universitätsserver schwollen buchstäblich innert Zehntelsekunden vor unseren Augen an. Am darauf folgenden Tag, 12. Februar, um 7.30 morgens, hat man bei der Festplattensicherung der Daten den von 770 Personen ausgefüllten Fragebogen vorgefunden, 620 davon waren vollständig beantwortet. Nach dem Start der Befragung hat sich der übliche Verkehr auf PartnerWinner nicht sonderlich verändert, und die Zahl der Seitenabrufe blieb mit 300000 bis 320000 Seiten pro Tag konstant. Hinsichtlich des Tagesverlaufs liessen sich keine Anomalien feststellen. Die Besucherzahl hat sich erhöht, womöglich weil sich die Dauer einer Anwendersitzung durch das Ausfüllen des Fragebogens verändert hat. Am 8. April 2002, knappe zwei Monate später, wurde der Fragebogen aus dem Netz herausgenommen.

8.1.2. Repräsentativität. Abbruchs- und Rücklaufquote

Eine Befragung kann nur dann als repräsentativ angesehen werden, wenn die Stichprobe in ihrer sozialen Verteilung der Grundgesamtheit entspricht. Repräsentativität bedeutet, dass die aus einer Teilbefragung von Personen gewonnenen Informationen für die Grundgesamtheit aller Personen gültig sind (siehe Höpflinger 2001[99]). Da sich die vergleichbaren Variablen Alter, Geschlecht, Wohnort, Sexualpräferenz, Zivilstand und Kinderzahl aus der Webumfrage von den entsprechenden Variablen in der bereits bestehenden Profil-Datenbank nicht signifikant unterscheiden, darf man die Umfrage zweifellos als repräsentativ für die Grundgesamtheit aller PartnerWinner-Benutzer bezeichnen. Untervertreten in der Stichprobe sind Personen ausländischer Herkunft, auf eine entsprechende Gewichtung wurde jedoch verzichtet - davon ausgehend, dass bestimmte ausländische User in ihren Profilen teilweise dazu neigten, eine schweizerische Nationalität anzugeben.

Es sei nochmals betont, dass in der Befragung keine Stichprobe verwendet wurde, sondern die vollständige Grundgesamtheit. Die Anzahl der Profile, die für die Periode der Umfragedurchführung (11.02. bis 8.04.2002) auf PartnerWinner mindestens einmal aktiv waren, musste zwecks Bestimmung der effektiven Grösse der Population festgehalten werden. Die Variable „Last Login" der Datenbank erlaubte uns demnach den Rückschluss auf 25498 virtuelle Charaktere. Um die Anzahl realer Personen aufzudecken, die sich in obiger Zahl womöglich versteckt, haben wir Ergebnisse der Fragebogen verwendet, nämlich jene der Häufigkeit sogenannter „multipler Profile". Die Frage lautete konkret: „Wie viel Profile haben Sie auf PartnerWinner?". Demnach hatten 18% der Personen mehr als ein Profil auf PartnerWinner. 12.36% hatten beispielsweise mehr als zwei Profile, 3.15% deren drei, 1.27% vier und 24 Personen besassen gar sieben Profile. Somit lag die bereinigte Grösse unserer effektiven Population bei 17546 Personen, die als reale Personen innerhalb der betreffenden Periode online waren (gegenüber 25498 virtuellen Charakteren).

Konservativ geschätzt hat sich ein Viertel der gesamten PartnerWinner-Population an der Webumfrage beteiligt. Diese Rücklaufquote errech-

---

[99] Stichprobenauswahl und Samplingverfahren,
http://mypage.bluewin.ch/hoepf/fhtop/fhmethod1F.html

nete sich unter Berücksichtigung der Tatsache, dass 18% der BenutzerInnen mit mehr als einem Profil in der Datenbank vertreten waren. Bei der Beurteilung der Rücklaufquote sind folgende Umstände zu berücksichtigen: Die höchsten Rücklaufquoten erzielen die an homogene Teilpopulationen gerichteten Befragungen - für sie ist der Umgang mit schriftlichen Texten nichts Ungewöhnliches. In unserem Fall ist dies nicht gegeben, denn die Population der PartnerWinner-User repräsentiert eine ziemlich heterogene Gruppe von Menschen, deren einziges gemeinsames Merkmal ihre Beziehungsbereitschaft ist.

Generell ist anzunehmen, die Antwortenden würden sich von den Nichtantwortenden durch eine eher positive Gesamterfahrung mit PartnerWinner unterscheiden. Dieser Unterschied kann leider nicht quantifiziert werden. Die Zufriedenheit der User hängt grundsätzlich von den erfüllten Erwartungen ab, auch davon, ob und in welchem Ausmass sie ihre anfänglichen Ziele erreicht haben. Es kann überdies nicht ausgeschlossen werden, dass gerade den mit PartnerWinner weniger zufriedenen Benutzern die Umfrage als „Blitzableiter" für ihre Meinung sehr gelegen kam.

Der Graphik in Abbildung 16 entnehmen wir, wie sich die Antwortbereitschaft entwickelte. Die Spitze lag eindeutig an den ersten Tag nach Umfragestart (19% der gesamten Menge), danach nimmt die Zahl der ausgefüllten Fragebogen sukzessive ab. Dies hat wohl mit dem Umstand zu tun, dass die Online-Dater auf PartnerWinner wiederkehrende Nutzer sind. Das zweite, geringere Anschwellen beruht auf dem Reminder in Form eines an alle gerichteten, regulären PartnerWinner-Newsletters.

Nach Bereinigung doppelter und dreifacher Versionen verblieben von ursprünglich 4110 ausgefüllten Fragebogen noch 3760, 36% davon von Frauen.[100] Die Rücklaufquote wurde anhand der bereinigten Grösse der Population (17546 Personen) berechnet, die schätzungsweise als reale Personen in der betreffenden Periode online waren. Somit beträgt die Rücklaufquote 23%. Dies bedeutet, dass beinahe ein Viertel der gesamten Population von aktiven deutschsprachigen Usern an der Umfrage teilgenommen hat. Dieses Resultat kann als sehr gut eingestuft werden.

---

[100] Man kann im Laufe der Zeit eine leichte Erhöhung des Frauenanteils auf PartnerWinner beobachten: Die bis zum 14. Januar auf der Site angemeldeten 2001 User wiesen 29.8% Frauen auf, bis zum 14. Februar lag dieser Anteil bereits bei 30.3%, einen Monat später (14. März) bei 31%.

Abbildung 16. Anzahl ausgefüllter Fragebogen im Zeitverlauf

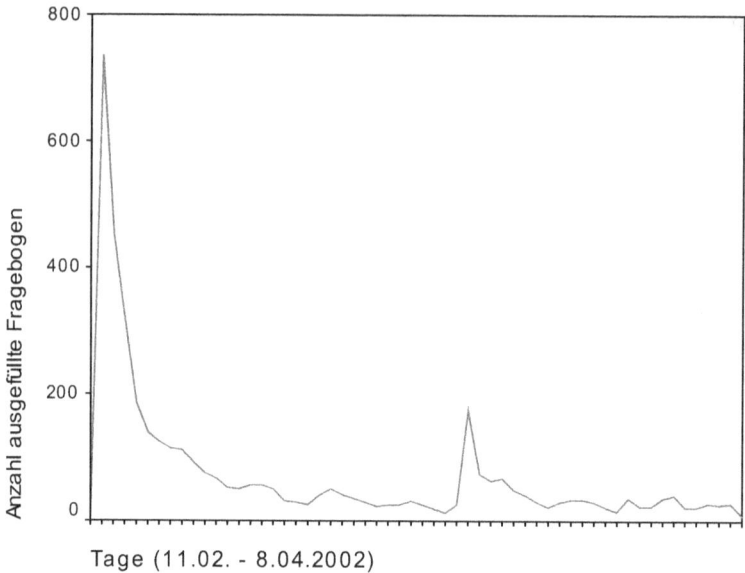

Die endgültige Länge des Fragebogens mit seinen 119 Fragen, darunter mehrere mit Teilfragen, kann als kritisch bezeichnet werden. Trotzdem war die Abbruchsquote erfreulich niedrig. Von der Zahl eindeutiger Nicknamen ausgehend, beträgt die Abbruchsquote lediglich 24%. Wie aus Abbildung 17 (die Grafik zeigt die zuletzt ausgefüllten HTML-Seiten des Fragebogens) ersichtlich, gab es fünf bedeutende Abbruchpunkte: die erste Seite des Fragebogens (es wurde nur die Begrüssung gelesen und gar nie mit dem Ausfüllen begonnen), die achte Seite des Fragebogens (ein Abbruch erfolgte bei der Frage nach einer Beschreibung der Liebe in drei Worten), sowie die 15., 17., und 19. Seite des Fragebogens (ein Abbruch erfolgte jeweils vor einem relativ komplexen, einstellungsbezogenen Frageblock). Nach der 19. Seite ergaben sich keine bedeutenden Häufungen der Abbrüche mehr.

Abbildung 17. Abbruchhäufigkeiten bei Ausfüllen des Fragebogens

Abbildung 17. Abbruchhäufigkeiten bei Ausfüllen des Fragebogens

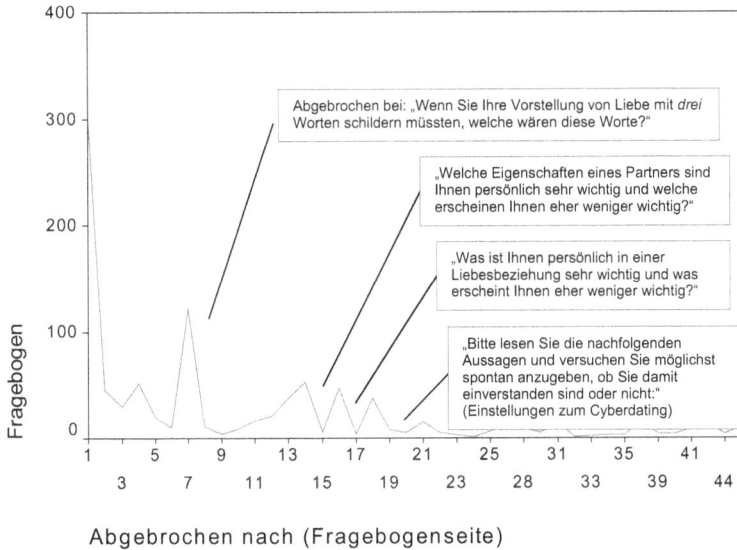

Abgebrochen nach (Fragebogenseite)

Fragebogen-Echo

Dass die Möglichkeit zu einem Feedback am Ende des Fragebogens ausserordentlich häufig genutzt wurde, zeugt vom erstaunlichen Engagement der Befragten:

> Gute Fragen, aber schwierig zu beantworten. Für mich war es
> manchmal gut, wenn ich meine Zeichen noch mit einem kurzen
> Kommentar ergänzen konnte. Kreuzchen und Häkchen sind im-
> mer so definitiv...

> 25-minütiger Test! Sorry. Schreibt doch wenigstens hin, wie lange
> es dauert. Ich dachte, es dauert so 5 Minuten, schliesslich bin ich
> gerade in Australien, geniesse das Taucherleben und zahle für
> jede Stunde Internet 7 Dollar.

Unter den Feedbacks waren viele spontane und erfreuliche Reaktionen,
welche die Bedeutung unseres Forschungsvorhabens sowie seine Qualität würdigten: "Kompliment für diese Umfrage, welche ja wieder uns
Benutzern zu Gute kommt" oder "Ihre Umfrage finde ich wirklich Klasse. So sehen wir Benutzer auch, dass Euch unsere Interessen nicht egal
sind. Kompliment". Mehrere User äusserten den Wunsch, die Ergebnisse
zu lesen und gaben dafür ihre persönliche E-Mail-Adresse preis: "Ich
freue mich, dass Sie diese sicher nicht einfache Aufgabe auf sich genommen haben und bin gespannt, wie die Resultate aussehen werden...".

171

Einige User sahen in der Umfrage sogar einen Vorteil inm Bezug auf ihre persönlichen Erfolgschancen: "Diese Umfrage ist wichtig, um klar zu sehen, welche Chancen man überhaupt haben kann, es hilft eventuell, neue Ziele und Methoden zu definieren". Erfreulich war die Tatsache, dass die Befragten keine der Fragen ungebührlich „intim" fanden. Ein Teilnehmer habe die „sexuelle" Frage vermisst: "Gefehlt hat im Fragebogen eigentlich der Punkt über Sexualität, ob Sex seit PartnerWinner häufiger stattfindet: 1. durch Phantasievorstellungen; 2. durch neue Kontakte". Ein anderer Teilnehmer hat in der Befragung eine Chance gesehen, die angeschlagenen Reputation eines Teils der Männer zu verbessern: "So eine Umfrage finde ich nicht schlecht, denn es gibt Menschen, die ins PartnerWinner nur für eines gehen - vor allem die Männer (bin auch ein Mann). Mit dieser Umfrage kann man einen Teil der Männer sicher wieder zur Vernunft bringen".

Allein um die Feedbacks auszuwerten, bedürfte es einer separaten Inhaltsanalyse. Schon während der Erhebung wurden jede Woche die besten „Reflexionen" aus den offenen Meinungen auf der Projekthomepage veröffentlicht.[101]

8.2. Deskriptive Analyse der Userprofile anhand der bestehenden Datenbank

Um dem Portrait der Plattform noch deutlichere Konturen zu verleihen, bietet das vorliegende Kapitel eine Beschreibung der Partnersuchenden, wie sie sich durch ihre Datenbank-Profile manifestieren. Es sei betont, dass wir uns in einer privilegierten Forschungssituation befanden.

Im Normalfall verfügt der Forscher in der Anfangsphase einer Erhebung über beinahe keine oder bestenfalls dürftige Kenntnisse seiner Untersuchungspopulation. Bei PartnerWinner war eine einmalig günstige Ausgangssituation gegeben - bereits vor Durchführung der Webumfrage waren detaillierte Daten über die Partnersuchenden aus der bereits bestehenden Datenbank vorhanden. Die aus der PartnerWinner-Datenbank stammenden Daten waren sehr zahlreich und vollständig. Methodisch gesehen zeichneten sie sich durch eine ausserordentlich hohe Qualität aus. Andererseits bestanden diese mutmasslich objektiven Daten bloss aus den konstruierten Charakteristiken der virtuellen Profile - wir konnten zu diesem Zeitpunkt nur darüber spekulieren, in wie weit die in der Datenbank vertretenen Profile mit den dahinter verborgenen realen Personen übereinstimmen. Dieser Umstand hat uns allerdings nicht sonderlich beunruhigt. Streng genommen, waren wir ohnehin nicht ausschliesslich an den realen Personen interessiert.

---

[101] http://www.suz.unizh.ch/partnerwinner/reflexionen.shtml.

Gleichwohl war die Forschungssituation aussergewöhnlich. Die Partner-suchenden im Cyberspace besassen nun virtuelle Gesichter, die womöglich mit jenen im wirklichen Leben nicht identisch waren. So haben wir konsequent beschlossen, nicht nur die echten, sondern auch die *virtuellen Pendants* als Untersuchungspersonen heranzuziehen. Mehrere Auszüge der Profil-Datenbank zwangen uns zu der unzweideutigen Feststellung, dass sich die soziodemographische Charakteristik der Population vom Zeitpunkt der Voruntersuchung bis zum Start der Umfrage stark ge-wandelt hat. Der durchschnittliche, deutschsprachige PartnerWinner-User hatte weniger als ein Jahr vor der Erhebung (13.Mai 2001) folgendes Profil:

33-jährig, heterosexuell, ledig, aus dem Kanton Zürich, 176 cm gross, mit braunen Haaren, braunen oder blauen Augen und von mittlerer Statur. Sein SingleSlider war auf 66% gesetzt.[102] Seine „Lebensdauer" auf PartnerWinner betrug 103 Tage. 48 Mal loggte er sich auf der Plattform ein.

Französisch sprechende PartnerWinner machten in der Zeit vor der Um-frage weniger als ein Sechstel aller PartnerWinner-User aus. Sie wurden aus der Umfrage ausgeklammert, nicht zuletzt, weil eine zweisprachige Durchführung einen erheblichen Mehraufwand zur Folge gehabt hätte. Für die Diskrepanz zwischen den Nutzerzahlen in der Deutsch- und Westschweiz gibt es unter anderem folgende Gründe: PartnerWinner wurde in der Westschweiz später lanciert und nicht zuletzt ist die Ein-wohnerzahl der Westschweiz geringer als die der Deutschschweiz. Beide Sprachversionen unterschieden sich in Bezug auf Alter und Geschlecht signifikant voneinander. Der Anteil an Frauen lag bei der französischen Version niedriger als bei der deutschsprachigen – 22% bzw. 27%. Dann waren die Männer der französischen Gruppe älter als jene der deut-schen; deutschsprachige Frauen waren hingegen jünger als franzö-sischsprachige.

Fortan werden sich alle in dieser Studie erwähnten Zahlen auf die Deutschschweizer PartnerWinner-Population beziehen. Zum Zeitpunkt des Umfragestarts (11. Februar 2002) wurde ein zweiter Auszug der ak-tuellen, deutschsprachigen Partnerwinner-User-Datenbank notwendig, um eventuelle Veränderungen in der untersuchten Grundgesamtheit zu ermitteln. Anhand der beiden Datenbankauszüge sollten später mittels bivariater Korrelationskoeffiziente allfällige Abweichungen zwischen „echten" Partnersuchenden (die Befragten) und virtuellen Profilen fest-gestellt werden.

---

[102] In der Sprache des Sliders bedeutet das: „Spiel mit dem Feuer. Sie fiebern nach einem heissen Flirt. Brennt dabei was an, kann es Ihnen nur recht sein".

Tabelle 10. Zeitliche Veränderung der Datenbank-Variablen auf Partner-Winner (deskriptive Werte)

		N	MITTELWERT	STANDARD-ABWEICHUNG
SingleSlider	2001	46385	67.01	27.92
	2002	75166	65.91	30.12
PartnerWinner-Tage	2001	46385	103.33	106.00
	2002	73769	117.12	145.54
Anzahl Logins	2001	46385	47.71	92.04
	2002	75166	70.14	141.56
Alter in Jahren	2001	38321	33.02	9.55
	2002	63468	34.08	9.72
Total Benutzer	2001	46385		
	2002	75166		

Die Zahl der Benutzer-Profile wuchs innert eines Jahres von 46 385 auf 75 166. Die bestehende Datenbank von PartnerWinner besteht aus Angaben zu: Geschlecht, Alter, Zivilstand, Kinderzahl, Wohnort, Religion und Beruf der BenutzerInnen, aber auch Rauchergewohnheiten, Körpergrösse (in cm), Gewicht (von XS bis XL) und sogar Augen- und Haarfarbe sowie Sternzeichnen. Ebenfalls sind Aktivitäten berücksichtigt, die etwas über das Verhalten der einzelnen Users aussagen, wie zum Beispiel der „SingleSlider", etwa die Besucherhäufigkeit (Anzahl Logins auf PartnerWinner), der Zeitraum der Benutzung von PartnerWinner (die „Lebensdauer" eines Profils vom ersten bis zum letzten Login). Einige Eckvariablen der beiden Deskriptivstatistiken stellt Tabelle 10 dar. Der SingleSlider ist nur ein Prozent „kühler" als vor Jahresfrist – 66%.[103] Das gesamte Alter des Portals (siehe Tabelle 10) hat sich in der Periode von 2001 bis 2002 erhöht: Jeder Benutzer bzw. jede Benutzerin verweilte durchschnittlich fast vier Monate (117 Tage) im PartnerWinner (2001 waren es 103). Um mehr als ein Drittel hat sich die Zahl der Logins pro Profil erhöht (+22).

---

[103] Der Single-Slider weist einen Wert von 1 bis 100 (in Prozenten) auf. Je höher der Wert, desto intensiver des Users Wunsch, andere Menschen kennenzulernen. Der User kann seinen Single-Slider jederzeit neu einstellen. Somit bringt diese Variable den momentanen Stand der Single-Slider-Werte beim Zeitpunkt der Datenentnahme zum Ausdruck.

Abbildung 18. Altersverteilung der PartnerWinner-User nach Geschlecht

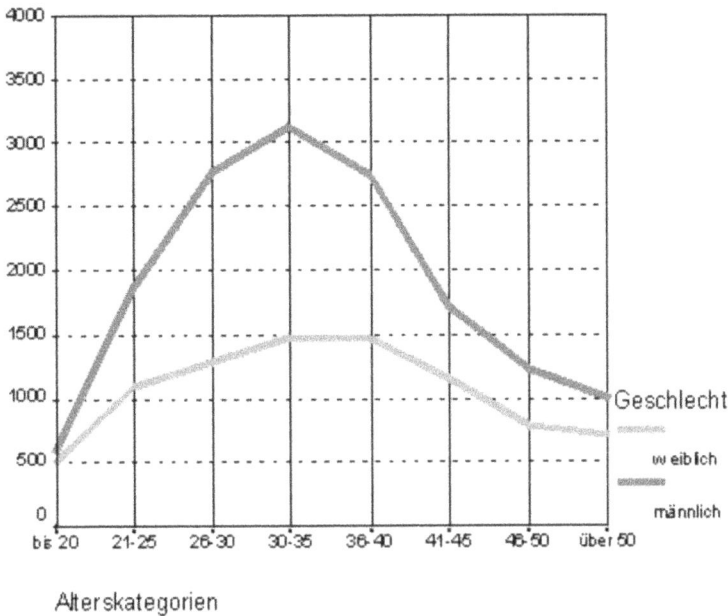

Der Frauenanteil auf PartnerWinner betrug im Februar 2002, dem Zeitpunkt, als die Webumfrage startete, 36%. Es ist seit Gründung der Datingsite PartnerWinner im Mai 2000 ausserdem eine kontinuierliche Erhöhung des Frauenanteils feststellbar. Für die Monate Januar bis April 2001 hat sich beispielsweise der Frauenanteil von 29.8 auf 31.7% erhöht. Im Februar 2002 waren bereits 36% der Benutzer auf PartnerWinner Frauen.[104] Die bekannte Kluft nach Alter (Jüngere nutzen das Internet häufiger als Ältere) existiert in noch verstärkter Form im Bereich des Onlinedating. Das Durchschnittsalter der PartnerWinner-User beträgt 33 Jahre bei einer Standardabweichung von 9.6 Jahren. Bei den jüngsten Partnersuchenden bis 20 und den ältesten über 50 ist das Geschlechts-

---

[104] Zum Vergleich: Untersuchungen von Nielsen/Netratings belegen, dass der Frauenanteil im Internet nur langsam wächst. Gemäss ihrer Studie waren im Mai 2003 42% der europäischen Internet User-Frauen. Die Schweiz komme auf etwa 43% Frauenanteil (im Jahr 2002 waren es 41%). Nielsen/Netratings rechnen erst im Jahr 2010 mit einem ausgeglichenen Ergebnis. In den USA machen Frauen bereits jetzt 51% der User aus. Unter den erhobenen europäischen Ländern hat Schweden mit 47% den höchsten Frauenanteil, dahinter folgen Grossbritannien, die Niederlande und Frankreich, am Schluss der Rangliste folgt Italien mit 37%.

verhältnis am wenigsten unausgeglichen (Abbildung 18). Männer im Alter von 26 bis 40 sind stark übervertreten.

Zum Zeitpunkt der Webumfrage im Februar 2002 war PartnerWinner eine Kontaktsite aus hauptsächlich heterosexuellen Partnersuchenden (93%). Homosexuelle Orientierung hatten nur 5.5%; die restlichen 2% bezeichneten sich als bisexuell. Schweizerischer Herkunft waren 98% der User, wobei die Regionen Zürich und Aargau fast die Hälfte der Personen (49%) ausmachten, 16% stammten aus Bern und Solothurn. Die Variable Religionszugehörigkeit ergab 31% Reformierte und 29% Katholiken. Ein Fünftel der Personen (22%) bezeichnete sich als „konfessionslos", ein Sechstel hat keine Religionszugehörigkeit angegeben. Nichtraucher sind 70% der Partnersuchenden. PartnerWinner ist eine Datingplattform von zwei Dritteln lediger Personen, gefolgt von 12% Geschiedenen. Geschiedene und Getrennte zusammen stellten über ein Fünftel aller User auf PartnerWinner dar. Ein Viertel gaben in ihren Profilen ihren aktuellen Zivilstand jedoch nicht preis. Im Durchschnitt kommen auf eine Person 0.36 Kinder, bei Frauen signifikant mehr als bei Männern: 0.48 bzw. 0.31[105].

8.2.1. Partnersuche und Verhalten der virtuellen Personen

Anhand der Schlüsselvariablen „absolute Zahl Logins", „Lebensdauer" und „SingleSlider" liess sich feststellen, dass männliche Beziehungswillige auf PartnerWinner bei ihrer Partnerwahl eine weit aktivere Suchstrategie anwenden als Frauen. Alle drei von uns gewählten quantitativen Kriterien der Benutzeraktivität belegen deutlich den Vorsprung der Männer.

Tabelle 11. Mittelwertdifferenzen der Variablen „SingleSlider", „Anzahl Logins" (absolut und wöchentlich) und „Lebensdauer"

Group Statistics

	DB:Geschlecht	N	Mean	Std. Deviation	Std. Error Mean
Lebensdauer (Tage)	männlich	16296	220.23	190.577	1.493
	weiblich	9202	192.59	170.263	1.775
SingleSlider	männlich	16296	71.07	28.287	.222
	weiblich	9202	59.50	33.004	.344
Logins pro Woche	männlich	16293	93.9996	704.19507	5.51687
	weiblich	9202	106.6359	842.65161	8.78430
absol. Zahl Logins	männlich	16293	155.09	233.112	1.826
	weiblich	9202	137.32	186.051	1.940

---

[105] Signifikanzniveau des T-Tests 0.01.

Tabelle 12. T-Tests für unabhängige Stichproben der Variablen „SingleSlider", „Anzahl Logins" (absolut und wöchentlich) und "Lebensdauer"

Independent Samples Test

		Levene's Test for Equality of Variances		t-test for Equality of Means						
									95% Confidence Interval of the Difference	
		F	Sig.	t	df	Sig. (2-tailed)	Mean Difference	Std. Error Difference	Lower	Upper
Lebensdauer (Tage)	Equal variances assumed	175.493	.000	11.551	25496	.000	27.64	2.393	22.951	32.331
	Equal variances not assumed			11.918	20914.216	.000	27.64	2.319	23.095	32.187
SingleSlider	Equal variances assumed	453.677	.000	29.496	25496	.000	11.57	.392	10.799	12.336
	Equal variances not assumed			28.265	16786.265	.000	11.57	.409	10.765	12.369
Logins pro Woche	Equal variances assumed	5.579	.018	-1.280	25493	.201	-12.6363	9.87268	-31.98735	6.71467
	Equal variances not assumed			-1.218	16445.805	.223	-12.6363	10.37303	-32.96859	7.69591
absol. Zahl Logins	Equal variances assumed	165.134	.000	6.272	25493	.000	17.77	2.834	12.218	23.327
	Equal variances not assumed			6.671	22680.581	.000	17.77	2.664	12.551	22.994

Ein um 12 Punkte höher eingestellter männlicher SingleSlider symbolisiert eine höhere Beziehungs- und Kontaktbereitschaft als der weibliche.
Ebenso haben Männer das Portal häufiger besucht (sie hatten durchschnittlich 47 Logins mehr als Frauen). Ihr gesamter Aufenthalt auf PartnerWinner (sog. „Lebensdauer") war ebenfalls um fast einen Monat länger (siehe Tabelle 11). Alle Geschlechtsdifferenzen der Mittelwerte waren statistisch signifikant (Tabelle 12) und blieben auch unter Kontrolle
der Altersvariable bestehen. Eine Ausnahme stellte die Variable *Logins
pro Woche* dar, bei der Frauen 13 Online-Sessions mehr pro Woche verzeichneten, der Mittelwertunterschied wurde allerdings vom t-Test als
nicht signifikant ermittelt.

**Zahl der Logins pro Woche und Verweildauer der User auf
PartnerWinner**

Abbildung 19 und Abbildung 20 erlauben, unter Berücksichtigung der
Variablen *Zahl Logins* und *Lebensdauer*, ein noch differenzierteres Bild des
männlichen Partnersuch-Verhalten auf PartnerWinner zu zeichnen. Die
Geschlechtsunterschiede unter Berücksichtigung des Alters sind äusserst
ausgeprägt. Unter Berücksichtigung des Zivilstands waren, geschlecht-
stunabhängig, die Ledigen am wenigsten aktive Partnersuchende (155
bzw. 137 Logins). Der Befund lässt vermuten, dass diese Gruppe eine
scheinbar weniger aggressive Such-Strategie anwendet. Durchschnittlich
weniger beziehungserfahren, experimentieren sie mit zahlreichen Bekanntschaften viel häufiger auf unverbindlichere Art und Weise - zum
Beispiel warten sie passiv ab, ob sie von jemandem angeschrieben werden. Geschiedene, hauptsächlich männlichen Geschlechts, treten forscher
und ungeduldiger auf, wissen konsequenter und zielgerichteter zu han-

deln. Die Vermutung liegt im Raum, Verheiratete pflegten einen eher spielerischen Umgang mit dem Portal; die Ernsthaftigkeit der Partnersuche darf jedoch bezweifelt werden. Für sie erfüllt das Portal die Funktion eines sozialen Treffpunktes ("E-Mail-Kneipe") oder gar die eines Fluchtpunkts vor allfälligen Ehespannungen, an dem sie viele kurze Beziehungen (Seitensprünge) suchen. Je nach Alter verfügen Partnersuchende möglicherweise über unterschiedliche Rollenmuster bezogen auf ihr Paarbildungsverhalten. Dass jüngere Frauen sich bei der Partnerwahl verhältnismässig weniger aktiv als gleichaltrige Männer verhalten, bestätigt ihre traditionell eher passive Rolle bei der Paarbildung.

Abbildung 19 gibt Auskunft über das Alter der Profile (*Lebensdauer* genannt) auf PartnerWinner. Die männlichen Profile haben ein höheres Durchschnittsalter (220 Tage oder 7.3 Monate gegenüber 193 Tage der Frauen oder 6.4 Monate). Auch hier variiert die Lebensdauer der Profile im Zusammenhang mit dem Alter der Personen stark. 30- bis 40-jährige Männer haben demnach die längste Karriere im PartnerWinner. Überraschend hingegen ist das Ergebnis, wonach die ganz jungen Frauen (bis 20 Jahre) im Verhältnis zu den gleichaltrigen Männern eine um 39 Tage längere Verweildauer aufweisen.

Es ist hier nicht möglich, eindeutige Antworten auf die Frage zu liefern, warum sich bestimmte Benutzer länger auf der Datingsite aufhalten als andere. Ein Grund besteht sicherlich darin, dass sie nicht sofort das gefunden haben, wonach sie gesucht haben. Andere Partnersuchende hingegen befanden sich zum Zeitpunkt der Umfrage immer noch online, um ihre Kontakte zu Freunden zu pflegen. Ein Teil der Erfolgreichen wiederum fühlte sich PartnerWinner verbunden, sodass sie neue Zuschriften dennoch regelmässig mit der Nachricht beantworteten, dass sie in der Zwischenzeit fündig geworden waren.

Abbildung 19. "Lebensdauer" auf PartnerWinner unter Berücksichtigung des Geschlechts und des Alters

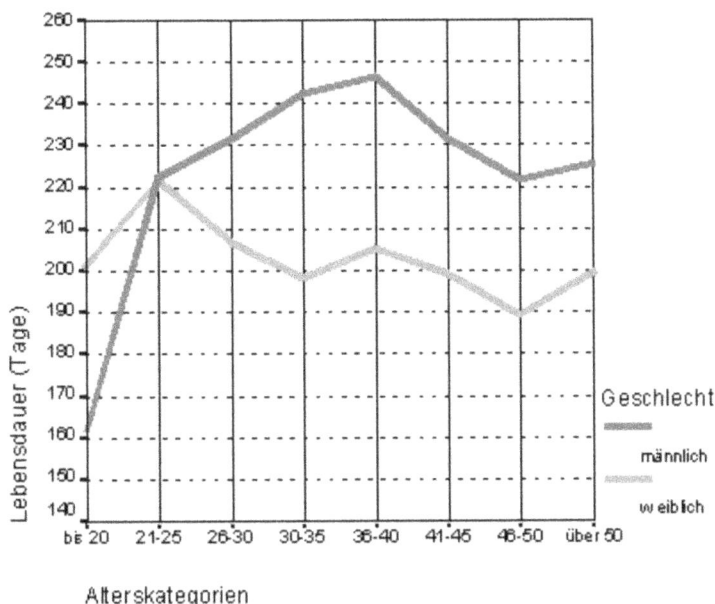

Eine weitere Gruppe, so ist anzunehmen, dürfte PartnerWinner nutzen, um immer wieder neue Kontakte, z.B. für den Ausgang, für E-Mail-Freundschaften oder für kurze Flirts zu finden. Sie verlassen die Plattform oft erst nach sehr langer Zeit, da ihre Suche während dieser bestimmten Lebensphase quasi nie endet. Da es zu dieser Zeit noch keine Kostenpflicht gab, wurde die Mehrheit der Profile auf natürliche Art und Weise „eingefroren". Die betreffenden Profile wurden aus der Plattform zwar nicht entfernt, waren aber nicht mehr aktiv.

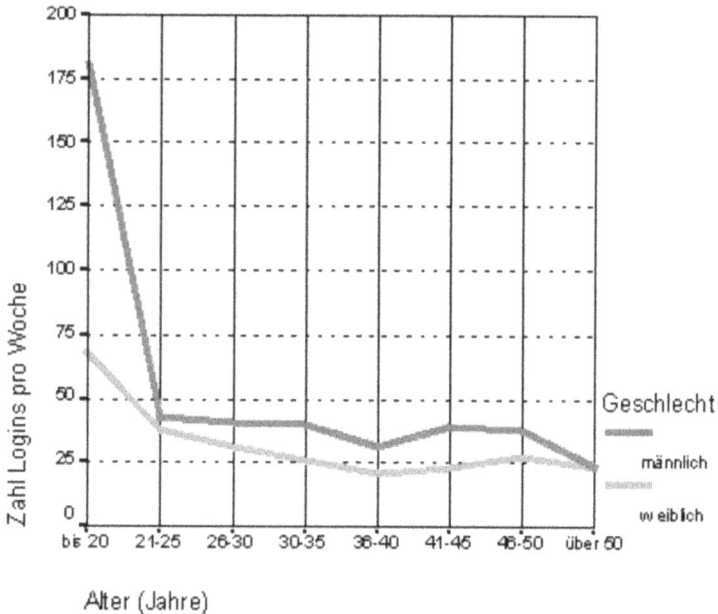

Abbildung 20. Zahl wöchentlicher Logins unter Berücksichtigung des Geschlechts und des Alters

Offensichtlich am stärksten ausgeprägt ist die geschlechtsbedingte Rollenteilung bei den Jüngsten, wo Frauen im Schnitt 111 Online-Sessions weniger verzeichneten. Auch in den Gruppen der 36-45jährigen ist die stärkere Online-Aktivität der Männer gegenüber der Frauen hervorzuheben. Die radikale Kluft bei der jüngsten Altersgruppe bis 20 Jahre ist auch auf die um mehr als ein Monat kürzere *Lebensdauer* der Männer zurückzuführen, ab 50 hingegen verschwinden die Differenzen zwischen den Geschlechtern beinahe (vgl. Abbildung 20).

8.2.2. Der Single-Slider als „Liebesthermometer"

Der Wert des SingleSlider ist in unserer Betrachtungsweise eines der wichtigsten Kriterien für die Beziehungsoffenheit des Einzelnen und somit für seine generelle Bereitschaft, online Kontakte zu knüpfen. Für die PartnerWinner-Öffentlichkeit ist dies das sichtbarste Bekenntnis anderen Usern gegenüber, in welchem Ausmass neue Beziehungen erwünscht und angestrebt werden. Es hat sich gezeigt, dass dieser Wert, genauso wie die Zahl der Logins und die *Lebensdauer*, stark geschlechts- und zivilstandsabhängig ist. Der weibliche SingleSlider ist um gewichtige 12% kühler als der männliche. Die Analyse der aus der Datenbank entnommenen Daten verwies überdies darauf, dass männliche User ihren Liebesbarometer hauptsächlich ab 40% tendenziell höher einstellen (vgl. Abbildung 21); im unteren Bereich (20-39%) sind Frauen nur leicht untervertreten. Im unsichtbaren Bereich[106] bis 19% sind Frauen bezeichnenderweise fast doppelt so häufig anzutreffen.

Abbildung 21.
Häufigkeitsverteilung des SingleSliders (kategorisiert)
nach Geschlecht

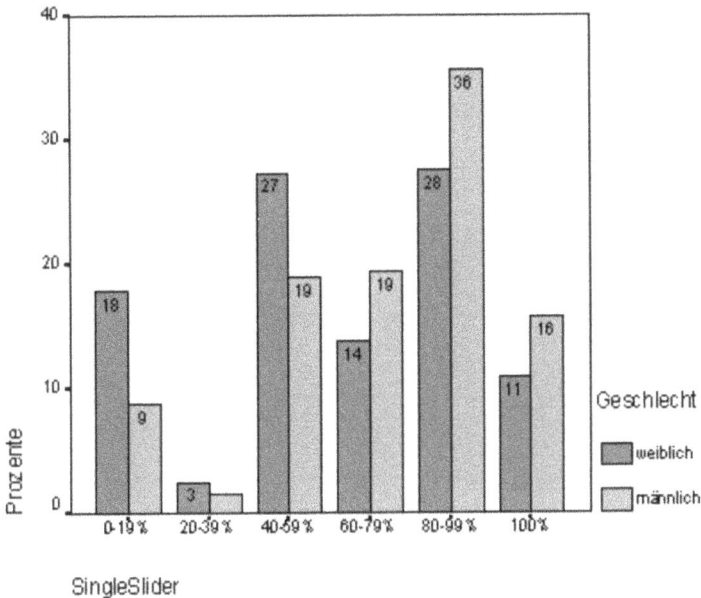

Unter Berücksichtigung der Variable Alter (Abbildung 22) führen Männer in allen Untergruppen, ausser bei den über 50-jährigen. Am stärksten zeigte sich diese Tendenz in der zahlenmässig grössten Altersgruppe der 30- bis 35-jährigen mit einem Unterschied von 15%. Die vom SingleSlider geschaffene „qualitative" soziale Gleichheit (alle Partnersuchende besitzen ihn als symbolisches Zeichen für ihre Beziehungsbereitschaft) wird in quantitativer Hinsicht zur Ungleichheit.

---

[106] Profile mit einem Single-Slider kleiner als 20% sind technisch bedingt für andere User unsichtbar.

181

Abbildung 22. SingleSlider, Geschlecht und Alter
(Häufigkeitsverteilung)

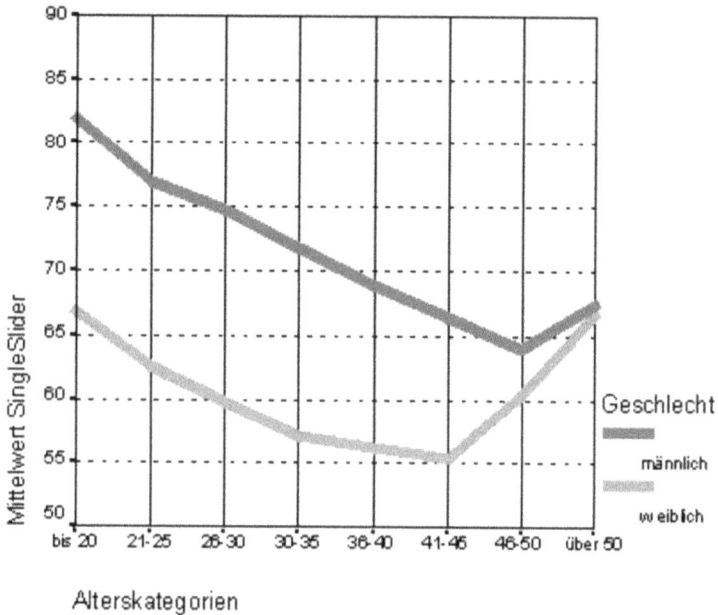

8.2.3. Die Unsichtbaren

Bei der Datenanalyse stiessen wir auf hochsignifikante Mittelwertunterschiede zwischen zwei Untergruppen von Benutzern. Bezeichnenderweise erlaubt die technische Struktur der Plattform PartnerWinner, dass
man seinen SingleSlider selber reguliert - je nachdem, wie gross die momentane Beziehungsoffenheit ist. Für bestimmte Mitglieder, sich eine
Pause nach hektischen Anstrengungen auf dem Liebesplatz wünschend,
besteht die Option, auf Zeit unsichtbar zu werden. Ein Beziehungswilli-
ger mit einem auf weniger als 20% heruntergefahrenen SingleSlider ist
für andere bei der Suche unauffindbar.

Abbildung 23. Motivationen der User, ihr Profil unsichtbar zu machen

Weshalb haben Sie Ihren Single-Slider auf 19% oder weniger gestellt?

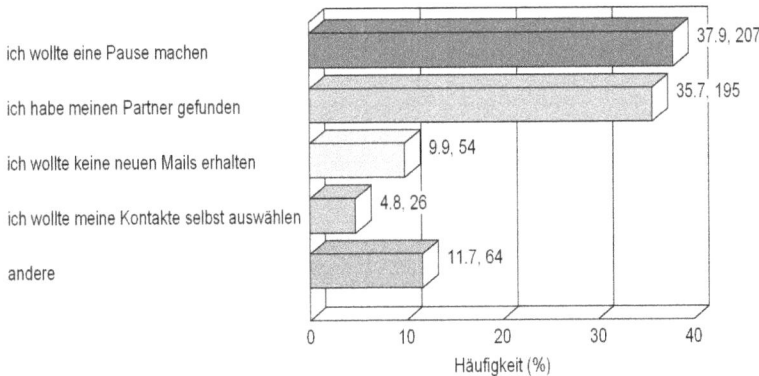

ich wollte eine Pause machen	37.9, 207
ich habe meinen Partner gefunden	35.7, 195
ich wollte keine neuen Mails erhalten	9.9, 54
ich wollte meine Kontakte selbst auswählen	4.8, 26
andere	11.7, 64

Häufigkeit (%)

Das Profil ist nicht gelöscht, sondern deaktiviert und kann bei Bedarf jederzeit reaktiviert werden. Aus welchen Gründen sich jedoch ein User entscheidet, sein Profil „einschlafen" zu lassen, konnten wir erst später bei der Webumfrage in Erfahrung bringen (siehe Abbildung 23). Aus Bequemlichkeitsgründen werden die temporär Inaktiven mit einem SingleSlider von 0 bis 19% *Unsichtbare* genannt, die Aktiven mit SingleSlider von 20 bis 100% sind die *Sichtbaren*. Es stellte sich heraus, dass sich die beiden Gruppen von *Unsichtbaren* und *Sichtbaren* zum Zeitpunkt der Datenerhebung erheblich voneinander unterschieden (siehe Tabelle 13). Für Überraschung sorgte der Befund, dass die *Unsichtbaren*, entgegen aller Erwartungen, im Schnitt 212 Mal auf der Plattform eingeloggt waren, während dies bei den *Sichtbaren* nur 140 Mal der Fall war - ein statistisch signifikanter Mittelwertunterschied.

Was spricht für eine solche, auf den ersten Blick „versteckte" oder latente Aktivität? Einerseits ist eine derartig hohe Login-Frequenz sicherlich ein Hinweis, dass es sich dabei um eine Subgruppe äusserst engagierter User handelt (im Schnitt sind diese fast drei Jahre älter), die sich eher zufällig zum Zeitpunkt der Datenerhebung „unsichtbar" gemacht hat. Sie befand sich quasi in einer zeitlich begrenzten „Ruhepause". Dafür spricht, dass die *Unsichtbaren* signifikant länger auf PartnerWinner verweilten als die *Sichtbaren* (241 Tage bzw. 206 Tage).

Tabelle 13.
Deskriptive Statistik der Sichtbaren und Unsichtbaren im Vergleich mit t-Tests für unabhängige Stichproben

Group Statistics

	HUT	N	Mean	Std. Deviation	Std. Error Mean
Zahl Logins	unsichtbare	3101	212.22	258.250	4.638
	sichtbare	22394	139.88	209.696	1.401
Lebensdauer (Tage)	unsichtbare	3101	241.32	178.307	3.202
	sichtbare	22397	205.95	184.346	1.232
DB:Alter	unsichtbare	2984	37.83	8.724	.160
	sichtbare	20563	34.79	9.775	.068

Independent Samples Test

		Levene's Test for Equality of Variances		t-test for Equality of Means					95% Confidence Interval of the Difference	
		F	Sig.	t	df	Sig. (2-tailed)	Mean Difference	Std. Error Difference	Lower	Upper
Zahl Logins	Equal variances assumed	118.856	.000	17.464	25493	.000	72.34	4.142	64.222	80.460
	Equal variances not assumed			14.932	3687.645	.000	72.34	4.845	62.843	81.840
Lebensdauer (Tage)	Equal variances assumed	5.808	.016	10.053	25496	.000	35.37	3.518	28.473	42.265
	Equal variances not assumed			10.309	4073.103	.000	35.37	3.431	28.643	42.095
DB:Alter	Equal variances assumed	65.972	.000	16.104	23545	.000	3.04	.189	2.673	3.414
	Equal variances not assumed			17.528	4148.796	.000	3.04	.174	2.703	3.384

9. Qualitativer Teil der Studie: Face-to-face-Interviews

9.1. PartnerWinner als prototypischer Fall

Die Datingsite PartnerWinner erachten wir, wie bereits in der Einleitung angekündigt, als *Prototyp eines Datingportals*. Unter „Prototyp" wird hier, Lakoff folgend, ein „typisches Beispiel" verstanden. Lakoffs Prototypen-Theorie (Lakoff 1987a, 1987b) liefert differenzierte Antworten, wie solche prototypische Effekte zustande kommen. Als Quellen für den Prototyp dienen nach Lakoff beispielsweise Skripts oder Schemata. Beim *metonymischen* Modell (so genannte "typische Beispiele" oder „Idealtypen") fungiert ein einziges Gruppenmitglied als Vertreter der ganzen Gruppe. *Idealtypen* sind kulturell geformt und variabel, sie legen Standards fest, wie Menschen einander bewerten: "The use of such ideal types leads to prototype effects, since there is an asymmetry between ideal and non-ideal cases" (Lakoff, 1987b, 78). Die *typischen Beispiele* basieren gemäss Lakoff auf dem Wissen über die einer bestimmten Menge von Individu-en eigenen, gemeinsamen Eigenschaften, welche diese als eine identifi-zierbare Kategorie abgrenzen: "Prototype effects arise when people ge-neralize from typical to atypical cases. By contrast, ideal types are based on "abstract cases which may be neither typical or stereotypical" (Lakoff, 1987a, 87). Die prototypische Funktion von PartnerWinner vorausgesetzt (als stellvertretende Site für die Kategorie gegenwärtiger Schweizer Da-tingsites und deren bedeutendste Eigenschaften), resultiert eine erhöhte externe Validität für die Ergebnisse der vorliegenden Untersuchung.

Forschungstechnisch ist das Untersuchungsdesign unserer Studie multi-methodisch angelegt, was sich im Kern dem Triangulationsparadigma verpflichtet. Das Prinzip der Triangulation hat Webb (1966) eingeführt - als Bezeichnung für ein gegenseitiges „Ausspielen" verschiedener Me-thoden im Rahmen desselben Untersuchungsdesigns - mit dem Ziel, die Zuverlässigkeit der angewendeten Methoden zu überprüfen und so die Validität der Ergebnisse zu sichern. Triangulation kann auf mehreren Ebenen in Aktion treten zwischen verschiedenen:

1. Datenquellen oder Erhebungen;
2. Forschern oder Forschungsteams;
3. Auswertungs- und Interpretationsmethoden der Daten;
4. Datenerhebungsmethoden.

Hier wird das Triangulationsparadigma hauptsächlich in der vierten Form (durch die Kombination quantitativer und qualitativer Instrumentarien) und der dritten Form (statistische Auswertung plus qualitative Inhaltsanalyse) verfolgt. Die parallele Anwendung gegenteiliger Methoden ergibt am Ende ein komplementäres Forschungsdesign: (1) repräsentative Webumfrage und (2) themenzentrierte Face-to-face-Interviews. Die Absicht der Triangulation ist, am Ende einen Fehlerausgleich zu ermöglichen: Durch die Kombination verschiedener Methoden dürften Verzerrungen und andere Defizite sichtbar werden. Abweichungen und Verzerrungen werden dem Forscher durch die relativierende Macht der Triangulation bewusst, können aber kaum überwunden werden. Dennoch kann die kombinierte Anwendung mehrerer Forschungstechniken dazu beitragen, dass der „Perspektivenpluralismus" zu fruchtbringenden Resultaten führen kann.

Die Datingsite www.partnerwinner.ch wurde während dreier Jahre einer intensiven Beobachtung unterzogen, teilweise wurde auch verdeckt daran teilgenommen. Zusätzliches Datenmaterial lieferten Quellen textueller Natur: auf PartnerWinner veröffentlichte Inserate, Newsletters, FAQs, Verhaltensregeln-Kodex usw. Dazu wurden die uns von den Interviewpartnern zur Verfügung gestellten Profile und einzelne Mails untersucht.

9.2. Qualitative Interviews als Liebesnarrative

Die meisten Untersuchungen über Partnerwahl erfassen, wie Klein (1995) bemerkt, den ersten Augenblick des Kennenlernens nicht direkt. Sie beziehen sich auf Paare, die sich bereits kannten oder gar verheiratet waren. Von der Ähnlichkeits- oder Komplementaritätsthese inspiriert, wurden die Akzente danach gesetzt, wie sich beide Partner hinsichtlich bestimmter Merkmale unterscheiden oder ergänzen. Nur eine Minderheit von Studien lenkt den Fokus auf die Anfangsphase einer Beziehung. Dazu bat man Paare, den Prozess des Kennenlernens aus der Retrospektive heraus zu rekonstruieren.

Im zweiten, qualitativen Teil der vorliegenden Studie wurden zwischen April 2002 und März 2003 insgesamt 12 retrospektive Face-to-face-Interviews (sieben Paare, je 2 Interviews) durchgeführt. Bei zwei Paaren wurde nur der Partner oder die Partnerin interviewt. Hauptaufgabe der Interviews war, die darin verflochtenen Liebesgeschichten anhand subjektiver Schilderung herauszuschälen. Die subjektive Erzählung ist allerdings nicht dem realen Ablauf der romantischen Beziehung gleichzusetzen, so wie auch die erzählten Begebenheiten zum Teil nicht chronologisch erfolgten. Das Erinnerungsvermögen des Erzählenden spielt eine wichtige Rolle - es geht schliesslich um die Rekonstruktion der eigenen Geschichte. Dies illustriert die selbst verfasste Liebesgeschichte einer PartnerWinner-Userin:

> Nachdem ich nach einer längeren Pause ein zweites Mal ein Profil in Partnerwinner platzierte, stiess ich innerhalb dreier Wochen auf meinen neuen Lebenspartner und wie es aussieht, auch auf die Liebe meines Lebens. Mein Partner war ebenfalls erst kurze Zeit bei Partnerwinner eingetragen. Enttäuscht, wollten wir eigentlich beide das Profil wieder löschen, da entweder keine Antwort auf unsere jeweiligen Anfragen oder total unmögliche Angebote kamen (verheiratetes Ehepaar, das Partnerin für "ménage à trois" suchte, zweimal wesentlich jüngere Männer, vermutlich Callboys, eindeutige Sexangebote von Frauen an meinen Partner). Resigniert ging ich noch ein letztes Mal die Profile und Inserate durch. Da stiess ich auf ein sehr humorvoll geschriebenes Profil, das mich sofort faszinierte. Ich schrieb dem Verfasser und er antwortete mir noch am selben Tag. Innert 48 Stunden hatten wir schon so viele Mails ausgetauscht (ich wohne in Übersee, mein Partner in Deutschland), dass wir bereits wussten, dass wir beide den Traumpartner gefunden hatten. Nach drei Tagen hatten wir schon feste Pläne für die Zukunft. Der Umzug zu meinem neuen Lebenspartner wird in den nächsten Monaten erfolgen.

> Wir haben uns total ineinander verliebt, ohne uns gesehen zu haben, nur Fotos, viele Telefongespräche und Dutzende von Mails. Uns beiden ist sehr wichtig, dass es auf dem emotionalen, intellektuellen wie seelisch-geistigen Niveau soviel Übereinstimmung wie möglich gibt. Wir hatten gleich zu Beginn das Gefühl, dass wir uns schon längere Zeit kennen. Von soviel Übereinstimmung ein bisschen verunsichert, liess ich eine astrologische Partneranalyse machen. Und siehe da, diese bestätigte, was wir beide bereits fühlten: eine ausgesprochen ideale Partnerkombination auf jeder Ebene. So kann man mit etwas Menschenkenntnis doch recht schnell erkennen, ob etwas daraus entstehen könnte oder nicht. Ein paar Fehlschläge muss man schon in Kauf nehmen. Im wirklichen Leben ist man ja davor auch nicht gefeit.

Die Erzählung als „erinnerte Vergangenheit und antizipierte Zukunft, die der Gegenwart ihre besondere Gestalt verleiht" verstehen hätte besonderen Erkenntnisgehalt, so Lenz (2003, 29). Die Darstellung der Liebesgeschichte werde in doppelter Art und Weise theatralisch inszeniert - Lenz nennt dies „Inszenierung der Inszenierung". Das Alltägliche bleibe zu wenig berücksichtigt, es sei nicht eigentlich mitteilungswürdig (es gäbe damit kein Alltagsrepertoire der Liebesdarstellung).

Sternberg betrachtet wiederum die Beziehung als Form einer Geschichte (Felser 2003, 367). Die Geschichten gehören unterschiedlichen Gattungen an, wie *Phantasie* (eine Prinzessin heiraten, vom Ritter entführt werden), *Krimi* (die Beziehung geheimnisvoll halten, um das Interesse daran nicht zu verlieren), *science fiction* (der Partner ist ein Ausserirdischer, Fremder - verstehen kann man sich daher nie ganz). Für andere Beispiele sei auf Tabelle 14 verwiesen. Nach Sternbergs Auffassung versuchen Menschen ihre originale Geschichte zu entwerfen. Die ihnen am nächsten liegenden Szenarien gelingen ihnen dabei am besten, jene, die sich mit ihrer eigenen Vorstellung von Liebesbeziehung decken. Was wiederum nicht heisst, Geschichten müssten in steriler Form vorliegen - es dürfen auch hybride Geschichten entstehen. Allerdings geht Sternberg davon aus, Menschen verfügten über Geschichten-Hierarchien. Felser (2003) weist darauf hin, dass der Begriff „Geschichte" bei Sternberg nicht mit Schemata oder Scripts gleichzusetzen ist, obwohl auch hier eine bestimme Reihe von aufeinander folgenden Elementen auszumachen wäre. Die Geschichte weise eine Art Sinnhaftigkeit auf, sie habe ihr eigenes Ziel und Bedeutung.

Tabelle 14.
Die Liebe ist eine Geschichte, Sternberg et al. (2001), zit. nach Felser (2003)

TAXONOMIE	GRUNDMUSTER
Sucht (Addiction)	Liebe ist eine Sucht, man hängt am Partner und hat Angst, ihn zu verlieren
Kunst (Art)	Liebe ist ein Kunstwerk, darin soll sich Schönheit ausdrücken;man liebt den Partner um seiner Schönheit willen
Geschäft (Business)	Liebe ist ein Geschäft und die Liebenden sind Geschäftspartner
Sammlung (Collection)	Liebe ist ein Objekt, das in eine Sammlung passt - oder nicht
Kochbuch (Cookbook)	Liebe lässt sich nach Rezept gestalten; sie wird umso besser, je enger man sich an das Rezept hält
Wissenschaft (science)	Liebe kann analysiert, seziert und untersucht werden wie jedes andere natürliche Phänomen auch
Pornographie	Liebe ist schmutzig; zur Liebe gehört, dass man sich erniedrigen lässt und andere erniedrigt
Theater	Für die Liebe gibt es ein Drehbuch, in dem das Verhalten und die Dialoge festgeschrieben sind
Krieg	Liebe ist eine Abfolge von Schlachten

Entstehungsphase

Die Hauptaufgabe der anschliessenden qualitativen Inhaltsanalyse fokussiert auf dem Verlauf der *Entstehungsphase* der über PartnerWinner gebildeten Liebesbeziehungen. Hierzu bedarf es zusätzlicher Erläuterungen, wie die Entstehungsphase definiert wird. In seinem Phasenmodell unterscheidet Lenz (2003, 60ff.) grundsätzlich vier Phasen des Beziehungsverlaufs:

1. Aufbau
2. Bestandesphasen
3. Krisenphase
4. Auflösung.

Die einzigen beiden Fixpunkte jeder Beziehung, so Lenz, sind Anfang (Bekanntschaft) und Ende (Trennung oder Tod des einen Partners). Die vier Phasen müssten nicht zwingend in dieser Abfolge stattfinden, es sind verschiedene Kombinationsmöglichkeiten denkbar (z.B. ein zweiter Anfang nach einer Trennung). Zwischen den einzelnen Phasen gibt es verschieden lange Übergänge. Ein erfolgreicher Durchlauf der Aufbauphase ist, wie Lenz unterstreicht, notwendig, damit die Beziehung überhaupt weiterbestehen kann. Derartige Phasenmodelle seien jedoch ein wissenschaftliches Konstrukt und müssten nicht zwingend mit den subjektiven Wahrnehmungen der Beteiligten übereinstimmen. Die für diese Untersuchung relevante „Entstehungsphase" ist Teil der Aufbauphase einer Beziehung und ist primär auf den Prozess des Kennenlernens fixiert - bis zum Zeitpunkt, wo beide Partner ihre Bereitschaft signalisieren, die Beziehung aufzunehmen (vgl. Lenz 2003, 61).

Die Inhaltsanalyse der Interviews strebt nach Erfassung virtueller Entstehungsmuster romantischer Beziehungen. Konkret heisst dies, zu ergründen, wie aus einer flüchtigen Cyber-Bekanntschaft eine feste Liebesbeziehung entsteht - mittels Nachfragen soll das emotionale Erleben des Interviewten aus seiner Innenperspektive rekonstruiert werden. Dabei sind prozessuale Aspekte von Interesse: Selektion und Bewertung potentieller Partner hinsichtlich ihrer „Tauglichkeit", erste virtuelle Begegnungen mit dem mutmasslich „richtigen" Partner, E-Mail-Flirts, Länge der E-Mail-Wechsel-Phase, Medienmigration und mediales Hin- und Herhüpfen, erste Face-to-Face-Begegnung usw. Es kommt zu einer Vertiefung der Interaktion, wechselseitige Selbstöffnung stellt Intimität her. Die Phase der Liebeswerbung ist hier die Kulmination der Entstehungsphase: „Der (oft alles) entscheidende Moment, wenn man einen möglichen Partner (oder eine mögliche Partnerin) kennengelernt hat, ist es, ihn oder sie von den eigenen Gefühlen wissen zu lassen" (Burkard 2003, 16). Diverse nonverbale Werbesignale spielen bei der konventionellen Kontaktherstellung eine entscheidende Rolle, was zur berechtigten Frage führt, welche Rolle solche Signale bei der virtuellen Kontaktaufnahme spielen. Im virtuellen Raum wird das mündliche Gespräch durch einen asynchronen, schriftlichen Dialog (E-Mails) ersetzt - man fühlt sich unwillkürlich an jene nostalgischen Schüler-„Kassiber" mit der simplen, handschriftlichen Botschaft „Ich liebe Dich" erinnert. Es geht dabei um den richtigen Zeitpunkt, in dem das entscheidende Liebesmail geschrieben beziehungsweise verschickt wird: „Ciao E., die heutige Unterhaltung mit Dir hat mir sehr gut getan. Vielleicht ist das ja jetzt endlich... - na ja, Du weisst, was sie am Schluss von „Casablanca" sagen!"

Kann der entscheidende Zeitpunkt der Liebeserklärung akkurater gewählt werden, weil die Kommunikation zeitlich verschoben erfolgt? Gibt es das Liebesanbahnungsmail, wie es damals Liebesanbahnungsbriefe gab?

Themenzentriertes Interview
Das Interview sei „eine rekonstruierende Konservierung sozialer Wirklichkeit", schreibt Lenz (2003). Das gewählte *themenzentrierte Interview* stellt eine „gerichtete Narration" dar – eine für den qualitativen Teil der Untersuchung gewählte Interviewgattung (andere wären narratives Interview, biographisches Interview, Experteninterview etc.). Das themenzentrierte Interview ist innerhalb seiner Gattung eine halboffene Interviewform. Narrative Interviews zum Beispiel sind die am wenigsten vorstrukturierten, Experteninterviews die am stärksten; wobei auch hier Verletzungen der ursprünglichen Struktur nicht ausgeschlossen sind. Ein themenzentriertes Interview verfügt über ein festgelegtes Thema („Erzählen Sie, wie ihre Liebesbeziehung auf PartnerWinner begonnen hat"), offen formulierte Einstiegsfragen und einzelne Schlüsselsätze zum Nachfragen. Das Ziel ist, mittels zuvor festgelegter Rahmen möglichst freie Antworten zuzulassen. Zentrales Instrument des qualitativen Interviews ist der *Leitfaden,* welcher in der Regel knapp bemessen ist und die wichtigsten Subthemen umreisst - damit soll der Erzählfluss angeregt werden, ohne ihn übermässig zu steuern. Die Reihenfolge der Themen ist nicht nur inhaltslogisch zu begründen, sie hat sich auch der besonderen Interviewsituation anzupassen.

Gütekriterium des gelungenen Interviews ist dessen *inhaltliche Breite* - das Gespräch ist so zu führen, dass möglichst viele heuristische Momente entdeckt werden. Gleichzeitig sollen diese aber nicht zu unspezifischen, vom Thema abweichenden Äusserungen führen, was zum zweiten Gütekriterium, der *Zielgerichtetheit*, führt. Das dritte - *Mehrdimensionalität* - fusst auf der mehrdimensionalen Erfahrungswelt des Befragten (affektive, kognitive, wertorientierte). Die Aufgabe des Interviewten besteht unter anderem darin, diese implizite Mehrdimensionalität zu fördern. Dabei soll ein viertes Kriterium nicht vergessen werden, nämlich jenes, wonach das Interview nicht nur eine verbale (und somit textuelle) Dimension, sondern auch nonverbale Komponenten beinhaltet, die ebenfalls beachtet werden sollen. Dies erleichtert die Auswertung (*Kontextualität*).

Theoretische Stichprobe
Im qualitativen Teil der Studie wird dem Prinzip der *theoretischen Stichprobe* (theoretical sampling) gefolgt (Glaser 1967, Strauss 1987). Eine theoretische Stichprobe heisst, dass die Fallauswahl dem Forscher zu Beginn der Untersuchung nicht bekannt ist. Das Thema der begründeten Fallauswahl stellt sich im interpretativen Paradigma, wo nicht Verallgemeinerung, sondern Typisierung im Vordergrund steht. Es ist dies grundsätzlich ein Problem der fortschreitenden Theorieentwicklung. Lamnek (1995, 22) präzisiert:

> Die Auswahl der Untersuchungseinheiten geschieht also systematisch daraufhin, einen Fall, eine Untersuchungseinheit zu finden, welche die theoretischen Konzepte des Forschers komplexer, differenzierter und profunder zu gestalten vermag. Dabei wird folgendermassen vorgegangen: Die Untersuchung für die erste Einzelfallstudie wird aufgrund ihrer Eignung als extremer oder idealer Typ ausgewählt. Dabei ist der Forscher auf Vermutungen oder äusserliche Merkmale angewiesen.

Die theoretische Stichprobe als gezielte - und begrenzte - Fallauswahl theoretischer Gesichtspunkte wird auf iterative Weise während des Erhebungsprozesses „angereichert". Die Begründung für laufende Veränderungen liegt in der neu entstandenen Notwendigkeit, erweiterte Fragestellungen mitzuberücksichtigen, deren Verlauf Überraschungen birgt und nicht im voraus prognostiziert werden kann. Grundsätzlich gilt, dass die Stichprobe klein ist (häufig sind es Einzellfallanalysen).

Die theoretische Stichprobe wird demnach nicht nach dem Zufallsprinzip aus der im voraus definierten Grundgesamtheit gebildet (in unserem Fall alle deutschsprachige PartnerWinner-User). Unabhängig davon müsste - im Hinblick auf komparative Fruchtbarkeit - die Fallselektion so angelegt sein, dass entsprechende Variation entsteht. Es handelt sich nicht um ein repräsentatives Abbild der untersuchten Population:

> Das theoretical sampling setzt voraus, dass der Forscher weiss, worauf er seine Aufmerksamkeit zu richten hat. Danach wählt er seine „Versuchspersonen" aus. Er sucht sich insoweit „repräsentative" Fälle heraus, als diese geeignet erscheinen, seine Forschungsfrage zu beantworten. [...]Da eine solche gezielte Auswahl immer auch willkürlich ist (eine echte Zufallsstichprobe ist im obigen Fall nicht realisierbar), kann der Forscher nie wis-

sen, ob er nicht eine selektive, eine verzerrte Auswahl vorgenommen hat. Deshalb sind Generalisierungen problematisch. Mithilfe von theoretical sampling ist es aber möglich, generalistische Existenzaussagen zu machen, Hypothesen zu entwickeln, Typen zu konstruieren, Gemeinsamkeiten festzustellen, Strukturen zu entdecken etc. Über deren Verteilung und Häufigkeiten sind keine Aussagen möglich: dies wäre weiteren quantitativ-repräsentativen Untersuchungen vorbehalten. (Lamnek 1988, 223)

Das bedeutet unter anderem, dass bei den qualitativen Interviews nicht primär soziodemographische oder psychosoziale Merkmale im Fokus stehen, sondern interaktive Prozessaspekte - etwa Verlauf von E-Mail-Korrespondenz, Telefongesprächen, Dates etc., die als Vorgeschichte der tatsächlichen Beziehung zu bewerten sind.

Leitgedanke war hierzu die Hypothese, unterschiedliche Menschen setzten sich in unterschiedlicher Weise mit Onlinedating auseinander. Die Zusammensetzung der Stichprobe erfolgte nach geeigneten *Selektionskriterien* (sowohl rein statistische als auch inhaltliche):

1. *Quasi-Repräsentativität*: Ist der Fall exemplarisch (prototypisch) für den anvisierten Realitätsbereich?

2. *Quasi-Externe Validität*: Erlaubt der im Fall reflektierte Realitätsbereich eine Generalisierung?

3. *Quasi-Konstruktvalidität*: Ist das ausgewählte Fallbeispiel für unsere Forschungszwecke und Bestrebungen auch tatsächlich bedeutsam? Würde dessen Beschreibung den erwarteten Beitrag zu den angekündigten Forschungsabsichten darstellen?

4. *Quasi-Reliabilität*: Kann man bei jedem konkreten Fall die Komplexität der jeweiligen Teilwirklichkeit angemessen reduzieren?

Die obigen Bewertungskriterien den jeweiligen Interviewpersonen anzupassen war eine der schwierigsten Aufgaben.

Genaues Studium *realer* Liebeserzählungen behält seinen authentischen Wert, falls diese unverfälscht, unverarbeitet und vollständig für die Zwecke der Inhaltsanalyse aufgenommen worden waren. Das Hauptaugenmerk verschob sich von der Individualebene auf die Wechselwirkungsebene. Konsequenterweise wurden die Partner zu verschiedenen Zeiten und an verschiedenen Orten interviewt. Die beschriebene Fallauswahl ergab sich aus einer pseudo-quantitativen Phase - während vieler Wochen wurden mehr als 40 bereits bestehende, kurze Liebesgeschichten von PartnerWinner-User studiert.

9.3. Erfahrungsbericht

Anhand eines Leitfadens (siehe im Anhang 19.1.) haben wir versucht, die Struktur der Liebesgeschichten zu erfassen und ihren Verlauf zu schematisieren. Dazu durften die Interviewpartner, wie bereits erwähnt, nicht durch vorstrukturierte Gesprächsfragen eingeschränkt, bestenfalls sachte in die gewünschte Richtung gelenkt werden. Unser Ziel war, die Online-Liebesgeschichten in ihrer authentischen Tiefe zu erfassen und so ein allgemeines Verlaufsmuster aufzuspüren (Liebeswerbung, Liebeskommunikation, Flirtverhalten und Flirtstrategien, erstes medial vermitteltes Kennenlernen, Beziehungsanbahnung, Herstellung von Nähe, erste face-to-face-Begegnung). Diese Methode schien hier besonders geeignet, weil uns die befragten Personen an ihrer subjektiven Deutung ihrer Romanze teilhaben liessen.

Die Eröffnungsfrage war geschlossen und leicht zu beantworten: „Ist das Ihre erste Internet-Beziehung?" Die weiteren, stichwortartigen Fragen wurden in der Absicht, den Erzählfluss zu fördern, möglichst kurz und simpel gestellt (siehe wiederum 19.1.). Es wurde versucht, den Fragen einen dynamischen Unterbau zu verleihen, im Bestreben, je nach Gesprächsverlauf die Reaktionsfähigkeit des Interviewers zu stützen. Hierzu galt das Leitprinzip, dass die führende Person nicht der Fragende ist, sondern der Befragte. Der Befragte generiert neue Inhalte, nicht der Interviewer. Für einzelne Aspekte ist die Form der geschlossenen Frage dennoch geeigneter („Wie viele Mails haben Sie in der ersten Woche des Sich-Kennenlernens geschrieben?).

Die Rekrutierung der Paare gestaltete sich problemlos. Nur wenige Angefragte waren mit dem Interview nicht einverstanden. Die Interviewten waren von unterschiedlichem Alter, Beruf, Bildungsgrad und Wohnort. Obwohl eine möglichst breite Variation angestrebt wurde, waren diese Variablen für die Entscheidung, den Fall in die Stichprobe aufzunehmen, nicht massgebend. Im Allgemeinen ist festzuhalten, dass die Interviewpartner hohe Bereitschaft zeigten, ihre Online-Romanze für die Untersuchung mit uns zu teilen. Keiner der Interviewpartner hatte Hemmungen oder Redeschwierigkeiten, sich mit der eigenen virtuellen Partnersuche zu identifizieren.

Der Leitfaden für das Interview wurde zuerst in einem Pretest erprobt. Sich als Interviewer dem gedanklichen Fluss des Interviewten unterzuordnen war unser Imperativ. Es galt, mit der bereitgestellten Interview-

Struktur flexibel umzugehen und gegebenenfalls bereit zu sein, gewisse Punkte auszulassen, falls es die jeweilige „Gesprächslogik" erforderte. Das fordert vom Interviewten Offenheit gegenüber neuen und unerwarteten Inhalten. Zum einen soll eine gewisse Gesprächslinie nicht leichtfertig preisgegeben werden, andererseits gilt es zu beachten, dass eine rigide „Leitfaden-Bürokratie"(Höpflinger) fatal sein kann, ist diese in der Lage, eine heuristische, spontane Generierung von Inhalt zu verhindern. Eine angenehme Gesprächsatmosphäre zu schaffen ist entscheidende Voraussetzung für ein gelungenes Interview. Die Redebereitschaft des Interviewten lässt sich auch mit nonverbalen Signalen fördern, ohne dass auf reaktive Art bestimmte Inhalte provoziert werden müssten[107].

Zentrales Gebot war, den Einfluss der Interviewer-Persönlichkeit auf ein Minimum zu reduzieren und auf eine suggestive Haltung zu verzichten. Überdies wurden alle Interviews ausschliesslich von der Verfasserin durchgeführt mit dem Ziel, den Einfluss unterschiedlicher Versuchsleiterpersönlichkeiten auszuschalten. Jedes Interview dauerte zwischen einer und anderthalb Stunden, wobei beide Partner unabhängig voneinander interviewt wurden. Die Autorin hat ausnahmslos alle Interviews vollständig und lückenlos transkribiert und sie danach mit dem Programm Atlas/ti ausgewertet. Obschon inhaltlich nichts ausgelassen wurde, habe ich mich, immer im Sinne grösstmöglicher Beachtung des Originals, nicht einem präzisen sprachlichen Ausdruck unterworfen (es wurde die lebendige Syntaxis der Transkribierung gewürdigt).

9.4. Inhaltsanalyse

Die Methode der qualitativen Inhaltsanalyse ist in der interpretativen Soziologie theoretisch fundiert. Das Ziel ist die "dichte Beschreibung" (Geertz 1973) von Phänomenen. Eine „dichte" deskriptive Vorgehensweise, die ihre Authentizität vor allem aus der ethnographischen Feldforschung schöpft, eröffnet mit ersten interpretativen Resultaten sehr gute Möglichkeiten für die künftige Entwicklung des Untersuchungsthemas. Unter einer *dichten Beschreibung* (engl. ‚thick description'[108] nach Geertz 1973) wird eine vollständige Beschreibung des untersuchten Objektes und im weiteren eine umfassende Interpretation dessen subjektiv gemeinten Sinns verstanden. Das Prinzip des *naiven Beobachters* - in unserem Fall des Zuhörers -, das häufig mit der ethnographischen For-

---

[107] Oft kommen wichtige Punkte erst dann, wenn keine Aufnahme mehr gemacht wird.
[108]Der Ethnograph will kulturelle Gegebenheiten beobachten, aufnehmen und analysieren. Er interpretiert Zeichen, um ihre Bedeutung zu rekonstruieren in der Kultur selbst, wobei die Interpretation auf der „dichten Beschreibung" des Zeichens basiert - um all seine Bedeutungen erschliessen zu können.

schung in Verbindung gebracht wird, ist hier ausser Kraft gesetzt. Es liegen narrative Einheiten (Liebesgeschichten) vor, in welchen persönliche Erfahrungen mitgeteilt werden. Dabei gilt es, die Selbst- und Weltdeutung ihrer Autoren zu interpretieren, den latenten, auf den ersten Blick unergründbaren Sinn zu entziffern (das Prinzip des *kontrollierten Fremdverstehens*). Absicht ist, einen „erhellenden" Effekt zu erzielen, auf dass bisheriges Wissen bestätigt oder gar neuen Sinn bekommt. Wir legen die Annahme zugrunde, der Erkenntnisgewinn eines einzelnen Falls[109] wäre sehr hoch, auch wenn seine Natur unreduzierbar komplex scheint und somit auch nie ganz transparent gemacht werden kann.

Die besondere Problematik einer Inhaltsanalyse besteht nicht nur darin, die subjektiv gemeinte Bedeutung eines Textes zu entziffern, sondern auch der Tatsache Rechnung zu tragen, dass dieselben Bedeutungen sprachlich unterschiedlich ausgedrückt werden können. Ausgangspunkt zur Erfassung der antizipierten Bedeutung sind im voraus festgelegte Blickwinkel. Die durchgeführte Inhaltsanalyse bestand aus folgenden Schritten (vgl. dazu die verschiedene Arten der Inhaltsanalyse bei Meyring (1993)):

1. *Reduktion des Datenmaterials*, damit die wesentlichen Inhalte erhalten bleiben. Durch mehrere Abstraktionsschritte wurde ein „Skelett" gebildet, das ein Abbild des Rohmaterials zu sein vermag;

2. *Explikation* einzelner „unklarer", auffälliger Textteile. Diesen Phrasen werden zusätzliche Informationen angetragen (Verdichtung), um das allgemeine Verständnis zu erhöhen und damit das Bedeutungsspektrum auszuweiten;

3. *Strukturierung der erhaltenen Kategorien* in einem hierarchischen Baum. Zentrale Aspekte der analysierten Texte werden nach dem erstellten Strukturbaum herausgefiltert und ermöglichen damit einen Querschnitt durch das Ganze.

Zu Beginn der Analyse wurde kein provisorisches Kategoriensystem erstellt. Das aktuelle Vorgehen bestand schliesslich aus einem *offenen* Kodieren nach Anselm Strauss (1994) mit partieller Verknüpfung der einzelnen Konstrukte nach dem Prinzip des axialen Kodierens. Es wurde gleichfalls auf die Durchführung von Frequenzanalysen verzichtet. Der Schlussschritt bestand darin, eine Interpretation der Ergebnisse hinsichtlich der Ausgangsfragestellung vorzunehmen (vgl. Meyring 1993)[110].

---

[109] Ein Fall ist mit einem Phänomen (Erscheinung) gleichzusetzen.
[110]Aus Platzgründen verzichten wir hier auf das Kapitel mit der Inhaltsanalyse, welches in einem separaten Bericht veröffentlicht wird.

10. Partnersuchende im virtuellen Raum - ausgewählte quantitative Ergebnisse aus der Webumfrage

10.1. Soziodemographisches Portrait der Befragten

Das vorliegende Kapitel bietet im Vergleich zum Kapitel 8.2. eine Beschreibung der Partnersuchenden, die wir durch die Antworten der Befragten in der Webumfrage gewonnen haben. Zudem werden weitere, ausgewählte Ergebnisse aus der Umfrage präsentiert. Auf diese Art und Weise konnte man die spannende Frage beantworten, in wie weit die in der Datenbank enthaltenen Profile mit den dahinter verborgenen realen Personen übereinstimmen. Die Umfrageteilnehmer waren, wie dies bereits erläutert wurde, für uns keine anonymen Partnersuchende. Da sie sich mit ihren originellen Nicknamen an der Umfrage beteiligten, eröffneten sich mit einem Matching der dazugehörenden Profile mit den entsprechenden Fragebögen einzigartige Optionen für eine vergleichende Datenanalyse (z.B. der User namens *Cicero* aus der Datenbank wurde mit dem Umfrageteilnehmer *Cicero* verglichen). Durch virtuelle Identitätskonstruktionen entstandene Verzerrungseffekte ließen sich dadurch eruieren und Abweichungen auf ihre statistische Signifikanz überprüfen. Die Möglichkeit detaillierter Rückkopplungen auf der Basis der Initialstatistik (Alter, Geschlecht, Region, Nationalität, Kinder) beziehen sich auf entsprechenden Angaben aus dem dazugehörigen virtuellen Profil, was Aufschluss über die dahinter stehende, reale Person erlaubt.

Geschlecht
Beim *Geschlechtsverhältnis* der Befragten standen 62% Männer 38% Frauen gegenüber. Letztere sind, im Unterschied zum ermittelten Geschlechtsverhältnis der Datenbank von PartnerWinner (siehe Kapitel 8.2.), mit 2% übervertreten. Angesichts der Tatsache, dass sich Frauen normalerweise eher an Umfragen beteiligen, ist dies weiter nicht überraschend. Die befragten Frauen sind zudem gleich alt wie die befragten Männer - der festgestellte geringe Mittelwertunterschied in der Variable Alter (34.22 der Frauen und 34.67 der Männer) war statistisch nicht signifikant. Die Geschlechtszuordnung der Befragten aus der Umfrage korrelieren übrigens sehr hoch mit den dazugehörenden Zuordnungen ihrer Datenbankprofile. Nach einem Matching der Profile mit den entsprechenden Befragungsdaten wurde ein hoch signifikanter Korrelationskoeffizient von r=.98 ermittelt. Dies ist ein sicheres Indiz für die auch anderweitig erhaltenen Evidenzen, wonach PartnerWinner-User kein allzu häufiges „Gender-Swapping" betreiben. Ein manipulativer Geschlechtswechsel stellt bei PartnerWinner somit kaum ein ernst zu nehmendes Phänomen dar (siehe auch zu anderen Effekten der Profilskonstruktion das Kapitel 13).

Das in der Umfrage ermittelte Geschlechtsverhältnis 38:62 entspricht exakt dem Geschlechtsverhältnis des engeren Internet-Nutzerkreises[111] der Schweiz. Gemäss MA Net der WEMF lag im Winter 2002/03 der Frauenanteil im engeren Internet-Nutzerkreis der Schweiz bei 38,7% - 0,6% weniger als ein Jahr zuvor.[112] Obwohl bedauerlicherweise keine zuverlässigen Daten über den Frauenanteil auf anderen Datingsites vorliegen, darf davon ausgegangen werden, PartnerWinner weise eines der ausgeglichensten Mann/Frau-Verhältnisse auf Schweizer Datingsites auf. Stützen lässt sich diese Annahme unter anderem mit der Anzahl veröffentlichter Inserate auf anderen Datingsites. Beispielsweise wetteiferten im Januar 2004 auf Swissflirt (www.swissflirt.ch) in der Rubrik "Mann sucht Frau" 80403 Inserate mit 17084 Inseraten in der Rubrik "Frau sucht Mann", was lediglich 17.5% Frauenanteil entspricht. Die Datingsite Swissfriends (www.swissfriends.ch) hatte zum selben Zeitpunkt in der Region Zürich 2363 Männer- und 723 Frauen-Profile, was einen ebenfalls niedrigen Frauenanteil von 23.5% ergibt.

Ein ausgeglichenes Frau/Mann-Verhältnis sei für das gute Funktionieren einer Datingsite unerlässlich, erklären Mitglieder des PartnerWinner-Teams; deshalb versuche man seit Gründung der Site, eine möglichst hohe Frauenquote zu erreichen. Erfahrungsgemäss wird davon ausgegangen, dass aus einem niedrigen Frauenanteil statistisch weniger Matches resultieren. Eine niedrige Frauenquote führt ausserdem dazu, dass Frauen zahlreiche Anfragen der zahlenmässig überlegenen Männern erhalten. Drei Faktoren werden für den relativ hohe Frauenanteil auf PartnerWinner verantwortlich gemacht: Seriosität, Design des Portals und Werbung. Der wichtigste Faktor sei die Seriosität (als Faustregel gilt: je seriöser die Site, desto höher ihr Frauenanteil). Seitensprung-Sites erhalten beispielsweise gerade noch 10% Frauenprofile. PartnerWinner sei zudem „frauenorientiert" mit einer "weiblichen" Nuance im Design. Auch bei der Werbung und beim Knüpfen von Partnerschaften wird der Kontakt zum weiblichen Geschlecht gesucht.

Geschlechterunterschiede haben sich beim Cyberdating als allgegenwärtig herausgestellt - keine andere soziodemographische Variable, weder Alter noch Bildung oder Einkommen vermochte die verschiedenen Benutzer derart stark voneinander zu differenzieren. Man gewann paradoxerweise sogar den Eindruck, dass sich die Geschlechter

---

[111] Nutzung des Internet täglich bis mehrmals pro Woche
(http://www.wemf.ch/d/studien/manet.shtml).

[112] Gemäss Nielsen/NetRatings habe die Schweiz bezüglich Frauenanteil keine Spitzenposition inne, im Gegensatz zu den USA und Ländern aus Nordeuropa. Mögliche Erklärungen dafür sind, dass Frauen den direkten Kontakt mit ihrer Umwelt bevorzugen und immer noch mehrheitlich Männer an Orten mit Internetzugang arbeiten. Die Installation eines Internetzugangs ist für viele Frauen nicht unproblematisch. Viele Männer geben sich zudem als Häufignutzer aus, um technologisch nicht rückständig zu erscheinen.

online einen teilweise radikalen Kampf liefern - obschon die Mehrheit der BenutzerInnen eine heterosexuelle Orientierung besassen und demnach einen Partner aus dem Gegengeschlecht suchten. Frauen gaben zum Ausdruck, auf PartnerWinner würden sich viel zu häufig verheiratete Männer tummeln, die auf Jagd nach Seitensprüngen seien, oder dass die Mehrheit vorwiegend auf sexuelle Kontakte abziele; Männer ihrerseits beklagten andauernd das unausgeglichenen Geschlechterverhältnis auf der Plattform, das ihnen eine erfolgreiche Suche angeblich verunmögliche, oder dass Frauen ihre zahlreichen Kontaktversuche unbeantwortet liessen. Die Suchstrategien der Geschlechter waren ebenfalls sehr häufig miteinander unversöhnlich, was dazu führte, dass ein allfälliger Misserfolg subjektiv mit dem fehlerhaften Verhalten des Gegengeschlechts erklärt wurde, wie aus dem Feedback eines enttäuschten, erfolglosen Befragten klar wird:

> Ich kann mich ausdrücken, fehlerfrei schreiben und hässlich bin ich auch nicht. Ich hatte die Absicht, eine Partnerin zu finden und nicht Frauen aufzureissen - das habe ich von Anfang an immer klar deklariert. Trotzdem wurde bloss etwa jedes zehnte von mir geschriebene Mail überhaupt beantwortet, auf meine eigenen Inserate habe ich null Antworten erhalten. Zum einen liegt das daran, dass Frauen scheinbar mit Mails überflutet werden (100 Mails und mehr auf ein Inserat!), andererseits die gängige Rollenverteilung auch im Internet spielt - als Frau brauchst du nichts zu tun, die Männer melden sich in Scharen, egal, ob du überhaupt deinen eigenen Namen richtig schreiben kannst... Gibst du als Mann ein Inserat auf, dann kannst du warten, bis du schwarz bist. Ich dachte, dass Frauen, die das Internet zur Partnersuche nutzen, aufgeschlossener und unkonventioneller sind. Die Partnersuche im Internet unterscheidet sich kaum von jener im realen Leben, denn die Verhaltensmuster sind exakt dieselben. (Umfrageteilnehmer)

Aus diesem Grund ist der Variable Geschlecht eine separate Subanalyse gewidmet (am Ende des Ergebnisteils im Kapitel 14.1.). Dennoch werden auffällige Geschlechterdifferenzen im Ergebnisteil laufend herausgestrichen, da uns dies unentbehrlich erscheint. Klassische unabhängige Faktoren werden zu Gunsten der Geschlechterbeziehung (die schliesslich aufgrund des Themas von zentraler Wichtigkeit ist) etwas weniger ausführlich berücksichtigt.

Alter

Das *Durchschnittsalter* der Befragten betrug 34.4 Jahre bei einer Standardabweichung von 10.33 Jahren. Die jüngste Person unter den Befragten war 16 Jahre alt, die älteste - 7o Jahre.[113] Das Durchschnittsalter von 34.4 Jahren ist verhältnismässig hoch einzuschätzen und deutet darauf hin, dass hier Personen mit einschlägiger Beziehungserfahrung anzutreffen sind: 85% der Umfrageteilnehmer bestätigten, über Erfahrungen in festen Liebesbeziehungen zu verfügen (in noch stärkerem Mass trifft das für das weibliche Geschlecht zu).

Abbildung 24.
Altersverteilung der Befragten nach Geschlecht

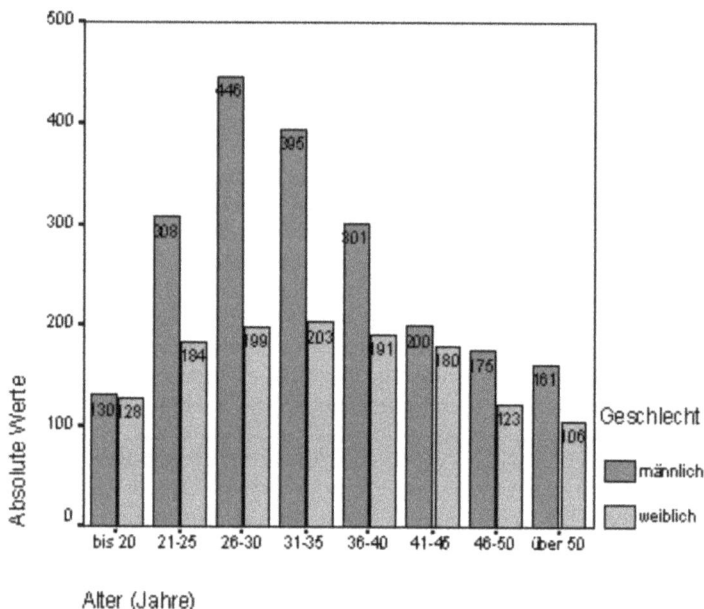

Die jüngsten Partnersuchenden weisen bezeichnenderweise eine geschlechtsspezifische Parität auf: Etwa gleich viele Männer wie Frauen sind in dieser Altersgruppe auf Kontaktsuche. Auffällig ist, dass insbesondere jüngere Männer im Alter von 26 bis 35 vermehrt auftreten. Frauen sind in dieser Altersphase seltener, dafür aber in den älteren (41-45 Jahre) Gruppen überproportional häufig anzutreffen (siehe Abbildung 24). Das mag damit zusammenhängen, dass Frauen heute ihre traditionell eher passive Rolle bei der Partnersuche in jungem Alter nach wie

---

[113] Mit der Suchmaschine haben wir noch ältere Cyberdater gefunden: *Arthur27*, 76, mit dem Motto: „Lieber jetzt als zu spät". *Opapeter*, 72, verwitwet und Rentner, oder *Oldtimer* (72), der mit Tina Turner im Lift stecken bleiben möchte. Die älteste von uns gefundene Frau war *Traugottli* (75); die 71-jährige *hildy5* (71) wählte André Agassi für ihren Aufenthalt im Lift; sie gab ausserdem an, mit ihren letzten hundert Franken ein Millionen-Los kaufen zu wollen.

vor erfüllen und erst im Alter von 40 beginnen, sich aktiv um eine Partnerschaft zu bemühen. Eine andere mögliche Erklärung wäre, dass die weibliche Akzeptanz der Partnersuche im Internet bei Frauen in relativer Hinsicht (verglichen mit den Männern) mit fortschreitendem Alter zunimmt. Insgesamt fällt dennoch auf, dass das weibliche Geschlecht gleichmässiger über die Altersgruppen verteilt ist. Dieser optische Eindruck verstärkt sich durch die Schiefe der Verteilung, welche bei den Männern 0.6, bei Frauen lediglich 0.2 beträgt. Es ist somit evident, dass die geschlechtliche Parität vor allem bei den zahlenmässig stärksten Altersgruppen (26 bis 35 Jahre) verletzt ist, was zum Teil den Umstand erklärt, dass Männer übermässig einen Mangel an weiblichen Partnersuchenden beklagen.

Die bekannte Alterskluft (d.h. Jüngere nutzen das Internet häufiger als Ältere) existiert in noch verstärkter Form im Bereich des Onlinedating. Gemäss dem neuesten Bericht der KIG gehören bei den 14- bis 19-Jährigen rund 61, bei den 20- bis 29- Jährigen gut 65% zu den regelmässigen Internetnutzern, bei den Leuten, welche 50 Jahre alt und älter sind, gehören nur rund 25% dazu[114].

---

[114] 6. Bericht der Koordinationsgruppe Informationsgesellschaft (KIG) an den Bundesrat, Juni 2004, www.infosociety.ch.

Abbildung 25. Altersverteilung der Schweizer Internetnutzer und der PartnerWinner-Mitglieder im Vergleich[115]

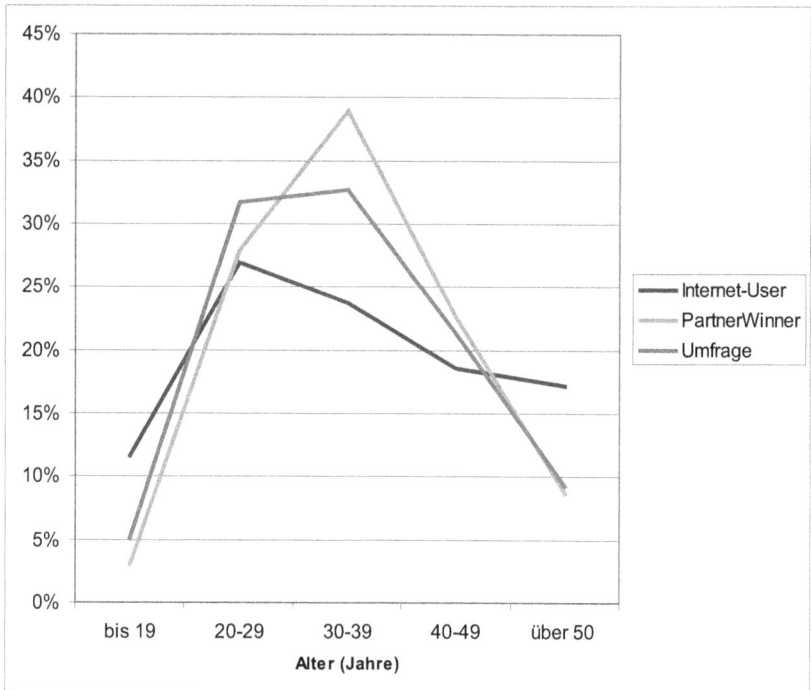

Die Altersstruktur der Menschen, die auf PartnerWinner romantische Beziehungen suchen, unterscheidet sich dennoch substantiell von der Altersstruktur der Schweizer Internetnutzer (einen Vergleich erlaubt uns Abbildung 25). Die jüngste Altersgruppe (bis 19 Jahre) sowie die älteste (über 50) sind auf PartnerWinner verhältnismässig untervertreten, was einerseits damit zusammenhängt, dass ältere Menschen über 64 seltener über einen Internetzugang verfügen; andererseits sind Jugendliche unter 19 noch nicht ernsthaft auf Partnersuche. An der Spitze der Verteilung liegen hauptsächlich Personen im Paarbildungsalter (30 bis 39 Jahre). Die 20- bis 29-jährigen sind prozentual etwa gleich häufig im Internet und als Cyberdater anzutreffen. Wachstumspotential liegt, wie die Graphik zeigt, hauptsächlich bei den über 50-jährigen[116]. Die Altersdaten der Befragung korrelieren im übrigen sehr hoch mit den entsprechenden Angaben der Datenbank (r=.99, hoch signifikant). Ein ähnlicher Zusam-

---

[115] Die Daten über die Internet-Nutzer stammen aus MA Net, WEMF
(http://www.wemf.ch/d/studien/manet.shtml).
[116] Aus rechtlichen Gründen sind unter 16-jährige Personen auf PartnerWinner nicht zugelassen.

menhang (r=.98) wurde bereits bei der Variable Geschlecht festgestellt, was dafür spricht, dass die virtuellen Identitäten der Cyberdater auf Kontaktplattformen, anders als in Chaträumen, hinsichtlich Geschlecht und Alter im allgemeinen wahrheitsgetreu sind.

Zivilstand und Lebensform
Von zentraler Bedeutung zur differenzierten Beschreibung der Beziehungswilligen auf PartnerWinner sind die Variablen *Zivilstand* und *Lebensform*. Erwartungsgemäss besteht die Mehrheit der Benutzer aus ledigen Personen (69%), ein Fünftel ist geschieden (19%), 6% sind gerichtlich getrennt und 5% verheiratet (siehe Abbildung 26). In Anbetracht der Tatsache, dass Personen über 50 eher untervertreten sind, erstaunt kaum, dass *Verwitwete* auf PartnerWinner nur eine marginale Gruppe darstellen. Weniger die Altersunterschiede sind hier von Interesse, sondern die substantiellen geschlechtsspezifischen Ungleichheiten zwischen diesen Gruppen, wie aus der Abbildung 26 ersichtlich ist. Überproportional mehr verheiratete Männer sind hier zu finden (69%) sowie geschiedene oder verwitwete Frauen - zu 52 bzw. 42%. Der Anteil verwitweter Frauen (56%) überwiegt ebenfalls jenen der Männer.

Abbildung 26.
Ungleiche Häufigkeitsverteilung der Geschlechter nach Zivilstand

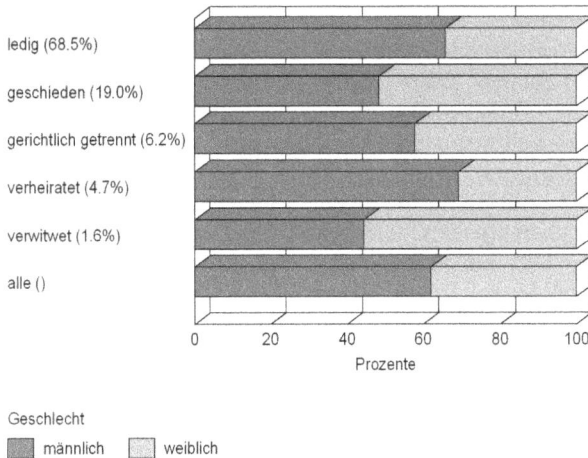

Geschlecht
männlich   weiblich

Der *Zivilstand* allein genügt allerdings nicht, um die aktuelle Beziehungssituation der Befragten differenziert zu beschreiben. So wurden unter Berücksichtigung der *Lebensform* zusätzliche Informationen über die PartnerWinner-Benutzer gewonnen. Die Gruppe der ledigen Partnersuchenden setzt sich aus 59% Alleinlebenden zusammen (vgl. Abbildung 27). Dazu gesellen sich Menschen, die zu 16% bei den Eltern, 7% in einer Wohngemeinschaft und 12% mit Kindern wohnen[117]. Ein Sechstel aller verheirateten BenutzerInnen lebt alleine. Die zahlenmässig kleinste Gruppe der Verwitweten wohnt entweder alleine oder mit Kindern. Längst nicht alle Partnersuchenden müssen zwingend Singles sein - fast ein Zehntel aller Befragten lebte zum Zeitpunkt der Umfrage in einer Partnerschaft (63% davon sind Beziehungen, die nicht auf PartnerWinner geknüpft wurden). Obwohl zur Hälfte verheiratet (siehe Abbildung 27), deutet vieles auf das Infragestellen ihrer bestehenden Beziehung hin. Personen, die sich in einer Partnerschaft befanden und dennoch auf Kontaktsuche waren, zeichneten sich im Vergleich zu den übrigen Usern beispielsweise dadurch aus, dass sie zu 29% „nur" erotische Kontakte, Freundschaften oder Dating anstrebten. Ein beträchtlicher Teil von ihnen hat seine Suche nicht spezifiziert (27% - „nichts Besonderes"). Nur 17% gaben an, eine dauerhafte Liebesbeziehung zu suchen. Die Gruppe der Cyberdater, die gleichzeitig eine Partnerschaft hatten, hielt das Medium Internet bezeichnenderweise für den wahrscheinlichsten Ort, um einen Partner zu finden.

Symptomatisch war, dass 3% (N=102) der Befragten Mühe bekundeten, ihre aktuelle Lebensform in die erfragten Lebensformen einzuordnen. Die Lebensformen der OnlinedaterInnen wiesen eine beachtliche Vielfalt auf - beispielsweise in Bezug auf verschiedene Wohnorte wie Altersheim, Internat usw. „Wohnen bei den Eltern" kann auch heissen: „Eigene Wohnung im Haus meiner Eltern" oder „Bauernbetrieb mit Eltern, aber separate Wohnung". Viele Menschen befinden sich in einer Grenzposition zwischen zwei Lebensphasen, beispielsweise wohnen sie noch mit ihrem Partner zusammen, ohne gerichtlich getrennt zu sein: „Im Moment lebe ich noch mit dem Expartner". Darunter gehören „gemischte" Patchwork-Lebensformen, wie beispielsweise: „50% mit Kindern, 50% ohne", „Zu 50% ausgezogen und derzeit eine kleine Wohnung".

---

[117]Die Anwesenheit von Haustieren, obwohl die Statistiker dies als Option kaum wahrhaben möchten, ist den Beziehungssuchenden offensichtlich ein Anliegen und ist nicht mit „alleine leben" gleichzustellen. Auffällig viele Befragten hielten ihre Haustiere für erwähnenswert („zwei Katzen", „mit Hund", „mit Hund und Katzen").

Abbildung 27. Häufigkeitsverteilung der Lebensformen nach Zivilstand

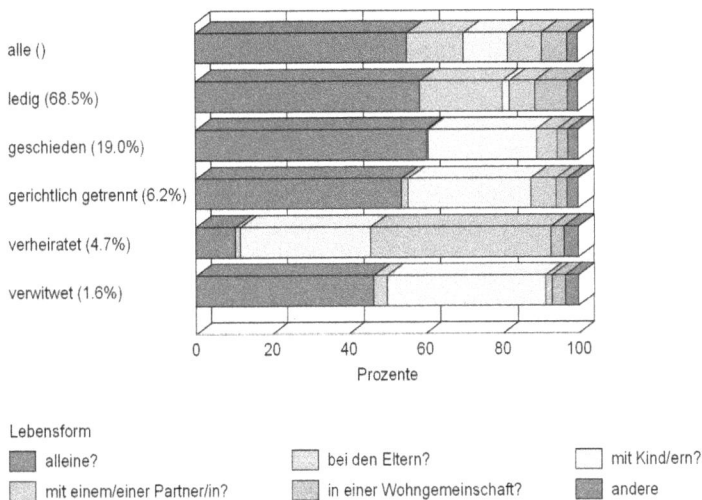

alle ()

ledig (68.5%)

geschieden (19.0%)

gerichtlich getrennt (6.2%)

verheiratet (4.7%)

verwitwet (1.6%)

0   20   40   60   80   100
Prozente

Lebensform
- alleine?
- mit einem/einer Partner/in?
- bei den Eltern?
- in einer Wohngemeinschaft?
- mit Kind/ern?
- andere

Die konkreten Lebenssituationen lassen sich gemäss der offenen Antworten mit Instabilität und innerer Dynamik charakterisieren, was eine konventionelle Kategorisierung der Variablen per se erschwert, wie beispielsweise: „Halbes Jahr Schweiz, halbes Jahr Asien - Sozialprojekt"; „In zwei Ländern, zwei Wohnungen, zwei Leben". Auch Wohngemeinschaft ist nicht gleich Wohngemeinschaft (mit Gleichaltrigen): „Wohngemeinschaft mit dem Vater seit dem Tod der Mutter".

Bei den offenen Antworten auf die Frage nach der aktuellen Lebensform wurden wir zudem mit einer Fülle von subjektiven Beziehungsdefinitionen konfrontiert: „Wochenendbeziehung", „Fernbeziehung" oder „offene Beziehung", hier nur einige Beispiele:

Alleine, mit Partnerin, die drei Kinder hat,
Mit Partnerin im Pflegeheim;
Mein Partner lebt im Ausland;
Mit Partnerin, die eigene Wohnung hat;
Wochenendbeziehung über 100 km mit Kind.

Drei Viertel aller Partnersuchenden haben keine Kinder – 77% der Kinderlosen waren Männer und 69% Frauen. Ein substantieller, hoch signifikanter Altersunterschied ergab sich erwartungsgemäss zwischen kinderlosen Partnersuchenden (31 Jahre) und solchen mit Kindern (45 Jahre). 35 Personen besassen vier Kinder und 15 fünf oder mehr. 108 Frauen waren alleinlebende Mütter mit Kindern (darunter 55 mit zwei und 13 mit drei Kindern). Der Korrelationskoeffizient r=.86[118] zwischen der Variable *Kinder* aus der Datenbank und der gleichnamigen Variable aus der Umfrage war tiefer als der entsprechende Koeffizient für die Variablen *Geschlecht* (.98) und *Alter* (.99). Daraus lässt sich schliessen, dass bei der Kinderzahl eine verhältnismässig grössere Abweichung zwischen virtuellem Profil und realer Person besteht.

Die Erhebung gibt uns neben der aktuellen *Lebensform* Auskunft über die momentane *Lebenssituation* der befragten Partnersuchenden. Erwerbstätig sind demnach 77% der PartnerWinner-User, 7% Studenten und 5% Lehrlinge. Ein geringerer Teil besteht aus Schülerinnen und Schülern (2.2%) sowie arbeitslosen Partnersuchenden (2.1%). Lediglich 1.3% bezeichnen sind als Hausfrauen oder Hausmänner und nur 0.7% sind Rentner. Auch bei dieser Frage bekundete ein Teil der Befragten Mühe, ihre momentane Situation in die vorgeschlagenen Antwortalternativen einzuordnen. Dazu gehörten Individuen mit Doppelrollen, beispielsweise „Hausfrau und erwerbstätig", Studenten mit Teilzeitjobs oder temporär Arbeitende und Reisende.

Jeder Zweite ist zu 100% erwerbstätig, jeder Fünfte leistet Arbeit in Überzeit. Erhebliche Geschlechtsunterschiede kamen hier wenig überraschend zum Vorschein (siehe Abbildung 28).

Abbildung 28. Arbeitspensum und Geschlecht

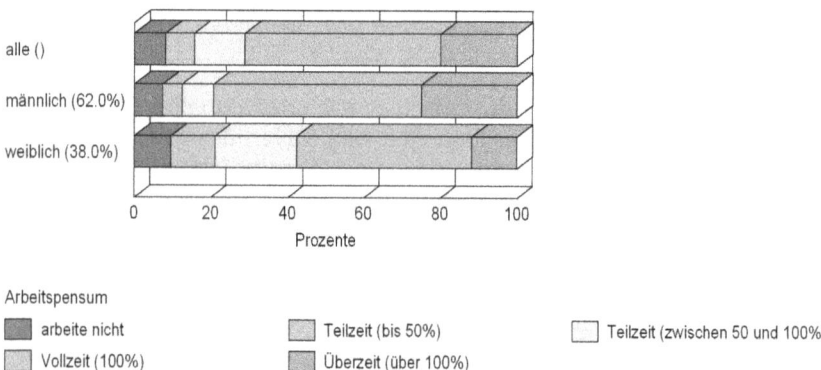

Bildungsabschluss
Die im Fragebogen enthaltene Skala der höchsten Ausbildungsabschlüsse (siehe Abbildung 29) erstreckte sich von 1 „kein Abschluss" bis 10 „Promotion". Der Mittelwert lag bei 5.4 („Matura"), mit einer Standar-

---

[118] Signifikanzniveau =.000

dabweichung von 2.4. Jeder dritte PartnerWinner-User hatte eine abgeschlossene Berufslehre. Über ein Fünftel verfügte über Hochschulbildung (Fachhochschule oder Universität), mehr als die Hälfte der Befragten hatte mindestens einen Matura-Abschluss. Die vorliegende Verteilung widerspiegelt die allgemein bekannte Tatsache, dass das durchschnittliche Bildungsniveau der Internetnutzer höher liegt als jenes der Gesamtbevölkerung.

Abbildung 29. Häufigkeitsverteilung der höchsten Ausbildungsabschlüsse

Höchster Ausbildungsabschluss

	alle		Geschlecht			
			männlich 62.0%		weiblich 38.0%	
Höchster Ausbildungsabschluss						
keiner	0.7%	25	0.6%	13	0.9%	12
obligatorische Schule	5.7%	198	5.3%	115	6.3%	83
Berufslehre	34.0%	1191	31.4%	681	38.3%	509
Berufsmatura	4.7%	166	5.4%	117	3.7%	49
Matura	8.7%	306	8.3%	181	9.4%	125
Primarlehrerausbildung	2.3%	79	1.0%	22	4.3%	57
Diplom/Fachausweis höhere Berufsbildung	20.6%	723	21.1%	457	20.0%	265
Diplom Fachhochschule	10.7%	376	12.6%	274	7.7%	102
Universitätsabschluss	10.6%	371	12.0%	260	8.3%	110
Promotion	1.9%	67	2.3%	50	1.2%	16
Total	100.0%	3502	100.0%	2170	100.0%	1328
Antworten		3502		2170		1328
Mittelwert		5.4		5.5		5.0
Standardabweichung		2.4		2.5		2.3
Freq Err(68)*		±0.8%		±1.0%		±1.3%
Freq Error*		±1.6%		±2.0%		±2.7%
ChiSq Significance		NA		Yes at 99.0%		

* Note: Freq Err(68) covers 68% of distribution. Frequency error covers 95% of distribution.

Abschliessend sei festgehalten, dass sich neben der *Geschlechts-* und der *Alterskluft* eine dritte zeigt - die *Bildungskluft* (je höher die Bildung, desto besser der Zugang zum Internet). 2003 gehörten 28% der Personen, deren höchste abgeschlossene Ausbildung die obligatorische Schule ist, zu den regelmässigen Internetnutzern; bei den Personen mit Sekundarstufe II betrug der entsprechende Anteil gut 46%, bei jenen mit einem höheren Berufsbildungrad 69% und bei jenen mit einem Hochschulabschluss gar 80%[119]. Die Partnersuchenden besassen ein niedrigeres Ausbildungsniveau als der Durchschnitt der Schweizer Internetnutzer, d.h. wir stellten einen Bildungsbias nach unten fest. In der Bildungsstruktur der PartnerWinner-Benutzer zeichnet sich demnach eine moderat egalisierende

---

[119] 6. Bericht der Koordinationsgruppe Informationsgesellschaft (KIG) an den Bundesrat, Juni 2004, www.infosociety.ch.

Tendenz des Phänomens Cyberdating aus (vgl. dazu noch Kapitel 7.3., Orientierungsthese 5). Dieser Befund könnte die Vermutung erhärten, dass bestimmte Menschen erstmals die Hemmschwelle des Interneteinstieges überwunden haben, getrieben von der Motivation, einen Partner online zu finden. Das Bildungsniveau der PartnerWinner-Benutzer liegt jedoch immer noch höher als der Durchschnitt der Schweizer Bevölkerung[120], wie der Abbildung 30 zu entnehmen ist.

Geographische Verteilung
Der Kanton Zürich allein stellt mit einem Anteil von 38% über ein Drittel der Benutzer auf PartnerWinner. Zwei andere Kantone - Bern (13%) und Aargau (10%) - sind ebenfalls stark präsent. Die Wohnortsverteilung im übrigen Teil der Deutschschweiz nimmt danach massiv ab. Kantone wie Schwyz oder Graubünden sind nur marginal mit 2% vertreten. Abgesehen von der Überzahl an Zürchern entspricht die Nutzerverteilung auf PartnerWinner in etwa der Bevölkerungsverteilung unter den Deutschschweizer Kantonen. 41% der erfolgreich Suchenden, die zum Umfrage-Zeitpunkt eine durch PartnerWinner geknüpfte Beziehung laufen hatten, waren Zürcher und 15% Berner.

Abbildung 30. Ausbildungsabschlüsse der PartnerWinner-User und der Schweizer Bevölkerung im Vergleich

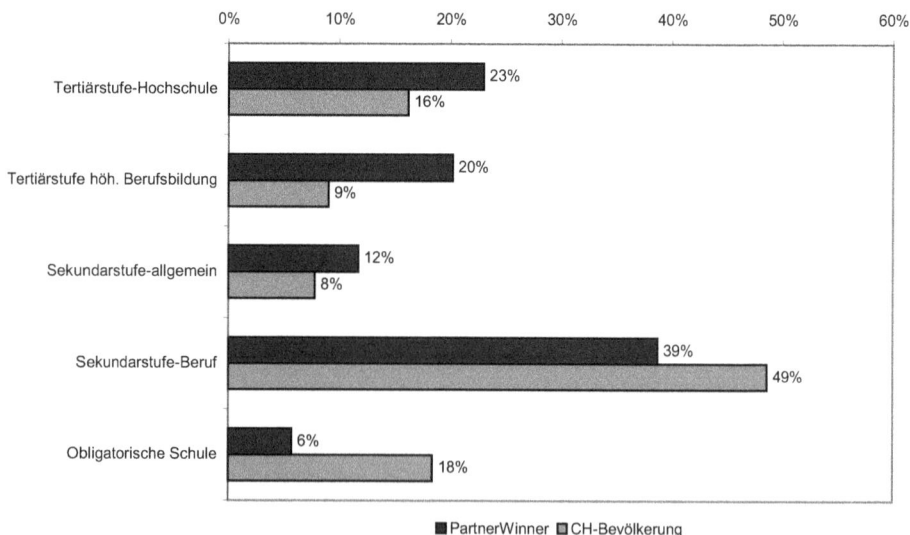

---

[120] Quelle: Statistisches Lexikon der Schweiz, Statistik der Abschlüsse und Diplome, Bundesamt für Statistik.

Staatsangehörigkeit

Das soziodemographische Bild unserer Partnersuchenden ergänzt sich nicht zuletzt durch Angaben zu deren *Staatsangehörigkeit*. Die Mehrheit ist schweizerischer Nationalität (84.4%); als Doppelbürger geben sich 6.8% der Befragten aus; Angehörige anderer Länder machen 8.8% aus (siehe Tabelle 15). Unter den DoppelbürgerInnen waren vermehrt Frauen anzutreffen (9.2% gegenüber 5.4% Männer). Die Untergruppe der AusländerInnen wies ein N=315 aus und somit einen Anteil von 11.4%[121] an der Grundgesamtheit. In der Häufigkeitsverteilung nach Herkunftsländern (siehe Tabelle 15) stehen zuoberst deutsche Staatsbürger/innen (4.6%), gefolgt mit weitem Abstand von Österreichern, Amerikanern, Italienern und Tschechen. Alle übrigen Nationalitäten teilen sich in bloss 4.8%. Das Geschlechts-verhältnis in der Ausländergruppe ist viel ausgeglichener (der Frauenanteil ist mit 43% um 5% höher als in der gesamten Gruppe der PartnerWinner-BenutzerInnen). Das Durchschnittsalter an ausländischen Suchenden ist zu allen Partnersuchenden vergleichsweise höher und beträgt 36 Jahre. Mehr als die Hälfte aller fremdländischen Partnersuchenden besass eine tertiäre Ausbildung (Universität oder Fachhochschule), jeder Fünfte - ein jährliches Bruttoeinkommen von über 100000 Franken. Weniger Erfolg hatten Ausländer im Verhältnis zu Schweizern beim Aufbauen einer Liebesbeziehung auf PartnerWinner (-4%). Kongruent mit dieser Erkenntnis lief, dass sie das Medium Internet als wahrscheinlichen Ort der Partnerfindung niedriger bewerteten denn die gesamte Benutzerschaft (-4%).[122]

---

[121] Der Ausländeranteil der Schweizerbevölkerung beläuft sich auf ca.21%.

[122] Übrige Antworten: Weiss nicht (23%); am Arbeitsplatz (17.2%), im Internet (13.5%), Disco, Ausgang (13.1%).

Tabelle 15. Herkunftsland der PartnerWinner-Benutzer

HERKUNFTSLAND	ANZAHL	PROZENTE	KUMMULIERTE PROZENTE
Schweiz	3145	88.57%	88.57%
Deutschland	162	4.56%	93.13%
Österreich	33	0.93%	94.06%
USA	17	0.48%	94.54%
Italien	14	0.39%	94.93%
Tschechien	11	0.31%	95.24%
Türkei	11	0.31%	95.55%
Grossbritannien	9	0.25%	95.80%
Holland	9	0.25%	96.06%
Ungarn	9	0.25%	96.31%
Brasilien	7	0.20%	96.51%
Liechtenstein	7	0.20%	96.71%
Andere Länder	7	0.20%	96.90%
Bosnien-Herzegowina	6	0.17%	97.07%
Spanien	6	0.17%	97.24%
Frankreich	5	0.14%	97.38%
Schweden	5	0.14%	97.52%
Andere	88	2.48%	100.00%
Total	3551	100.00%	

Zusammenfassend ist hier anzumerken, dass die Verteilung der Befragten die Struktur der ausländischen Bevölkerung in der Schweiz nur stark verzerrt wiedergibt. Es sind vorwiegend hoch gebildete Personen aus EU-Ländern, die das Internet als Medium für die Partnersuche anwenden. Überhaupt nicht vertreten sind die in der ständigen Wohnbevölkerung dominierenden Bevölkerungsgruppen (aus Serbien beispielsweise nur 1 Person). Nicht auszuschliessen ist, dass aus Gründen der sozialen Erwünschtheit Angaben zur Nationalität fehlen. Generell ist die Absenz südeuropäischer Staatsbürger markant (14 User mit italienischer Staatsangehörigkeit). Ebenso erstaunt das Fehlen von Spaniern und Portugiesen. Womöglich benutzen Menschen aus mediterranen oder romanischen Ländern nach wie vor herkömmliche Kanäle der Partnersuche, solche Vermutungen machen aber weitere gezielte Untersuchungen notwendig.

Einkommen

Die PartnerWinner-User verdienen durchschnittlich zwischen 60 und 70000 Franken brutto pro Jahr (Mittelwert 7, siehe Tabelle 16). Bei 13 Monatslöhnen bedeutet dies einen Brutto-Monatslohn zwischen 4615 und 5345 Franken[123]. Über 100000 Schweizer Franken brutto jährlich verdienen 15% der Partnersuchenden auf PartnerWinner, davon sind vier Fünftel Männer. Der Mittelwert bei Frauen ist 6.2 (52000 Franken jährlich brutto) und bei Männern 7.5 (65000 Franken), wobei hier beachtet werden muss, dass das Gefälle zwischen den Geschlechtern geringer ausfällt, weil durch die Kategorisierung der Variable auch die Geschlechtsunterschiede gemildert werden.

---

[123] Hierzu ist zu beachten, dass wir mit einer kategorisierten Variable (siehe Tabelle 16) gearbeitet haben, was in der Regel zu gewissen Ungenauigkeiten führt. Dieses Vorgehen wurde in der Hoffnung gewählt, dadurch das Ausbleiben von Antworten zu minimieren. Überraschend war die hohe Antwortbereitschaft bei der Frage nach der Einkommenssituation - nur 4.5% der Befragten verzichteten auf eine Antwort.

Tabelle 16. Jährliches Bruttoeinkommen der Partnersuchenden

Jährliches Bruttoeinkommen

	alle		Geschlecht			
			männlich 62.0%		weiblich 38.0%	
Jährliches Bruttoeinkommen						
keines	5.5%	191	4.1%	88	7.9%	103
0 - 20 000	9.6%	333	9.6%	206	9.7%	127
20 000 - 30 000	3.0%	105	2.2%	47	4.4%	58
30 000 - 40 000	4.5%	154	2.9%	62	7.0%	92
40 000 - 50 000	8.1%	281	6.8%	146	10.3%	135
50 000 - 60 000	10.7%	369	9.2%	198	13.0%	170
60 000 - 70 000	11.8%	406	10.9%	233	13.2%	172
70 000 - 80 000	10.9%	375	10.6%	228	11.2%	146
80 000 - 90 000	8.5%	292	9.2%	197	7.3%	95
90 000 - 100 000	7.8%	269	9.3%	199	5.4%	70
über 100 000	15.1%	523	20.7%	443	6.0%	79
keine Antwort	4.5%	157	4.6%	98	4.5%	59
Total	100.0%	3455	100.0%	2145	100.0%	1306
Antworten		3455		2145		1306
Mittelwert		7.0		7.5		6.2
Standardabweichung		3.2		3.2		3.1
Freq Err(68)*		±0.6%		±0.9%		±0.9%
Freq Error*		±1.2%		±1.7%		±1.9%
ChiSq Significance		NA		Yes at 99.0%		

* Note: Freq Err(68) covers 68% of distribution. Frequency error covers 95% of distribution.

Es zeigte sich wiederum der altbekannte positive Zusammenhang zwischen Bildungsgrad und Einkommen (Personen ohne Abschluss verdienen 30000 bis 40000 Schweizerfranken brutto jährlich, solche mit Fachhochschul- oder Universitätsabschluss zwischen 80000 und 90000 Franken). Die Einkommensverteilung nach Kanton zeigte die höchsten Durchschnittswerte für die Kantone Zürich und Schwyz (beide 7.4), gefolgt von Zug (7.3) und Biel (7.2). Die Zürcher, die auf PartnerWinner auch zahlenmässig stark in der Überzahl sind, verdienen mehr als alle anderen PartnerWinner-User zusammen. Ein Fünftel der User, die aus dem Kanton Zürich stammen, verdient über 100'000 Franken pro Jahr.

Berufsstruktur

Berufe in der IT-Branche hat ein Fünftel der Personen, davon mehrheitlich Männer. Tabelle 17 erlaubt ein differenziertes Bild über die Berufsstruktur von Männern und Frauen auf PartnerWinner und legt eine der gewichtigsten Differenzen zwischen den beiden Geschlechtern offen. An erster Stelle ist die grosse Anzahl von Männern in der IT-Branche festzustellen. Die höchsten Löhne hatten Personen der Consulting-Branche (Projektleiter, Forscher 9.3), der Unternehmensführung (9) und IT/Telekommunikation (8.5) sowie Marketing (8.4).

Tabelle 17. Häufigkeitsverteilung der Berufsstrukturen

Berufsstrukuren

Beruf	alle		Geschlecht männlich 62.0%		weiblich 38.0%	
IT/Telekommunikation (z.B. Entwickler, Projektleiter)	14.3%	427	19.2%	365	5.6%	61
Technische Berufe (z.B. Architekt, Monteur, Verfahrenstechniker)	12.0%	359	18.0%	342	1.6%	17
Andere Dienstleistungen/Sonstige (z.B.Fahrer, Hauswirtschafter)	10.0%	299	8.7%	165	12.3%	134
Organisation/Verwaltung/Recht (z.B. Anwalt, Kaufmann)	9.4%	280	5.7%	108	15.8%	172
Rechnungswesen/Finanzen/ Controlling/Banking (z.B. Broker, Buchhalter)	8.0%	239	7.9%	150	8.2%	89
Vertrieb/Verkauf (z.B. Key Account, Sales, Vertriebsinnendienst)	7.6%	227	6.7%	128	9.1%	99
Aus- und Weiterbildung (z.B. Erzieher, Hochschulassistent, Lehrer, Professor)	7.5%	224	4.6%	87	12.6%	137
Unternehmensführung (z.B. Direktor, Vorstand/Geschäftsführer)	5.6%	166	6.7%	128	3.5%	38
Medizinische Berufe (z.B. Arzt, Pfleger)	5.0%	149	1.9%	36	10.4%	113
Consulting (z.B. Projektleiter, Researcher)	4.7%	141	6.0%	113	2.6%	28
Marketing/PR (z.B. Marktforscher, Produktmanager)	4.0%	120	3.1%	59	5.5%	60
Einkauf/Logistik/Materialwirtschaft (z.B. Einkäufer, Logistiker)	3.1%	93	3.3%	63	2.8%	30
Design/Gestaltung (z.B. Autor, Designer)	2.6%	78	3.1%	59	1.7%	19
Personalwesen (z.B. Personalberater, Personalsachbearbeiter)	2.6%	77	1.3%	25	4.8%	52
Redaktion/Dokumentation (z.B. Journalist, Redaktor, Texter, Übersetzer)	1.8%	55	1.5%	29	2.4%	26
Naturwissenschaftliche Berufe (z.B. Chemiker, Physiker, Umweltberater)	1.7%	51	2.1%	40	1.0%	11
Total	100.0%	2985	100.0%	1897	100.0%	1086
Freq Err(68)*	±0.6%		±0.9%		±1.1%	
Freq Error*	±1.3%		±1.8%		±2.2%	
ChiSq Significance	NA		Yes at 99.0%			

* Note: Freq Err(68) covers 68% of distribution. Frequency error covers 95% of distribution.

10.2. Persönlichkeitscharakteristiken des Cyberdaters

10.2.1. Wohlbefinden, Selbstwertgefühl, sexuelle Zufriedenheit, Einsamkeit

Wir haben bereits Bezug darauf genommen, dass Singles in zahllosen empirischen Studien als einsam und sexuell unzufrieden beschrieben werden, wobei es sich hier nicht um einen freiwillig gewählten Zustand handelt, sondern um eine durch Umstände erzwungene Isolation und Enthaltsamkeit (Bachmann 1992, Küpper 2003). Partnerlose sollen wenig zufrieden mit ihrem Leben sein, selbst dann, wenn sie freiwillig Single sind. Sie hätten die höchsten Einsamkeitswerte, was insbesondere für geschiedene Männer und am wenigstens für verheiratete Männer gilt. Ausgehend von der Annahme, dass eine funktionierende Beziehung ein wichtiger Prädiktor für das allgemeine Wohlbefinden ist, wurden die Benutzer von PartnerWinner nach Selbstbewusstsein, Wohlbefinden, sexueller Zufriedenheit sowie Einsamkeitsgefühlen befragt. Die Frage im Zusammenhang mit Einsamkeit lautete „Fühlen Sie sich in letzter Zeit einsam"; jene zum Wohlbefinden: „Wie schätzen Sie momentan Ihr Wohlbefinden ein?". Ähnlich formulierte Fragen gab es zur Selbsteinstufung des Selbstbewusstseins und der sexuellen Zufriedenheit. Die PartnerWinner-Benutzer sind gemäss Selbsteinschätzung als selbstbewusst zu charakterisieren, sie fühlen sich wohl, jedoch eher einsam und vor allem sexuell unzufrieden. Die breiteste Streuung zeigte die Variable *sexuelle Zufriedenheit* (SA=2.8) und *Einsamkeitsgefühle (SA=2.7)*. Es wurde ein positiver Zusammenhang von *sexueller Zufriedenheit* mit *Wohlbefinden* r=.40 sowie mit *Selbstbewusstsein* r=.31 ermittelt.

Tabelle 31. Persönlichkeitscharakteristiken nach Geschlecht mit T-Test für unabhängige Stichproben

Group Statistics

	U:Geschlecht	N	Mean	Std. Deviation	Std. Error Mean
Wohlbefinden (1-10)	männlich	1982	3.71	1.858	.042
	weiblich	1236	3.38	1.762	.050
Sexuelle Zufriedenheit (1-10)	männlich	1974	6.41	2.749	.062
	weiblich	1232	5.65	2.875	.082
Selbstbewusstsein (1-10)	männlich	1982	3.36	1.733	.039
	weiblich	1235	3.33	1.729	.049
Einsamkeitsgefühle (1-10)	männlich	1978	5.40	2.679	.060
	weiblich	1240	6.31	2.661	.076

		Levene's Test for Equality of Variances		t-test for Equality of Means					95% Confidence Interval of the Difference	
		F	Sig.	t	df	Sig. (2-tailed)	Mean Difference	Std. Error Difference	Lower	Upper
Wohlbefinden (1-10)	Equal variance assumed	3.102	.078	4.958	3216	.000	.33	.066	.198	.457
	Equal variance not assumed			5.020	2724.858	.000	.33	.065	.200	.455
Sexuelle Zufriedenheit (1-10)	Equal variance assumed	5.732	.017	7.429	3204	.000	.75	.102	.556	.954
	Equal variance not assumed			7.352	2523.768	.000	.75	.103	.553	.956
Selbstbewusstsein (1-1	Equal variance assumed	.012	.913	.568	3215	.570	.04	.063	-.087	.159
	Equal variance not assumed			.568	2623.135	.570	.04	.063	-.087	.159
Einsamkeitsgefühle (1-10)	Equal variance assumed	.003	.954	-9.433	3216	.000	-.91	.097	-1.103	-.723
	Equal variance not assumed			-9.448	2645.041	.000	-.91	.097	-1.102	-.724

Die Analyse der erwähnten Persönlichkeitsmerkmale in Bezug auf Geschlecht zeigte zudem (vgl. Tabelle 31), dass Frauen sich im Durchschnitt wohler fühlen und sexuell zufriedener als Männer sind. Der Wert der weiblichen sexuellen Zufriedenheit ist auf der 10-er Skala beinahe um einen Punkt höher als der männliche - das Selbstwertgefühl hingegen zeigte keine geschlechtsrelevanten Unterschiede. Einsamkeitsgefühle korrelierten erwartungsgemäss positiv mit der sexuellen Zufriedenheit zu r=.53 (je geringer die sexuelle Zufriedenheit, desto mehr Einsamkeitsgefühle vorhanden), mit dem Wohlbefinden r=.43 und mit dem Selbstbewusstsein r=.32. Das Selbstbewusstsein korrelierte substanziell zu r=.49 mit dem Wohlbefinden[124].

Des weiteren wurde untersucht, ob und wie sich diese Werte unter dem Einflussfaktor „Erfolg auf PartnerWinner" verändern (siehe Abbildung 32). Am stärksten beeinflusste der Beziehungsfaktor die sexuelle Zufriedenheit: fündige PartnerWinner-Benutzer verzeichneten eine statistisch signifikante Steigerung um drei Skalenpunkte gegenüber den erfolglosen.

---

[124] Alle oben genannten bivariaten Korrelationskoeffiziente waren auf 0.01-Niveau hoch signifikant.

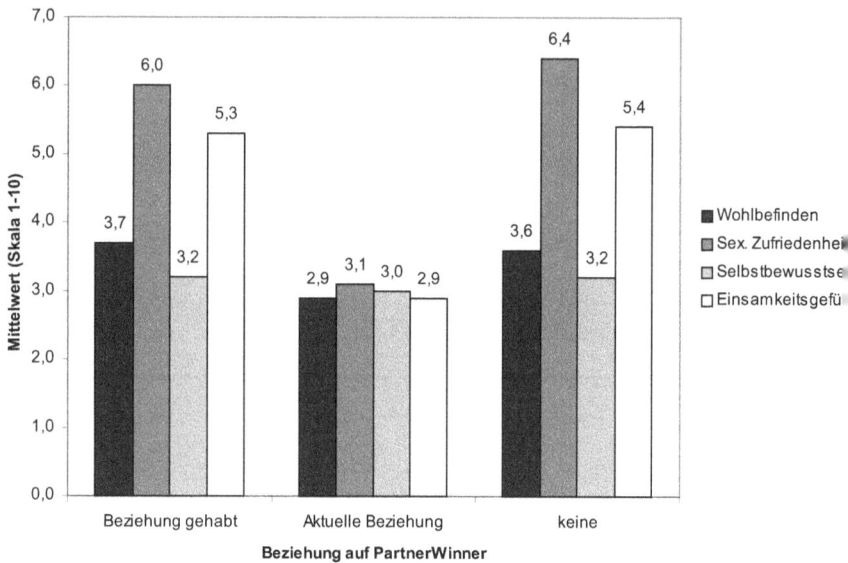

Auch die Einsamkeitsgefühle zeigten eine Abnahme, die allerdings nicht signifikant war (Mittelwerte 5.4 bzw. 4.1). Am robustesten verhielt sich die Einschätzung des Selbstbewusstseins, der Mittelwertunterschied zeigte sich jedoch statistisch signifikant. Die Tatsache, dass ein Partnersuchender auf PartnerWinner Erfolg hatte und eine Liebesbeziehung aufbauen konnte, hat sich positiv auf das Ausmass seines Wohlbefindens und noch stärker auf jenes seiner sexuellen Zufriedenheit ausgewirkt. Die Geschlechtsunterschiede hierzu mit Ausnahme von sexueller Zufriedenheit waren statistisch nicht signifikant.

10.2.2. Retrospektive Partnerschaftsbiographie

Die Umfrageergebnisse erlauben ein differenziertes Bild über die bisherige Erfahrung der Partnersuchenden mit festen Liebesbeziehungen - bevor sie auf PartnerWinner gestossen sind. Alle Personen, die zur Zeit der Umfrage keine Beziehung hatten, wurden in zwei Gruppen unterteilt: *dauerhafte Singles* und *temporäre Singles*. Als dauerhafte Singles wurden ledige Personen bezeichnet, die 1) älter als 25 Jahre waren und 2) noch nie eine feste Beziehung hatten. Entgegen gängiger Vorurteile, dass

hauptsächlich „ewige Singles" eine romantische Beziehung im Netz suchen, hatte nur ein Sechstel aller Befragten noch nie eine feste Beziehung,
wurde also den dauerhaften Singles zugeordnet. Sie waren im Durchschnitt immerhin 27 Jahre alt - d.h. sieben Jahre jünger als die Gesamtheit
der PartnerWinner-Benutzer und zu 84% Männer. Bei den Eltern lebte
ein Fünftel, ein Zehntel waren Studenten. Fast die Hälfte davon hatten
technische Berufe oder Berufe in der IT-Branche. Der Wunsch nach einer
langfristigen Liebesbeziehung war bei den dauerhaften Singles stärker
ausgeprägt als in der gesamten Gruppe.

**Abbildung 33. Dauer des Singleseins der PartnerWinner-User im
Bezug auf das Alter**

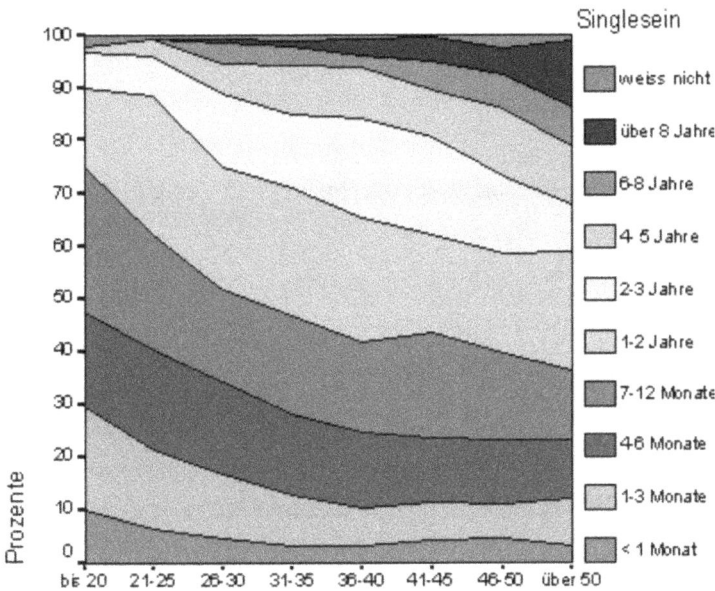

Als *temporäre Singles* bezeichneten wir Personen, die zum Zeitpunkt keine Beziehung hatten, in der Vergangenheit jedoch durchaus Erfahrung
mit festen Partnerschaften machen konnten (vgl. auch Abbildung 33 für
die zeitliche Veränderung des Single-Status). Temporäre Singles waren
demnach 85% aller Befragten. Die Mehrheit der temporären Singles
(44%) war erst seit einem Jahr oder weniger ohne Partnerschaft, weitere
22% gaben an, seit einem bis zwei Jahren partnerlos zu sein. Insgesamt
hatten 84% aller temporären Singles innert der letzten drei Jahre eine Beziehung. Dies lässt darauf schliessen, dass sich auf PartnerWinner eher

Menschen versammeln, die sich in einer mehrheitlich kurzfristigen Übergangsphase zwischen zwei Beziehungen befinden.

10.2.3. Leitbilder der Partnerschaft: ideale Partnerschaft und ideale Partner

Charakteristiken der Partnerschaft

Wichtigste Charakteristik einer Partnerschaft ist gemäss der User von PartnerWinner *gegenseitiges Verständnis, gute Kommunikation* (M=4.8, siehe Tabelle 18). Dies ist kaum weiter erstaunlich. In der Literatur gilt dieses Merkmal als zentral für eine Partnerschaft, dessen Fehlen wird als verantwortlich für das Scheitern einer Beziehung gehalten. *Gegenseitiges Verständnis* wird hier mit der Fähigkeit zu Empathie (definiert als mitfühlendes Verstehen), Einfühlungsvermögen oder Perspektivenübernahme in Verbindung gebracht.

Tabelle 18. Rating der Partnerschaftscharakteristiken

EIGENSCHAFTEN DER PARTNERSCHAFT (1- SEHR UNWICHTIG; 5- SEHR WICHTIG)	MITTELWERT	STD. ABWEICHUNG	N
1. Gegenseitiges Verständnis, gute Kommunikation	4.76	.616	3061
2. Offenheit	4.65	.657	3019
3. Treue	4.45	.862	3042
4. Befriedigende Sexualität	4.32	.763	3041
5. Sicherheit und Geborgenheit	4.19	.908	3052
6. Selbstverwirklichung	4.07	.922	3027
7. gemeinsame Interessen	3.88	.772	3058
8. Freiheit und Unabhängigkeit	3.82	.950	3035
9. Arbeitsteilung bei der Haushaltsführung	3.45	.985	3022
10. Arbeitsteilung bei der Kindererziehung	3.35	1.163	2833

Offenheit und *Treue* wurden an zweiter und dritter Stelle platziert, was ein dynamisches, teilweise ambivalentes Bild einer idealen Beziehung zeichnet. *Befriedigende Sexualität* kommt die viertgrösste Bedeutung zu.

Ein spannendes Bild ergibt sich aus den Korrelationen der einzelnen Partnerschaftseigenschaften (siehe im Anhang Tabelle 41): Das relevanteste Merkmal *gute Kommunikation* weist den stärksten Zusammenhang mit *Offenheit* auf (r=.56), *Treue* (r=.41), *Sexualität* (r=.35), *Sicherheit und Geborgenheit* (r=.34). *Treue* korreliert substantiell mit *Sicherheit und Geborgenheit* (r=.40) und *Offenheit* (r=.39). Am unwichtigsten erscheinen überraschenderweise *Arbeitsteilung bei der Kindererziehung* und *Arbeitsteilung bei der Haushaltsführung*. Beide Items hängen erwartungsgemäss hoch zusammen (r=.61). Eine körperbezogene Komponente wie *Sexualität* hängt ausser mit der *Kommunikation* auch mit der *Offenheit* zusammen. Auf das Individuum bezogene Charakteristiken wie *Selbstverwirklichung* und *Freiheit und Unabhängigkeit* korrelieren untereinander zu r=.49.

Bekannte geschlechtsstereotypische Vorstellungen in Bezug auf die Vorstellungen von einer idealen Parterschaft kommen in Abbildung 34 zum Vorschein. Frauen zeigten überall eine höhere Gewichtung der einzelnen Charakteristiken der *Partnerschaft* (solche wie *gute Kommunikation*), jedoch mit geringem Abstand im Vergleich zu den Charakteristiken des *Partners* (solche wie *Unkonventionalität*, siehe Abbildung 35). Die grössten Unterschiede bestehen bei *Selbstverwirklichung innerhalb einer Beziehung* und *Freiheit und Unabhängigkeit*. Obwohl *Arbeitsteilung bei der Haushaltsführung* zu unterst positioniert war, bekunden Frauen dieser eine stärkere Relevanz als Männer. Das einzige Item mit exakter geschlechtlicher Übereinstimmung war unerwartet *Arbeitsteilung bei der Kindererziehung*.

Abbildung 34. Charakteristiken der Partnerschaft: Geschlechtsunterschiede

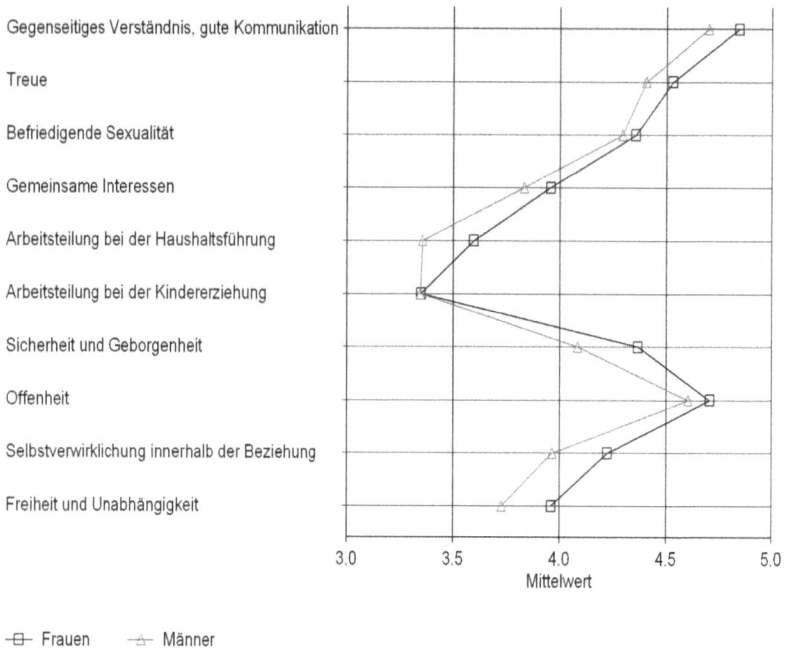

Gegenseitiges Verständnis, gute Kommunikation	
Treue	
Befriedigende Sexualität	
Gemeinsame Interessen	
Arbeitsteilung bei der Haushaltsführung	
Arbeitsteilung bei der Kindererziehung	
Sicherheit und Geborgenheit	
Offenheit	
Selbstverwirklichung innerhalb der Beziehung	
Freiheit und Unabhängigkeit	

3.0   3.5   4.0   4.5   5.0
Mittelwert

–□– Frauen   –△– Männer

1 = sehr unwichtig; 5 = sehr wichtig

Charakteristiken des Partners

Verschiedene Grundhaltungen gegenüber einer zukünftigen Beziehung können diese prägen, z.B. der „Bestimmungsglauben"[125] (Knee et. al. 2001, zit. nach Felser 2003, 352), was heisst, dass die Partner daran glauben, füreinander bestimmt zu sein; eine weitere Grundhaltung ist auch der „Wachstumsglaube": Probleme werden überwunden, die Partnerschaft bessert sich im Laufe der Zeit. Subjektive Idealvorstellungen („einen guten Charakter haben"), an denen die Beziehung gemessen wird, können zu Wahrnehmungsverzerrungen führen, zur Sichtweise der „rosa Brille" (Felser 2003, 344). Zwei originelle Beispiele, wie solche Diskrepanzen funktionieren, beschreibt Drigotas: Das erste ist das sog. „Michelangelo-Phänomen" (Drigotas 1999, zit. nach Felser 2003). Beide Partner wirken aufeinander wie Bildhauer - sie modellieren aus dem Partner eine Persönlichkeit heraus, die dieser selbst gerne wäre. Das zweite, sog. „Pygmalion-Phänomen" spielt sich folgendermassen ab: Der Partner schafft sich eine Skulptur seiner Partnerin nach seinem eigenem Ideal und verliebt sich in sie. Zahlreiche Studien wiesen empirisch nach, dass

---

[125] Im Original: destiny belief (engl.)

solche und ähnliche Effekte mit dem Selbstwertgefühl der beiden Partner zusammenhängen. Dies äussert sich darin, dass Personen mit tendenziell niedrigem Selbstwertgefühl ihren Partner generell abwerten, sie schätzen seine Akzeptanz geringer ein, als sie objektiv ist, indem sie ihre Selbstzweifel auf die Partner projizieren. Im Gegenzug fühlen sich Personen mit höherem Selbstwert durch die emotionale Zuwendung ihres Partners bestätigt (Felser 2003).

Welche Vorstellungen und Erwartungshaltungen die Befragten über ihre potentiellen Partner hatten, erfahren wir aus Tabelle 19. Die Umfrageteilnehmer wurden gefragt, welche Eigenschaften eines Partners ihnen wichtig und welche weniger wichtig sind. Der wichtigste Befund: Weiche Charaktereigenschaften wie *Ehrlichkeit* oder *guter Charakter* wurden höher eingestuft als harte soziodemographische Merkmale wie *Einkommen*. Zwischen der erstplatzierten Eigenschaft *Ehrlichkeit* und der letztplatzierten Eigenschat *Einkommen und Beruf* liegen sogar knapp zwei Punkte Skalenabstand des Mittelwertunterschiedes. Die stärkste Streuung verzeichnen *Bildung* und *Einkommen/Beruf*. Die Streuung der einzelnen Merkmale ist ansonsten relativ gering. Breite Übereinstimmung herrscht beim Stichwort *Ehrlichkeit*.

Es drängt sich die Schlussfolgerung auf, dass *innere Werte die moderne Wunschvorstellung an einen Partner dominieren*. Die derart hoch angesehene *Ehrlichkeit* (für einen ähnlichen Befund bezüglich individueller Konzepte von Liebe siehe Kapitel 5.2.) kann zum einen als Bekenntnis zum monogamen Charakter einer Beziehung interpretiert werden, zum andern als Synonym für Vertrauen und Verpflichtung/Commitment gegenüber der Beziehung. Es überrascht, dass physische Merkmale wie Alter oder äusserliche Eigenschaften weniger gewichtet werden. Allerdings dürften hier Effekte der sozialen Erwünschtheit das Antwortverhalten der Befragten beeinflusst haben. *Äusserliche Eigenschaften* wie Figur und Attraktivität korrelieren relativ schwach mit den übrigen Eigenschaften (siehe im Anhang Tabelle 40), der stärkste Zusammenhang besteht mit *Alter* (r=0.24).

Tabelle 19. Wünschenswerte Charakteristiken des Partners - Rating

EIGENSCHAFTEN DES PARTNERS (1- SEHR UNWICHTIG; 5- SEHR WICHTIG)	MITTELWERT	STD. ABWEICHUNG	N
Ehrlichkeit	4.76	.679	2959
Guter Charakter	4.63	.740	3007
Zuverlässigkeit	4.52	.794	2985
Natürlichkeit	4.34	.850	3012
Toleranz	4.30	.835	3021
Intelligenz	4.24	.832	3089
Sensibilität	4.22	.858	3030
Weltanschauung	3.97	.943	3075
Äusserliche Eigenschaften	3.95	.855	3063
Alter	3.63	.917	3075
Unkonventionalität	3.60	1.001	2982
Bildung	3.53	1.112	3092
Ruf	3.18	1.088	3062
Einkommen, Beruf	2.90	1.044	3099

Es ist zudem zu beachten, dass Eigenschaften wie *Ehrlichkeit* und *guter Charakter* hoch positiv mit r=0.72 korrelieren (das ist der höchste gemessene Wert zwischen den Partnermerkmalen), ähnlich hoch mit *Ehrlichkeit* korreliert *Zuverlässigkeit* - r=0.61. *Bildung* korreliert mit *Einkommen und Beruf* zu r=.57, aber auch mit Intelligenz (r= .53) und *Weltanschauung* (r=0.36). *Einkommen und Beruf* hängen mit des Partners *Ruf* zusammen (r=0.45). Das Merkmal *Intelligenz* korrespondiert mit einer Reihe von Charakteristiken wie *Weltanschauung* (r=.50), *guter Charakter* (r=0.43), *Ehrlichkeit* (r=0.38) und *Sensibilität* (r=0.34). *Guter Charakter* korreliert mit *Zuverlässigkeit* (r=0.55), *Natürlichkeit* (r=0.50) und *Sensibilität* (r=0.47). Die Unkonventionalität korreliert am stärksten mit Toleranz (r=0.43) und Natürlichkeit (0.37).

Abbildung 35. Eigenschaften des Partners: Geschlechtsunterschiede

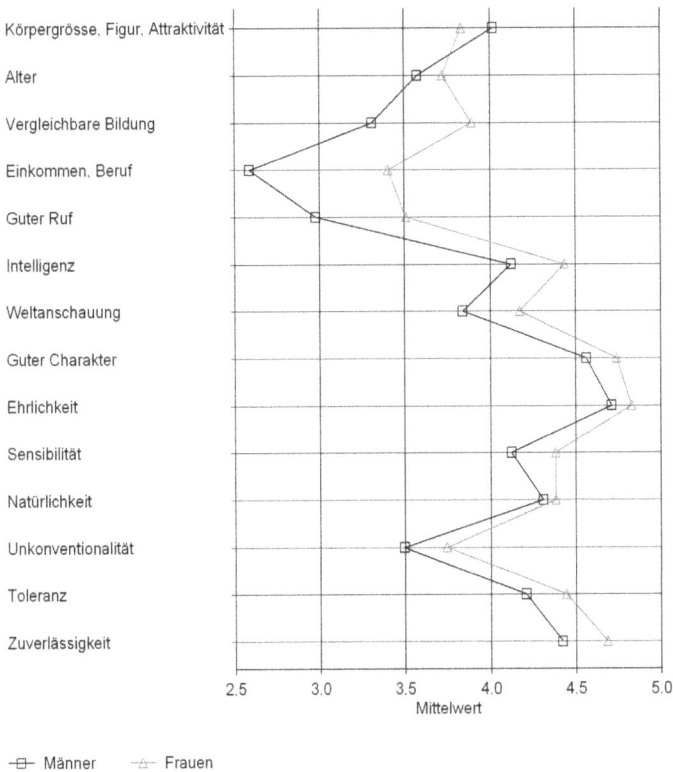

Körpergrösse, Figur, Attraktivität

Alter

Vergleichbare Bildung

Einkommen, Beruf

Guter Ruf

Intelligenz

Weltanschauung

Guter Charakter

Ehrlichkeit

Sensibilität

Natürlichkeit

Unkonventionalität

Toleranz

Zuverlässigkeit

2.5 3.0 3.5 4.0 4.5 5.0

Mittelwert

–☐– Männer   –△– Frauen

1 = sehr unwichtig; 5 = sehr wichtig

Die Wichtigkeit der einzelnen Merkmale zeigte teilweise erwartete, teilweise aber auch erstaunliche Geschlechtsdifferenzen. Alle vorgeschlagenen Charakteristiken wurden von Frauen höher bewertet, selbst das Alter (vgl. Abbildung 35). Einzige Ausnahme sind die *äusserliche Eigenschaften* des Partners wie Körpergrösse, Figur und Attraktivität. Das grösste Meinungsgefälle existiert bei *Einkommen/ Beruf* (1 Skalenpunkt), aber auch bei *guter Ruf* und *Bildung*: Weibliche Partnersuchende schätzen diese signifikant höher ein. Bei den weichen Persönlichkeitszügen ergaben sich bedeutend geringere Ungleichheiten - Frauen schätzten Eigenschaften wie *Weltanschauung, Intelligenz* bedeutender ein als Männer, dasselbe galt für *Zuverlässigkeit* und *Toleranz*. Die *Natürlichkeit* wird von beiden Geschlechtern ähnlich hoch bewertet.

10.3. Mediale Sozialisation

10.3.1. Internetzugang

Von welchem Ort aus nutzen Partnersuchende das Medium Internet, wenn sie auf Partnersuche sind? Anzunehmen wäre, dass diese für eine so private Angelegenheit die nötige Ruhe und Diskretion nicht missen möchten. So erstaunt die Dominanz der eigenen Wohnung als Ort des Internetzuganges nicht weiter - die Mehrheit der Benutzer (88%) besucht PartnerWinner von zu Hause, 37% vom Arbeitsplatz aus (siehe Tabelle 20). Für Online-Aktivitäten wie ernste Partnersuche ist demnach ein privater und somit geschützter Raum besser geeignet als der Arbeitsplatz. Zum Vergleich: Anfang 2003 verfügten 62% der Schweizer Bevölkerung über einen privaten Internetzugang und für 48% bestand die Möglichkeit eines Internetzugangs vom Ausbildungs- oder Arbeitsplatz aus[126]. Die Ergebnisse bezüglich Internetzugang ab Arbeitsplatz lassen allerdings auch Effekte sozialer Erwünschtheit vermuten, welche das entsprechende Ergebnis schmälern (was zum Beispiel die offene Antwort eines Befragten andeutet: „Manchmal auch am Arbeitsplatz, aber ich versuche, dies gering zu halten"). Nur 3% besuchen Datingsites an öffentlichen Orten wie Internetcafés. 850 Personen nutzen beide Möglichkeiten - sowohl von zu Hause aus wie vom Arbeitsplatz (davon 68% Männer). Unter der Rubrik „Anderes" brachten zahlreiche offene Antworten zum Ausdruck, wie breit gefächert die Zugangsorte der Partnersuchenden sind: „Wo immer Zeit und Lust vorhanden", „Unterwegs mit Notebook", „Ich gehe zu Bekannten", „Im Hobbyraum", „Im Atelier". Des weiteren wurde kein erwähnenswerter Geschlechtsunterschied festgestellt (siehe Tabelle 20).

---

[126] http://www.statistik.admin.ch/stat_ch/ber20/indic-soc-info/ind30106d_1_synth.htm.

Tabelle 20. Ort des Internetzugangs (Häufigkeitsverteilung)

Internet-Zugang

	alle		Geschlecht			
			männlich 62.0%		weiblich 38.0%	
Internetzugang						
von zu Hause aus	88.1%	2934	89.2%	1832	86.4%	1099
vom Arbeitsplatz aus	36.5%	1217	37.7%	775	34.6%	440
von einem öffentlichen Internet-Zugang aus	2.9%	96	2.6%	53	3.2%	41
andere	1.8%	59	2.0%	41	1.3%	17
Total	*	*	*	*	*	*
Freq Err(68)*	±0.6%		±0.7%		±1.0%	
Freq Error*	±1.1%		±1.4%		±1.9%	
ChiSq Significance	NA		Yes at 99.0%			

* Note: Freq Err(68) covers 68% of distribution. Frequency error covers 95% of distribution. Multiple answer percentage-count totals not meaningful.

Internetnutzung

Unter den Motivationen für die Nutzung des Internet dominiert auch bei den PartnerWinner-Nutzern die interpersonelle Kommunikation, selbst wenn andere Aspekte wie „Informationsbeschaffung" nicht an Bedeutung verlieren und wiederum andere Motive wie Online-Banking oder Unterhaltung usw. immer stärker werden und durch Faktoren wie das Alter beeinflusst werden (siehe Abbildung 36). "The vast majority of people surfing the Internet and communicating via CMC are there 'in search of social interaction, not just sterile information' and that 80 percent are looking for 'contact and commonality, companionship and community'" (Chenault 1998). Das Medium wird von den Befragten hauptsächlich aus zwei Gründen genutzt: zum Kommunizieren (87%) und aktuelle Infos beschaffen (72%). Weitere Motivationen wie Online-Banking (37%), „Unterhaltung - einfach Surfen" (33%), „Software herunterladen" und „Online-Einkaufen" (je 26%), Ausbildung (25%), „erotische (sexuelle) Seiten besuchen" (16%), „Musik hören oder downloaden" (14%) folgen mit einem beträchtlichen Abstand.

Abbildung 36. Motivationen für die Internetnutzung im Bezug auf das Alter

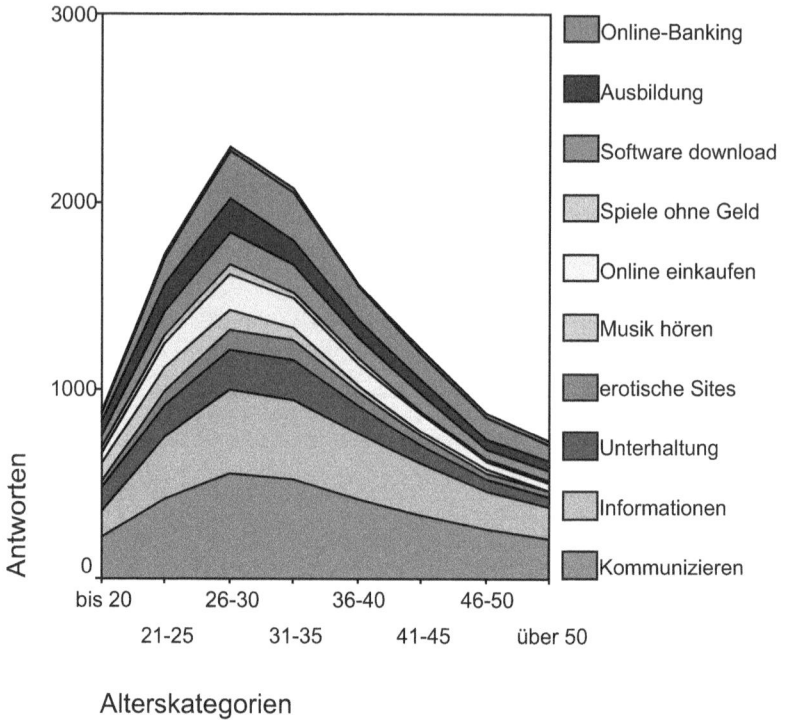

Bei dieser Variable erwarteten wir ebenfalls substantielle Geschlechtsunterschiede - dies hat sich auch bestätigt. Wie neuere Studien ergaben
(beispielsweise das „Pew Internet and American Life Project", vgl. Boneva et al. (2001)), nutzen Frauen das Internet zum Kommunizieren intensiver als Männer. Unsere Umfrageergebnisse zeigen, dass sich dies auch
auf die Population der PartnerWinner-Benutzer übertragen lässt, +4%
Internetnutzung für Kommunikationszwecke seitens der Frauen (siehe
Tabelle 21).

Tabelle 21. Motivationen für die Internetnutzung nach Geschlecht

Nutzungsmotivationen	Geschlecht		alle
	männlich 2202 62.0%	weiblich 1349 38.0%	3720
kommunizieren (Mail, Chat, Foren, Instant Messenger)	1745 85.2%	1125 88.7%	2872 86.5%
aktuelle Infos beschaffen (News, Produktinformationen)	1562 76.3%	825 65.1%	2390 72.0%
Online-Banking	895 43.7%	331 26.1%	1226 36.9%
Unterhaltung (einfach surfen)	733 35.8%	370 29.2%	1106 33.3%
Software herunterladen	712 34.8%	146 11.5%	859 25.9%
Online-Einkaufen	577 28.2%	268 21.1%	847 25.5%
Ausbildung	546 26.7%	294 23.2%	840 25.3%
erotische (sexuelle) Sites besuchen	509 24.9%	38 3.0%	550 16.6%
Musik hören (downloaden)	384 18.8%	102 8.0%	487 14.7%
Spiele ohne Geldeinsatz	130 6.3%	88 6.9%	218 6.6%
andere	98 4.8%	62 4.9%	160 4.8%
Total	* *	* *	* *
Antworten	2048	1268	3320
Freq Err(68)*	±0.8%	±0.9%	±0.6%
Freq Error*	±1.6%	±1.8%	±1.2%
ChiSq Significance	Yes at 99.0%		NA

* Note: Freq Err(68) covers 68% of distribution. Frequency error covers 95% of distribution. Multiple answer percentage-count totals not meaningful.

In allen anderen Bereichen ist die Nutzung bei den Männern höher als bei den Frauen: Beim „Online-Banking" (+18%), „Aktuellen Infos beschaffen" und „Musik hören" (je +11%), „Unterhaltung, surfen" und „Online-Einkaufen (je +7%) und letztlich bei der Ausbildung (+4%). Der grösste Genderunterschied ergab sich, wenig überraschend, bei der Motivation „erotische Seiten besuchen", wo das männliche Geschlecht insgesamt 25% der Stimmen erreichte, Frauen hingegen nur 3%.

Erfahrung mit Internet

Gemessen wurde auch die Länge der individuellen Erfahrung der Befragten mit Internet vor der Zeit im PartnerWinner. Als schon beinahe „Oldies" entpuppte sich ein Viertel der Befragten - sie verfügten über eine Erfahrungsdauer von länger als fünf Jahren (Tabelle 22). Darunter befanden sich doppelt so viele Männer wie Frauen. Die Mehrheit berichtete von einer Erfahrung mit dem Medium von „drei bis fünf Jahren". „Newbies" (weniger als ein Jahr mit dem Netz vertraut) beschieden sich mit nur 7% - leider ist nicht feststellbar, wie viele davon Internet zum ersten Mal durch PartnerWinner kennen gelernt haben. Insgesamt hatten Frauen weniger lange Erfahrung mit dem Internet als Männer (Mittelwertunterschied 3.01 bzw. 2.58, hoch signifikant).

Tabelle 22. Häufigkeitsverteilung der Internet-Erfahrungsdauer der PartnerWinner-User

Seit wann haben Sie Erfahrung mit Internet?

	alle		Geschlecht			
			männlich 62.0%		weiblich 38.0%	
Erfahrung mit Internet						
seit weniger als einem Jahr	7.4%	248	5.3%	109	10.8%	138
seit 1 bis 2 Jahren	25.4%	846	19.8%	407	34.4%	438
seit 3 bis 5 Jahren	42.0%	1400	43.3%	889	40.2%	511
seit mehr als 5 Jahren	25.1%	836	31.6%	649	14.5%	185
Total	100.0%	3330	100.0%	2054	100.0%	1272
Freq Err(68)*	±0.9%		±1.1%		±1.4%	
Freq Error*	±1.7%		±2.2%		±2.7%	
ChiSq Significance	NA		Yes at 99.0%			

* Note: Freq Err(68) covers 68% of distribution. Frequency error covers 95% of distribution.

10.3.2. Suchtpotential des Cyberdating

Cyberdater als Risikogruppe für eine allfällige Internet-Sucht? Fünf Variablen der Webumfrage geben hierzu Auskunft. Erstens wurde mit einer 5-er Skala (von 1: „stimme gar nicht zu" bis 5: „stimme voll zu") die Einstellung der Befragten gemessen, ob Cyberdating aus ihrer Sicht suchtfördernde Wirkung hat („Partnersuche im Internet kann süchtig machen"). Die Befragten standen dieser Behauptung eher zustimmend gegenüber (Mittelwert 3.3, SA=1.21). Die zweite Variable hatte zum Ziel, eine persönliche Selbsteinschätzung zur Internet-Sucht zu erhalten: „Es sind bereits Untersuchungen gemacht worden, die belegen, dass die Suche nach Beziehungen im Internet auch zur Sucht werden kann. Inwieweit stimmt das für Sie persönlich?" (mit einer 10-er Skala von 1: „gar nicht süchtig" bis 10: „sehr süchtig"). Diese Einschätzung ergab wiederum einen verhältnismässig geringen Mittelwert von 3.0, unerheblich war auch das Ausmass der Streuung (SA = 2.5). Die Korrelation der Selbsteinschätzung, süchtig zu sein, mit der persönlichen Einstellung, dass Cyberdating zur Sucht führen kann, war erwartungsgemäss positiv und substantiell: $r=0.31^{**}$. Als Ergänzung der Ergebnisse im Zusammenhang mit dem Suchpotential des Cyberdating verdient hier ein weiterer Befund ebenfalls Erwähnung: In einer Palette von 14 möglichen Nachteilen des Cyberdating wurde die Option „man kann süchtig werden" mit 20.7% der Stimmen an sechster Stelle positioniert - nach „einfache Fluchtmöglichkeit" (21%) und vor „Anonymität" (20%).

Eine vierte Variable hat die *Intensität des privaten Internetkonsums* gemessen, kategorisiert nach Wochenstunden. Dabei kam heraus, dass sich jeder zweite User privat im Internet zwischen 1 bis 5 Stunden pro Woche aufhält (das ergibt auf einer 8-Skala einen Mittelwert von 3.0 mit SA=1.2). Rund ein Zehntel der Befragten verbringt weniger als eine Stunde wöchentlich im Netz. Die grosse Mehrheit (52%) verbringt 1 bis 5 Stunden online. Im Bereich von mehr als 16 Stunden pro Woche befinden sich 7%, darunter vorwiegend Männer. Von mehr als 20 Stunden Internetzeit - im Übrigen eines der Hauptkriterien bei der Diagnose von Internet-Sucht - berichteten lediglich 3.6%. Frauen verbringen insgesamt weniger Zeit im Internet als Männer. Ein schwächerer Zusammenhang ($r= 0.19^{**}$) wurde zwischen der effektiven Intensität des Internetkonsums der Umfrageteilnehmer und ihrer Selbsteinschätzung, süchtig zu sein, festgestellt. Auffallend bei der Verteilung ist, dass bis zu einem Konsum im Bereich von 16 bis 20 Stunden wöchentlich auch die Selbstdiagnose, süchtig zu sein, wahrscheinlicher wird (vgl. Abbildung 37). Danach beobachtet man die Tendenz, die eigene Suchtneigung zu bagatellisieren. Erst im kritischen Konsumbereich von über 30 Stunden pro Woche ist die Bereitschaft, sich selbst als süchtig zu definieren, wieder höher.

Abbildung 37. Eigeneinschätzung des Suchtpotentials von Online-Dating unter Berücksichtigung der Internetnutzung

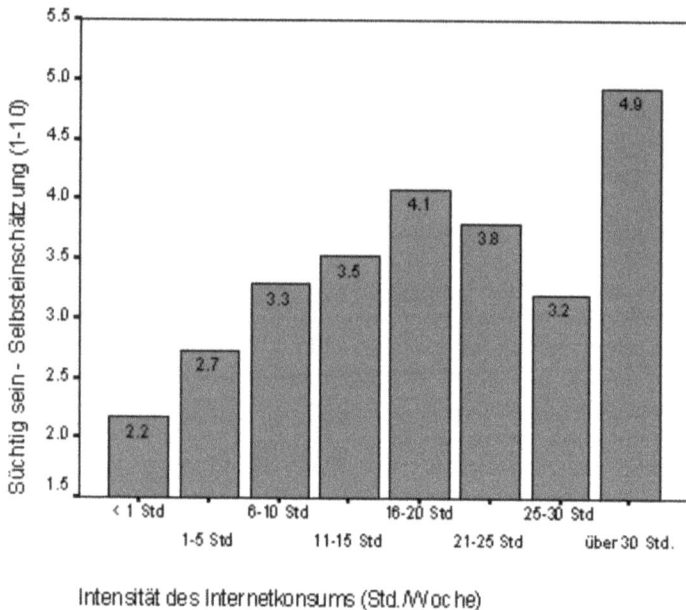

Intensität des Internetkonsums (Std./Woche)

Ausserdem wurde zwischen Einsamkeitsgefühlen und der Selbstein-schätzung, süchtig zu sein, eine positive Korrelation (r= 0.14**) gemessen (je grösser die Einsamkeitsgefühle, desto grösser die Bereitschaft zum Eingeständnis, süchtig zu sein); ebenfalls hängt eine längere *Internetnut-zung* mit der Intensität der Einsamkeit nur marginal zusammen (r= 0. 13**).[127]

Aufgrund obiger Resultate kann davon ausgegangen werden, dass durchschnittliche Cyberdater entgegen gängiger Vorurteile (1) als *leichte Internetnutzer* und keinesfalls als *Heavy-Nutzer* zu charakterisieren sind und dass (2) das Suchpotential von Cyberdating und die damit verbun-denen Gefahren in der einschlägigen Literatur tendenziell eher überbe-wertet wird. Die anfangs von uns gestellte Frage, ob Partnersuchende im Internet potentiell als Risikogruppe für Onlinesucht zu gelten haben, wäre demnach negativ zu beantworten.

---

[127] Alle mit zwei Sternchen markierten Korrelationswerte sind auf dem 0.01-Niveau signifikant.

10.3.3. Medienmigration

Emigrieren online entstehende, romantische Beziehungen hin zu anderen medialen Settings und wenn ja, wie und warum? Parks & Floyd (1996) haben eindeutige Resultate hierzu vorzuweisen: Personen mit Internet-Beziehungen verhielten sich nicht „medial monogam" - sie verliessen oft die Grenzen des virtuellen Raums und kamen wieder zurück. Obwohl sich das E-Mail als universelles Medium herausstellte (98% der Befragten benutzten das Medium), wurden Parks & Floyd (1996) damit konfrontiert, dass die Mehrheit in der selben Zeit auch andere Medien benutzte, um mit den Online-Freunden in Kontakt zu bleiben. An erster Stelle stand das Telefon (35%), die Face-to-face Kommunikation (33%) und der Briefverkehr (28%). Gut zwei Drittel (63.7%) der Befragten mit persönlichen Beziehungen nutzten neben dem Computer andere Kommunikationskanäle, im Durchschnitt verwendeten sie 2.68 Kanäle. Parks & Floyd (1996) kamen somit zum Schluss, die durchs Internet begründeten Beziehungen blieben nur selten aufs Virtuelle beschränkt:

> Although this expansion in the number of contexts where interaction occurs is typical of the relational development process in general, it is particularly noteworthy in on-line relationships. For one thing, it represents a way in which relational partners can overcome the limitations of computer-mediated channels. Vocal and visual information are added as participants move into other channels.

Um solche Expansionseffekte in der individuellen Medienwahl zu untersuchen, wurden drei Variablen erhoben. Sie beleuchten das Verhalten der PartnerWinner-Benutzer im Zusammenhang mit anderen Medien (zum Beispiel mindestens ein Mal telefonieren oder Photos austauschen) ausserhalb des Internet (siehe Abbildung 38). Die Ergebnisse stimmen mit jenen von Parks & Floyd (1996) überein: 64% der User haben mit ihren auf PartnerWinner gefundenen Bekannten auch *mindestens ein Mal* telefoniert. Bezeichnenderweise waren Frauen diesbezüglich aktiver: 75% Frauen und nur 57% Männer nutzten das Telefon ergänzend. Eine Mehrheit legte Wert auf eine physische Vorstellung vom Gegenüber: 52% tauschten miteinander mindestens einmal Photos aus. Frauen waren hier wiederum aktiver (59%) als Männer (nur 48%). 62% der Befragten sagten aus, sie hätten mindestens eine aus der schriftlichen Korrespondenz bekannte Person offline getroffen. Auch hier machten 19% mehr Frauen mit (74% bzw. 55%). Aus einem alle drei Aktivitäten beinhaltenden Index (Telefonate, Phototausch, Offline-Dates) liess sich eine *weibliche Expansionsquote* von 70% errechnen - ein Plus von 16% gegenüber der männlichen Expansionsquote.

Abbildung 38. Partnerwahl-Aktivitäten der User und Medienexpansion

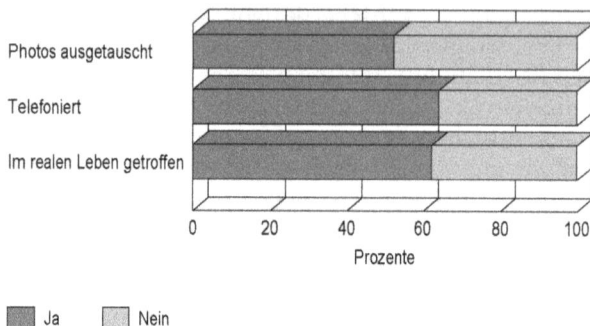

Anhand dieser Ergebnisse findet sich abschliessend der von Parks & Floyd (1996) vertretene Standpunkt zur Medienexpansion klar bestätigt: „The additional finding that nearly two thirds of those whose personal relationships began online chose to use additional communication channels challenges the belief that participants are denied vocal and visual information. [...] The fact that relationships that begin on line rarely stay there raises even more profound questions about our unterstanding of cyberspace."

Weitere quantitative Kriterien im Zusammenhang mit dem Verhalten der Individuen auf PartnerWinner waren Zahl und Häufigkeit ihrer Mail-Kontakte und publizierter Inserate sowie die Anzahl von Personen, mit denen sie auf der Site www.partnerwinner.ch in schriftlichem Kontakt standen. Jeder Benutzer von PartnerWinner erhält wöchentlich durchschnittlich 5.3 Mails mit einer Standardabweichung von 9.7 Mails und schreibt 4.7 Mails mit einer Standardabweichung von 7.1 Mails. Dies bedeutet in der Tat, dass 1.13 mal mehr Mails erhalten denn geschrieben werden. Dieser Befund ist leicht zu erklären: Frauen erhalten überproportional mehr Mails als Männer (siehe Tabelle 23). Hier ist sicherlich mit einer Ungenauigkeit bei der Einschätzung der Zuschriftenzahl zu rechnen, enthielten die Fragen doch den Hinweis, eine ungefähre Angabe genüge. Zwischen den beiden Variablen besteht ein Zusammenhang von $r = 0.57^{**}$.

Tabelle 23. Verhaltensspektrum der PartnerWinner-User unter Berücksichtigung des Geschlechts mit t-Test für unabhängige Stichproben

Group Statistics

	U:Geschlecht	N	Mean	Std. Deviation	Std. Error Mean
Anzahl Inserate bisher	männlich	1491	5.1147	21.23460	.54993
	weiblich	900	2.2600	2.93784	.09793
Anzahl Personen auf PW kennengelernt	männlich	1630	12.4687	23.77116	.58878
	weiblich	1124	21.8390	42.42683	1.26549
Mails geschrieben pro Woche	männlich	1364	4.1268	5.80163	.15709
	weiblich	933	5.5005	8.47815	.27756
Mails erhalten pro Woche	männlich	1183	3.5427	7.85322	.22833
	weiblich	982	7.3870	11.12916	.35515
RL-Dates	männlich	1018	4.22	5.542	.174
	weiblich	872	4.99	5.410	.183
Erfahrungen mit Dates im RL (1-negative;	männlich	1018	6.53	2.343	.073
	weiblich	872	6.39	2.487	.084

Independent Samples Test

		Levene's Test for Equality of Variances		t-test for Equality of Means					95% Confidence Interval of the Difference	
		F	Sig.	t	df	Sig. (2-tailed)	Mean Difference	Std. Error Difference	Lower	Upper
Anzahl Inserate bisher	Equal variances assumed	36.470	.000	4.010	2389	.000	2.8547	.71195	1.45858	4.25080
	Equal variances not assumed			5.111	1583.356	.000	2.8547	.55858	1.75906	3.95032
Anzahl Personen auf PW kennengelernt	Equal variances assumed	49.414	.000	-7.392	2752	.000	-9.3703	1.26764	11.85589	-6.88463
	Equal variances not assumed			-6.713	1609.812	.000	-9.3703	1.39575	12.10794	-6.63258
Mails geschrieben pro Woche	Equal variances assumed	27.695	.000	-4.611	2295	.000	-1.3737	.29794	-1.95796	-.78945
	Equal variances not assumed			-4.307	1518.165	.000	-1.3737	.31893	-1.99930	-.74811
Mails erhalten pro Woche	Equal variances assumed	97.996	.000	-9.393	2163	.000	-3.8443	.40926	-4.64687	-3.04169
	Equal variances not assumed			-9.105	1716.209	.000	-3.8443	.42221	-4.67238	-3.01618
RL-Dates	Equal variances assumed	6.451	.011	-3.014	1888	.003	-.76	.253	-1.258	-.266
	Equal variances not assumed			-3.020	1856.130	.003	-.76	.252	-1.257	-.267
Erfahrungen mit Dates im RL (1-negative; 10-positive)	Equal variances assumed	10.335	.001	1.227	1888	.220	.14	.111	-.082	.355
	Equal variances not assumed			1.221	1805.224	.222	.14	.112	-.083	.356

Zur detaillierten Erfassung der User-Aktivität wurde zusätzlich die Zahl der Inserate erhoben, die von den Benutzern auf PartnerWinner in allen Rubriken aufgegeben worden waren. Das Ergebnis zeigte einen Durchschnitt von 2.9 Inseraten bei einer Standardabweichung von 4.9 Inseraten. Männer geben durchschnittlich 5 Inserate auf (siehe Tabelle 23),

Frauen hingegen lediglich 2 (die Differenz erwies sich als hoch signifikant). Das Ergebnis bestätigt das bekannte Rollenmuster beim Paarbildungsverhalten, wonach Männer im allgemeinen öfters die Initiative ergreifen als Frauen. Jeder Umfrageteilnehmer hat 15 Personen auf PartnerWinner via Mail kennen gelernt (Median=10, SA=21). Dabei haben Frauen ein weiteres Mal mehr Bekanntschaften online hergestellt als Männer (die Differenz erwies sich als hoch signifikant). Pro Person kamen ausserdem 4.6 Dates mit verschiedenen Personen offline zustande (SA=5.5 Dates). Der positive Zusammenhang zwischen der Zahl an E-Mail-Kontakten und der Zahl der Dates im realen Leben betrug r=0.45 - daher überrascht kaum, dass *ein Drittel der über PartnerWinner hergestellten E-Mail-Kontakte im realen Leben fortgesetzt* wurden.

Die Befragten wurden überdies gebeten, ihre Erfahrungen mit Dates offline auf einer Skala von 1 (sehr schlecht) bis 10 (sehr gut) zu beurteilen, was einen Mittelwert von 6.7 und eine Standardabweichung von 2.4 ergab. Männer schnitten hier sogar leicht positiver ab (siehe Tabelle 23), der Mittelwertunterschied war jedoch statistisch nicht signifikant (t-Test).

Zusammenfassend sei gesagt, dass Frauen trotz ihrer auf den ersten Blick passiven Rolle als Partnersuchende in quantitativer Hinsicht ein durchwegs betriebsameres Verhalten auf PartnerWinner an den Tag legen: Sie schreiben und erhalten mehr E-Mails, haben mit einer grösseren Personenzahl E-Mail-Kontakt, arrangieren intensiver Dates offline.

11. Natur des Onlinedating

Nachdem ich nun doch relativ viele Mails mit 'eindeutigen' Absichten bekommen habe, möchte ich etwas Aufklärungsarbeit leisten und darauf hinweisen, dass ich NICHT auf der Suche nach einem Abenteuer/ONS bin! Wer es darauf abgesehen hat, kann es sich also besser sparen... ;-)). (@ngel)

11.1. Benutzermotivationen für Partnersuche online

Die Frage nach den Motivationen für die Benutzung von PartnerWinner.ch haben uns Einblick in die persönlichen Gründe der User erlaubt, Datingportale im Internet zu besuchen. Im normalen Leben hat der Akt des Kennenlernens oft einen Anschein von Zufälligkeit. Das Internet scheint diesen Zwang zur Zufälligkeit zu neutralisieren, schliesslich trägt jedes PartnerWinner-Mitglied seinen SingleSlider. Wohl weil Internet-Umgebungen häufiger einem klar definierten Zweck dienen, respektive weil persönliche Bedürfnisse im Internet an zweckbestimmten Orten befriedigt werden, wecken Datingsites gefühlsmässig kein Unbehagen. Arrangierte Rendezvous sind in unserer Gesellschaft oft mit dem Aspekt von Verlegenheit behaftet, und öffentliche Deklaration von Singledasein wirken stigmatisierend.

Tabelle 24. Benutzermotivationen, PartnerWinner zu besuchen

Was suchen Sie auf PartnerWinner?

	alle		Geschlecht			
			männlich 62.0%		weiblich 38.0%	
Suche auf PartnerWinner...						
Dating	30.8%	990	39.0%	772	17.7%	218
erotische (sexuelle) Kontakte	17.0%	547	24.6%	486	4.9%	60
eine dauerhafte Liebesbeziehung	55.6%	1789	60.7%	1202	47.4%	585
Heirat/Familiengründung	6.1%	197	7.3%	144	4.2%	52
Email-Kontakte	20.3%	653	18.6%	368	23.0%	284
Online-Flirts	13.6%	437	13.7%	271	13.5%	166
Freundschaft(en)	32.5%	1045	32.6%	645	32.3%	399
Partner für Freizeit und Hobbys	21.1%	680	19.9%	393	23.3%	287
nichts Besonderes	14.1%	454	11.0%	218	19.0%	235
andere	5.8%	187	4.1%	81	8.5%	105
Total	*	*	*	*	*	*
Freq Err(68)*	±0.9%		±1.1%		±1.4%	
Freq Error*	±1.8%		±2.2%		±2.8%	
ChiSq Significance	NA		Yes at 99.0%			

* Note: Freq Err(68) covers 68% of distribution. Frequency error covers 95% of distribution. Multiple answer percentage-count totals not meaningful.

Allfällige Befürchtungen, dass sich Menschen selbst auf einer Datingsite, die sich als Ort für die Suche nach festen Beziehungen deklariert, nicht als „beziehungswillige" outen, bestätigten sich nicht. Die Mehrheit (56%) der Befragten, im Durchschnitt 36 Jahre alt, gab an, eine "dauerhafte Liebesbeziehung" zu suchen (Tabelle 24). Für weitere 6% der Befragten war die Option "Heirat und Familiengründung" eine Motivation. Ein zweites Segment von Nutzern waren die, die angaben, „nur" Online-Flirts zu suchen (14% der Befragten, durchschnittliches Alter 30 Jahre). Ein drittes Nutzersegment rundet das Gesamtbild ab: Weniger als ein Drittel war auf der Suche nach Freundschaften, je ein Fünftel nach Hobby- und Freizeitpartnern (36-jährig im Durchschnitt) und E-Mail-Kontakten (32-jährige). Ein Sechstel der Umfrageteilnehmer legte sich nicht fest bezüglich der Suchpräferenzen (die Antwortoption lautete „nichts Besonderes"). Zur Abhängigkeit der Suchmotivationen vom Alter der Benutzer sei auf Abbildung 39 verwiesen.

Abbildung 39. Suchmotivationen in Abhängigkeit vom Alter

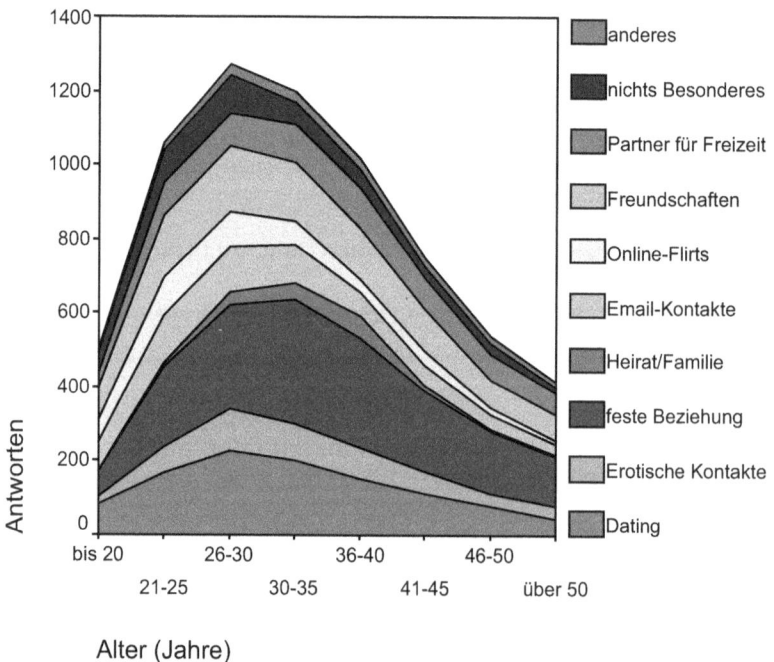

Auch hier waren ausgeprägte Geschlechtsunterschiede zu beobachten, welche die Männer überraschenderweise in ihrer Suche weit zielgerichteter erscheinen liessen als Frauen (vgl. Tabelle 24). Erstaunlich: 14% mehr Männer denn Frauen suchen entgegen gängiger geschlechtlicher

Paarbildungsmuster eine „dauerhafte Liebesbeziehung"; selbst beim Ziel von „Heirat und Familiengründung" finden sich 3% mehr Männer. Männer legen erwartungsgemäss fünfmal mehr Wert auf erotische oder sexuelle Kontakte, sowie auf das eher unverbindliche Dating (+21%), Frauen hingegen bevorzugen „E-Mail-Bekanntschaften" und „Partner für Freizeit und Hobbys" (je +4%). Diese Ergebnisse bestätigen klar, dass sich die Benutzer von PartnerWinner durch eine ziemliche Homogenität der Suchpräferenzen in Richtung einer festen Beziehung auszeichnen. Das führt zu einer deutlichen Exklusivität der Beziehungsbereitschaft und weniger der allgemeinen Kontaktbereitschaft, was für eine zukünftig zunehmende Differenzierung im Bereich der beziehungsbezogenen Onlineportale spricht - z.B. in Form von einerseits Freundschaftsportalen und andererseits Partnerschaftssites.

Benutzer (im übrigen 30-jährig, d.h. vier Jahre jünger als der Rest), die ohne konkrete Absichten in Bezug auf eine feste Liebesbeziehung ein Datingportal im Internet besuchen, stellen eine interessante Untersuchungsgruppe dar. Denn es ist davon auszugehen, dass bei einem Teil dieser Gruppe Effekte sozialer Erwünschtheit deren Antwortverhalten beeinflusst haben (man tut so, als würde man sich „nur 'mal umsehen", in Tat und Wahrheit hält man aber nach einer festen Beziehung Ausschau).

11.2. Vor- und Nachteile der Partnersuche im Netz

Mit zwei Variablen zu positiven und negativen Charakteristiken von Cyberdating wollten wir von den Befragten wissen, welche Einstellungen im Zusammenhang mit Online-Partsuche sie auszeichnen. Zu diesem Zweck wurden insgesamt je 15 Items formuliert, die sich auf wichtige Charakteristiken der Partnersuche im Netz mit seinen positiven und negativen Seiten bezogen; diese wurden jeweils als Vor- oder als Nachteile definiert. Mehrfach-Nennungen waren dabei möglich.

Vorteile
Die Auswertung der Resultate (siehe Tabelle 25) bestätigte die herausragende Relevanz der *Anonymität*. Diese Charakteristik befand sich an der Spitze mit 76% Nennungen, gefolgt mit 24%-igem Abstand von *geringe Hemmschwelle* („man hat weniger Hemmungen", 51%) und *Unverbindlichkeit* („unverbindliche Kontakte sind möglich", 47%).

Tabelle 25. Vorteile des Onlinedating - Häufigkeitsverteilung

	Geschlecht		alle
	männlich 2202 62.0%	weiblich 1349 38.0%	3720
Vorteile des Online-Dating			
Anonymität, solange man will	1464 72.2%	1026 81.4%	2492 75.7%
man hat weniger Hemmungen	1117 55.1%	544 43.2%	1663 50.5%
unverbindliche Kontakte sind möglich	924 45.5%	617 49.0%	1544 46.9%
sehr grosse Auswahl an möglichen Partnerinnen/Partnern	802 39.5%	491 39.0%	1296 39.4%
auch scheue Leute finden online Kontakt	833 41.1%	454 36.0%	1289 39.1%
man kann Leute kennenlernen, die geographisch weit entfernt sind	657 32.4%	442 35.1%	1099 33.4%
man kann spezielle Leute suchen	601 29.6%	412 32.7%	1013 30.8%
man kann einfach "ausloggen", wenn einem etwas nicht passt	459 22.6%	527 41.8%	988 30.0%
das Äussere hat weniger Bedeutung	509 25.1%	343 27.2%	855 26.0%
die Erfahrung mit Online-Dating ist eine Bereicherung	456 22.5%	261 20.7%	718 21.8%
am Anfang ist nur das Schreiben - man sieht/spürt den anderen nicht	411 20.3%	302 24.0%	714 21.7%
grössere Sicherheit	241 11.9%	217 17.2%	458 13.9%
Online-Dating kann zu einem richtigen Hobby werden	242 11.9%	150 11.9%	394 12.0%
man kann sich sehr fantasievoll darstellen	257 12.7%	127 10.1%	384 11.7%
hohe Erfolgschancen	137 6.8%	87 6.9%	225 6.8%
andere	107 5.3%	81 6.4%	188 5.7%
Total	* *	* *	* *
Antworten	2029	1260	3293
Freq Err(68)*	±1.0%	±1.1%	±0.7%
Freq Error*	±2.0%	±2.2%	±1.5%
ChiSq Significance	Yes at 99.0%		NA

* Note: Freq Err(68) covers 68% of distribution. Frequency error covers 95% of distribution. Multiple answer percentage-count totals not meaningful.

Der stärkste Meinungsunterschied zwischen den Geschlechtern ergab sich bei der *Unverbindlichkeit* - Frauen kommen mit 19% mehr Nennungen auf 42%. Hingegen bewerten Männer das Kriterium *geringe Hemmschwelle* (+12% auf 55%) höher. „Der grösste Vorteil von PartnerWinner ist, dass einem der erste Schritt erleichtert wird", bekannte ein Umfrageteilnehmer am Ende des Fragebogens. Ein anderer resümierte: „Ich finde es eine geniale Plattform, um innerhalb der Anonymität jemanden kennen zu lernen - von Anfang an ohne Hemmungen und ohne Ängste, relativ schnell persönlich an jemanden heran zu kommen. Man kann bei Unbehagen den Kontakt jederzeit abbrechen".

Nachteile

Als Nachteile des Onlinedating wurden den Umfrageteilnehmern folgende Charakteristiken angeboten: „Schreiben kann man alles", „Man sieht und spürt den Anderen nicht", „Man kann sich kein Bild des Anderen machen", „Kaum Erfolgschancen", „Man kann einfach abhauen", „Man kann süchtig werden", „Anonymität", „Zu unverbindlich", „Viele sind enthemmt", „Zu viele Leute - unübersichtlich", „Man weiss nicht, woher die Leute kommen", „Im Netz werde ich nur noch einsamer", „Zu unsicher", „Eher für spezielle Bedürfnisse geeignet". Am meisten Zustimmung erhielt der Nachteil, dass man „alles schreiben kann" (70%). Die übrigen Kategorien folgen mit einem beträchtlichen Abstand von 34%: "Den anderen nicht sehen oder spüren" (36%) und „Unmöglich, sich ein Bild des anderen zu machen" (26%). Substantielle Meinungsverschiedenheiten nach Geschlecht wurden bei zwei Merkmalen beobachtet: „viele sind enthemmt" (Frauen +13% auf 25% Nennungen) und „kaum Erfolgchancen" (Männer +12% auf 26%).

Ambivalenz

Dem Cyberdating wurde zu Anfang der Untersuchung eine ambivalente Natur unterstellt.

Abbildung 40. Spiegelfrage - Vor- und Nachteile des Cyberdating[128] gegenübergestellt

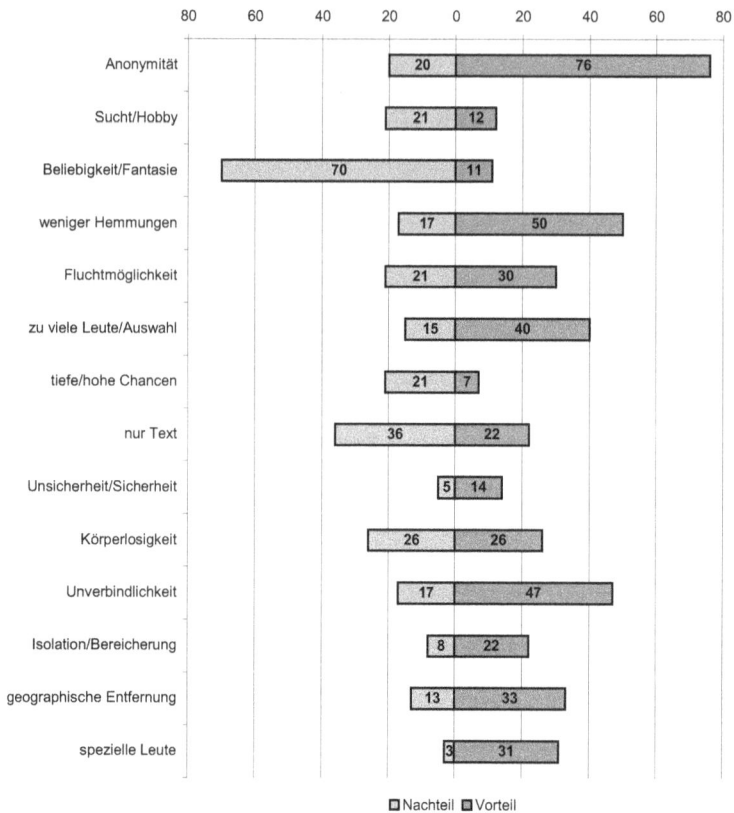

	Nachteil	Vorteil
Anonymität	20	76
Sucht/Hobby	21	12
Beliebigkeit/Fantasie	70	11
weniger Hemmungen	17	50
Fluchtmöglichkeit	21	30
zu viele Leute/Auswahl	15	40
tiefe/hohe Chancen	21	7
nur Text	36	22
Unsicherheit/Sicherheit	5	14
Körperlosigkeit	26	26
Unverbindlichkeit	17	47
Isolation/Bereicherung	8	22
geographische Entfernung	13	33
spezielle Leute	3	31

□ Nachteil ■ Vorteil

Erwartungsgemäss kristallisierte sich diese bei der „Spiegelfrage" (Abbildung 40) nach den Vor- und Nachteilen des Cyberdating heraus. Konkret wurden zu diesem Zweck dieselbe Charakteristiken zum einen positiv, zum anderen negativ formuliert - etwa der Umstand, dass Online-Dating zu Einsamkeit führen kann. Aus positiver Perspektive kann dies durchaus eine Bereicherung fürs Individuum sein. Die grosse Menge möglicher Partner kann die persönlichen Erfolgschancen steigern, in negativer Hinsicht aber zu Unüberschaubarkeit führen. Solcherart gebildete, antonymische Paare wurden einander symmetrisch gegenübergestellt (siehe Abbildung 40), um ambivalente Eigenschaften des Phänomens Onlinedating aufzuspüren. Aus dieser Sichtweise ist mühelos zu

---

[128] Es waren mehrfache Nennungen möglich.

erkennen, wie stark widersprüchlich das Bild der Befragten von Cyberdating ist, obwohl die positiven Einstellungen (Vorteile) die negativen dominieren. So konnte beispielsweise die *Anonymität* im Internet aus der Partnersuche-Perspektive als Vorteil (76%), aber auch als Nachteil (20%) eine Rolle spielen. Ein Befragter gab zur Anonymität Folgendes zu bedenken: „Viele verstecken sich hinter der Anonymität und lassen ihren Fantasien freien Lauf. Es ist relativ schwierig, wenn man(n) ehrlich und offen schreibt..." Die als grösster Vorteil von Cyberdating deklarierte *Anonymität* verzeichnete gut 20% negative Nennungen. Die Möglichkeit, ein freies Selbstportrait von sich selbst zu zeichnen, wurde mehrheitlich ablehnend beurteilt - ein weiterer empirischer Beleg als Unterstützung für die Annahme, dass sich Partnersuchende im Netz wahrheitsgetreu präsentieren. Die optionale Freiheit, sich *beliebig darzustellen*, wurde mit 59% mehr Nennungen eindeutig als Nachteil („schreiben kann man alles", 70%) denn Vorteil (*„fantasievolle Darstellung"*, 11%) gesehen.

Das umgekehrte Bild ergab die Charakteristik „im Netz hat man weniger Hemmungen". In ihrer Funktion als Vorteil erhielt sie 33% mehr Nennungen. Dies stützt einmal mehr den bereits andernorts erhaltenen Befund, wonach Cyberdating für introvertierte Menschen eher Chance ist und weniger ein Raum für Beliebigkeit. Vergleichbar verhielt es sich mit der *Unverbindlichkeit* von Netzkontakten - auch hier waren 30% mehr User der Meinung, dies sei eher von Vorteil. Ähnlich beurteilt wurde auch die Möglichkeit, speziellen Menschen zu begegnen (+28%). Das Inserat der Userin *schleudertrauma* (37) verdeutlicht dies:

> **Hallo Gleichgesinnte**
> Suche sogenannte 'Gleichgesinnte', Menschen mit einem Schleudertrauma. Würde gerne mit Euren Erfahrungen austauschen. Ich fühle mich beziehungsmässig in einer Partnerschaft stark eingeschränkt, reduziert, mit einer kleinsten Frustrationstoleranz und vielem mehr. Wer hat schon ähnliche Erfahrungen gemacht, lebt/e als Partner mit einem Mensch mit Schleudertrauma oder einer anderen Hirnfunktionsstörung? Wer hat für sich Überlebens- und Lösungsstrategien entwickelt und ist bereit, seine Erfahrungen auszutauschen und weiterzugeben?

Dem *Primat des Textes* im virtuellen Raum steht man beim Dating eher skeptisch gegenüber - für 36% der Leute war es von Nachteil, dass man „den anderen nicht sieht oder spürt"; nur 22% betrachteten dies als positiv („Am Anfang ist nur das Schreiben - man sieht und spürt den anderen nicht"[129]). Bei der gewichtigen Frage der Bedeutung von *Körperlosigkeit* scheiden sich die Geister klar: exakt je 26% waren der Meinung, es sei von Vorteil, wenn „das Äussere weniger Bedeutung hat" respektive

---

[129]Meinung eines Befragten.

ein Nachteil, dass man sich „kein Bild des Anderen machen kann". Eine *Suchtgefahr* erkannten im Cyberdating 21%; lediglich für 12% ist dies eine Beschäftigung, die zum Hobby werden kann. „Kaum Erfolgschancen" bei der Partnersuche im Netz bescheinigen 21% der Antworten - davon gehörten 90% zu den ParnterWinner-Usern, denen auf der Plattform der Erfolg versagt blieb. Die Beziehung der restlichen 10% war zum Zeitpunkt der Umfrage bereits aufgelöst.

11.3. Persönliche Einstellungen der User zu Cyberdating und Internet

Der Fragebogen erhielt insgesamt 24 Items, die zum Ziel hatten, Einstellungen der Benutzer gegenüber Dating im Internet zu ermitteln. Die in den Abbildung 41, Abbildung 42 und Abbildung 43 gezeigten Einstellungen sind nach dem *Grad der Zustimmung* geordnet, mittels Fünfer-Skala gemessen: 1 bedeutet „gar nicht einverstanden", 5 - „voll einverstanden" (zuoberst diejenige mit der grössten Zustimmung, zuunterst die mit der geringsten).

Abbildung 41. Einstellungen zum Cyberdating (1.Teil)

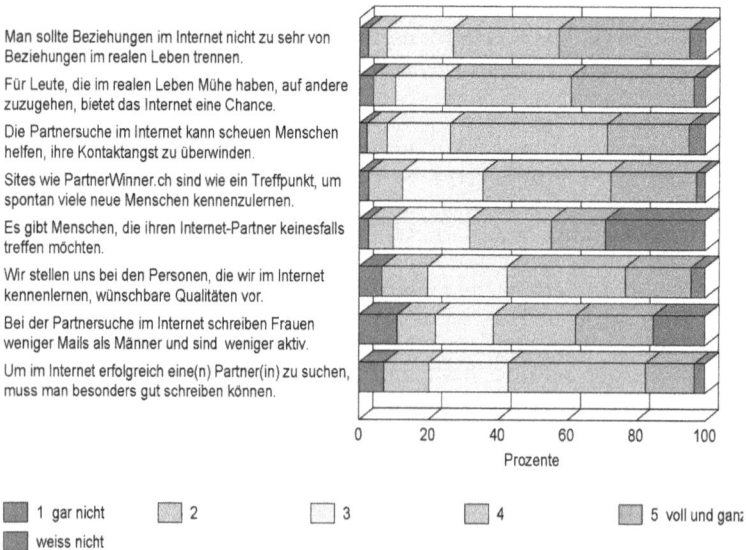

Man sollte Beziehungen im Internet nicht zu sehr von Beziehungen im realen Leben trennen.

Für Leute, die im realen Leben Mühe haben, auf andere zuzugehen, bietet das Internet eine Chance.

Die Partnersuche im Internet kann scheuen Menschen helfen, ihre Kontaktangst zu überwinden.

Sites wie PartnerWinner.ch sind wie ein Treffpunkt, um spontan viele neue Menschen kennenzulernen.

Es gibt Menschen, die ihren Internet-Partner keinesfalls treffen möchten.

Wir stellen uns bei den Personen, die wir im Internet kennenlernen, wünschbare Qualitäten vor.

Bei der Partnersuche im Internet schreiben Frauen weniger Mails als Männer und sind weniger aktiv.

Um im Internet erfolgreich eine(n) Partner(in) zu suchen, muss man besonders gut schreiben können.

0   20   40   60   80   100
Prozente

1 gar nicht   2   3   4   5 voll und ganz
weiss nicht

Die breiteste Zustimmung genoss die Behauptung, dass sinnvolle *Grenzen* zwischen den "realen" Beziehungen (offline) und den virtuellen (online) nicht zu ziehen seien: „Man sollte Beziehungen im Internet nicht zu sehr von Beziehungen im realen Leben trennen. Früher oder später will man sich sowieso treffen" (Abbildung 41: Mittelwert 4.01). Aus den in der Zustimmungsrangliste zweit- und drittplatzierten Einstellungen lässt sich der feste Glaube der Befragten erkennen, dass das Internet eine *kompensatorische* Rolle für Personen mit Kommunikations- und Kontaktdefiziten spielt (Abbildung 41: „Für Leute, die im realen Leben Mühe haben, auf andere zuzugehen, bietet das Internet eine Chance", M=3.97; „Die Partnersuche im Internet kann scheuen Menschen helfen, ihre Kontaktangst zu überwinden", M=3.87). Eine Datingplattform online ist demnach eine willkommene Option für introvertierte und schüchterne Menschen und übt einen *egalisierenden* Einfluss auf die Chancengleichheit der Beziehungswilligen aus. Die geringe Standardabweichung der beiden Items zeugt von einem breiten Meinungskonsens. Vereinzelte Befragte äusserten sich in offenen Antworten dazu jedoch pessimistisch:

> Ich denke, dass Leute, welche es sonst schon schwerer haben im Leben, z.B. scheu sind oder nicht schön, noch mehr in ein Loch fallen, wenn sie im PartnerWinner jemanden kennenlernen und es dann wieder nicht klappt. Für solche Menschen bedeutet PartnerWinner zwar mehr Möglichkeiten zum Kontakt, aber eben auch mehr Enttäuschungen.

PartnerWinner funktioniere wie ein *Treffpunkt*, wo man „spontan viele neue Menschen kennenlernt" (Abbildung 41, M=3.74), so die vierthäufigste Aussage. In den Augen der befragten PartnerWinner-User erfüllen derartige Kontaktbörsen die Funktion eines sozialen Treffplatzes, jedoch ohne herkömmliche Optionen wie Ausgang und Disko) zu substituieren. Die Option Internet ist gleichberechtigt mit allen herkömmlichen Optionen: „Man weiss nie, wo man seinem Traumpartner begegnet, warum nicht auch im Internet?". Dieser Grundoptimismus illustriert ein Befragter mit offensichtlich geringer Internet-Erfahrung:

> Ich war überglücklich, als es mit dem Einloggen geklappt hat. Es haben sich auch schon Frauen per Email gemeldet. Ich habe noch keine "real" treffen können, gehe aber, wenn ich Zeit habe, immer auf PartnerWinner und freue mich riesig, wenn mir wieder eine Frau eine Email geschrieben hat. Seither fühle ich mich nicht mehr so einsam. Ich hoffe fest, dass ich mich mal mit einer oder mehreren Frauen treffen darf und so vielleicht wieder eine liebe Freundin haben darf.

Abbildung 42. Einstellungen zum Cyberdating (2.Teil)

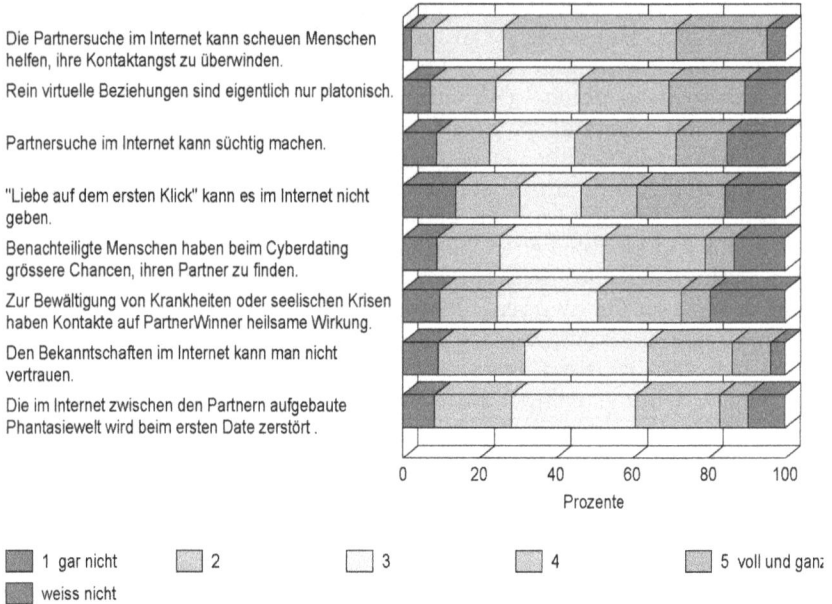

Die Partnersuche im Internet kann scheuen Menschen helfen, ihre Kontaktangst zu überwinden.

Rein virtuelle Beziehungen sind eigentlich nur platonisch.

Partnersuche im Internet kann süchtig machen.

"Liebe auf dem ersten Klick" kann es im Internet nicht geben.

Benachteiligte Menschen haben beim Cyberdating grössere Chancen, ihren Partner zu finden.

Zur Bewältigung von Krankheiten oder seelischen Krisen haben Kontakte auf PartnerWinner heilsame Wirkung.

Den Bekanntschaften im Internet kann man nicht vertrauen.

Die im Internet zwischen den Partnern aufgebaute Phantasiewelt wird beim ersten Date zerstört .

0   20   40   60   80   100

Prozente

■ 1 gar nicht   □ 2   □ 3   □ 4   ■ 5 voll und ganz
■ weiss nicht

Tendenziell positiv wurde die Aussage aufgenommen, rein virtuelle Beziehungen wären nur platonisch (Abbildung 42, M=3.35). Gut die Hälfte bejaht dies, ein Viertel war unentschieden. Am meisten Unentschlossene provozierte die Behauptung, man wolle die Internet-Bekanntschaft nicht offline treffen, um die eigenen Phantasievorstellung nicht mit der Realität konfrontieren zu müssen. Die Option, die Virtualität einer Beziehung nicht wegen deren Reizes zu verlängern, sondern aus Angst von „reality checks", wird von den Befragten offensichtlich wahrgenommen (M=3.01). Das Face-to-face-Treffen behält nach wie vor seine unersetzliche Funktion beim Aufbau einer romantischen Beziehung und entscheidet, ob es überhaupt zu einer Beziehung kommt oder nicht: „Ein Treffen mit der Internet Bekanntschaft ist kein Blind-Date, da man sich schon kennt" (Abbildung 43, 55% Ablehnung, M= 2.38).

In zwei Hälften spaltete die Umfrageteilnehmer die Aussage, „eine Internet-Beziehung könne genau so anziehend, romantisch oder sinnlich wie eine im realen Leben sein" (Abbildung 43, M=3.00). Geteilte Meinungen verzeichnete auch das Phänomen der Körperlosigkeit im Internet (Abbildung 43, „Wenn die Profile auf PartnerWinner.ch Photos enthalten würden, ginge etwas Geheimnisvolles verloren", M=2.84). Konsequenterweise war für die Befragten virtuelle Liebe ohne körperliche Begegnung ein ambivalentes Phänomen (M=2.87). Die Offline-Welt behält ihre Anziehungskraft selbst für Menschen, die das Internet effektiv zum Knüpfen von Beziehung nutzen. Das bisher gezeichnete Bild bestätigt die Feststellung, ein erstes Face-to-face-Treffen spiele eine zentrale Rolle bei der Entscheidung, ob letztendlich eine Beziehung entsteht oder nicht.

Abbildung 43. Einstellungen zum Cyberdating (3.Teil)

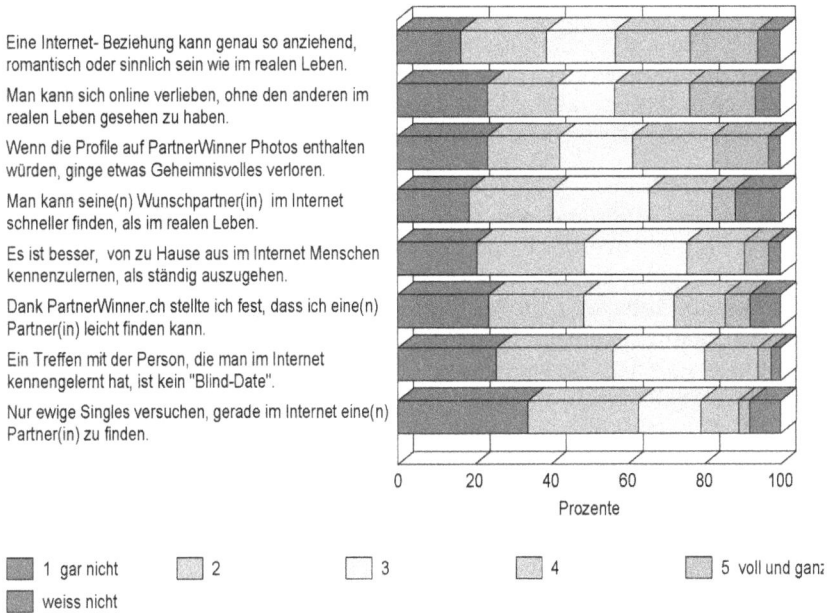

Eine Internet- Beziehung kann genau so anziehend, romantisch oder sinnlich sein wie im realen Leben.

Man kann sich online verlieben, ohne den anderen im realen Leben gesehen zu haben.

Wenn die Profile auf PartnerWinner Photos enthalten würden, ginge etwas Geheimnisvolles verloren.

Man kann seine(n) Wunschpartner(in) im Internet schneller finden, als im realen Leben.

Es ist besser, von zu Hause aus im Internet Menschen kennenzulernen, als ständig auszugehen.

Dank PartnerWinner.ch stellte ich fest, dass ich eine(n) Partner(in) leicht finden kann.

Ein Treffen mit der Person, die man im Internet kennengelernt hat, ist kein "Blind-Date".

Nur ewige Singles versuchen, gerade im Internet eine(n) Partner(in) zu finden.

0   20   40   60   80   100
Prozente

1 gar nicht   2   3   4   5 voll und ganz
weiss nicht

Die Gelegenheit, Partnersuche online zu betreiben, erachtet die Mehrheit der Befragten nicht als die omnipotente Option, die alle anderen Schauplätze verdrängt (Abbildung 43, „Es ist besser, gemütlich von zu Hause aus im Internet Menschen kennen zu lernen, als ständig auszugehen", M=2.57). Die Hälfte lehnte diese Aussage ab, 27% der Befragten waren unentschieden. Geringe Zustimmung fanden Stereotypen und Vorurteile gegenüber dem Internet wie etwa die letztplatzierte Aussage „Nur ewige Singles versuchen, im Internet eine Partnerin oder einen Partner zu finden" (Abbildung 43) - 34% haben diese Aussage voll abgelehnt, M= 2.12).

11.4. Usertypen

Unser nächstes Ziel war, mittels Faktorenanalyse herauszufinden, welche Hintergrundvariablen sich hinter den 24 Items im obigen Kapitel verstecken. Das Ziel einer Faktorenanalyse ist, methodisch betrachtet, die sich durch eine grosse Zahl von Variablen ergebenden Komplexität auf wenige Dimensionen (Konstrukte) zu reduzieren um damit die inhaltliche Interpretation dieser Dimensionen zu vereinfachen (siehe Tabelle 27). Die mittels Faktorenanalyse[130] ermittelten vier Faktoren wurden mit entsprechenden Etikettierungen versehen, die den Inhalt der „Hintergrundkonstrukte" wiedergeben (für die Bedeutung der einzelnen Variablen und entsprechenden Faktoren wird auf Tabelle 26 verwiesen).

1. Cyber-Utopismus
Dazu gehören unter anderem Kompensationschancen für Benachteiligte, Scheue und Introvertierte, psychosoziale Unterstützung und Puffer - welche eine optimistische und zuversichtliche Grundhaltung gegenüber dem Medium Internet zum Ausdruck bringen. Hat das Internet als „universales Medium globaler Sozialisation" egalisierende Funktionen oder bildet es neue Eliten heraus, damit soziale Ungleichheiten vergrössernd? Walther (1992) sprach in diesem Sinne von "Teilnahmeausgleich" (balancing of participation). Damit verbindet sich ein starker Glaube an mehr Chancengleichheit für benachteiligte Personengruppen: schüchterne, introvertierte oder benachteiligte (unattraktive, übergewichtige), wie es das Beispiel dieses Befragten verdeutlicht: "PartnerWinner bietet für mich als eher scheuen und nicht für lange Abende in Bars geschaffenen, eher etwas korpulenten Durchschnittstyp die Möglichkeit, eine ehrliche, liebe, hübsche, treue Traumfrau zu finden, mit der man getrost alt werden kann - so hoffe ich".

Andererseits gilt es von Menschen mit antiutopischen Vorstellungen zu berichten, von jenen, welche die in der Gesellschaft bestehende Ungleichheit auch im virtuellen Raum beibehalten möchten: „PartnerWinner sollte zielgruppenorientierter sein, z. B. Forum für einfache Gemüter - gebildete Leute; Forum für Attraktive - weniger Attraktive".

Das Onlinedating fungiert wie ein „Puffer" (im Sinne von Stärkung und Stabilität), verglichen mit der sozialen Unterstützung seitens eines herkömmlichen Netzwerkes aus Verwandten und Freunden. Partnersuche online kann als Ergänzung zur psychosozialen (bis hin zur psychothera-

---

[130]Extraktionsmethode: Maximum-Likelihood. Rotationsmethode: Equamax mit Kaiser-Normalisierung. a. Die Rotation ist in 7 Iterationen konvergiert. Das Mass der Stichprobeneignung ist nach Kaiser-Meyer-Olkin 0.791, Bartlett-Test auf Sphärizität Chi-Quadrat 7506.6, Signifikanz 0.000.

peutischen) Unterstützung fungieren und tritt vor allem in kritischen Lebensphasen positiv in Erscheinung:

> Ich finde PartnerWinner eine geniale Sache! Mir habt ihr in sehr schweren Zeiten enorm helfen können...

> PartnerWinner hat da etwas sehr Interessantes geschaffen - es hat mich einige Zeit lang über den Verlust meiner sechsjährigen Beziehung getröstet.

2. Cyber-Skeptizismus

Dem Faktor *Cyber-Skeptizismus* wurden insgesamt fünf Einstellungen (Realitätskonfrontation, Misstrauen, Stigmatisierung, Projektion, traditionelle Geschlechtsrollen) zugeordnet. Personen mit hoher Zustimmung zu diesen Items zeichnen sich durch einen hohen Grad von Misstrauen und zweifelnder Haltung gegenüber dem Medium Internet aus. Das Misstrauen äussert sich unter anderem im Vorurteil, virtuelle Identitäten im Cyberspace wären ein Produkt von Manipulation und Fälschungen: „Manchmal habe ich Zweifel daran, ob das, was mir jemand schreibt, auch wirklich stimmt, ob es sich zum Beispiel wirklich um eine Frau handelt und wenn ja, ob sie es auch ernst meint oder nur zum Spass mitmacht" (Umfrageteilnehmer). Diese Dimension bringt eher Vorurteile und negative Stereotypen zum Ausdruck, welche die soziale Effizienz des Internet und die individuelle Wirksamkeit des Einzelnen beim Umgang mit dem Medium hinterfragen - so zum Beispiel die Auffassung, das Internet wäre letzte Zuflucht jener, welche auf herkömmliche Art keine Beziehung begründen können:

> S Internet isch ja scho ae gueti Sach, solang mer zwüsched virtueller und realer Wält unterscheidet. Han scho einigi Blind Dates ghaa und äs isch jedesmal ä schweri Enttüschig gsii, Internetfreaks sind verchlämmti, hässlichi, bleichi Komplexhuefe mit Pickel und Brülle! Mini Vorurteil händ sich nur bestätigt... (Umfrageteilnehmer).

Im allgemeinen widerspiegelt dies eine zweifelnde Einstellung dazu, ob das Internet überhaupt positive Implikationen auf die soziale Welt der Menschen und ihre Beziehungen haben kann: „Menschen bleiben Menschen - im Internet wie im Leben. Ich glaube allerdings, einige können damit nicht umgehen" (Umfrageteilnehmer). Ein Teil der skeptischen Denkmuster hinsichtlich des Internets besteht auch darin, dass bei Kontaktaufnahmen der Projektionsmechanismus überbewertet ist: „Leider führt Internet dazu, sich einen Traumpartner zu wünschen, was dem realen Leben nicht entspricht". Hohe Ladungen auf diesem Faktor dürften den Erfolg bei der Partnersuche negativ beeinflussen.

3. Cyber-Aktivismus

Dem Faktor *Cyber-Aktivismus* wurden sechs Einstellungen zugewiesen – alle Ansichten von Personen, die daran glauben, im Internet via PartnerWinner einen Partner zu finden. „Finde PartnerWinner eine Super Einrichtung. Ohne dass ich viel unterwegs sein musste, hatte ich eine grosse Auswahl an möglichen Partnern. Mit etwas Menschenkenntnis spürt man sehr schnell, wer es wirklich ernst meint und für wen es nur ein Zeitvertreib ist, auf der PartnerWinner-Seite zu surfen". Aktivistische Einstellungen gehen beispielsweise davon aus, dass die schriftliche Ausdrucksfähigkeit ein entscheidender Einflussfaktor im Netz ist: „Wenn man nicht weiss, was schreiben, ist man genauso aufgeschmissen, wie wenn man nicht weiss, was sagen. Somit ist das Internet nicht unbedingt als einfacher zu bezeichnen". Der Partnersuche im Internet werden optimale Fähigkeiten zugesprochen: erhöhte Chancen, den Traumpartner zu finden, substitutives Potential in Bezug auf die Verdrängung herkömmlicher Institutionen der Partnersuche. „Online Dating ist nichts für naive Leute. Es braucht auch ein wenig das Gespür zu merken, wer macht einem da etwas vor und was ist echt. Wer das beherrscht, kann im Onlinedating das finden, was er sucht - insofern man weiss, was man sucht..."

4.Cyber-Romantismus

Dazu gehören fünf Einstellungen (Cyberliebe, Romanze, Dominanz des Virtuellen, erster Klick und platonische Liebe), die eine Einstellung gegenüber virtueller Liebe, virtuellem Verlieben und Liebe auf den ersten Klick zum Ausdruck geben: ein Glauben an die Liebe auf den ersten Klick, begleitet von Angst vor dem Sprung in die reale Welt.

Tabelle 26. Items zu Einstellungen zum Cyberdating und dazugehörende Faktoren

FAKTOR	ITEM-DIMENSION	ITEM
1. **Cyber-Utopismus**	Puffer	Zur Bewältigung einer schweren Krankheit oder seelischen Krise können Kontakte zu anderen
	Psychosoziale Unterstützung	Die Partnersuche im Internet kann helfen, schwierige Lebensereignisse (z.B. Scheidung, Verlassenwerden)
	Kompensationsfunktion :	Benachteiligte Menschen haben bei der Partnersuche im Internet grössere Chancen, ihren Partner zu finden.
	Kompensationsfunktion :	Die Partnersuche im Internet kann scheuen Menschen helfen, ihre Kontaktangst zu überwinden.
	Kompensationsfunktion :	Für Leute, die im realen Leben Mühe haben, auf andere zuzugehen, bietet das Internet eine Chance.
	Treffpunkt	Sites wie PartnerWinner.ch sind eine Art Treffpunkt, wo man spontan viele neue Menschen kennen lernen
	Suchtpotential	Partnersuche im Internet kann süchtig machen.
2. **Cyber-Skeptizismus**	Realitätskonfrontation	Im Internet wird zwischen den Gesprächspartnern eine Phantasiewelt aufgebaut, die beim ersten Treffen
	Misstrauen	Den Bekanntschaften im Internet kann man nicht vertrauen, da unklar ist, wer eigentlich dahinter steckt.
	Stigmatisierung	Nur ewige Singles versuchen, gerade im Internet eine Partnerin oder einen Partner zu finden.
	Projektion	Wir stellen uns bei den Personen, die wir im Internet kennenlernen, jene Qualitäten vor, die wir uns wünschen.
3. **Cyber-Aktivismus**	Partnersuch-Markt Traumpartner	Man kann seinen Wunschpartner im Internet schneller finden, als im realen Leben.
	Empowerment	Dank PartnerWinner.ch stellte ich fest, dass ich leicht einen Partner oder eine Partnerin finden kann.
	Substitution	Es ist besser, gemütlich von zu Hause aus im Internet Menschen kennen zu lernen, als ständig auszugehen.
	virtuelle Grenze	Man sollte Beziehungen im Internet nicht zu sehr von Beziehungen im realen Leben trennen. Früher oder
	Schreibfähigkeit	Um im Internet erfolgreich eine Partnerin oder einen Partner zu suchen, muss man besonders gut schreiben
	Körperlichkeit	Ein Treffen mit der Person, die man im Internet kennengelernt hat, ist kein "Blind-Date", da man sich ja schon kennt.
4. **Cyber-Romantismus**	Cyberliebe	Man kann sich online verlieben, ohne den anderen im realen Leben gesehen zu haben.
	Romanze	Eine Internet-Beziehung kann genau so anziehend, romantisch oder sinnlich sein wie im realen Leben.
	Erster Klick	"Liebe auf den ersten Klick" kann es im Internet nicht
	Dominanz des Virtuellen	Es gibt Menschen, die ihren Internet-Partner keinesfalls treffen möchten, weil sie ihre
	Platonische Liebe	Rein virtuelle Beziehungen sind eigentlich nur platonisch.

Internet-Beziehungen werden in diesem Einstellungsmuster jedoch nicht als gleichwertige soziale Beziehungen bewertet (negative Faktorladung). Dies führt dazu, dass die Omnipotenz der Körperlichkeit unangetastet bleibt. Daher auch die Ansicht, rein virtuelle Beziehungen wären nur platonisch. Dazu gesellt sich die romantische Vorstellung von Liebe - etwa im Inserat des Benutzers Seestern:

> **Prinzessinnensuche**
> Ich würde Dich ewig suchen. Und hab' ich Dich gefunden, so hüte ich Dich wie den wertvollsten Schatz. Ich hole die Sterne vom Himmel und gehe unter wie die Sonne am Horizont, damit Du den Stern hell erleuchten lassen kannst. Sag mir, wo ich Dich finden kann, ich habe schon zu lange nach Dir gesucht. Vielleicht schaff' ich es auf diesem Wege, eine charmante Dame zu finden, welche den letzten Romantiker dieser Erde sucht. (*Seestern*)

Die vier Faktoren wurden in der SPSS-Datenbank als einzelne Faktorvariablen gespeichert und als Startdaten für eine anschliessende Cluster-Analyse verwendet. Eine Clusteranalyse gruppiert Personen in Bezug auf ihr ähnliches Antwortverhalten in Cluster-Gruppen. Mit den so gebildeten Clustern (Wolken) kann man in der Regel versuchen, sinnvolle Häufungen bestimmter Einstellungsmuster gegenüber Internet und Cyberdating zu erkennen.

Tabelle 27. Rotierte Faktorenmatrix der Faktorenanalyse

ITEMS	FAKTOR			
	1	2	3	4
Kompensation: Scheue	.620		.110	
Puffer	.528	.113	.104	
Kompensation: Benachteiligte	.522		.191	
psychosoziale Unterstützung	.516		.174	
Kompensation: introvertierte	.428		.120	.113
Treffpunkt	.375	.125	.171	-.106

Cyberliebe	.125	.683		.161
erster Klick		-.507		.202
Romance	.167	.456	.245	-.127
platonische Liebe		-.349		.214
Photo-Identitäten	.103	.173		
Partnesuch-Markt: Traumpartner	.175	.127	.657	-.109
Substitution		.134	.486	
Empowerment	.319	.150	.414	-.155
virtuelle Grenze	.137		.275	
Körperlichkeit			.269	
Schreibfähigkeit			.145	.112
Dominanz des Virtuellen		-.112		.562
Misstrauen		-.147	-.155	.444
Projektion				.442
Übertragung im RL			-.118	.339
Stigmatisierung		-.101		.318
Geschlechtsrollen		-.141		.230
Suchtpontential	.139	.146		0.22

Die Cluster, wie aus Tabelle 28 ersichtlich, sind unterschiedlich gross, was die Häufigkeit der entsprechenden Einstellungsdimensionen betrifft. In einem Cluster können so mehrere Dimensionen in unterschiedlichem Ausmass vorkommen. So wurden auf der Basis der Einstellungskategorien Utopismus, Romantismus, Aktivismus und Skeptizismus vier Cluster identifiziert, welche die Namen Cyber-Nihilisten, Cyber-Realisten, Cyber-Maximalisten und Cyber-Idealisten zugewiesen erhielten (Tabelle 28).

Tabelle 28. Clusteranalyse. Clusterzentren der endgültigen Lösung

	CLUSTER			
FAKTOREN	Cyber-Nihilisten	Cyber-Realisten	Cyber-Maximalisten	Cyber-Idealisten
Utopismus	-2.34016	.44093	1.81507	-1.43141
Romantismus	-.56934	-1.11723	1.64542	1.57779
Aktivismus	-1.25379	-.18365	2.12937	-1.02522
Skeptizismus	2.21525	-.00843	-.00970	-1.89419
Anzahl Personen	685 (19.2%)	564 (15.8%)	791 (22.2%)	1525 (42.8%)

1. Die Cyber-Nihilisten

Die PartnerWinner-Benutzer, die sich um den ersten Cluster gruppieren, laden positiv am höchsten beim Faktor *Skeptizismus* und negativ am höchsten beim Faktor *Utopismus*. Sie kennzeichnen sich durch eine relativ hohe negative Ausprägung (wie auch ihre Bezeichnung „Nihilisten" verrät) bei allen restlichen Faktoren. „Ich hatte noch nie den Glauben, einen Partner fürs Leben im Internet zu finden - vielleicht ein Fehler...;-). Nach meinen bisherigen Erfahrungen aber bin ich darin bestätigt worden, dass ich meinen Partner fürs Leben nicht im PartnerWinner finden werde" - lautete die selbsterfüllende Prophezeiung eines Partnersuchenden. „Eine Beziehung nur im Internet ist nicht viel mehr als eine Illusion", „Na ja... eigentlich ist die ganze Sache tragisch... weil der persönliche Kontakt viel wichtiger ist, als das virtuelle Geträume", so die Quintessenz zweier Umfrageteilnehmer. Es darf erwartet werden, dass Nihilisten bei ihrer Partnersuch den geringsten Erfolg aller Cluster-Typen

aufweisen; ganz einfach deshalb, weil sie nicht an die Existenz des Phänomens „virtuelle Liebe" glauben: "Ich bin der Meinung, der Mensch
braucht zum richtigen Kennenlernen etwas Sinnliches. Zum Beispiel die
Nervosität, die nagende Frage im Kopf, was passiert wohl, passiert etwas? Auch die Haare des Gegenübers, der Geruch, die Bewegungen, all
das kann das Internet bis jetzt (Gott sei Dank?) nicht ersetzen"(Umfrageteilnehmer).

2. Die Cyber-Realisten
Cluster 2 trägt die Bezeichnung „Realisten", da die dazugehörenden Personen schwache Ausprägungen zu allen Dimensionen sowohl in positiver als auch negativer Hinsicht ausweisen. Das beste Resultat erzielt dabei *Utopismus* (0.44). Das bedeutet, dass die Cyberrealisten am stärksten
von einem positiven Einfluss des Internet auf die Gesellschaft und das
soziale Leben überzeugt sind. Ihr Realismus äussert sich darin, dass sie
virtuelle Beziehungen nicht aus einer romantischen Perspektive heraus
wahrnehmen – sie glauben weniger daran, dass man sich, wegen fehlender Körperlichkeit, nur virtuell verlieben kann, und sie sind der Ansicht, „nur „virtuelle Beziehungen könnten nicht so anziehend und sinnlich sein wie traditionelle: „Es ist wichtig, dass man sich nicht verliert in
dieser grossen Welt des Suchens. Man darf nicht vergessen, dass es da
draussen noch anderes gibt"; „Ich stelle fest, dass sich das reale Lebensverhalten im Internet widerspiegelt" (Feedbacks von Befragten). Kohä-
rent zeigt sich die knapp negative Ladung (-0.01) beim *Skeptizismus*, was
darauf hindeutet, dass die Realisten gängige Stereotypen und Vorurteile
übers Internet nicht teilen.

3. Die Cyber-Maximalisten
Die zweite Gruppe, mit dem Etikett „Maximalisten" versehen, haben bei
vier Faktoren die höchsten positiven Ladungen: beim *Aktivismus* (2.13),
Utopismus (1.82) und sogar beim *Romantismus* (1.65). Damit übertreffen
sie sogar die Idealisten (siehe unten). Beispielsweise sind sie der Überzeugung, dass man den Wunschparter im Internet schneller finden kann
als im realen Leben und haben bereits festgestellt, dass es einfacher ist,
eine Liebesbeziehung im Netz zu finden. Ihr Glaube an die Cyberliebe ist
stärker als jene der Idealisten. Ähnlich wie die Realisten und passend zu
ihrem eher optimistischen Profil haben sie eine knapp negative Ladung
beim *Skeptizismus* (-0.01). Aus dieser äusserst günstigen Konstellation ist
zu erwarten, dass sie die höchste Erfolgsquote hinsichtlich Partnerfindung auf der Datingplattform einfahren werden.

4. Die Cyber-Idealisten
Ihrem „Cyber-Weltbild" ist die sehr hohe positive Ladung auf Roman-
tismus anzumerken. Die Userin *Aarenixe*, identifiziert als Cyber-
Idealistin, äusserte sich dazu:

> Virtuelle Kontakte finde ich viel besser, weil viel mehr Gespräche geführt werden und das Herz und die Einstellung des anderen viel mehr zum Bewusstsein kommt. Ich spüre viel eher die Gedanken und das Einfühlungsvermögen des anderen und lerne so den Menschen viel besser kennen. Im Realen hat man viel zu schnell ein Vorurteil, nur weil sein Aussehen nicht so super ist. (*Aarenixe*)

Unter den Idealisten findet man konsequenterweise überdurchschnittlich häufig Profile mit lyrischen Nicknamen wie the_Skydiver, vollmondhexe, Wasserfrau, Whitemoon, Glowworm, Quellnymphe, Rainbow, Rapunzel, Sternhimmel, Soraya, Sternenritter, Goldenangel, Happysailing, Heart-Whisper, Herzgümperli, Honigstern, Tagtraeumer. Das ist gemäss unserer Clusteranalyse die grösste Subgruppe von PartnerWinner-Usern (43% der Fälle). Die restlichen drei Faktoren weisen allesamt negative Ausprägungen auf, selbst der Utopismus. Zu ihrem Profil fällt ihre eher geringe Selbstwirksamkeit bezüglich Zuversicht auf, einen Partner im Netz zu finden (negativer Wert bei Aktivismus). Die Etikettierung „Idealisten" ist hier im Sinne einer antipragmatischen Lebens- und Weltfremdheit gewählt, welche die Menschen als träumerische und wirklichkeitsferne Internetzbenutzer, als Gegenpol der Realisten betrachtet. Sie zeichnen sich durch eine ambivalente Einstellung gegenüber dem Internet aus.

11.5. Hauptthese: Der „Wiederort" Cyberspace als neue Institution der Partnersuche

> Ich kann mir auch vorstellen - oder möchte es nicht ausschliessen - dass die wahre Liebe auf diesem Weg gefunden werden kann. (Umfrageteilnehmer)

> Tools wie PartnerWinner erlauben einem, Leute kennenzulernen, die man sonst im Leben vermutlich *nie* treffen würde. Meine gegenwärtige Partnerin wohnt 130 km von mir weg und wir hätten uns ohne Internet wohl kaum kennengelernt. Gerade für Frauen ist es auch angenehm, sich nicht alleine in der Gesellschaft bewegen zu müssen, um mögliche Partner zu finden. (Umfrageteilnehmer)

> Die 'Ausgangsgesellschaft' nervt mich nur noch - von billig über willig bis zu voll daneben... Das tue ich mir nur sehr wenig an. (*pathfinder77*)

Persönliche Beziehungen kommen überall vor, bemerkte Gergen (1991). Auch unsere Umfrageteilnehmer teilen diese Ansicht - in einer von ihnen erfundenen Antwortkategorie des Fragebogens: man könne „überall" einen Partner finden. Sind die verschiedenen Orte der Partnersuche ein bedeutender Einflussfaktor für die Partnerwahl? Die quantitative Bedeutung des „wie" und „wo" der Partnersuche wurde bisher in vielen Untersuchungen wenig bis kaum in Betracht gezogen, wie Klein & Lengerer (2001) zu Recht beklagen. Die Frage, *an welchem Ort ein Partner am wahrscheinlichsten gefunden werden kann, war in unserer Untersuchung zentral*. Die Antwortkategorien erstreckten sich von „Arbeitsplatz" und „Schule" bis zu Single-Partys und Dating-Sendungen (Tabelle 29).

Tabelle 29. Wo kann man am einfachsten eine Partnerin finden?

Wo kann man am einfachsten einen Partner finden?

Am einfachsten kann man einen Partner finden...	alle		Geschlecht			
			männlich 62.0%		weiblich 38.0%	
am Arbeitsplatz	17.4%	576	17.4%	355	17.4%	220
in der Schule, an der Universität	6.3%	209	6.9%	140	5.5%	69
in der Disco, im Ausgang	15.1%	500	14.9%	305	15.4%	195
zufällig auf der Strasse (im Tram, im Park)	6.2%	206	7.2%	147	4.7%	59
im Internet	17.1%	567	15.4%	315	20.0%	252
auf einer Single-Party	2.8%	90	3.2%	65	2.0%	25
weiss nicht	24.3%	803	25.3%	517	22.6%	285
überall	0.6%	21	0.3%	7	1.1%	14
andere	10.2%	336	9.4%	191	11.4%	144
Total	100.0%	3309	100.0%	2042	100.0%	1263
Freq Err(68)*	±0.7%		±1.0%		±1.2%	
Freq Error*	±1.5%		±1.9%		±2.4%	
ChiSq Significance	NA		Yes at 95.0%			

* Note: Freq Err(68) covers 68% of distribution. Frequency error covers 95% of distribution.

Der Arbeitsplatz stellte sich als wahrscheinlichster Ort für Beziehungsanbahnung heraus: 17.4% aller Befragten wählten diese Option (siehe Tabelle 29). Mit 0.3% weniger folgt die Kategorie "Im Internet", wobei der geringe Unterschied statistisch nicht signifikant ist. Etwa 5% mehr Frauen denn Männer geben dem Internet den Vorzug. An dritter Stelle findet sich mit 15% Nennungen die Rubrik Freizeitmöglichkeiten ("Disco, im Ausgang"). Traditionelle Institutionen der Partnersuche wie Schule oder Universität erreichten lediglich 6% aller Antworten, genau so wie die Option „zufällig auf der Strasse oder im Tram". Dabei darf nicht ausser Acht gelassen werden, dass gut ein Viertel der Befragten keine der angebotenen Möglichkeiten privilegierte und unentschieden blieb. Mehr als ein Zehntel vermochte ihre Antworten in den angebotenen Antwortkategorien nicht einzuordnen. Unter „Anderes" wurden genannt: „Überall" (24 Personen), „Beim Sport" (9), „Ferien" (4).

Hier darf vorausgeschickt werden, dass die externe Validität der Ergebnisse zu dieser Frage eingeschränkt ist - es wäre anzunehmen, dass sich die Option „Internet" tendenziell einer grösseren Beliebtheit bei Onlinedatern denn traditionellen Partnersuchenden erfreut und dass die Befunde entsprechend verzerrt werden. Internet-Abstinenten sind andererseits nicht im Stande, herkömmliche Gelegenheitsstrukturen mit einem Medium wie dem Internet hinsichtlich ihrer potentiellen Effizienz zu vergleichen, weil sie Erfahrungen mit Partnersuche im Netz schlicht nicht haben. Aus diesem Grund wäre zu erwarten, dass sie durch ihre an und für sich ablehnende Haltung die Ergebnisse in eine negative Richtung verzerren.

Abbildung 44. Wo kann man am einfachsten einen Partner finden? (Häufigkeiten nach Alter)

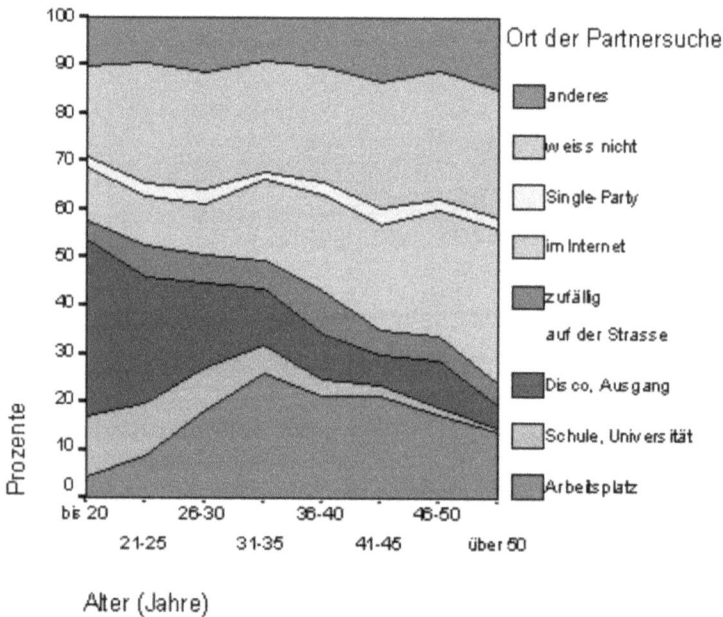

Als ausserordentlich spannend erwies sich die Veränderung der Bedeutung verschiedener Gelegenheitsstrukturen mit steigendem Alter (illustriert auf Abbildung 44). Da dort die Bedeutung nach Altersgruppen aufgeschlüsselt ist, wird evident, dass sich im Verlaufe des Lebens die

Wahrscheinlichkeit ändert, jemanden beispielsweise in Schule oder Universität kennen zu lernen. Ab 36 Altersjahren verschwindet diese Option beinahe ganz. Die Chance, am Arbeitsplatz jemanden zu finden, steigt im jüngeren Alter hingegen sukzessive an und findet ihre Kulmination im Alter von 31 bis 35 Jahren, um danach allmählich abzuflachen, ohne jedoch gänzlich zu verschwinden.

Freizeitsinstitutionen wie Ausgang oder Disco stellten sich im Alter von 30 Jahre als dominant heraus, danach verlieren sie aber stark an Bedeutung und ab 40 werden sie immer marginaler. Offline-Orte wie Single-Partys waren für alle Altersgruppen peripher (vielleicht aufgrund ihrer eingeschränkten Verfügbarkeit). Schicksalhafte Begegnungen auf der Strasse oder im Tram sind auch weniger wahrscheinlich - ihre alltägliche Überbewertung scheint ein Produkt laientheoretischer Überzeugungen zu sein. Das Internet verdient dabei besondere Beachtung: Iim Vergleich zu klassischen Orten wie Arbeitsplatz oder Ausgang nimmt die Popularität des Internet bis zum Alter 25 schnell zu, um in der Gruppe der 31- bis 35-jährigen ihre Spitze zu erreichen. Noch bezeichnender ist, dass das Medium bis in die Altersklasse der über 50-jährigen seine Relevanz ohne Einbruch behält. Das Internet erwies sich als der einzige Ort unserer Klassifikation, dessen Rang altersunabhängig erhalten blieb. Ab Alter 41 löst das Netz selbst den Arbeitsplatz ab und wird zur dominierenden Institution der Paarbildung.

Es stellte sich ausserdem heraus, dass 17% der Befragten über eine Internet-Beziehung bereits vor PartnerWinner berichteten (in welchen Netz-Umgebungen diese Beziehungen ihren Anfang genommen haben, kann aus Abbildung 45 entnommen werden). Diese Onlinedater verfügten zudem über eine längere Erfahrung mit dem Medium, verglichen mit der Gesamtheit der PartnerWinner-User (hoch signifikanter Mittelwertunterschied). Es ist äusserst auffällig, dass das Nettogewicht virtueller Settings wie Chatrooms am grössten war, mit steigendem Alter allerdings eine sinkende Tendenz aufwies. Gerade umgekehrt war die Lage bei Online-Datingsites. Bei Personen bis 20 Jahre ist deren Bedeutung im Verhältnis zu den Chats eher gering, sie wächst aber bei den älteren Gruppen stetig. So darf wohl der Schluss gezogen werden, dass es sich bei Chats um ein klassisches Medium der jungen Menschen handelt, wohingegen Datingsites hauptsächlich von Benutzern ab 34 bevorzugt werden.

Abbildung 45. Bisherige Internet-Beziehungen der User *vor* PartnerWinner und ihre Entstehungsorte nach Alter

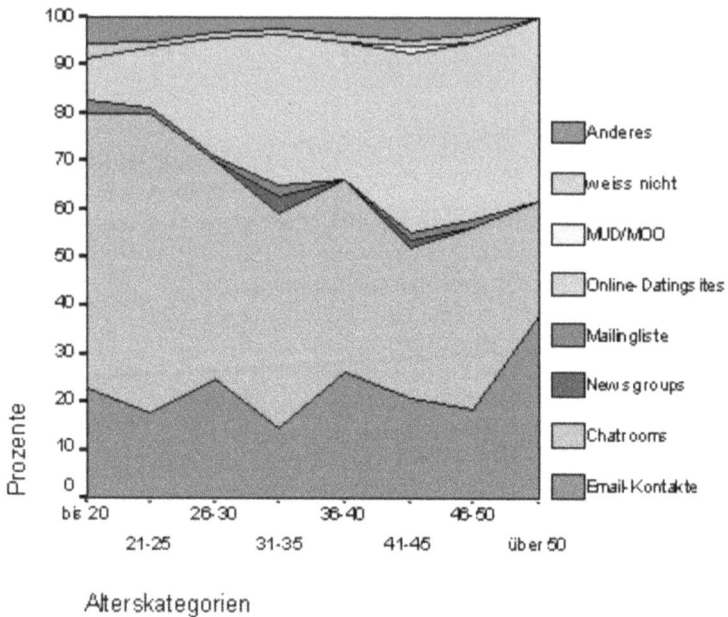

Die etwas sekundäre Stellung der Online-Kontaktbörsen im Unterschied zu Chats hängt unseres Erachtens nicht zuletzt auch damit zusammen, dass es sich bei den virtuellen Settings der Datingportale um ein vergleichsweise neues Medium handelt. Marginale Verbreitung als Orte der Beziehungsanbahnung verzeichneten traditionelle Netz-Umgebungen wie Mailinglisten und Newsgroups. Enttäuschend fiel in diesem Zusammenhang auch die äusserst geringe Häufigkeit von Internet-Beziehungen aus, die in MUDs oder MOO-Spielen ihren Anfang genommen hatten. Erwartungsgemäss ist die Relevanz des E-Mails im Altersverlauf als konstant zu charakterisieren, dieses stellt zusammen mit Chatrooms und Online-Datingportalen die drei einflussreichsten Umgebungen, in welchen romantische Beziehungen entstehen.

Eine zweifache Belegung oben genannter Überlegungen findet sich auch in den Abbildungen 46 und 47. Die Frage nach den *bisherigen Erfahrungen* der PartnerWinner-User *mit Liebesbeziehungen* hatte unter anderem zum Ziel, die *relative* Bedeutung verschiedener Partnersuche-Orte und Institutionen für die PartnerWinner-Benutzer, sowohl online als auch offline, zu ermitteln.

Abbildung 46. Bisherige Erfahrungen der PartnerWinner-User bei der Partnersuche

Erfahrungen mit Partnersuche

	alle		Geschlecht			
			männlich 62.0%		weiblich 38.0%	
Bei der Partnersuche Erfahrungen gemacht mit:						
Kontaktanzeigen in der Presse	23.3%	771	21.4%	437	26.4%	333
Partnervermittlungsinstituten	8.4%	277	10.0%	205	5.6%	71
anderen Dating-Plattformen im Internet	41.0%	1356	42.7%	871	38.2%	482
Single-Treffs	7.0%	233	7.2%	148	6.7%	85
Dating-Sendungen	2.7%	90	2.9%	60	2.3%	29
Vermittlung durch Bekannte/Freunde	25.3%	837	25.5%	521	24.9%	315
Vermittlung durch Verwandte	2.7%	90	3.0%	61	2.2%	28
Chats	29.3%	971	27.4%	560	32.5%	410
keine Erfahrungen	23.7%	785	24.3%	496	22.8%	288
Partnerwinner	0.4%	13	0.4%	8	0.4%	5
andere	5.3%	175	4.7%	96	6.3%	79
Total	*	*	*	*	*	*
Freq Err(68)*	±0.9%		±1.1%		±1.4%	
Freq Error*	±1.7%		±2.2%		±2.7%	
ChiSq Significance	NA		Yes at 99.0%			

* Note: Freq Err(68) covers 68% of distribution. Frequency error covers 95% of distribution. Multiple answer percentage-count totals not meaningful.

Die Frage bezog sich auf die bisherigen individuellen Erfahrungen bei der Partnersuche. Am häufigsten wurden Erfahrungen mit anderen Datingsites im Internet gemacht (für 41% der Stimmen). Drei Viertel der von uns untersuchten Partnersuchenden haben Erfahrung mit anderen Kanälen der Partnersuche, hauptsächlich mit anderen Datingsites im Internet. Traditionelle Institutionen der Partnervermittlung und Vermittlung durch Verwandte erwiesen sich als beinahe irrelevant. Chats und Datingportale ziehen hauptsächlich jüngere Menschen an, Kontaktinserate in der Presse sowie Partnervermittlungsinstitute eher ältere. Zur Erinnerung - über ein Fünftel der Befragten hatte bereits Erfahrungen mit Beziehungen, die sich im Internet gebildet haben. Die bevorzugte virtuelle Umgebungen für Partnersuche im Internet sind Datingsites (mehr Männer) und Chats (mehr Frauen).

Wir fanden durchgehend substantielle *Altersunterschiede* je nach Art der Partnersuche (siehe Abbildung 47: Personen mit Erfahrungen mit traditionellen Kontaktanzeigen in der Presse sind, wenig überraschend, signifikant älter als der Durchschnitt der PartnerWinner-User (+5 Jahre auf 39 Jahre), diejenigen mit Erfahrungen mit Partnervermittlungsinstituten waren im Schnitt gar 40-jährig (+6 Jahre). Eine Minderheit von Onlinedatern hat sich an Dating-Sendungen beteiligt (+1 Jahr), oder an Single-Treffs (+3 Jahre).

Populäre virtuelle Umgebungen wie Chats werden von einem allerdings signifikant jüngeren Publikum (32-jährige) am zweit häufigsten benutzt. Ein Viertel der Befragten (Durchschnittsalter 32 Jahre) berichtete, bei der Partnersuche Unterstützung durch Bekannte und Freunde erhalten zu haben. Ein weiteres Viertel der Personen bekannte allerdings, über keine Erfahrungen mit Partnersuche zu verfügen. Über Erfahrungen in der Vermittlung durch Verwandte verfügten 3%. Partnervermittlungs-institute als Ort der Erfahrung waren für 10% der männlichen Voten, aber nur für 6% der weiblichen von Belang. Kontaktanzeigen in der Presse sprachen eher Frauen an (26 bzw. 21%). Dies galt auch für Chats - sie wurden von 43% der weiblichen und 38% der männlichen Voten ge-nannt. In der Kategorie „Datingsites" entfielen 27% der männlichen und 32% der weiblichen Antworten. Der Rest ergab keine nennenswerten Unterschiede. Dies erstaunt angesichts der Tatsache, dass unsere Be-fragten selber als Mitglieder einer Datingplattform untersucht wurden, eigentlich nicht weiter. So wurde ein Phänomen der *Partnerwahl-Poligamie* verortet: 41% der Befragten mit einem durchschnittlichen Alter von 35 Jahren „gehen fremd" und besuchen nebst PartnerWinner auch andere Datingsites im Internet.

Abbildung 47. Bisherige Erfahrungen der PartnerWinner-User bei der Partnersuche nach Alter

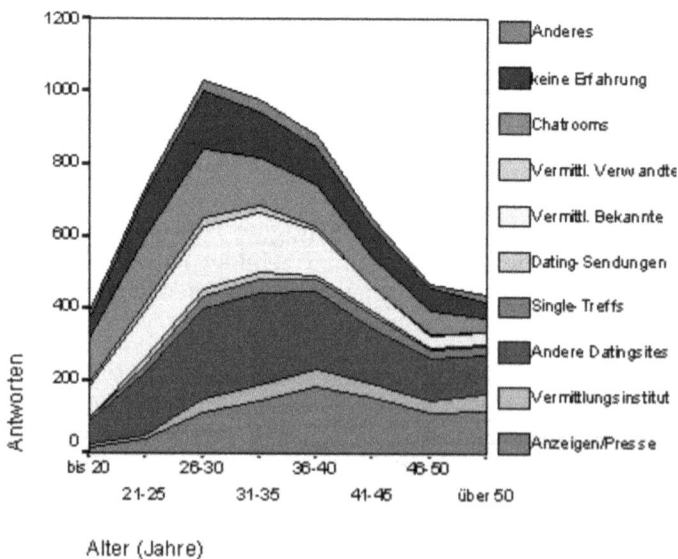

Als Haupterkenntnis ist hervorzuheben, dass der Einfluss der verschiedenen Wege des Kennenlernens im Kontext einer Reduktion herkömmlicher Gelegenheitsstrukturen wie Ausgang und Freizeit steigt.

> Gerade in der Schweiz ist es schwierig, auf der Strasse, in Cafés usw. Leute kennen zu lernen, insofern sie nicht schon irgendwie mit dem Bekanntenkreis verknüpft sind. (Umfrageteilnehmer)

> Ich habe durch PartnerWinner jemanden kennengelernt, den ich mich nie getraut hätte, auf der Strasse anzusprechen, und er mich auch nicht. (PartnerWinner-Benutzerin)

> In der Öffentlichkeit wird frau ja immer weniger von Männern angesprochen. (Umfrageteilnehmerin)

> Man weiss nie, wo man seinem Traumpartner begegnet, warum nicht auch im Internet. (Umfrageteilnehmer)

12. Virtuelle Entstehung von Liebesbeziehungen

12.1. Erfolgsquote

> **Bin vergeben.**
> Bitte keine Anfragen mehr senden. Danke allen für die vielen Mails. Ich kann und möchte nur eine Frau, aber die richtige und die tauchte so schnell auf, dass wir beide überrascht waren. (*JetztGahtÖppis*)

> **Bin vergeben.**[131]
> Danke fürs Reinschauen. Aber ich bin jetzt wieder vergeben. Dank PartnerWinner. Ich lasse dieses Profil noch stehen, damit ich bei Gelegenheit noch die Erfolgsstory senden kann. Viel Spass beim suchen. (*robi-tobi*)

Zur Erfolgsquote trägt jenes Segment von PartnerWinner-Usern bei, das mit seiner Partnersuche auf der Plattform erfolgreich war, d.h. diejenigen, deren Suche mit dem Aufbau einer festen Beziehung endete. Somit ist die Erfolgsquote ein Qualitätskriterium für die objektiv messbare Effizienz des Mediums Internet. Es sei vorausgeschickt, dass aus methodischen Gründen nicht möglich war, alle Erfolgreichen zu erreichen. Die effektive Zahl erfolgreicher PartnerWinner-User ist somit nicht präzise messbar. Mit grosser Wahrscheinlichkeit ist anzunehmen, dass viele "Erfolgreiche" das Portal längst verlassen haben, denn ihre Grundmotivation, einen Partner zu finden, war ja nicht mehr gegeben. Die reale „Erfolgsquote" der Partnersuchenden bezüglich Beziehungsanbahnung ist mit Sicherheit weit höher, als die in unserer Studie ermittelte. Spekulationen über die Höhe dieser Dunkelziffer anzustellen wäre aber vermessen. Vorstellbar bleibt, dass die für uns nicht mehr erreichbaren Fündigen die Zahl der von uns erfassten noch übersteigt.

---

[131] Beide Titel der Inserate sind zufälligerweise identisch.

Tabelle 30. Erfolgreiche Beziehungsanbahnung auf PartnerWinner

Auf PartnerWinner gefundene Liebesbeziehungen

	alle		Geschlecht			
			männlich 62.0%		weiblich 38.0%	
Liebesbeziehung über PartnerWinner						
Ja, ich hatte Beziehung(en) auf PartnerWinner, zur Zeit habe ich aber keine	11.0%	289	10.0%	154	12.3%	133
Ja, ich hatte Beziehung(en) auf PartnerWinner und momentan habe auch eine	11.7%	309	8.9%	138	15.8%	171
Nein, ich hatte bisher auf PartnerWinner noch keine feste Beziehung	77.3%	2032	81.1%	1254	71.9%	778
Total	100.0%	2630	100.0%	1546	100.0%	1082
Antworten		2630		1546		1082
Freq Err(68)*	±0.8%		±1.0%		±1.4%	
Freq Error*	±1.6%		±2.0%		±2.7%	
ChiSq Significance	NA		Yes at 99.0%			

* Note: Freq Err(68) covers 68% of distribution. Frequency error covers 95% of distribution.

Die *Erfolgsquote* der PartnerWinner-BenutzerInnen von 23% war entgegen unseren ursprünglichen Erwartungen - sie wurden von obigen Überlegungen entsprechend beeinflusst - beachtlich hoch (siehe Tabelle 30). Den grössten Erfolg mit Beziehungsaufnahmen verzeichneten medizinische Berufe, Branchen wie Unternehmensführung und Redaktion/Dokumentation; die schwächste Erfolgsquote stellten Berufe im Bereich Einkauf/Logistik und Design/Gestaltung. Aus dem Bereich der IT-Berufe fanden 19% eine Beziehung.

Hervorzuheben ist, dass die auf PartnerWinner erfolgreichen Benutzer um drei Jahre signifikant älter waren als die erfolglosen, sie hatten auch mehr Kinder, waren selbstbewusster und sexuell zufriedener. Sie waren insgesamt aktiver auf PartnerWinner: Jeder fündige User schrieb während seines Aufenthalts zwei Inserate mehr als der erfolglose. Auch die E-Mail-Kontakte waren intensiver: um zwei geschriebene und drei erhaltene Mails mehr wöchentlich.

Tabelle 31. Ausgewählte Variablen in Abhängigkeit vom Erfolg auf PartnerWinner

Group Statistics

	U: Erfolgsquote (dichotomisiert)	N	Mean	Std. Deviation	Std. Error Mean
Älter	Kein Erfolg	1972	35.17	10.225	.230
	Erfolg	581	38.37	9.294	.386
Kinderzahl	Kein Erfolg	1972	1.53	.982	.022
	Erfolg	582	1.86	1.148	.048
Sexuelle Zufriedenheit (1-10)	Kein Erfolg	1957	6.36	2.662	.060
	Erfolg	579	4.47	2.863	.119
Selbstbewusstsein (1-10)	Kein Erfolg	1966	3.25	1.658	.037
	Erfolg	581	3.09	1.596	.066
Inserate bisher	Kein Erfolg	1459	3.3167	8.58475	.22475
	Erfolg	484	5.2128	19.07537	.86706
Personen auf PW kennengelernt	Kein Erfolg	1692	15.1519	35.41051	.86086
	Erfolg	568	23.1215	33.89804	1.42233
Mails geschrieben pro Woche	Kein Erfolg	1440	4.3257	6.42789	.16939
	Erfolg	447	6.5570	9.41927	.44552
Mails erhalten pro Woche	Kein Erfolg	1354	4.9490	9.28220	.25226
	Erfolg	447	7.3378	12.01251	.56817
RL-Dates	Kein Erfolg	1108	4.07	4.914	.148
	Erfolg	569	5.95	6.730	.282
Erfahrungen mit Dates im RL (1-10)	Kein Erfolg	1108	6.06	2.357	.071
	Erfolg	569	7.42	2.213	.093
Vertrauen- und Sicherheitsindex	Kein Erfolg	1951	3.72	2.318	.052
	Erfolg	556	3.13	2.090	.089
Logins pro Woche	Kein Erfolg	1971	22.9466	233.59668	5.26167
	Erfolg	582	57.1019	779.64058	32.31714

Erfolgreiche Benutzer zeichneten sich mit einem stärkeren Sicherheit- und Vertrauensindex als die erfolglosen aus. Auch die Einschätzung der Erfahrungen mit Dates offline fiel bei den erfolgreichen Benutzern positiver aus. Bezeichnenderweise fiel die Besuchshäufigkeit (Zahl Logins) auf PartnerWinner weniger ins Gewicht: Jeder User, der bei der Umfrage angab, eine feste Liebesbeziehung über PartnerWinner gefunden zu haben, wies 57 Onlinesessions pro Woche auf; die Erfolglosen hatten 23 Logins - die Mittelwertdifferenz war jedoch statistisch nicht signifikant (vgl. Tabelle 31).

Tabelle 32. T-Test für unabhängige Stichproben

Independent Samples Test

		Levene's Test for Equality of Variances		t-test for Equality of Means						
		F	Sig.	t	df	Sig. (2-tailed)	Mean Difference	Std. Error Difference	95% Confidence Interval of the Difference Lower	Upper
Alter	Equal variances assumed	10.015	.002	-6.763	2551	.000	-3.20	.473	-4.127	-2.271
	Equal variances not assumed			-7.123	1028.940	.000	-3.20	.449	-4.080	-2.318
Kinderzahl	Equal variances assumed	59.755	.000	-6.684	2552	.000	-.32	.048	-.417	-.228
	Equal variances not assumed			-6.145	847.856	.000	-.32	.052	-.425	-.219
Sexuelle Zufriedenheit (1-10)	Equal variances assumed	9.764	.002	14.727	2534	.000	1.89	.128	1.636	2.139
	Equal variances not assumed			14.157	894.257	.000	1.89	.133	1.626	2.149
Selbstbewusstsein (1-1	Equal variances assumed	8.806	.003	2.000	2545	.046	.16	.078	.003	.308
	Equal variances not assumed			2.042	979.749	.041	.16	.076	.006	.304
Inserate bisher	Equal variances assumed	19.417	.000	-2.993	1941	.003	-1.8962	.63361	-3.13878	-.65353
	Equal variances not assumed			-2.117	549.264	.035	-1.8962	.89572	-3.65561	-.13670
Personen auf PW kennengelernt	Equal variances assumed	9.353	.002	-4.691	2258	.000	-7.9696	1.69905	11.30144	-4.63773
	Equal variances not assumed			-4.794	1012.920	.000	-7.9696	1.66256	11.23204	-4.70713
Mails geschrieben pro Woche	Equal variances assumed	36.063	.000	-5.686	1885	.000	-2.2314	.39244	-3.00101	-1.46169
	Equal variances not assumed			-4.682	580.508	.000	-2.2314	.47663	-3.16748	-1.29522
Mails erhalten pro Woc	Equal variances assumed	22.375	.000	-4.367	1799	.000	-2.3888	.54706	-3.46171	-1.31583
	Equal variances not assumed			-3.843	631.074	.000	-2.3888	.62165	-3.60953	-1.16801
RL-Dates	Equal variances assumed	20.422	.000	-6.499	1675	.000	-1.88	.289	-2.442	-1.310
	Equal variances not assumed			-5.891	887.473	.000	-1.88	.318	-2.501	-1.251
Erfahrungen mit Dates RL (1-10)	Equal variances assumed	6.666	.010	-11.414	1675	.000	-1.36	.119	-1.593	-1.126
	Equal variances not assumed			-11.647	1211.379	.000	-1.36	.117	-1.588	-1.130
Vertrauen- und Sicherheitsindex	Equal variances assumed	11.898	.001	5.400	2505	.000	.59	.109	.375	.803
	Equal variances not assumed			5.720	978.274	.000	.59	.103	.387	.791
Logins pro Woche	Equal variances assumed	10.639	.001	-1.704	2551	.089	-34.1553	20.04712	73.46561	5.15497
	Equal variances not assumed			-1.043	612.084	.297	-34.1553	32.74268	98.45693	30.14629

Bei folgenden Variablen wurden, wie aus der Tabelle 30 zu entnehmen ist, signifikante Mittelwertdifferenzen gemessen, in Abhängigkeit davon, ob die Befragten eine Beziehung auf PartnerWinner aufzubauen vermochten: Alter, Kinderzahl, sexuelle Zufriedenheit, Selbstbewusstsein, Zahl der auf PartnerWinner veröffentlichten Inserate, Zahl der E-Mail-Bekanntschaften auf PartnerWinner, erhaltene und geschriebene E-Mail pro Woche, Zahl der Offline-Dates, Einschätzung der Erfahrung mit Dates im realen Leben.

Abbildung 48. Erfolg bei der Beziehungsanbahnung unter
Berücksichtigung des Alters

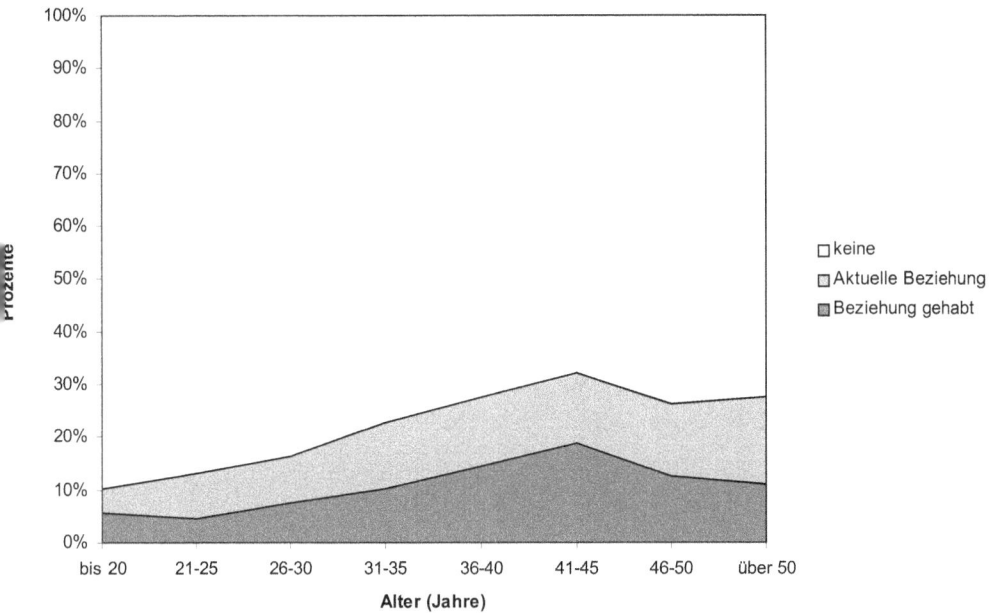

Fündige Frauen wiesen im Durchschnitt 39 Jahre auf, fündige Männer
37. Tendenziell ist ab einem Alter von 30 Jahren mit einer signifikanten
Erhöhung der Wahrscheinlichkeit, eine Liebesbeziehung online zu finden, zu rechnen. Im Alter von 40 und mehr steigen die Chancen, Erfolg
mit der virtuellen Liebessuche zu haben, um mehr als das Doppelte (vgl.
wiederum Abbildung 48). Fast jeder Dritte zwischen 41 und 45 Jahre gab
in der Umfrage an, eine Liebesbeziehung dank PartnerWinner geknüpft
zu haben. Die jüngste Altersgruppe der 20-jährigen zeigte sich hingegen
zu 90% erfolglos.

Tabelle 33. Sucherfolg und Geschlechtsunterschiede (Häufigkeitsverteilung)

Was haben Sie auf PartnerWinner gefunden?

	alle		Geschlecht			
			männlich 62.0%		weiblich 38.0%	
Auf PartnerWinner gefunden... den richtigen Partner, die richtige Partnerin	9.3%	293	6.5%	126	13.7%	165
Date(s)	38.4%	1205	36.6%	706	41.1%	497
erotische (sexuelle) Kontakte	12.2%	382	13.1%	253	10.6%	128
Email-Kontakte	40.9%	1285	38.6%	743	44.8%	541
Online-Flirts	16.0%	501	14.5%	280	18.3%	221
Freundschaft(en)	21.9%	689	18.7%	360	27.2%	329
Partnerinnen und Partner für Freizeit und Hobbys	8.9%	278	7.5%	144	11.1%	134
keines der obigen	27.0%	846	33.2%	639	17.1%	206
andere	4.6%	143	3.5%	67	6.3%	76
Total	*	*	*	*	*	*
Freq Err(68)*	±0.9%		±1.1%		±1.4%	
Freq Error*	±1.8%		±2.2%		±2.9%	
ChiSq Significance	NA		Yes at 99.0%			

* Note: Freq Err(68) covers 68% of distribution. Frequency error covers 95% of distribution. Multiple answer percentage-count totals not meaningful.

Weitere Informationen hinsichtlich der Erfolgsmessung lieferte die Frage: „Was haben Sie auf PartnerWinner gefunden?" Ein beträchtlicher Teil der Befragten hatte hauptsächlich mit E-Mail-Kontakten und Dates im realen Leben Erfolg (Tabelle 33). Gut jeder zehnte User gab an, das „ultimative" Ziel - den richtigen Partner zu finden - erreicht zu haben. Doppelt soviel Frauen (13.4%) wie Männer (6.7%) waren der Meinung, dass sie den Richtigen auf PartnerWinner gefunden hatten. Frauen hatten bei allen Kategorien (einzige Ausnahme: „erotische oder sexuelle Kontakte") durchwegs grösseren Erfolg denn Männer (vgl. Tabelle 33).

Abbildung 49. Was haben Sie über über PartnerWinner gefunden?
(Verteilung nach Alter)

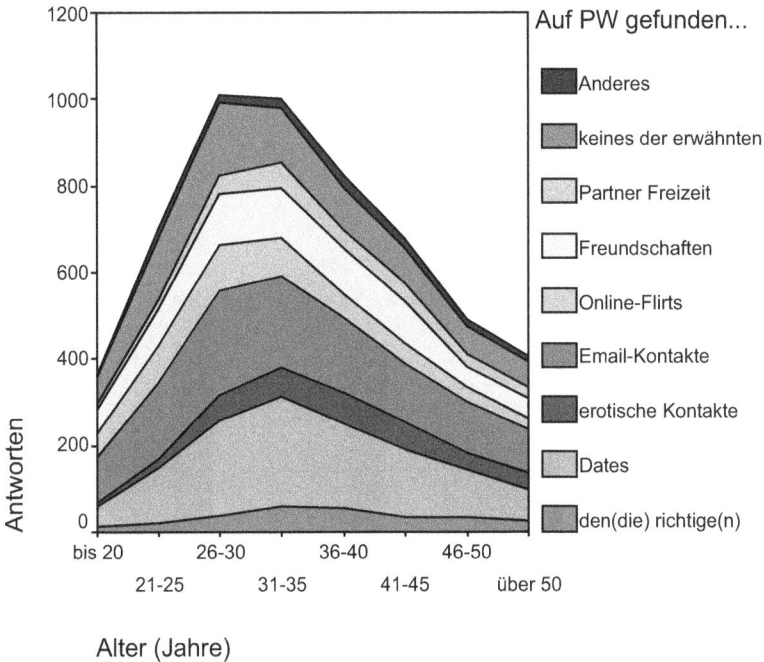

Alter (Jahre)

Noch ein differenzierteres Bild des Erfolgs auf der Datingsite in Abhängigkeit vom Alter erlaubt die Graphik in Abbildung 49. Eine spannende Beobachtung hier ist, dass junge Onlinedater sich tendenziell länger im virtuellen Raum aufhalten als ältere.

Unsere Prognosen bezüglich Beziehungserfolg bei den vier ermittelten Cluster-Gruppen haben wir anschliessend überprüft und eine klare Bestätigung der ursprünglichen Vermutungen gefunden (vgl. Abbildung 50). Bei PartnerWinner erwiesen sich die Maximalisten als erfolgreichste Beziehungssuchende (34.8%, siehe noch Tabelle 45 im Anhang), gefolgt von den Idealisten (23.8%), den Realisten (17.6%) und letztlich den Nihilisten (10.7%). Die Maximalisten waren somit dreimal erfolgreicher in der Liebe als die Nihilisten. Zum Umfrage-Zeitpunkt verfügte über ein Fünftel der Maximalisten eine auf PartnerWinner initiierte Liebesbeziehung, bei den Nihilisten waren es nur drei Prozent. Bei der Hälfte aller

269

Erfolgreichen, die während der Untersuchung in einer Beziehung dank PartnerWinner waren, handelte es sich um Maximalisten (Abbildung 50).

Abbildung 50. Cluster-Typen und Erfolg bei der Beziehungsanbahnung

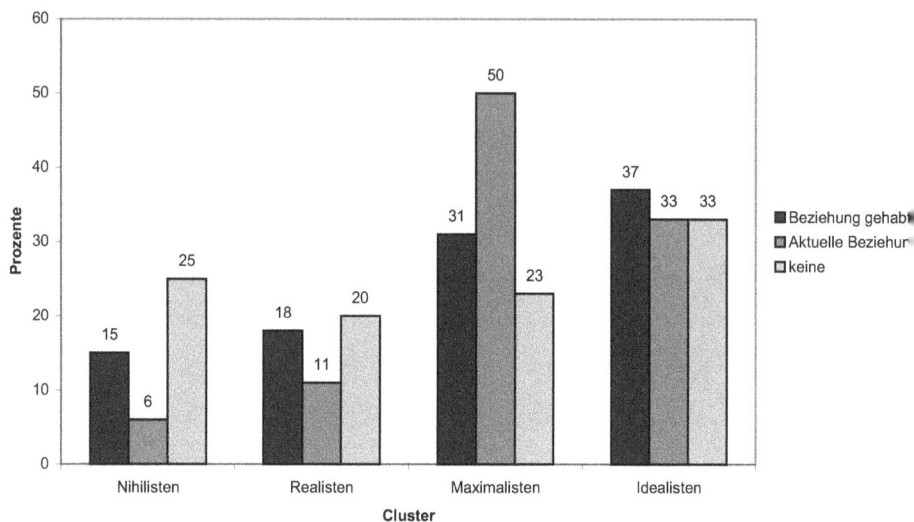

12.2 Ist virtuelle Liebe möglich?

Der Zustand des Verliebtseins, so belehrt uns Willi (2002, 16 ff.), hätte unter Psychotherapeuten keinen guten Ruf; es kommen hierfür viele negativ eingefärbten Assoziationen auf: Illusion, projektive Verzerrung, „maniforme Psychose", Sperre gegen rationale Argumente. Der Realitätsbezug ginge verloren. Das Grundproblem, so wird allgemein angenommen, liegt in der Vergänglichkeit des Zustandes „Verliebtsein" - dieser biochemisch mitbestimmte Prozess mag bloss Monate, allenfalls ein paar Jahre dauern. In einer quantitativen Studie ging Willi (2002) der Frage nach, wie wichtig das Verliebtsein für eine künftige Beziehung sei. Dabei stellte sich heraus, dass sich 30% der Befragten erst nach zweimonatiger Bekanntschaft ineinander verliebten. Die Befunde unserer Webumfrage brachten das deutliche Ergebnis zutage, dass knapp 60% der fündigen PartnerWinner-User bereits während oder nach dem ersten Face-to-face-Date ineinander verliebt waren. Das erste Face-to-face-Treffen behält für die Entscheidung, eine Liebesbeziehung aufzubauen, seine aus herkömmlichen Bindungen bekannte Rolle einer Zäsur. Ein grosser Teil der User entschied sich erst nach dem ersten Offline-Treffen definitiv für oder gegen die Beziehung. Noch mehr: Das Offline-Date entscheidet, ob es überhaupt zu einer Beziehungsaufnahme kommt oder nicht. An sich bestätigt dieses Ergebnis nochmals den Sachverhalt, dass die Virtualität öfters nur eine erste Phase am Anfang einer Beziehung ist und dass die zweite Phase vorwiegend im "Real Life" gelebt wird.

Die enorme Bedeutung der Körperlichkeit wird beim Onlinedating jedoch nur teilweise aufgehoben: „Mir ist aufgefallen, dass es viele optisch gesteuerte Menschen auf PartnerWinner gibt. Für mich ist das ein riesiger Widerspruch - das Internet ist doch (nur) ideal für Menschen, die eher auf das Innere schauen" (Umfrageteilnehmer). Dies spricht für die Tendenz, die im virtuellen Raum beginnende Beziehung offline zu verlagern. Die Umfrageergebnisse haben deutlich gezeigt, dass Partnersuchende dazu tendieren, das Internet innerhalb kürzester Zeit zu „verlassen" (siehe Abbildung 59), um die virtuelle Bekanntschaft ins reale Leben zu übertragen. Ein Teil der PartnerWinner-User war skeptisch eingestellt gegenüber Beziehungen, welche die Grenzen des virtuellen Raumes nicht zu verlassen beabsichtigen. Ein Befragter drückte dies so aus: „Eine Beziehung *nur* im Internet ist nicht viel mehr als eine Illusion".

Medienmigration und Geschwindigkeit der Entstehung
Zudem beobachten wir hier Effekte der Medienmigration: Es kommt zu Wechselbeziehungen zwischen dem Internet und anderen Medien mit einer stützender Funktion (wie z.B. Telefon) oder zu einem kompensatorischen Austausch von Photos zwischen den Partnern, mit dem Ziel, eine erste visuelle Vorstellungen des Anderen zu ermöglichen. Unsere Ergebnisse widersprechen dem dahingehend, dass sich die Geschlechter im Tempo des Sichverliebens nicht signifikant voneinander unterscheiden (M=4.74 für Männer bzw. 4.64 für Frauen). „Männer machen bloss den Anschein, sich schneller zu verlieben, da sie Verliebtheit offener zeigen, während Frauen sich mit Sprödigkeit vor einer vorschnellen Offenbarung ihrer Gefühle schützen", kommentiert Willi (2002) entsprechende Befunde. Die Fündigen haben offenbar nicht lange auf die Liebe warten müssen. Aus der Abbildung 51 wird deutlich, dass die grosse Mehrheit, entgegen unserer Erwartungen, relativ wenig Zeit benötigte: 37% der Menschen haben zwischen weniger als einem Monat bis zu zwei Monaten gebraucht. Die eher „langsamen" (über ein Jahr auf PartnerWinner) waren in der Minderheit. Alter und Bildung zeigten keinen nennenswerten Einfluss auf die Geschwindigkeit der virtuellen Entstehung von Liebesbeziehungen. Überdies fällt auf, dass sich 5%, darunter des öfteren Männer, an den genauen Zeitpunkt dieses Ereignisses nicht mehr erinnern konnten.

Abbildung 51. Wie lange dauerte es, bis Sie eine Liebesbeziehung auf PartnerWinner hatten?

Verweildauer der erfolgreichen User auf PartnerWinner

	alle		Geschlecht			
			männlich 62.0%		weiblich 38.0%	
Wie lange waren Sie schon auf PartnerWinner, bevor die für Sie wichtigste Liebesbeziehung entstand?						
Weniger als 10 Tage	10.9%	63	6.7%	19	15.1%	44
Weniger als 1 Monat	18.0%	104	17.7%	50	18.5%	54
1-2 Monate	18.9%	109	19.4%	55	18.5%	54
2-3 Monate	14.4%	83	14.8%	42	13.7%	40
3-4 Monate	8.5%	49	9.5%	27	7.5%	22
4-5 Monate	7.3%	42	6.0%	17	8.2%	24
6-8 Monate	6.8%	39	4.9%	14	8.6%	25
9-12 Monate	4.5%	26	4.6%	13	4.5%	13
mehr als 1 Jahr	5.4%	31	7.4%	21	3.4%	10
Kann mich nicht erinnern	5.4%	31	8.8%	25	2.1%	6
Total	100.0%	577	100.0%	283	100.0%	292
Freq Err(68)*	±1.6%		±2.4%		±2.3%	
Freq Error*	±3.3%		±4.7%		±4.5%	
ChiSq Significance	NA		Yes at 90.0%			

* Note: Freq Err(68) covers 68% of distribution. Frequency error covers 95% of distribution.

Beständigkeit

Indirekte Hinweise auf die künftige *Beständigkeit* der Beziehungen erlauben die Resultate auf die Frage nach den künftigen Plänen erfolgreicher PartnerWinner-Benutzer (siehe Abbildung 52). Ein Fünftel der Fündigen wollte "zusammenziehen", je 7% (23 Personen) lebten bereits zusammen oder planten die Heirat. Fünf Personen bestätigten, bereits geheiratet zu haben, weitere 40% hatten keine Pläne hinsichtlich ihrer Beziehungen. In Bezug auf die Zukunft ihrer Beziehung waren sich die Geschlechter, vor allem bei deren Absicht, bald zusammen zu ziehen, uneins: Beinahe doppelt so viele Frauen (25%) bestätigten, dies zu beabsichtigen. Dagegen waren bei den Männern nur 13% dazu bereit. Weibliche Partnersuchende zeigten sich entschlossener, die auf PartnerWinner aufgebaute Beziehung auch in Zukunft aufrecht zu erhalten. Um die künftige Entwicklung dieser Beziehungen näher beleuchten zu können, wären weitere Untersuchungen notwendig.

Abbildung 52. Beziehungspläne der erfolgreichen PartnerWinner-User im Altersverlauf

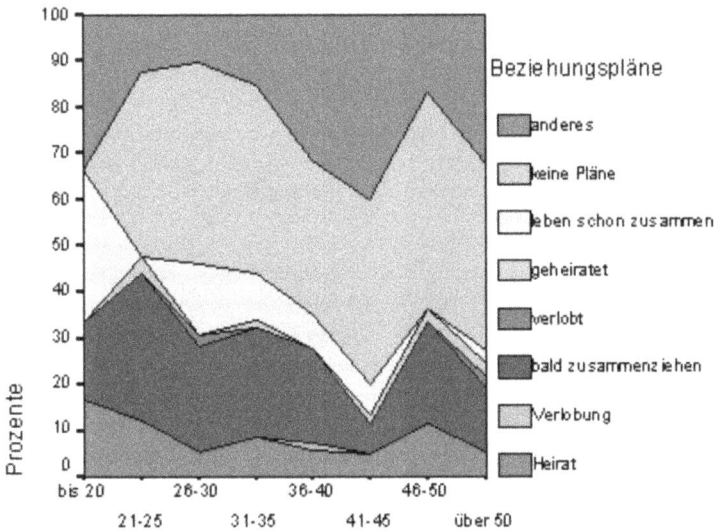

Liebe auf den ersten Klick

Wie entscheidend sind die ersten Minuten einer Begegnung fürs Zustandekommen einer Beziehung? Für das Entstehen traditioneller Beziehungen wird auf die enorme Bedeutung der Sinnesorgane verwiesen (Hören, Sehen, Riechen etc.). Bei der ersten Begegnung herrscht die Wahrnehmung der Sinne vor, nonverbale Kommunikation ist angesagt: Die Augen nehmen visuelle Reize wahr - der Gesichtsausdruck, die Gesten („sympathisch sein"); die Ohren fangen den Klang der Stimme auf („ganz Ohr sein), die Nase den Geruch (nach neuesten Erkenntnissen der Verhaltensbiologie wird die Bedeutung der Düfte weitgehend unterschätzt). Was ist nun von der Liebe auf den ersten Blick zu halten? Die Sozialwissenschaften haben diesen Aspekt wenig erforscht: „Auf den ersten Blick gilt das als blosses Strohfeuer, als Wunschbild auf einen Partner, den man noch gar nicht kennen kann", schreibt Jürg Willi (2002, 17). Nicht auszuschliessen ist, dass es sich dabei um eine Täuschung handelt. Wären demnach auf den ersten Blick entstandene Liebesbeziehungen, so stellt sich hier die Frage, mit Berechtigung als irrationale (nicht logische) menschliche Handlungen abzustempeln? Die Liebe auf den ersten Blick sei „weit treffsicherer, als vermutet", stellt Willi eindeutig fest. Er vermutet, die Menschen wären fähig, sekundenschnell und intuitiv die „wesentlichen Aspekte eines Liebespartners" zu erfassen. Liebesbeziehungen folgen einer anderen Logik als andere Beziehungen: „In einer Art von Evidenz erkennt man die geliebte Person schlagartig, bevor man über ausreichende Informationen verfügt" (Willi 2002, 19). Jeder Vierte der Befragten (N=605) in Willis empirischer Studie verliebte sich in seinen aktuellen Partner am ersten Tag - 13% verliebten sich sogar auf den ersten Blick. „Ein verzögertes Verliebtsein führt aber nicht häufiger zu einer dauerhaften Partnerschaft als ein sehr rasches gegenseitiges Feuerfangen. Erstaunlicherweise zeigten sich die Verliebten auf den ersten Blick nicht weniger zufrieden in ihrer Partnerbeziehung als jene, die zum Verliebtsein mehr Zeit beanspruchten", konstatiert Willi (2002) abschliessend.

Die spannende Frage dabei ist, ob es Liebe auf den ersten Blick tatsächlich auch dann geben kann, wenn all diese Sinneswahrnehmungen und unbewussten Signale im virtuellen Raum „ausgeschaltet" sind, sozusagen eine *Liebe auf den ersten Klick*. Ist die Entstehung von Leidenschaft ohne Wahrnehmung des Körpers überhaupt möglich? Statt Liebe auf den ersten Blick wäre dies dann „Liebe auf den ersten Klick" (Variationen davon wären „Liebe auf den ersten Chat" oder „Liebe auf den ersten Satz"). Dementsprechend würde es bei Nichteintreten von Liebesgefühlen „Es hat nicht geklickt" heissen. Zu betonen hier wäre allerdings, dass „Liebe auf den ersten *K*lick" keine „Liebe auf den ersten *B*lick" ist:

> Es ist was anderes, als wenn ich jemanden so [auf konventionelle Art und Weise - A.V.] kennen lerne. Dann sehe ich ihn, dann spielen die Augen Kontakt und plötzlich funkt es, gibt es so ein Funke und dann ist man verliebt, Hals über Kopf hat man eine Beziehung. Ja, man hat eine Beziehung, ohne lange nachzufragen - was denkt der Andere überhaupt? Was hat er überhaupt für eine Lebenseinstellung? Passt er überhaupt zu mir? Man hat plötzlich eine Beziehung. Und nach drei-vier Wochen oder drei-vier Monaten stellt man fest, ja, eigentlich ist es total daneben gegangen - wegen der Verliebtheit. Verliebtheit macht erst mal blind. Und so langsam geht die Blindheit weg und man stellt fest: Oh, mein Gott! Und dann tut es weh, oft tut's weh. [...] Ich denke, im Internet kann man erst mal - jedenfalls gedanklich, wenn man sich bemüht, sich gedanklich erst mal so weit austauschen, dass man merkt, ist der andere wirklich so mein Typ oder ist er nicht" (*Mephisto48*).

Bezeichnenderweise lassen sich klare empirische Evidenzen für dieses Phänomen finden (siehe Abbildung 53): In absoluten Zahlen haben 21 PartnerWinner-Benutzer (3.6% aller Erfolgreichen) angegeben, sich „bereits nach dem ersten Mail" in ihr virtuelles Gegenüber verliebt zu haben (Männer gleich oft wie Frauen). Des weiteren haben sich 12% aller PartnerWinner-Benutzer, die ihre Beziehung über PartnerWinner fanden, irgendwann im Verlauf ihrer E-Mail-Korrespondenz ineinander verliebt - bevor sie sich im realen Leben getroffen haben. Sie waren im Durchschnitt 39 Jahre alt und zu 61% weiblich.

Abbildung 53. Der Augenblick des Verliebens

Der Augenblick des Verliebens

Wann haben Sie sich in ihn (sie) verliebt?	alle		Geschlecht			
			männlich 62.0%		weiblich 38.0%	
bereits nach dem ersten Mail	3.6%	21	3.5%	10	3.8%	11
während unseres Email-Austauschs	12.1%	70	9.5%	27	14.4%	42
nach (während) dem ersten Telefongespräch	5.2%	30	6.4%	18	4.1%	12
nach (während) dem ersten Date	38.3%	221	36.4%	103	40.1%	117
später	30.0%	173	29.7%	84	30.5%	89
weiss nicht	4.0%	23	5.3%	15	2.7%	8
andere	6.8%	39	9.2%	26	4.5%	13
Total	100.0%	577	100.0%	283	100.0%	292
Freq Err(68)*	±2.0%		±2.9%		±2.9%	
Freq Error*	±4.0%		±5.7%		±5.7%	
ChiSq Significance	NA		Under 50%			

* Note: Freq Err(68) covers 68% of distribution. Frequency error covers 95% of distribution.

Virtuelle Beziehungen?

Bei insgesamt nur 10 Personen wurde festgestellt, dass sie rein virtuelle Beziehungen hatten, ohne ihren Partner im realen Leben je getroffen zu haben, bei drei davon war diese Cyberbeziehung zum Zeitpunkt der Umfrage nicht mehr intakt. Diese geringe Zahl liefert ernsthaften Anlass für die Behauptung, dass virtuelle Partnersuchende den Cyberspace mit grösster Wahrscheinlichkeit irgendwann verlassen. Zu Recht stellt sich hier die Frage, ob die Menschen ihre sich nur im virtuellen Raum abspielenden Liebesbeziehungen überhaupt als solche definieren - und ob es sinnvoll ist, rein virtuellen Beziehungen bei empirischen Untersuchungen derart viel Beachtung zu schenken.

"Do you, Jason, take Heather to have and to hold,
to e-mail and to fax, to page and to beep,
until death do you part?"

13. Die eigene Beschreibung als Selbsterkennung

> Sich selbst beschreiben zu müssen und ehrlich mit sich umzuge-
> hen hilft der eigenen Selbsterkennung. (Umfrageteilnehmerin)

> Ich sagte mir, diese Frau, die ich suche, die wird sich auch einen
> besonderen Namen einfallen lassen. (*Mephisto48*)

Siobhan[132] hat ihren Traumpartner auf der Datingplattfom PartnerWin-
ner.ch gefunden - nach langem Suchen und über 50 Dates mit ihren virtuellen Bekanntschaften im realen Leben: „Die Partnersuche online wird
für viele zum täglichen Lebensinhalt. Je mehr ich mich mit der Materie
befasste, umso mehr erstaunt war ich über die einfachen Regeln des Lebens, die sich seit Jahrhunderten wiederholen".[133] Siobhan war noch
vieles mehr: *starshine4, comanchin, shamanin, lunerousse29, lucretia, seagirl,
sommersprosse, schneekönigin*. Die *Schneekönigin* habe Männer mit sehr
dominanten Müttern angesprochen. *Siobhan* sei für alle Virtuellen, die
bereits in Irland waren oder mit der keltischen Kultur vertraut sind, ins
Leben gerufen worden. *Sommersprosse* war für alle „Naturburschen" bestimmt, *Seagirl* hätte Segler und Sportler begeistern müssen. Zum
Traummann habe ihr die *comanchin* verholfen. Alle einzelnen Charak-
tertypologien seien vertreten, erzählte Siobhan, „wirklich alle Modelle
des menschlichen Denkens und der Vorstellungskraft". Wenn man dazu
bereit sei, kommen spannende persönliche Transformationen in Gang,
welche die persönliche Entwicklung fördern. Für Menschen, die sich mit
Internetdating nicht auskennen, könne dies zu herben Enttäuschungen,
bis hin zu Tränen führen.

Es stimmt also: "This is more real than my real life," genau wie der von
Sherry Turkle (1997) beschriebene virtuelle „Charakter" behauptete (eigentlich ein Mann, der sich online aber als Frau ausgab). Das Selbst aus
postmodernistischer Perspektive ist konstruierbar, was paradox klingt,
bezieht sich doch der Begriff „Selbst" auf das Wort „Identität" mit seiner
lateinischen Wurzel '*idem*'[134], die strikte Kontinuität und Konsistenz suggeriert. Schon der Klassiker der Identitätstheorie, Erickson, definierte
Identität als „die unmittelbare Wahrnehmung der eigenen Gleichheit
und Kontinuität in der Zeit und die damit verbundene Wahrnehmung,
dass auch andere diese Gleichheit und Kontinuität erkennen" (Erickson
1980). Der Fokus wurde damit treffend auf die zweidimensionale Natur
des Begriffs Identität gelenkt: eine innere Perspektive (wie ich mich
selbst wahrnehme, das, was ich glaube, das bin ich) sowie eine Aussen-

---

[132] Fallstudie über Siobhan siehe Kapitel 19.3.1. (Die Frau mit den acht Gesichtern).
[133] Alle Zitate in diesem Abschnitt stammen aus dem Face-to-face-Interview mit der PartnerWinner-
Benutzerin Siobhan.
[134] Idem (lat.) - dasselbe.

perspektive (so, wie mich Andere wahrnehmen). Cooley (1983) nannte diese doppelte Ontologie „looking-glass self" und brachte mit der gelungenen Metapher zum Ausdruck, dass die Identität nicht eine beliebige Formung seitens der einzelnen Persönlichkeit ist, sondern die durch einen sozialen Spiegel „geschleuste" Schöpfung. Das obige Fallbeispiel mit Siobhan erinnert auffallend an die Bezeichnung *'Identity workshops'*, eine Erfindung von Amy Bruckman (1992), Schülerin von Sherry Turkle, die sie allerdings exklusiv auf die MUDs-Spiele bezogen verwendet. Die dortige Vorstellung von Identität ist ziemlich gewagt: das Selbst als vielgestaltiges, verstreutes und zerteiltes System (Turkle 1995a). Viele postmoderne Identitätskonzepte betonen Aspekte wie Offenheit (das Potential, die eigene Identität zu transformieren, bleibt vorbehalten), Multiplizität (als Folge der Pluralisierung der Lebenswelten[135]), Flexibilität (Management von Teilidentitäten: Berufsidentität, religiöse Identität, nationale Identität etc.). Die postmoderne Vorstellung von Identität schien vor einigen Jahren ziemlich geeignet, die Erfahrungen mit Identität im virtuellen Raum am passendsten zu beschreiben – ein Selbst ohne Kern, ohne Kohärenz, quasi dezentriert, grenzenlos vervielfältigt, in vielen Fensterwelten existierend; ein Selbst, das viele Rollen simultan vorführen kann und wo die Bildung neuer Identitäten eine „zweite" Welt geschaffen hat. Wenn von fragmentierter Identität gesprochen wird, ist grundsätzlich von zwei denkbaren Situationen auszugehen (vgl. Bühler-Ilieva 1997):

(1) Falls die postmodernistische Theorie unter Vervielfachung mehr als einen rein „emotionalen Pluralismus" meint, wie lässt sich denn mit einer fragmentierten Identität leben (siehe in diesem Zusammenhang Glass 1993)? Und wenn diese Identität zerbrochen sein sollte, ist sie in Bezug auf was zerbrochen? Könnte man deshalb nicht doch von einer organisierten (oder wenigstens steuerbaren) Fragmentierung sprechen?

(2) Wenn doch ein Kern, ein Zentrum einer jeden Identität denkbar wäre, kommen wir doch wieder zu einem alten „essentiellen Selbst"? Oder wäre es nicht hilfreicher, von „gesunden", fragmentierten, um eine Kernidentität gruppierten Identitäten auszugehen? Sogar der Körper im poststrukturalistischen Denken wurde als eine Art Text interpretiert, als Sprache; seine Bedeutung und Präsenz erscheint durch seinen Kontext in der Sprache. Die Frage, die gemäss Glass so viele Poststrukturalisten und gar Psychoanalytiker zu umgehen wünschen, stellt sich trotzdem: Welches sind die praktischen Effekte der Vervielfachung, und was bedeuten sie? Auf welche Art und Weise steuert die Mannigfaltigkeit, als Phänomenologie der Erfahrung, das menschliche Verhalten und Handeln?

---

[135] Die Bezeichnung stammt von Berger & Berger (1995).

Bereits vor sechs Jahren wurde in der sozialwissenschaftlichen Cyberforschung davon ausgegangen, dass die digitalen Technologien einen substantiell neuen Einfluss auf die kognitive Struktur des Individuums hatten, haben und haben werden. Diese These blieb bis heute unumstritten. Sicher sind die schrill-optimistischen Stimmen etwas leiser geworden, die pessimistischen aber auch. Man streitet heute eher darüber, wie und in welchen virtuellen Umgebungen sich diese tiefgreifenden Veränderungen vollziehen werden. Wenn Menschen sich einem MUD-Spiel[136], einer Chat- oder Dating-Plattform anschliessen, kreieren sie eine kunstvolle „persona" oder einen „Charakter", dessen Merkmale gespeichert werden, auf Verlangen jedem Teilnehmer auf verschiedene Art und Weise zugänglich. In unserer „optimistischen" Sicht wäre die Möglichkeit, neue Figuren (Profile) zu gestalten, weniger als Flucht vor sich selbst ausgelegt und noch weniger als intendierte Manipulation gegenüber der virtuellen sozialen Welt, sondern vielmehr eine Chance für die eigene Persönlichkeitsentfaltung. Am stärksten beobachtet man derartige Identitätsmetamorphosen in den MUDs und MOOs-Spielen, weniger in Chats oder auf Datingsites. Indem eine Person gleichzeitig mit mehreren „Figuren"(Identitäten) spielt, zwischen unzähligen virtuellen Räumen hin und her pendelt, verliert das wirkliche Selbst sein Zentrum und wird ebenfalls „multipel". Mit ihren Fragen im Zusammenhang mit dem andersartigen menschlichen Verhalten im Cyberspace hat Sherry Turkle (1995a, 1995b) vor einigen Jahren für viel Wirbel gesorgt: Welche Arten von Persönlichkeiten konstruieren wir in der virtuellen Realität, und welche Beziehung haben sie zu unserem traditionellen Begriff von der „unzerlegbaren" (untrennbaren) Persönlichkeit? Sind solche Teilidentitäten als eine Erweiterung des Selbst zu betrachten oder als etwas vom Selbst Autonomes? Sind diese virtuellen „Oeuvres" Fragmente der Persönlichkeit im realen Leben und wenn ja, wie stehen sie miteinander in Beziehung? Lernen unsere verschiedenen 'Alltags-Selbsts' von den virtuellen „Charakteren"?

In diesem Kapitel beschäftigt uns die Frage, ob durch die computervermittelte Kommunikation neue Identitäten entstehen, herkömmliche Identitäten verändert werden und wenn ja, warum. Besonders interessant scheint hierzu das Phänomen der Selbstdeutung - oder Selbsterkennung - im Zusammenhang mit fundamentalen Prozessen im Leben eines jeden Menschen, wie es etwa die Suche nach einem Partner ist:

---

[136]MUD bedeutet Multi-User Dungeons. Es sind die Phantasiewelten der Computerdatenbanken, wo Leute Sprache und spezielle Programme dazu benutzen, um Melodramen zu improvisieren, um eine neue Umwelt mit verschiedensten Gegenständen aufzubauen und um Rätsel zu lösen. Man darf sich auch amüsieren oder um Prestige und Macht konkurrieren, Weisheit erreichen, seinen Rachedurst stillen, Habgier, Lust und Gewaltimpulsen nachgeben. Man kann in einigen MUDs körperlosen Sex haben und in weiteren gar töten oder sterben.

Und ich hatte mir doch geschworen...
(PartnerWinner-User *ASDFGH*)[137]

Nie mehr hierher zu kommen und alles sausen zu lassen

nach der schwarzen Serie, die ich mir eingefangen habe.

Aber es ist wie eine Droge - bei jeder Verbindung fängt meine Tastatur an zu klappern.

Partnerwinner...

Komm, such das Glück.

Es muss die Saison sein, wie diese verdammte Katze,

die läufig über die Dächer streicht und sich miauend anpreist.

Also kurz - da bin ich wieder...

Immer noch auf der Suche nach der Seelenverwandten, wenn sie denn existiert.

Nicht das ich defätistisch wäre, etwas realistisch, das ist alles.

Etwas ist faul in meinem Staate Dänemark.

Ihr müsst herausfinden, ob das lange Warten mich zu Essig oder zu einem edlen Tropfen werden liess.

Ich bin nicht selbstherrlich, lasse Euch entscheiden.

Sanft, ruhig, geduldig, seriös, treu, aufmerksam, grosszügig...

Ich liebe alles und nichts, die Ruhe, die Aktion, den Regen und die Sonne, die Kälte und die Wärme.

Auf ein Wort von euch.

Ah, und wenn ihr mich mit euren Antworten in die Wüste schicken möchtet,

sage ich euch, dass mein Flugticket bereits gebucht und meine Ferienabreise nahe ist.

Kann der postmoderne Mensch einen gewichtigen Einfluss auf seine Selbsterscheinung im Netz nehmen und dieser Erscheinung eine eigene Autonomie verleihen? Es wäre spannend, in Bezug auf Beziehungsanbahnungen zu untersuchen, ob diese *imitierte* Erscheinung als autonome, virtuelle Identität die intendierte Wirkung auch tatsächlich erreicht. Auf einem Partnersuche-Portal kreiert man eine neue Figur (Profil), weil die alte mit einem ungünstigen Spitznamen behaftet war oder weil sich ihre soziale Erscheinung als zu wenig attraktiv auf dem virtuellen Partnersuchemarkt erwies. Die Tiefe der jeweiligen Transformation wird nicht allein vom Typus der virtuellen Umgebung mit ihren technisch vorgegebenen Besonderheiten beeinflusst. Selbst die dazugehörenden Mottos[138]

---

[137] Übersetzung aus dem Französischen von Christoph Lüscher. Das Inserat war am 28.05.2003 auf dem französischen PartnerWinner veröffentlicht; hier leicht gekürzt wiedergegeben.

[138] Z.B. das von *Affettuosa 71*: „Wer glaubt, dass er nicht mehr besser werden kann, hört auf, gut zu sein", von *Kokolores*: „Normal ist anders", von *Stephan01*: „Motten mag ich nicht", von *Andre79,24*: „Ein verbaler Tanz gefällig?", von *Chäfer70*: „Alles auf dieser Welt hat einen Sinn", von *dropman* „Die vier A's: Anders Als Alle Andern" oder von *mamalaguna* „Hab' Sonne im Herzen und Voraussicht im Kopf".

zeugen von einer beispiellosen Fülle origineller, aber auch weniger ge-
lungener Selbstinszenierungen in der harten Konkurrenz eines Partnermarktes.

**"Maybe you could get someone to steal just
the parts of your identity that annoy me."**

13.1. Inszenierung des virtuellen Körpers

> Virtuelle Kontakte finde ich viel besser, weil viel mehr Gespräche
> geführt werden und das Herz und die Einstellung des Anderen
> viel mehr zum Bewusstsein kommt. Voraussetzung ist natürlich
> die Ehrlichkeit des Gegenübers. Im Realen hat man viel zu
> schnell ein Vorurteil, nur weil sein Aussehen nicht so super ist.
> (Umfrageteilnehmerin)

Eine Kontaktbörse wie in unserem Fallbeispiel PartnerWinner.ch stellt
eine komplexe, dynamische virtuelle Umgebung dar, welche als ein au-
topoetisches System funktioniert und, forschungstechnisch betrachtet, in
der Mitte zwischen Labor und Feld anzusiedeln wäre - man kann vieles
unter Kontrolle halten, wenngleich das Ganze trotzdem ein „natürliches", vom Forscher unkontrolliertes oder gestaltbares Umfeld ist. Bei
PartnerWinner sind 164000 registrierte Profile untersuchungsbereit.[139]

---

[139] Stand Mai 2003.

Sauber archiviert in einer bereits vorhandenen Datenbank sind sie mit ihren primären Identitätsmerkmalen vertreten: Alter, Wohnort, Grösse, Zivilstand, sexuelle Orientierung, Kinder, Sternzeichen, Religionszugehörigkeit, selbst Augen- und Haarfarbe oder Rauchergewohnheiten. Die User besitzen die Freiheit, ihre Identität („Profil") - oder ihre multiplen Identitäten - beliebig zu konstruieren, indem sie mehrere Stufen der Profilerfassung durchlaufen müssen.

Auf PartnerWinner ist der Körper nicht absolut abwesend, er wird aber auf einige wenige Merkmale reduziert. Diese verleihen ihm einen uniformen Charakter. Jede Stufe wird mit einem Sternchen belohnt. In der ersten Phase der Profilkonstruktion werden „Grundangaben" über Alter und Geschlecht gemacht, der SingleSlider eingestellt und ein Passwort gewählt. In der zweiten Stufe (nun kriegt man bereits das erste Belohnungssternchen) werden Geburtsdatum[140], Beruf[141], Zivilstand, Nationalität, Religion, Körpermerkmale, auch Augen- und Haarfarbe fixiert. Der dritte Schritt bei der Konstruktion eines Profils besteht darin, quantitative Einstellungsskalen auszufüllen, die Einstellungen der Person in Bereichen wie Partnerschaft, Zuhause, Mode, Arbeit und Sport zu messen. In der nächsten Phase schreitet die Identitätskonstruktion weiter voran. Anhand des so genannten „intimen Interviews" müssen fünf Fragen offen beantwortet werden.[142] Sie erlauben im Gegenzug zu den standardisierten Merkmalen der bisherigen Stufen eine individuelle Beschreibung, die häufig weit stärkere Aussagekraft besitzt als klassische Charakteristiken wie Körpergrösse oder Augenfarbe. „Geben Sie ihrem Profil ein Gesicht", verlangt nun die letzte Stufe in der Profil-Gestaltung. Hier kann man einen Avatar auswählen, der sich beliebig aus einem Kopf und einem Körper zusammenstellen lässt (siehe Abbildung 2). Es steht eine begrenzte Auswahl von Körper- und Kopftypen zur Verfügung, zum Beispiel der Typus „Party", „Sport", „Show" oder „Business". Im Zusammenhang mit der Wahl eines Avatars ergibt sich ein heiteres Bild der Benutzerpräferenzen - Männer bevorzugten sportliche Köpfe, Frauen „Show"-Körper.

---

[140]Dadurch wird automatisch das Alter und das Sternzeichen des virtuellen Charakters ermittelt.
[141]Z.B. „Stratege" (*Blond_Nordisch*) oder „Ja, ich habe einen fantastischen Beruf" (*Dinosaurier53*).
[142]Fragen wie: „Was machen Sie mit ihren allerletzten hundert Franken?" oder „Wann vergeht Ihnen beim romantischen Candlelight-Dinner der Appetit?"

Abbildung 54. Weibliche und männliche Avatar-Gestaltung

Abbildung 55.
Anti-Avatare als Bestrafung für BenutzerInnen,
die keinen Avatar auswählen

13.2. Multiple Identitätskonstruktionen

Unsere Webumfrage erlaubt eine präzise Aussage, wie gross die tatsächliche Verbreitung mehrfacher Identitäten ist: 18% der Befragten antworteten, sie hätten zum Zeitpunkt der Umfrage „mehr als ein Profil" auf PartnerWinner aktiv (siehe Abbildung 56). Am häufigsten wurde von doppelten virtuellen Identitäten (zwei Profile, 13%) berichtet. Ein Beispiel dafür ist der 38-jährige Schriftsteller mit dem Pseudonym UNBE-DACHT[143]. Sein zweites Alterego heisst LEICHTSINNIG. Beide Profile weisen allerdings ähnliche Persönlichkeitsmerkmale auf und haben denselben Satz als Motto: "Kein Motto, dafür viele Marotten". Drei Profile hatten 99 Personen, darunter eine geschiedene 68-jährige Rentnerin mit einem Kind, alle drei Komposita vom Wort „old" (auch ein unerwartetes, mutiges Unterfangen): *oldwoman, oldlady7, oldbeauty*. Ihr Motto

---

[143]Die Schreibweise mit Grossbuchstaben wird hier beibehalten und ebenfalls als ein Teil der individuellen Identitätskonstruktion betrachtet.

ist bezeichnenderweise "Ich weiss, dass ich nichts weiss". Obwohl sie drei registrierte Profile hatte, welche alle das Wort „old" enthalten haben, war nur die Identität ‚*oldbeauty*' vollendet. Bei den übrigen zwei fehlten die üblichen Persönlichkeitscharakteristiken. Gleichzeitig fünf Profile hatten 19 Personen; sieben „Gesichter" besassen 22.

Abbildung 56. Multiple Identitäten auf PartnerWinner, Häufigkeitsverteilung

Multiple Identitäten auf PartnerWinner

	alle		Geschlecht			
			männlich 62.0%		weiblich 38.0%	
Wie viele Profile haben Sie momentan auf PartnerWinner.ch?						
1	81.6%	2521	83.3%	1581	78.9%	938
2	12.5%	385	11.7%	222	13.7%	163
3	3.2%	99	2.8%	54	3.8%	45
4	1.2%	36	0.8%	16	1.6%	19
5	0.6%	19	0.5%	9	0.8%	10
6	0.3%	8	0.2%	3	0.4%	5
7 und mehr	0.7%	22	0.6%	12	0.8%	9
Total	100.0%	3090	100.0%	1897	100.0%	1189
Freq Err(68)*	±0.7%		±0.9%		±1.2%	
Freq Error*	±1.4%		±1.7%		±2.4%	
ChiSq Significance	NA		Under 50%			

* Note: Freq Err(68) covers 68% of distribution. Frequency error covers 95% of distribution.

Frauen zeigten zudem um einiges mehr Freude an multiplen Identitäten - 83% aller Männer hatten nur ein Profil gegenüber 79% der Frauen. Demnach neigten Frauen vermehrt dazu, drei oder vier Profile zu erstellen. Ältere User hatten in der Regel mehr Identitäten als jüngere: Personen mit 6 oder 7 Profilen waren im Durchschnitt 38 Jahre alt.[144] Obwohl die Profile den Anspruch auf Echtheit erheben (siehe Abbildung 57), hat ein beträchtlicher Teil der Personen im Schutze der Anonymität zwecks Realitätsprüfung temporär gleich mehrere künstliche Masken angelegt: „Ich wollte dadurch sehen, ob die Leute, die mir E-Mails geschrieben haben, ehrlich sind". Auf die Frage nach persönlichen Motivationen, welche zu multiplen Profilen geführt haben, bezeichneten 30% der PartnerWinner-User die lustvolle, spielerische Komponente als Grund, in verschiedenen Charakterrollen aufzutreten („zum Spass, wollte etwas ausprobieren",Abbildung 57). Selten handelt es sich dabei jedoch um ein willkürliches, sinnloses Simulationsspiel mit mehreren Repräsentationen. Es kann auch als experimentelle Perspektivenüber-

---

[144] Man beachte, dass das Durchschnittsalter aller User 34.3 Jahre beträgt.

nahme gedeutet werden, eine besondere Art der Reflexion über die eigene Offline-Identität, realisierbar ausschliesslich im geschützten Raum der computervermittelten Kommunikation: „Ich wollte mein Profil sozusagen von Seiten der Anderen ansehen und den Eindruck, den es vermittelt, mitbekommen" (Umfrageteilnehmer).

Nicht immer muss es aber das ausgereifte Resultat eines Selbsterkennungsprozesses sein. Spielerische, nicht ernsthafte Motive, die primär auf die Umwelt und ihre Erkundung gerichtet sind, kommen häufig vor: „Lustig, wenn die gleichen Leute mit den gleichen Tippfehlern auf verschiedene Profile schreiben... Copy, paste... yuk"; „Um meinem Bruder einen Streich zu spielen"; „Männer lesen die Profile nicht genau. *Grins* Sie haben gar nicht bemerkt, dass es sich um die gleiche Person handelt". Eine bestimmte Taktik, die mit dem konkreten Stand der Partnersuche verbunden ist, kann ebenfalls zur Entstehung einer neuen Figur führen: „Ich wollte schauen, ob ein bestimmter Jemand auch andern schreibt".

Abbildung 57. Gründe für die Erstellung multipler Identitäten

Gründe für die Erstellung multipler Identitäten

	alle		Geschlecht			
			männlich 62.0%		weiblich 38.0%	
Warum haben Sie mehr als ein Profil erstellt?						
mein Nickname gefiel mir nicht mehr	24.2%	137	30.3%	95	16.9%	42
ich wurde belästigt/verfolgt	6.4%	36	4.5%	14	8.8%	22
ich wollte nicht mehr erkannt werden	26.2%	148	19.7%	62	34.1%	85
zum Spass/wollte etwas ausprobieren	29.7%	168	28.0%	88	32.1%	80
ich wollte schauen, was am besten klappt	28.8%	163	29.9%	94	27.3%	68
ich wollte mehrere "Gesichter" haben	18.2%	103	18.8%	59	17.3%	43
ich wollte mein Geschlecht "wechseln"	2.3%	13	2.9%	9	1.2%	3
weiss nicht	4.6%	26	3.8%	12	5.6%	14
andere	15.8%	89	15.0%	47	16.9%	42
Total	*	*	*	*	*	*
Freq Err(68)*	±1.9%		±2.6%		±3.0%	
Freq Error*	±3.8%		±5.2%		±6.0%	
ChiSq Significance	NA		Yes at 99.0%			

* Note: Freq Err(68) covers 68% of distribution. Frequency error covers 95% of distribution. Multiple answer percentage-count totals not meaningful.

Das *soziale Experimentieren* im Zusammenhang mit Problemlösungsstrategien bei Beziehungsanbahnungen ist eine weitere wichtige Motivation für neue Identitätsbildung („Ich wollte schauen, was am besten klappt",

29%). Für eine optimale Selbstkonstruktion ist die Wahl des *virtuellen Spitznamens* entscheidend. Ein Viertel der User hat sich für die „Geburt" einer neuen *Persona* entschieden (Abbildung 57), weil der alte Nickname die anfänglich in ihn gesetzten Hoffnungen nicht mehr erfüllt hat.

"If I want to impress a woman online, what font should I use? Aristocrat Bold so she'll think I'm rich or Comic Sans so she'll think I'm funny?"

13.3. Formen der Identitätskonstruktion

Hierzu sind mehrere spannende Szenarien möglich - an dieser Stelle seien nur die wichtigsten genannt:

1. Eine *zentrale virtuelle Identität* aufbauen, die der echten Offline-Identität entspricht, und andere virtuelle Subidentitäten, die nur teilweise modifiziert sind („Ich habe neben dem natürlichen mit verschiedenen Charakteren gearbeitet, um zu sehen, was wie ankommt");

2. Ein *synchrones Auftreten verschiedener Identitäten*, wobei bis zu fünf oder sechs Identitäten parallel gelebt werden („Ich suche verschiedene Leute über verschiedene Nicknamen");

3. *Ersetzen einer erfolglosen Identität* durch eine zweite, die anders konstruiert ist, wobei dieses Ersetzen mehrmals wiederholt werden kann („Mein erstes Profil hatte keinen Erfolg");

4. *Phasenbezogenes Identitätsmanagement* als dynamische Bedürfnisoptimierung („Ein braves zum etwas Beständiges suchen und ein freches für die Trockenperiode dazwischen"; „Ein Profil für die Suche nach einer festen Beziehung, das andere für Dates"; „Ein Profil für die Suche nach Sportaktivitäten, eines für Erotik"; „Eines für Tanzen und eines für eine Partnerin");

5. *Teilidentitäten*, welche bestehende Offline-Identitätsaspekte fokussieren („Es sind beides ‚meine Gesichter', je nachdem halt");

6. *Variation der Grundmerkmale* wie Alter, Grösse, Augenfarbe etc. („Ich wollte schauen, auf welches Alter die Frauen am meisten ansprechen");

7. *Schein-Metamorphosen der sexuellen Identität* („Ich war gespannt, ob ein Inserat mit tantrischen Angaben mehr Männer anzieht. Es ist in der Tat so, aber neben einigen Sexprotzen sind ganz Interessante dabei") oder pluralistische sexuelle Identität („Einmal hetero, einmal bisexuell");

8. *Ortsstiftende Identität*: *Bernermaa, Aargauer*

9. *Zivilstandsidentität*: *Married_be* (40, verheirateter Mann, Akademiker, mit einem Kind)

10. *Zweisprachige Identität* (ein Profil in der deutschen Version von PartnerWinner, eines auf seiner französischen).

Mit dem inneren Pluralismus der eigenen Offline-Identität konnten einige schwer umgehen: „Man kann nicht alle Eigenschaften in ein einziges Profil zwängen". Entgegen gängiger Annahmen, Flaming[145] und andere Formen der virtuellen Belästigung seien im virtuellen Raum weit verbreitet, ergaben empirische Befunde unserer Studie, dass nur ein kleiner Teil (6%, Abbildung 57) der Partnersuchenden eine andere Identität als Flucht vor Belästigung oder Verfolgung errichtet. Unter unseren anfänglichen Erwartungen blieb der *„Gender-Swapping"-Effekt*[146]. Lediglich 2% (11 Personen, Abbildung 57) gaben an, ihr Geschlecht gewechselt zu haben. Ein männlicher User erklärte seine Geschlechtswechsel-Strategie folgendermassen: „Ich habe ein weibliches Profil als Schutz gegen Angriffe auf mein zweites Profil erzeugt". Obschon, wie erwähnt, eine experimentelle Modifizierung der kulturellen, geschlechtlichen und sozialen Identität vorstellbar ist, führt das darin enthaltene Kompensations- und Egalisierungspotential nicht per se zur Milderung der alten sozialen Ungleichheiten. Angesichts der Vorstellung einer alle gesellschaftlichen Schichten umfassenden Gemeinschaft von Partnersuchenden, entstehen

---

[145] Verbal exzessive Beschimpfung anderer Online-User.
[146] Geschlechtswechsel.

nicht selten elitäre Abgrenzungsreflexe, wie die nachfolgende Bemerkung einprägsam illustriert:

> Ich hab mit den Suchfunktionen rumgespielt. Dabei ist mir aufgefallen, dass es kein Kriterium ‚Ausbildung' gibt. Ich finde, dass man PartnerWinner um dieses Kriterium erweitern sollte, z.B. ‚angelernt' - ‚Berufslehre' - ‚Abitur' - ‚Fachhochschule/Uni'- ‚Promotion' - ‚Habilitation'. Ohne diese Suchmöglichkeit ist PartnerWinner für mich uninteressant - wer will schon einen *no brainer*. (Feedback eines Users)

Eine geschlechtsspezifische Darstellung der Ursachen für die Erstellung von multiplen Identitäten erlaubt weitere Einblicke in die Mechanismen der Identitätsbildung. Männer sind mehr als doppelt so häufig unzufrieden mit den Spitznamen ihrer Figuren. Dafür entscheiden sich Frauen doppelt so oft für einen neuen Nicknamen, weil sie nicht mehr erkannt werden möchten, oder weil sie belästigt wurden.

Wie steht es denn um die nicht mehr „nützlichen" oder „einsatzbereiten" Figuren? Manche Benutzer löschen ihre Profile nicht, nachdem sie einen Partner gefunden oder sich von ihrem virtuellen Alter Ego getrennt haben. Einige Profile verkommen so zu Karteileichen auf dem Datenbank-Estrich. Entweder wollte sie ihr Schöpfer nicht löschen, oder sie wurden aus verschiedenen Gründen ganz einfach vergessen. Nicht selten geschieht, dass Partnersuchende nach dem „Tod" ihrer Profile grosse Mühe bekunden, sich von ihren virtuellen Schöpfungen für immer zu trennen. Dies ist umso bedeutsamer, als mit der Löschung eines Profils das gesamte, in digitalisierter Form präsente Archiv und somit das historische Gedächtnis über das Leben der virtuellen Figur verschwindet. In einem dieser Fälle bat eine Userin das Helpdesk gar, ihr altes Profil zu löschen, weil sie ansonsten der Versuchung, sich auf PartnerWinner einzuloggen, nicht widerstehen könne: „Erneut hat mich die Lust gepackt, wieder auf diesem Weg neue Leute kennen zu lernen. So habe ich mich wieder eingeloggt. Ich will in Zukunft versuchen, die Sache nicht so ernst wie bis anhin zu nehmen und hoffe auch, dabei Glück zu haben" (Userin).

Täuschung

Ist die Täuschung, erzeugt durch Manipulation der echten Identitäten, auf Datingsites weit verbreitet? Immerhin nahmen 90% der Umfrageteilnehmer an, dass mindestens ein Profilmerkmal nicht der Wahrheit entspreche. Die Hälfte war der Meinung, bei Angaben über Figur und Grösse würde gelogen. Ein Viertel ging von Manipulationen im Zusammenhang mit den Altersangaben aus. Bei der subjektiven Einschätzung von Echtheit bezüglich Zivilstand ergab sich ein interessantes Resultat: 16%

der Befragten befürchteten Täuschungsversuche bei der Angabe des Zivilstands.

Abbildung 58. Täuschung in der virtuellen Partnersuche

Täuschung

Wo machen die PartnerWinner-Benutzer am ehesten falsche Angaben in ihren Profilen?	alle		Geschlecht			
			männlich 62.0%		weiblich 38.0%	
Geschlecht	3.4%	104	3.9%	74	2.5%	30
Alter	23.1%	712	20.3%	384	27.6%	327
Zivilstand	16.3%	502	9.7%	184	26.7%	317
Figur, Grösse	48.6%	1497	47.4%	896	50.6%	600
Haarfarbe	2.5%	76	2.2%	42	2.9%	34
Beruf	10.1%	312	6.8%	128	15.5%	184
Nationalität	3.4%	105	2.2%	42	5.3%	63
sexuelle Präferenz	8.5%	263	8.4%	159	8.8%	104
Kinder	7.0%	216	5.6%	105	9.4%	111
es stimmt alles	10.4%	319	11.5%	218	8.3%	99
weiss nicht	33.1%	1021	36.0%	680	28.7%	340
andere	5.3%	164	5.1%	96	5.7%	68
Total	*	*	*	*	*	*
Freq Err(68)*	±0.9%		±1.1%		±1.5%	
Freq Error*	±1.8%		±2.3%		±2.9%	
ChiSq Significance	NA		Yes at 99.0%			

* Note: Freq Err(68) covers 68% of distribution. Frequency error covers 95% of distribution. Multiple answer percentage-count totals not meaningful.

Es fällt auf, dass vorwiegend Frauen den Eindruck hatten, es würden sich unverhältnismässig viele verheiratete Männer auf PartnerWinner tummeln. Dies obwohl nach unseren Ergebnissen nur 5% aller User ihren Zivilstand mit „verheiratet" auswiesen.[147] Weniger bedeutend als erwartet sind Abweichungen bei Nationalität und Haarfarbe. Dem weit verbreiteten Glauben an eine Modifikation einzelner Profilmerkmale ist entgegenzuhalten, dass viele Benutzer in offenen Feedbacks auf die hohe Bedeutung „echter" fremder und eigener Identitäten hingewiesen haben.

13.4. Persönlichkeitsmanagement als Optimierung der eigenen Erfolgschancen auf dem Partnermarkt

Da der Cyberspace die physische Identität entfernt - der Körper bleibt im realen Leben mehr oder weniger gleich - fühlen wir uns als körperlose

---

[147] In der Gruppe der verheirateten User auf PartnerWinner waren 31% (51) Frauen und 69% (115) Männer. Das Geschlechtsverhältnis auf der ganzen Plattform beträgt 38% Frauen und 62% Männer.

oder als anderskörperliche Kreaturen im Internet ganz anders, können wir doch ohne die dazugehörende Erfahrung kaum wissen, wie unser Gegenüber auf unsere reale körperliche Erscheinung reagieren wird. Es wäre durchaus denkbar, dass unsere sorgfältig erstellte virtuelle Person, obwohl mit einer attraktiven Profil-Hülle ausgestattet, die Offline-Introvertiertheit des Autors in den E-Mail-Interaktionen nicht zu überwinden vermag. Ausserdem hat sich erwiesen, dass die überragende Bedeutung der Körperlichkeit durchs Internet nicht aufgehoben wird. Diese ernüchternde Erkenntnis wird für viele User zur enttäuschenden Erfahrung:

> Mir ist aufgefallen, dass es viele "optisch gesteuerte" Menschen auf PartnerWinner gibt. Für mich ist das ein riesiger Widerspruch: Das Internet ist doch (nur) ideal für Menschen, die eher auf das Innere schauen." (Umfrageteilnehmer);
>
> Das Wesentliche siehst Du nicht mit den Augen (an_open_heart).

Mit dem Motto: „Man sieht nur mit dem Herzen gut..." sucht **arcenciel** (49, aus Basel, 156 cm gross) einen Partner nicht nach äusserlichen Kriterien:

> Irgendwo da draussen werde ich dich wohl finden... Ich bin erschlagen von den vielen tollen Worten, mit welchen sich die Männer hier anpreisen und erstaunt darüber, mit wie viel Schweigen sie Kontaktversuche beantworten. Bist du vielleicht die Ausnahme, die nicht nur schön daher redet, sondern auch nach seinen differenzierten und gereiften Gedanken handelt? Ich bin erschlagen von den Kleinlichkeiten, mit welchen sich die Männer hier auf die Suche nach dem grossen Glück machen (sich auf einen Spielraum von wenigen cm in der Körpergrösse fixieren, auf Haarlängen und –farben, auf möglichst nicht vorhandene Pfunde und trotzdem bitte etwas Weiblichkeit... und... und... und...) Bist du vielleicht die Ausnahme, die ihre Ansprüche auf das gesamte Erscheinungsbild richtet und Aspekte wie Ausstrahlung und „innere Werte" mit einbezieht?
>
> Ich betrachte mich trotz meiner Kürze und meinen etwas fülligeren, weiblichen Formen als eine attraktive, gepflegte Frau. Es bleibt jedem einzelnen überlassen, meine Ausstrahlung zu beurteilen (positive Referenzen sind vorhanden). Ich bin engagiert in meinem beruflichen und privaten Umfeld, pflege herzliche, freundschaftliche Beziehungen und bin vielseitig interessiert. Ich bin eigenständig und wünsche mir einen Partner, welcher dies zu schätzen weiss, sich selbst auch als eigenständige Person einbringt und Partnerschaft als gelegentliches, wenn auch verbindliches Miteinander, Nebeneinander, voneinander getrennt und

doch zusammen, versteht. Geist, Seele und Körper sollen in dieser Beziehung satt werden können.

Wie würden Sie Ihren Traummann umschreiben?
Du darfst jünger oder älter sein als ich. Weder Schnauz und Bart, noch Glatze oder Bauch bestimmen ob du mir gefällst oder nicht. Es wird der ganze Mann sein, der mich faszinieren wird und da darf schon ein bisschen was dran sein. Noch wichtiger ist das was drin ist und das, was er von sich zum Ausdruck bringt. Ich freue mich auf das Kind in dir, den reifen Mann, den Freund, Kumpel und Geliebten. Ich freue mich auf dich...

Die Onlinedater werden in einer Datingplattform mit einer einmaligen sozialen Situation konfrontiert, die sie aus ihrer realen Lebenserfahrung bisher nicht kennen. Sie sind im Stande, mit ihren Identitätskonstruktionen zu experimentieren, sie erhalten zur angebotenen, multiplen Präsentation ihres Selbst zahlreiche begeisterte oder beschimpfende Feedbacks. Dadurch wird eine effiziente Steuerbarkeit der eigenen Identitätsbildung möglich, die offline niemals mit dieser Präzision, Dynamik und Plastizität denkbar wäre. Hingegen tritt das spielerische Element im Vergleich zu den Phantasiewelten der MUD-Spiele aus den erörterten Gründen immer mehr in den Hintergrund. Der Wunsch, sich einer subjektiv hoch geschätzten Wunsch- oder Ideal-Identität anzunähern, ist bei der Mehrheit der Partnersuchenden entscheidend. Denn man geht davon aus, dass dadurch der richtige Partner schneller gefunden wird. Vielerlei Beispiele sind in unserer Erhebung zu entdecken. Eine intensivierte Identitätsbildung vollzieht sich dann, wenn die bisherige Erfahrung in der extremen Konkurrenzsituation vom Akteur als unbefriedigend eingeschätzt wurde. Folgende Funktionen der Identitätskonstruktion können auf einer analytischen Ebene differenziert werden:

1. *Attraktivitätsintensivierung*: „Ich wollte die Chancen erhöhen, dass jemand mein Profil liest";

2. *Optimierte Konkurrenzfähigkeit*, von systeminternen Eigenschaften der Plattform bedingt: „Ich wollte alphabetisch weiter vorne stehen";

3. *„Einzigartige" Repräsentation*: „Mein Nickname war anderen sehr ähnlich";

4. *Saliente Aktualität*: „Einfach mal neu anfangen, das alte Profil benutze ich fast nie mehr"; „Es ist wichtig, sich als Neuling zu geben - nicht wie jemand, der schon monatelang dabei ist"; „Man bekommt am Anfang die meisten Zuschriften. Deshalb habe ich alte Profile stillgelegt und jeweils wieder neue eröffnet".

Zusammenfassend lässt sich festhalten, dass für die Mehrheit der Onlinedater die virtuelle Partnersuche immer mehr zur "ultimativen" gesellschaftlichen Option in der Anbahnung von Liebensbeziehungen wird: „Das Internet ist einfach ein Mittel, eine Person *überhaupt* kennen zu lernen und daher weiter empfehlenswert" (Umfrageteilnehmer). Es wird somit zu einem relativ geschlossenen Subsystem, in welchem tiefe und durchaus reale Intimität entsteht - selbst dann, wenn es zu keinem Face-to-face-Treffen im realen Leben kommen sollte. Eine Datingplattform fungiert in ihrer Rolle als virtueller Partnermarkt nicht nur als Treffpunkt zur spontanen Herstellung zahlreicher neuer Kontakte, sondern auch als übergeordnete "Gelegenheitsstruktur" der Partnersuche, welche als vollwertige Ergänzung zu herkömmlichen Gelegenheitsstrukturen wie Arbeitsplatz oder Disco betrachtet werden kann.

Im Cyberspace besteht im Unterschied zum realen Leben die neuartige Option, sich virtuelle Identitäten als Masken überzustülpen, die nach Lust und Laune angezogen, aber auch wieder abgestreift werden können. Die in der oben beschriebenen Form nur in virtuellen Räumen mögliche „reale" Identitätsbildung verheisst, vom eigenen, konkreten Körper „erlöst" zu sein, wo jeder nur auf den ersten Blick die uneingeschränkte Freiheit hat, sich beliebig darzustellen. Dabei wird aber einiges verschwiegen, verändert, abgeschwächt oder übertrieben. Auf einem Datingportal wie PartnerWinner bewegt man sich ausschliesslich in einem künstlich geschaffenen Setting digitaler "Traumpartner", die genauestens rekonstruier- und auffindbar sind. Die Entfernung vom wahren Selbst ist selten sehr gross, da die Tendenz besteht, Online-Beziehungen ins reale Leben zu übertragen, wo eine als unecht konstruierte Identität gezwungenermassen abgelegt werden muss: "Es ist wichtig, die entstehende Internet-Beziehung möglichst schnell in die reale Welt zu transferieren. So können sich weniger unrealistische Fantasiegebilde entwickeln... So entwickeln sich Beziehungen, bei denen dann beim ersten Treffen die Äusserlichkeiten weniger wichtig (nicht unwichtig!) sind" (Umfrageteilnehmer).

Unsere These, dass sich Menschen im virtuellen Raum, anders als im realen Leben, von „innen nach aussen" kennen lernen, hat sich bestätigt („Über PartnerWinner erfährt man viel mehr über einen Menschen, ohne ihn gesehen zu haben, lernt den Charakter und seine Art, ganz besonders auch seine Absichten kennen"[148]). Beide Partner haben vor dem ersten Treffen eine gelungene dyadische Kommunikation, einen Teil ihrer persönlichen Liebesgeschichte ist bereits in digitalisierter Form vorhanden, sie haben sich womöglich auch über andere Medien (Telefon) ausgetauscht. Dies führt dazu, dass sie bereits beim ersten Date über Vor-

---

[148]Feedback eines Befragten.

wissen voneinander verfügen (sich mit *anderen* Augen anschauen), dass also die optische Wahrnehmung gegenseitig in eine positiven Richtung gelenkt wird.

"I MET SOMEONE WONDERFUL IN A CHAT ROOM...
AND THEN I FOUND OUT SHE'S A CAT!"

Im Cyberspace werden offensichtlich vielfältige Erfahrungen gesammelt, welche die Grenzen zwischen realer und irrealer Erfahrung, zwischen Simulation und Wirklichkeit, materiell und ideell verwischen und von der jeweiligen Betrachtungsperspektive abhängen. Es bleibt uns demnach nichts Anderes, als unsere Definition von Wirklichkeit und von wirklicher Wirklichkeit - so wie es allenfalls eine wirkliche Realität geben kann - neu zu definieren.

Abschliessend wollen wir die am Anfang dieses Kapitels angeführten Fragen von Sherry Turkle aus der Perspektive der Cyberdater beantworten:

♦ Online konstruieren wir Teilidentitäten, die in mehreren oder in einigen Teilaspekten unserer Offline-Identität ähnlich sind. Sie sind nicht willkürlich formbar (also kein „Identitätshopping", wie es Opaschowski (1999) nannte), untereinander austauschbar und werden zweckbestimmt ins Leben gerufen.

♦ Die Tatsache, dass wir über Monate hinweg mit unseren virtuellen Identitäten simultan neben den Offline-Identitäten leben müssen (wie im Falle *Siobhans*), führt nicht zur Persönlichkeitsspaltung. Diese sind als Erweiterung des Selbst zu betrachten und nicht als etwas vom Selbst Autonomes.

♦ Partnersuchende lernen viel von den virtuellen Profilen. Selbst dann wenn diese recht fragmentär und unvollständig gestaltet sind, denn sogar in diesem Fall ist mit sozialer Konfrontation seitens anderer Partnersuchenden zu rechnen (Ein fiktives Profil namens *Dr. Frank*, Assistenzarzt, mit dem Motto „Frauen, folgt mir ins Paradies", der mit seinen letzten 100 Franken einen Blumenstrauss kauft und ihn der ersten Frau schenkt, die ihm zulächelt, würde wohl ein kaum zu bewältigendes Echo auslösen...)

♦ Wenn neue Identitäten bloss Fragmente unserer echten Persönlichkeit im realen Leben sind, dann ist ihre Bedeutung positiv zu beurteilen. Ganz nach Marc Aurelius' Maxime „Erkenne dich selbst".

♦ Ihren Partner im Netz suchende Menschen tun dies im Sinne einer Identitätsarbeit mit dem Ziel, den sozialen Erfolg auf dem Partnermarkt optimal zu steuern. Relevante Motivationsfaktoren dürften Spielfreude oder Abwechslung sein, nicht jedoch Abwehr einer Identitätskrise, wie es kulturpessimistische Thesen über die Flucht in Scheinidentitäten behaupten.

Bei der Partnersuche im Internet wurden multiple Identitäten bei nahezu einem Fünftel der Menschen registriert. Die persönlichen Motivationen dafür sind primär soziales Experimentieren und Selbstinszenierung im Sinne einer Optimierung der Erfolgschancen auf dem Partnermarkt. Frauen sind dabei aktiver und erfolgreicher. Detailliert untersuchte Effekte virtuellen Handelns wie flaming, deception, gender swapping sind bei Flirten auf Datingplattformen in geringerem Ausmass zu beobachten als in MUDs oder Chats. Die Entfernung der virtuellen Teilidentitäten vom "wahren Selbst" ist selten sehr gross, denn es besteht die empirisch nachgewiesene Tendenz, Online-Beziehungen so rasch wie möglich ins reale Leben zu übertragen, da Menschen unrealistischen Fantasiegebilden entgegen steuern: „Mach doch, gehe und triff den Menschen mal. [...] Mach's! Wird nicht ernst dabei. Mach es, dass Du Spass daran hast, nimm das locker, oder ganz viel offen und probiere dich nicht zu versteifen auf irgendetwas" (Tomasito39). Etwas überraschend war das Ergebnis über Beziehungen, die sich nur im Cyberspace vollziehen: sie waren marginal - lediglich zwei Prozent aller entstandenen Beziehungen blieben ausschliesslich virtuell.

In Anbetracht solcher Ergebnisse ist wohl die Frage berechtigt, was die immer breiter werdende Diskussion über multiple Konstruktion von Identität online soll. Wie Miller (1995) zu Recht festhält, gibt die Tatsache, dass elektronische Kommunikation keine Face-to-face-Interaktionen in der von Erwin Goffman beschriebenen Art darstellt, Anlass zur Sorge. Aber warum muss eine Interaktion unabdingbar eine „körperliche", physische Dimension enthalten? Es wurde mehrmals hervorgehoben, dass die Chats, MUDs-Spiele, teilweise auch Datingplattformen, dieser physischen Komponente konventioneller Art entbehren. Um zu belegen, dass Intimität - verstanden als Vertrautheit und Nähe - ohne unmittelbare Sinneswahrnehmung entstehen kann, haben wir viele empirische Ergebnisse herangezogen. Auch Leidenschaft und Faszination zum Anderen können sehr wohl ohne Face-to-face-Interaktionen entstehen („Liebe auf den ersten Klick"):

> Ich bin nach Hause gekommen und den Computer eingeschaltet, auch im Geschäft früh am Morgen schnell geschaut und am Mittag noch ein Mal... Ich war wie besoffen in dieser Woche - wirklich voll darauf konzentriert und sonst nicht sehr viel mitbekommen. Ich habe auch den Leuten erzählt, dass ich am Mailen bin. Und sie haben mitgefiebert. (aus dem Interview mit Tomasito39)

Ein Paradox - denn in einer Kommunikation, die keine physischen Kontakte erlaubt, erreicht man „Intimität" höchsten Grades. Resultiert demzufolge die im virtuellen Raum erreichte Intimität in einem der Aspekte des 'wahren Selbst', oder ist echte Intimität nur die Folge einer Schein-Identität und daher von kurzer Beständigkeit? Welches Selbst wäre dann das authentische - das Selbst, präsentiert in einer Face-to-face-Interaktion mit der unentbehrlichen körperlichen Komponente? Oder das körperlose Cyber-Selbst, also das Selbst, von dem ich denke, dass ich es bin? Das Motto von *dekadent* lautet in diesem Sinne: „Bin ich via Computer noch Ich - welches Ich?"

Es scheint sich die Vermutung zu bestätigen, dass Partnersuchende selten vollkommen neue Identitäten gestalten. Bestehende Teile des Selbst aus der Offline-*Welt* werden *ausgeblendet, verdrängt* oder *hervorgehoben*: „Ich stelle fest, dass sich das reale Lebensverhalten im Internet widerspiegelt" (Umfrageteilnehmer). Die vermeintliche Freiheit, die eigene Offline-Identität im Cyberspace umformen zu können, umformen zu dürfen, erweist sich bei der Partnersuche als eher illusorisch. Sie ermöglicht keine Flucht vor der Wirklichkeit des realen Lebens „Obschon es sich hier um ein virtuelles Medium handelt, sind Erwartungen, Wünsche und Vorstellungen wahrscheinlich so hoch wie im "wirklichen Leben" - die Frage nach der Wirklichkeit bleibt jedoch offen" (Umfrageteilnehmer).

14. Vier kleine Subanalysen der Umfragedaten

14.1. Der Kampf der Geschlechter

> Die Partnersuche über Internet läuft prinzipiell nach den gleichen Spielregeln ab wie im realen Leben, insbesondere was die Rollenverteilung zwischen Mann und Frau anbelangt. (Umfrageteilnehmer)

> Als Frau wird man mit Anfragen regelrecht überhäuft - es liegt also nicht daran, dass Frauen "traditionell passiv" sind und nicht den ersten Schritt machen. Ich habe kaum Mails verschickt und habe Hunderte erhalten. Die Frauen sind viel besser durchmischt, es gibt von allem etwas. Die Durchschnittsfrau ist eher bereit, diese Art von Dating einfach mal auszuprobieren, so quasi "was habe ich schon zu verlieren". (Umfrageteilnehmerin)

In diesem Kapitel werden die wichtigsten Unterschiede zwischen den Geschlechtern im Sinne eines Überblicks hervorgehoben. Geschlechterunterschiede sind beim Cyberdating allgegenwärtig. Für Beck-Gernsheim war die Geschlechtsfrage, „der Kampf der Geschlechter das zentrale Drama der Zeit" (Beck-Gernsheim 1991, 65); für uns sind die Geschlechtsunterschiede zumindest *das zentrale Drama unserer Forschungsergebnisse*. Die Geschlechter lieferten sich während der virtuellen Partnersuche einen harten Kampf, sie liessen ihrem Unbehagen jeweils freien Lauf und überhäuften sich nicht selten gegenseitig mit Kritiken und Vorwürfen

> Als Frau wird man oft von Meldungen überflutet - total oberflächliches Machogehabe und Schöngerede. Jeder sieht aus wie Adonis und ist so intelligent wie Einstein, mit schwerem Geldbeutel, versteht sich -). (Umfrageteilnehmerin)

> Hmm, immer das Gleiche mit den Frauen anstatt einfach mal probieren und schreiben, machen sie nix. Ob man viel und geistreich schreibt oder wenig und Schwachsinn, die Rücklaufquote ist meistens die gleiche... Zip...(männlicher Umfrageteilnehmer)

Die Männer sehen PartnerWinner als "Aufrissplattform" für unzählige Abenteuer jeglicher Art. Entweder machen sie sich selber etwas vor, oder sie schwatzen den Frauen einfach das Blaue vom Himmel, um ihr Ziel zu erreichen. Da das Spiel ja so spannend ist, und sie auf keinen Fall irgend etwas verpassen wollen, machen sie sich gleich auf zu "neuen Ufern"... Und die Frau, welche an echtes Interesse und Gefühle geglaubt hat, sieht sich um eine Illusion ärmer. (Umfrageteilnehmerin)

Beide Geschlechter unterscheiden sich in ihrem Verhalten bei der virtuellen Partnersuche beträchtlich voneinander. Verglichen mit anderen Faktoren wie Bildung, Alter oder Einkommen war die Geschlechtsvariable - an sich erwartungskonform - faktisch auch die dominanteste. Frauen verzeichneten in der Umfrage wiederum eine leicht höhere Teilnahmequote als Männer. Die Allgegenwärtigkeit der Geschlechtsdifferenzen ist jedoch nur teilweise mit dem Umstand zu erklären, dass Männer auf PartnerWinner in der Überzahl sind (62%) und Frauen daher weniger Konkurrenz ausgesetzt waren[149]. In diesem Zusammenhang sei erwähnt, dass seit der Gründung der Datingsite PartnerWinner im Mai 2000 eine stabile Erhöhung des Frauenanteils beobachtet wird.

In zahlreichen Umfrage-Feedbacks beklagen Männer besagte Unausgeglichenheit im Geschlechterverhältnis vehement. Die befragten Männer bewerten diesen Faktor um ein Mehrfaches über:

> Da wohl gegen 80% Männer bei PartnerWinner mitmachen, ist die Chance sehr gering. Frauen möchten noch verführt werden, doch wenn es Hunderte von Männern sind...

> Es stört das krasse Missverhältnis von Männer zu Frauen - oft 3:1 und mehr .

Daher hätte, statistisch betrachtet, das weibliche Geschlecht grössere Chancen, einen Partner im PartmerWinner zu finden; dennoch ist die höhere Erfolgsquote der Frauen nicht restlos darauf zurückzuführen.

Soziodemographische Variablen und Persönlichkeitscharakteristiken
Der Einbezug weiterer zentraler soziodemographischer Charakteristiken hilft bei den Erklärungsbemühungen nicht sonderlich: Der Altersunterschied zwischen den Geschlechtern beispielsweise (34.22 der Frauen und 34.67 der Männer) ist statistisch nicht signifikant. Das weibliche Geschlecht ist gleichmässiger über die Altersgruppen verteilt als das männliche. Insbesondere jüngere Männer im Alter von 26 bis 35 treten vermehrt auf, Frauen dafür in den älteren (41-45 Jahre alten) Gruppen. Überproportional mehr verheiratete Männer sowie geschiedene und verwitwete Frauen wurden auf PartnerWinner eruiert. Die Männer der französischen Gruppe waren ausserdem älter als jene der deutschen, deutschsprachige Frauen hingegen - jünger als französischsprachige. Bei den Männern hatten nur 23% Kinder, bei Frauen 31%. Unter ausländischen PartnerWinner-Benutzern stellt man hingegen einen erhöhten Frauenanteil von 43% fest.

---

[149] Hier ist noch zu beachten, dass der Frauenanteil beim französischen PartnerWinner noch niedriger ist als beim deutschsprachigen.

Es überrascht wenig, dass Männer gegenüber Frauen Vorteile hinsichtlich höherer Bildung und höheren Einkommens haben (85% der Grossverdiener[150] auf PartnerWinner sind Männer). Der weibliche Alltag wird durch Erwerbstätigkeit geringer belastet. Die Berufscharakteristik der Benutzer widerspiegelt zudem eine ungleiche Verteilung bestimmter sozialer Kompetenzen, welche zum Knüpfen (virtueller) Beziehungen eher als nützlich betrachtet werden - Männer dominieren in IT- oder technischen Berufen, Frauen in Organisation und Verwaltung, im Ausbildungsbereich oder im medizinischen Sektor.

Weibliche Partnersuchende fühlen sich gemäss eigener Einschätzung wohler und sind sexuell zufriedener als Männer. Nur das Selbstwertgefühl zeigt keine geschlechtsrelevanten Unterschiede. Als erfahrener in Beziehungsangelegenheiten präsentieren sich wiederum die Frauen - 84% der dauerhaften Singles sind männlichen Geschlechts. Frauen berichteten auch vermehrt von früheren, im Internet initiierten Beziehungen (19% bzw. 15%). Im Gegenzug erscheinen Männer in der Partnersuche zielgerichteter: Mehr Männer suchen eine „dauerhafte Liebesbeziehung"; selbst beim Ziel von „Heirat und Familiengründung" fanden sich überwiegend Männer. Männer legen fünfmal mehr Wert auf erotische oder sexuelle Kontakte (+20%), sowie auf Dating (+21%), Frauen hingegen auf „E-Mail-Bekanntschaften" und „Partner für Freizeit und Hobbys" (je -4%).

Vorstellungen von Partnerschaft und Partner
Was für Vorstellungen und Erwartungshaltungen hatten die Geschlechter über ihre potentiellen Partner? Die Umfrageteilnehmer wurden gebeten, eine Liste von Eigenschaften des Partners nach ihrer Bedeutung zu erstellen. Frauen schätzen fast alle Charakteristiken bedeutsamer ein, selbst das Alter, aber auch „weiche" Eigenschaften wie Weltanschauung, Intelligenz, Zuverlässigkeit und Toleranz. „Einkommen und Beruf", „guter Ruf" und „Vergleichbare Bildung" schneiden signifikant höher ab. Das einzige von Männern höher bewertete Kriterium sind „äusserliche Eigenschaften des Partners" (Körpergrösse, Figur und Attraktivität). Für Männer ist demnach die Attraktivität das grösste weibliche Kapital. Das für Frauen bedeutendste männliche Kapital wird bei Statussymbolen und finanzieller Sicherheit geortet („Einkommen, Beruf" liegen bei Frauen vorne mit knapp zwei Punkten Skalenabstand des Mittelwertunterschieds).

Tendenziell höher gewichteten Frauen die von uns vorgeschlagenen Charakteristiken der Partnerschaft - hauptsächlich „Selbstverwirklichung innerhalb einer Beziehung" und „Freiheit und Unabhängigkeit".

---

[150] Als Grossverdiener wurden Benutzer definiert, die mehr als 100000 SFr. brutto jährlich verdienen.

Frauen wünschen sich substantiell mehr „Arbeitsteilung bei der Haushaltsführung". Bei der „Arbeitsteilung bei der Kindererziehung" waren sich die Geschlechter unerwarteterweise exakt gleicher Meinung.

Mediale Sozialisation und Natur des Onlinedating
Frauen nutzen das Internet vermehrt zu Kommunikationszwecken und weniger als Informationskanal (für ein differenziertes Nutzungsverhalten sei auf Tabelle 34 verwiesen). Der grösste Genderunterschied ergab sich bei der Motivation „erotische Seiten besuchen". In den anderen Bereichen ist die Internet-Nutzung bei Männern höher. Insgesamt hatten Frauen kürzere Erfahrung mit dem Internet als Männer (hoch signifikant). Unten den „Oldies" (ein Viertel aller Befragten)[151] befanden sich doppelt so viele Männer wie Frauen.

Tabelle 34. Geschlechtsunterschiede der Internetnutzung (Häufigkeitsverteilung)

INTERNETNUTZUNG	GESCHLECHT		
	Alle	männlich	weiblich
kommunizieren (Mail, Chat, Foren, Instant Messenger)	86.5%	85.2%	88.7%
aktuelle Infos beschaffen (News, Produktinformationen)	72.0%	76.3%	65.1%
Unterhaltung (einfach surfen)	33.3%	35.8%	29.2%
Erotische (sexuelle) Sites besuchen	16.6%	24.9%	3.0%
Musik hören (downloaden)	14.7%	18.8%	8.0%
Online-Einkaufen	25.5%	28.2%	21.1%
Spiele ohne Geldeinsatz	6.6%	6.3%	6.9%
Software herunterladen	25.9%	34.8%	11.5%
Ausbildung	25.3%	26.7%	23.2%
Online-Banking	36.9%	43.7%	26.1%
Andere	4.8%	4.8%	4.9%

---

[151] Erfahrungsdauer mit Internet von länger als fünf Jahren.

Obwohl mehr Frauen das Medium lediglich seit einem Jahr kennen, verstehen sie es offensichtlich besser, des Mediums Potential für persönliche Kontakte zu nutzen. Etwa 5% mehr Frauen als Männer geben dem Internet als Ort der optimalen Partnersuche den Vorrang. Die beliebtesten virtuellen Umgebungen für Partnersuche im Internet sind Datingsites (mehr Männer) und Chats (mehr Frauen). Frauen bevorzugen die Kontaktanzeigen der Presse, Männer die Partnervermittlungsinstitute.

Handeln auf PartnerWinner
Männliche Beziehungswillige verfolgen auf PartnerWinner eine weit aktivere Suchstrategie. Der weibliche *Liebesbarometer*, genannt SingleSlider, ist um ganze 12% "kühler" als der männliche. Männer stellen ihn häufiger hauptsächlich ab 40% ein; im unteren Bereich (20-39%) sind Frauen nur leicht untervertreten. Dafür sind im „unsichtbaren Bereich"[152] bis 19% Frauen bezeichnenderweise doppelt so häufig anzutreffen. Ebenso haben Männer das Portal häufiger besucht (sie hatten durchschnittlich 18 Logins mehr als Frauen), Frauen verbringen insgesamt weniger Zeit im Internet als Männer. Ihr gesamter Aufenthalt auf PartnerWinner (sog. „Lebensdauer") war ebenfalls um fast einen Monat kürzer. Männer interagieren weniger intensiv mit ihren E-Mail-Bekanntschaften und zeigen sich weniger bestrebt, ihre virtuellen Angebeteten im realen Leben kennen zu lernen.

Aus einem Index, der alle drei diesbezüglichen Aktivitäten umfasst (Telefonate, Photoaustausch, Offline-Dates) liess sich eine weibliche „Expansionsquote" von 70% errechnen. Dies bedeutet ein Plus von 16% im Vergleich zur männlichen Expansionsquote. Männer geben durchschnittlich 3.4 Inserate auf, Frauen 2.2 (hoch signifikanter Unterschied). Jede Benutzerin hat mit 20 Personen eine E-Mail-Bekanntschaft aufgebaut, jeder Benutzer mit 12 (auch diese Differenz erwies sich als hoch signifikant). Frauen schreiben und erhalten mehr E-Mails, haben mit einer grösseren Personenzahl E-Mail-Kontakt, arrangieren Dates offline intensiver. Bezeichnenderweise waren Frauen diesbezüglich aktiver: 75% Frauen und nur 57% Männer nutzten das Telefon ergänzend. 59% aller Frauen und 48% aller Männer tauschten miteinander Photos aus. 19% mehr Frauen gaben an, mindestens eine PartnerWinner-Bekanntschaft offline getroffen zu haben (74% bzw. 55%). Aus einem alle drei Aktivitäten beinhaltenden Index (Telefonate, Phototausch, Offline-Dates) liess sich eine weibliche „Expansionsquote" von 70% und eine männliche von 54% errechnen.

---

[152] Profile mit einem Single-Slider unter 20% sind, technisch bedingt, für andere User unsichtbar.

Erfolgsquote

Frauen waren gemäss unseren Forschungsergebnissen um 9% erfolgreicher als Männer im Liebeswerben - eine Geschlechtsdifferenz, die in weiteren Studien festgestellt wurde (Brym & Lenton 2001, Parks & Floyd 1996). 28% aller Frauen konnten einen Liebespartner finden. Doppelt so viele Frauen (13.4%) wie Männer (6.7%) waren der Meinung, mit PartnerWinner den richtigen Partner gefunden zu haben. Bei jeder sechsten Frau und jedem zehnten Mann war die dank PartnerWinner gefundene Beziehung zum Zeitpunkt der Befragung noch immer intakt.

Die erfolgreiche Frau war zudem zwei Jahre älter als der erfolgreiche Mann (39 bzw. 37). Fast doppelt so viele Frauen wie Männer waren überdies imstande, sich virtuell (ohne Face-to-face-Date) in ihren Partner zu verlieben, schneller erfolgte die Entstehung einer Liebesbeziehung (siehe Abbildung 59). Frauen verzeichneten einen durchwegs grösseren Erfolg beim Anbahnen von E-Mail-Kontakten, bei Dating, Flirt und Freundschaften (einzige Ausnahme: „erotische oder sexuelle Kontakte"). Gut ein Drittel der Männer bekannte, niemanden gefunden zu haben: Dem standen halb so vielen Frauen gegenüber. 61% aller PartnerWinner-Nutzer, die sich irgendwann virtuell verliebten, ohne sich offline zu treffen, waren weiblich. Auch in Bezug auf die Zukunft ihrer Cyber-Beziehung waren sich die Geschlechter uneins: Beinahe doppelt so viele Frauen bestätigten ihre Pläne vom gemeinsamen Wohnen gegenüber nur 13% Männer. Weibliche Partnersuchende zeigten sich im allgemeinen entschlossener, die auf PartnerWinner aufgebaute Beziehung auch in Zukunft aufrecht zu erhalten.

Abbildung 59. Geschlechtsunterschiede und Entstehung von Liebesbeziehungen

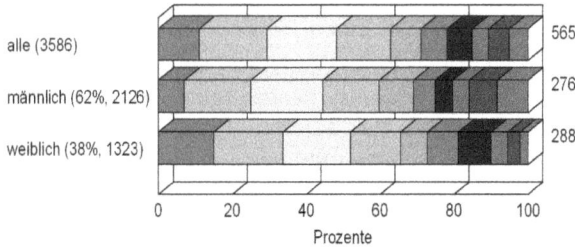

Wie lange waren Sie schon auf PartnerWinner, bevor die für Sie wichtigste Liebesbeziehung entstand?

- Weniger als 10 Tage
- Weniger als 1 Monat
- 1-2 Monate
- 2-3 Monate
- 3-4 Monate
- 4-5 Monate
- 6-8 Monate
- 9-12 Monate
- mehr als 1 Jahr
- Kann mich nicht erinnern

Liebeskonzept

Existieren für die „Anfänge der Liebe, die Ausdrucksformen der Liebe und die Anzeichen des Geliebt-Werdens" (Lenz 2003) unterschiedliche Geschlechter-Sprachen? Die Antwort auf diese Frage ist positiv. Das bereits dargestellte Dreiecks-Modell der Liebe von Sternberg (1996) setzt sich aus drei Komponenten zusammen: *passion* (Leidenschaft, Erotik), *intimacy* (Nähe, Vertrautheit) und *commitment* (Bindung, Engagement). Die *passion* steht für die *motivationale*, *intimacy* für die *emotionale* und *commitment* für die *kognitive* Komponente der Liebe. So enthält die Vorstellung von idealer Liebe alle drei Dimensionen (Leidenschaft, Intimität und Bindung) gleichermassen intensiv. Die Rangordnung der Sternberg'schen Komponenten (vgl. Abbildung 60) war bei beiden Geschlechtern identisch: Sowohl Männer als auch Frauen bewerteten *intimacy* am höchsten, gefolgt von *passion* und *commitment*. Die Passionskomponente wurde vom männlichen Geschlecht signifikant höher bewertet - Sternberg verband die Bedeutung dieser Dimension mit physischer Attraktivität, sexueller Anziehung (Erotik) und physiologischer Erregung. Nähe und Vertrautheit (Sternberg versteht darunter Kommunikation und Selbstöffnung, Beisammensein, gemeinsame Aktivitäten) war für Frauen relevanter. Nur die dritte Komponente „Engagement und Bindung" zeigte keine signifikanten Geschlechtsunterschiede. Die bei Männern höhere Relevanz der Komponente Passion spricht für den ihnen wichtigeren romantisch-flüchtigen Aspekt.

Beide Geschlechter verfügen über ein auf gegenseitiger Sympathie und Vertrauen beruhendem Liebeskonzept, haben also eine pragmatische Vorstellung von dauerhafter Liebe. Trotzdem ist das männliche Bild von Liebe romantischer und flüchtiger, das weibliche utilitaristischer und dauerhafter - dafür spricht auch die höhere weibliche Berücksichtigung der Komponente Commitment.

Abbildung 60.
Geschlechtsunterschiede in Sternbergs Dreikomponentenmodell der Liebe

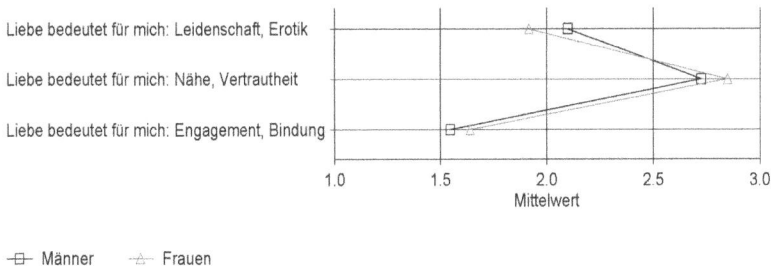

-□- Männer   -△- Frauen

1 - niedrigster Rang, 3 - höchster Rang

Natur des Onlinedating

Im weiteren sprechen die Forschungsergebnisse dafür, dass Frauen bei weitem positivere und optimistischere Einstellungsmuster gegenüber Cyberdating und Internet haben als Männer. Obschon viele Einstellungen kongruent waren (siehe Abbildung 61), schälten sich nennenswerte Differenzen heraus. Beispielsweise erscheint Frauen das Suchtpotential beim Onlinedating grösser („Partnersuche im Internet kann süchtig machen"). Das Internet erscheint im Leitbild der Frauen weit stärker als soziales Kommunikationsmedium, um Verbindung zu anderen herzustellen. Frauen zeichneten sich mit einer grösseren Selbstwirksamkeit, und ihr Cyberdating charakterisierte sich mit besseren Erfolgsaussichten. Die Aussage „Sites wie PartnerWinner.ch sind eine Art Treffpunkt, wo man spontan viele neue Menschen kennenlernen kann" erhielt seitens der weiblichen Partnersuchenden mehr Zustimmung. Frauen glaubten stärker an die Möglichkeit, im Internet eine Beziehung aufzubauen („Dank PartnerWinner.ch stellte ich fest, dass ich leicht einen Partner oder eine Partnerin finden kann"). An die virtuelle Liebe glaubten ebenfalls mehr Frauen („Man kann sich online verlieben, ohne den anderen im realen Leben gesehen zu haben"); im Gegenzug entsprach die Einstellung, wonach „rein virtuelle Beziehungen eigentlich nur platonisch sind" eher der männlichen Position.

Männer betonten ausserdem, man hätte online weniger Hemmungen, und auch scheue Leute fänden Kontakt - Frauen waren hingegen der Ansicht, dass man sich „einfach ausloggen kann, wenn einem etwas nicht passt". Frauen bestätigen durchwegs, häufiger als Männer, sie suchten nur Mail-Kontakte. Dies deckt sich mit dem Befund von Boneva (2001): „Women find sending e-mails to family and friends more useful and enjoyable than men do; E-mail is more psychologically gratifying".

Identitätskonstruktion

Frauen zeigten mehr Freude an einem experimentellen Umgang mit ihrem Selbst beim Cyberdating - 83% aller Männer hatten nur ein Profil gegenüber 79% der Frauen. Männer waren doppelt so häufig unzufrieden mit den Nicknamen ihrer Figuren.[153] Frauen hatten dafür häufiger drei oder vier Profile für die virtuelle Partnersuche - sie entscheiden sich im Unterschied zu den Männern für einen neuen Nicknamen, weil sie nicht mehr erkannt werden wollten. Andererseits kam heraus, dass sich Frauen und Männer auf der Datingplattform gleichermassen sicher fühlen. Männer zeigen stabileres Vertrauen, unabhängig vom Erfolg der Partnersuche. Das weibliche Vertrauen ist umso grösser, wenn ihnen PartnerWinner zu einer auch zum Zeitpunkt der Umfrage noch aktuellen Liebesbeziehung verhalf. Obwohl sich die Anonymität des Internet

---

[153] Der Frauenanteil auf PartnerWinner beträgt 38%.

für beide Geschlechter als grösster Vorteil herausdestillierte, wurden bei zwei weiteren Merkmalen substantielle Meinungsverschiedenheiten beobachtet. Überwiegend Frauen beklagten, online wären „viele enthemmt" (Frauen +13%). Im Gegenzug monierten überwiegend Männer die geringen Erfolgschancen (Männer +12%).

Abbildung 61.
Einstellungen zum Cyberdating -
Mittelwertunterschiede nach Geschlecht

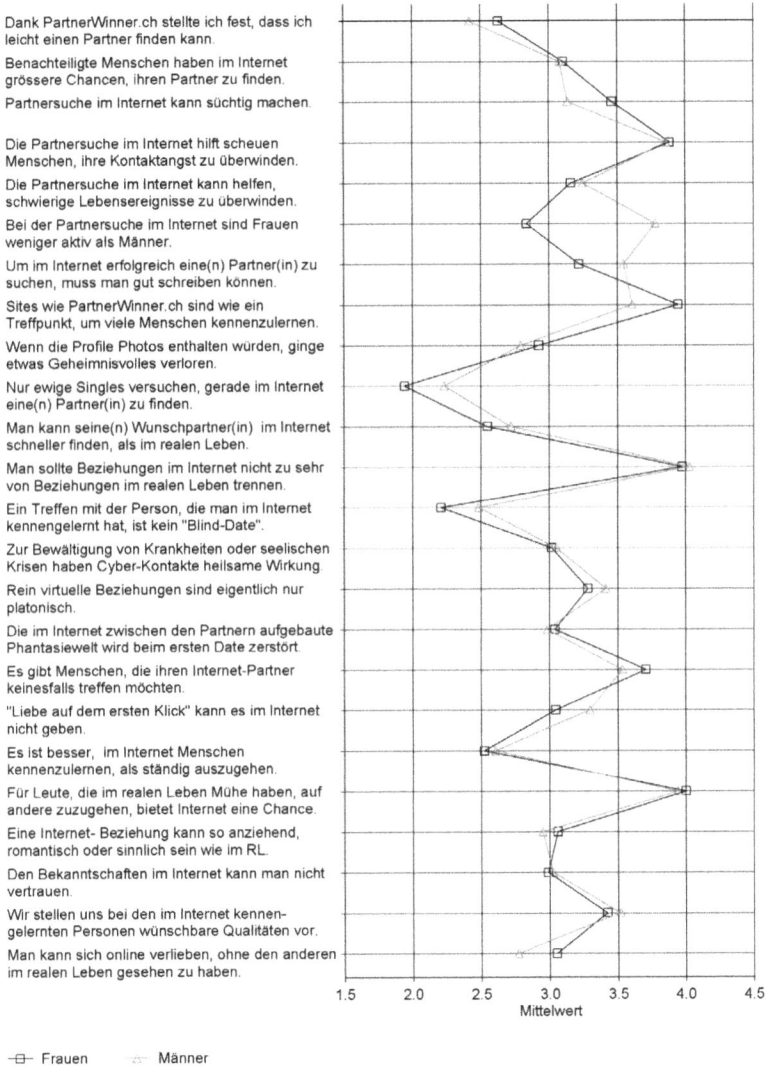

Dank PartnerWinner.ch stellte ich fest, dass ich leicht einen Partner finden kann.

Benachteiligte Menschen haben im Internet grössere Chancen, ihren Partner zu finden.

Partnersuche im Internet kann süchtig machen.

Die Partnersuche im Internet hilft scheuen Menschen, ihre Kontaktangst zu überwinden.

Die Partnersuche im Internet kann helfen, schwierige Lebensereignisse zu überwinden.

Bei der Partnersuche im Internet sind Frauen weniger aktiv als Männer.

Um im Internet erfolgreich eine(n) Partner(in) zu suchen, muss man gut schreiben können.

Sites wie PartnerWinner.ch sind wie ein Treffpunkt, um viele Menschen kennenzulernen.

Wenn die Profile Photos enthalten würden, ginge etwas Geheimnisvolles verloren.

Nur ewige Singles versuchen, gerade im Internet eine(n) Partner(in) zu finden.

Man kann seine(n) Wunschpartner(in) im Internet schneller finden, als im realen Leben.

Man sollte Beziehungen im Internet nicht zu sehr von Beziehungen im realen Leben trennen.

Ein Treffen mit der Person, die man im Internet kennengelernt hat, ist kein "Blind-Date".

Zur Bewältigung von Krankheiten oder seelischen Krisen haben Cyber-Kontakte heilsame Wirkung.

Rein virtuelle Beziehungen sind eigentlich nur platonisch.

Die im Internet zwischen den Partnern aufgebaute Phantasiewelt wird beim ersten Date zerstört.

Es gibt Menschen, die ihren Internet-Partner keinesfalls treffen möchten.

"Liebe auf dem ersten Klick" kann es im Internet nicht geben.

Es ist besser, im Internet Menschen kennenzulernen, als ständig auszugehen.

Für Leute, die im realen Leben Mühe haben, auf andere zuzugehen, bietet Internet eine Chance.

Eine Internet- Beziehung kann so anziehend, romantisch oder sinnlich sein wie im RL.

Den Bekanntschaften im Internet kann man nicht vertrauen.

Wir stellen uns bei den im Internet kennengelernten Personen wünschbare Qualitäten vor.

Man kann sich online verlieben, ohne den anderen im realen Leben gesehen zu haben.

1.5   2.0   2.5   3.0   3.5   4.0   4.5
Mittelwert

–□– Frauen   Männer

Cyberdating kein Tabu

Frauen reden doppelt so häufig wie Männer mit ihren engsten Freunden über Cyberdating. Männer hatten grössere Schwierigkeiten, anderen davon zu erzählen - selbst nachdem sie fündig geworden waren. Es getrauten sich sechs Mal weniger Männer, in ihrem Bekanntenkreis über die neue, im Internet gefundene Liebe zu erzählen. Zum einen erwiesen sich Frauen bei der Partnersuche als eindeutig erfolgreicher. Deshalb ist zu erwarten, dass sie häufiger über erfolgreiche Erfahrungen mit Cyberdating erzählen. Andererseits tendieren Frauen ohnehin eher dazu, mit ihren Freundinnen intime Angelegenheiten zu teilen. Frauen erachten die virtuelle Partnersuche eher als „normal" und „zeitgemäss". Deshalb bestehen für sie nur geringe Hemmungen, sich als Partnersuchende im Internet zu „outen". Bedauerlicherweise kann eine befriedigende, schlüssige Erklärung hierzu nicht angeboten werden. Es drängen sich zu diesem Punkt sicherlich weitere Untersuchungen auf. Neuere Studien ergaben (beispielsweise „Pew Internet and American Life Project" 200a), dass Frauen das Internet in stärkerem Ausmass für ihre Kommunikationsbedürfnisse nutzen als Männer.

Eine technisch-deterministische Schlussfolgerung hierzu wäre: Als Medium für Beziehungsanbahnung ist das Internet tendenziell eher frauen- denn männerkonform. Gleichwohl können wir hier mit Entschiedenheit einer derartigen These nicht das Wort reden. Dennoch darf davon ausgegangen werden, dass Frauen (als beziehungsorientierte Wesen) am Computer eher *expressive* Strategien und Männer (als handlungsorientierte Wesen) eher *instrumentelle* für virtuelle Partnersuche anwenden. Frauen definieren sich eher durch persönliche Beziehungen, sie schätzen diese anders ein als Männer und setzen demnach auch im Cyberspace „passendere" Strategien zum Beziehungsaufbau ein. Boneva (2001) folgend gilt grundsätzlich: Internetnutzung überwindet nicht traditionelle Geschlechterrollenträger in ihrem Kommunikationsverhalten, sondern festigt sie. „Die Partnersuche im Internet läuft prinzipiell nach den gleichen Spielregeln ab wie im realen Leben, insbesondere was die Rollenverteilung zwischen Mann und Frau anbelangt. Die Frauen lassen sich möglichst lange von möglichst vielen umwerben und entscheiden sich dann für den, der am besten gebalzt hat", hat ein Umfrageteilnehmer am Schluss des Fragebogens notiert. Cyberdating übt in stärkerem Ausmass positive Auswirkungen auf romantische Beziehungen von Frauen denn auf Beziehungen von Männern aus.

14.2. Homosexuelle Cyberdater

PartnerWinner ist zweifellos eine Plattform heterosexuell orientierter Personen. Dafür sprechen sowohl die Angaben aus den Profilen in der bestehenden Datenbank als auch die Ergebnisse unserer Umfrage. Als heterosexuell bezeichnen sich 94.4% der Befragten, als homosexuell 2.2% und als bisexuell 3.3%. Diese Resultate bestätigen die aus der bestehenden Datenbank stammenden Evidenzen, wonach die Gruppe der Homosexuellen klein ist. Die Anzahl der von Homosexuellen (Männer wie Frauen) aufgegebenen Kontaktanzeigen schrumpft zusehends. Bezeichnend ist jedoch, dass Inserate lesbischer Frauen häufiger anzutreffen sind als jene schwuler Männer, obwohl beide Gruppen auf PartnerWinner gleich stark vertreten sind. Unser ursprünglicher Entscheid erwies sich als richtig, Partnersuchende mit homosexueller Orientierung eher zu vernachlässigen und stattdessen die Aufmerksamkeit auf andere soziodemographische Variablen zu lenken, welche für den Fall der Datingplattform PartnerWinner von grösserer Bedeutung sind (beispielsweise Geschlecht, Alter oder Lebensform). Trotzdem verzichten wir auf eine Portraitierung dieser Minderheitsgruppe nicht ganz: Die Ergebnisse haben Neuigkeitswert, zumal das Merkmal „sexuelle Orientierung" in den meisten Untersuchungen in der Regel gar nicht erhoben wird.

Unter Berücksichtigung der beiden Variablen Geschlecht und Zivilstand wurden bei den Nicht-Heterosexuellen keine nennenswerten Ungleichheiten im Vergleich zur gesamten PartnerWinner-Population entdeckt. Obwohl Homosexuelle nur eine Minderheit auf PartnerWinner darstellen, war ein Fünftel bei ihrer Suche nach romantischen Beziehungen erfolgreich. Ihr Liebeskonzept ist bezeichnenderweise dem Konzept aller PartnerWinner-Benutzer ähnlich: Sie beschreiben die Liebe als „Vertrauen, Geborgenheit, Treue" (Homosexuelle) oder „Vertrauen, Ehrlichkeit, Treue" (bisexuelle). Der grösste Vorteil des Cyberdating ist sowohl für Homosexuelle als auch für Bisexuelle die Anonymität; der grösste Nachteil - die willkürliche Eigendarstellung der Menschen („man kann alles schreiben"). Im Einklang mit den Heterosexuellen berichteten sie, ihre vor PartnerWinner aufgebauten Internet-Beziehungen hätten meistens in einem Chat begonnen.

Bedeutsame Differenzen ergeben sich allerdings zwischen Homosexuellen und Bisexuellen. Auffällig ist der erhöhte Anteil bisexuell orientierter Menschen unter Verheirateten im Vergleich zu verheirateten Homosexuellen (13% bzw. 3%). Es gilt jedoch zu beachten, dass verheiratete oder getrennte Homosexuelle nur eine winzig kleine Randgruppe darstellen. Bei 13% der Homosexuellen war die auf PartnerWinner aufgebaute Beziehung zum Zeitpunkt der Umfrage noch intakt. Noch grösseren Erfolg

hatten die Bisexuellen: 26% berichteten, eine Liebesbeziehung auf PartnerWinner gefunden zu haben; bei 17% der Bisexuellen bestand diese
Beziehung zum Zeitpunkt der Umfrage immer noch. Die Bisexuellen
fanden mehr erotische Kontakte als die Homosexuellen (22% bzw. 9%).

Spannende Unterschiede ergaben sich bei der Frage nach dem wahrscheinlichsten Ort, wo man seinen Partner finden könne: Ein Viertel der
Bisexuellen war der Meinung, dies wäre das Internet, gefolgt von Disko
und Ausgang (22%) und „weiss nicht" (20%). Zögerlicher waren die
Homosexuellen in ihren Antworten: Die Antwort „weiss nicht" (27%)
war Spitzenreiter, gefolgt von Internet (nur 15%) und „Disco, Ausgang"
(11%).

Entgegen gängiger Vorurteile deklariert die Mehrheit (55%) der Homosexuellen, eine dauerhafte Liebesbeziehung zu suchen, die Bedürfnisse
nach „Freundschaften" (27%) und Dating (23%) folgen mit grossem Abstand. Anders sieht das Motivationsbild bei den Bisexuellen aus - sie suchen an erster Stelle erotische oder sexuelle Kontakte (42%), gefolgt von
Freundschaften (41%) und erst an dritter Stelle dauerhafte Liebesbeziehungen (33%).

Im Zusammenhang mit der sexuellen Orientierung wurden ausserdem
substantielle Effekte von *Identitätsveränderungen* gefunden: Die zwei entsprechenden Variablen „Sexuelle Präferenz" (die erste aus der Umfrage
und die zweite aus der PartnerWinner-Datenbank) korrelierten verhältnismässig gering miteinander mit r=0.55 (zum Vergleich: Andere soziodemographische Variablen wie Geschlecht r=.98, Zivilstand r=.93
oder Kinderzahl r=.86 wiesen stärkere Koeffiziente auf). Mehr Bisexuelle
als Homosexuelle tendierten zur Erstellung mehrerer Profile. Dieses Resultat lässt eine Dunkelziffer von Homo- sowie Bisexuellen vermuten,
die sich in ihren Profilen womöglich als rein heterosexuell ausgeben. Wir
vermuten hier den Effekt der „sozialen Erwünschtheit" (Verzerrung zugunsten der Heterosexualität), was dazu führt, dass die echte sexuelle
Neigung im Profil nicht immer preisgegeben wird. Darf daraus gar der
Schluss gezogen werden, dass homo- und bisexuelle Beziehungen nicht
ganz „enttabuisiert" sind? Für diese Annahme spricht indirekt der Befund, dass in dieser Gruppe mehr User Hemmungen bekundeten, mit
ihrer Umgebung über ihre virtuelle Partnersuche zu sprechen: Sowohl
jeder vierte Bisexuelle als auch jeder vierte Homosexuelle redet nicht mit
seinen engsten Freunden über Cyberdating.

Bei PartnerWinner handelt es sich um eine von heterosexuellen Partnersuchenden dominierte Plattform. Homosexuelle fühlen sich unter mehrheitlich Heterosexuellen offensichtlich nicht ganz zu Hause. Möglicherweise gelangen sie als sexuelle Minderheitengruppe relativ rasch zur

Einsicht, dass sie bei ihrer Partnerwahl geringere Kontakt-Chancen haben. Sie bestätigten öfter als die Heterosexuellen, bereits Erfahrungen mit Chats und anderen Datingsites zu haben oder durch Vermittlung von Freunden und Bekannten. So darf vermutet werden, dass sie auf homosexuell orientierte Datingsites ausweichen.

14.3. Die Schweigsamen

Cyberdater würden nicht mit ihrer Umgebung (Bekannte, Freunde, Eltern) übers Cyberdating reden; dass man auf Partnersuche ist, bleibe tabu. Selbst der erfolgreiche Benutzer zögere, über seine Partnersuche im virtuellen Raum zu sprechen. Beobachtungen wie jene von Levine stützen solche Annahmen:

> In contrast to the mainstream media attention, American society in general is not accepting cyber attraction and online relationships. People who have met online are not comfortable talking about their experiences offline, most likely because common reactions include, "You've got to be kidding", and "How could you? You've never even met the guy!" (Levine 2000, 565).

Um diese Annahmen zu überprüfen, wird in dieser Subanalyse eine Subgruppe von Usern untersucht, die ihre Partnersuche geheimgehalten hat, weshalb sie hier auch die „Schweigsamen" genannt werden. Die *Schweigsamen* werden bei der Analyse mit der gesamten Gruppe der untersuchten PartnerWinner-Benutzer verglichen. Allfällige Unterschiede wurden herausgepickt - mit dem Ziel festzustellen, ob sich Menschen, die sich „heimlich" auf Cyberdating begeben, von den restlichen Usern unterscheiden. Als *Schweigsame* werden Benutzer bezeichnet, welche

1. auf die Frage, wie ihre engsten Freunde ihr Cyberdating einschätzen würden, mit „sie wissen es nicht" (N=734 , 19,5% der Befragten) antworteten oder

2. sie haben mit niemandem darüber gesprochen, dass sie eine Liebesbeziehung auf PartnerWinner geknüpft haben (N=84, 2,2% der Befragten oder 14% der User mit einer Liebesbeziehung im PartnerWinner).

49 Personen aus der ersten Gruppe haben später, als sich der Erfolg in der Liebe einstellte, ihr Schweigen gebrochen - der Rest hat auch dann sein Lieswerben für sich behalten wollen. Auch das umgekehrte Szenario wurde beobachtet: 32 Benutzer erzählten ihren Bekannten, sie suchten einen Partner im Internet. Später, bei Aufnahme einer Liebesbeziehung, berichteten sie niemandem mehr davon.

Tabelle 35. Einstellungen von engsten Freunden zum Cyberdating (Häufigkeitsverteilung)

| | Tabu-Thema (Schweigen) | | |
| | alle | Geschlecht | |
Die Partnersuche im Internet wird von meinen engsten Freunden als... eingestuft:		männlich 72.6%	weiblich 27.4%
sie wissen es nicht	93.4% 734	92.6% 529	95.3% 205
spannend	7.9% 62	6.1% 35	12.6% 27
zeitgemäss	6.7% 53	5.3% 30	10.7% 23
normal	5.3% 42	4.9% 28	6.5% 14
unsicher	4.8% 38	3.5% 20	8.4% 18
gut	4.3% 34	3.5% 20	6.5% 14
peinlich	4.2% 33	4.4% 25	3.7% 8
gefährlich	3.7% 29	2.1% 12	7.9% 17
exotisch	2.9% 23	2.8% 16	3.3% 7
andere	2.9% 23	3.0% 17	2.8% 6
Total	* *	* *	* *
Antworten	786	571	215
Freq Err(68)*	±0.9%	±1.1%	±1.4%
Freq Error*	±1.8%	±2.2%	±2.9%
ChiSq Significance	NA	Yes at 99.0%	

* Note: Freq Err(68) covers 68% of distribution. Frequency error covers 95% of distribution. Multiple answer percentage-count totals not meaningful.

Die Analyse der Schweigsamen ergab einen gewichtigen Geschlechtsunterschied - Männer stellten 73% (gegenüber 62% in der Grundgesamtheit), wobei die männliche Übervertretung hoch signifikant ist. Ein spannender Befund - Frauen fällt es offensichtlich leichter, mit ihrer Umgebung über ihre Liebeserfahrungen im Cyberspace zu reden. Die Merkmale Nationalität und Zivilstand ergaben keine andere Verteilung in der Gruppe der Schweigsamen - ausser bei den Verheirateten (7.2% gegenüber 4.7% der Gesamtgruppe). Die Variablen Bildung und Einkommen waren ebenfalls mit denjenigen der Gesamtgruppe identisch. In der Gruppe der dauerhaften Singles haben über ein Drittel (35%) Freunden und Bekannten ihr Onlinedating verschwiegen.

Die Motivation der Schweigsamen in der Partnersuche unterscheidet sich kaum von der Motivation der ‚sprechenden' Benutzer. An erster Stelle suchen sie eine dauerhafte Liebesbeziehung, gefolgt von Freundschaften und Dates. Als Vorteile des Cyberdating erkennen die Schweigsamen ähnliche Merkmale wie die übrigen User: Anonymität, weniger Hemmungen, unverbindliche Kontakte, erhöhte Chancen für scheue und introvertierte Menschen. Die Einschätzungen der näheren Umgebung der Befragten bezüglich Partnersuche im Internet lieferten überdies Auskunft darüber, welchen Ruf Cyberdating überhaupt geniesst. Die häufigsten Attribute waren: „spannend", „zeitgemäss", „normal" und „gut", wobei bei Frauen diese Attribute höhere Prozentanteile erzielten (siehe Tabelle 35). Diese Tendenzen akzentuieren sich bei der Frage, ob die Befragten ihrer Umgebung ihre Liebesbeziehung auf PartnerWinner enthüllt haben. Frauen berichten von ihren diesbezüglichen Erfahrungen mit Cyberdating viel häufiger als Männer - hauptsächlich gegenüber engsten Freunden, Kindern und Eltern, und, im Unterschied zu Männern, seltener mit Kolleginnen.

Erfolg und Verhalten auf PartnerWinner
Die Schweigsamen waren auch entsprechend weniger der Überzeugung, dass man im Internet einen Partner oder eine Partnerin finden kann. Diesbezüglich belegte mit nur 10% das Internet den verhältnismässig bescheidenen *dritten* Platz im Rating der Partnerfindung (Gesamtgruppe 17.2%) - nach Arbeitsplatz (14.9) und Disko (14.6). Die „Schweigsamen" haben etwa gleich viel Erfahrung mit Chatrooms wie die übrigen User, andererseits weniger mit anderen Dating-Plattformen im Internet. Dafür findet sich hier eine auffallend grosse Anzahl von Personen ohne vorgängige Erfahrungen mit „Partnersuche" (32% gegenüber 23% in der Gesamtgruppe). In der Vermittlung durch Bekannte oder Freunde haben Schweigsame 7% weniger Erfahrung. Dies legt die Vermutung nahe, es handle sich dabei um vornehmlich introvertierte Personen mit vermutlich kleinerem Beziehungsnetz oder Personen, die weniger auf Fremdhilfe angewiesen sind; vermutlich handelt es sich zum Teil wohl auch um Einzelgänger. Die Schweigsamen hatten, in Übereinstimmung mit dem oben entworfenen Profil, auch weniger Erfahrung mit früheren Internet-Beziehungen denn die User der Gesamtgruppe.

Benutzer, die ihre Online-Partnersuche unter Verschluss hielten, wurden konsequenterweise in geringerem (12%) Ausmasse fündig: Gute 38% gaben an, weder Dates noch E-Mailkontakte gefunden zu haben. Nur 6% berichteten, den richtigen Partner gefunden zu haben (gegenüber 10% in der Gesamtgruppe). Es ist nicht weiter erstaunlich, dass sie sich im allgemeinem durch passiveres Verhalten auf PartnerWinner auszeichneten: Mehr als 50% der Schweigsamen tauschten keine Photos aus, 47% haben mit niemandem telefoniert, 48% kein einziges Date gehabt. Kennzeichnend für die Schweigsamen sind deren eher lockerere Bindungen: 62% hatten keine zukünftige Pläne mit ihren auf PartnerWinner initiierten Beziehungen (gegenüber 40% in der Gesamtgruppe). Die Zeit für die Entstehung der Liebesbeziehung bei den Schweigsamen war um einen Monat länger.

Wir haben ermittelt, dass nur ein Fünftel der PartnerWinner-User nicht mit ihren Bekannten, Freunden oder Eltern übers Cyberdating redet; die restlichen 80% bekunden keine Hemmungen, über dieses Thema offen zu diskutieren. Dass man auf Partnersuche ist, ist konsequenterweise kein Tabu. Nur 2% aller Benutzer zögerten, über ihre im virtuellen Raum entstandenen romantische Beziehung zu erzählen. Als Konsequenz wird Onlinedating für immer mehr Menschen salonfähig - eine universelle Möglichkeit, den Partner fürs Leben zu finden und vollwertige Ergänzung zu traditionellen Institutionen der Partnersuche, der neu gefundene soziale Raum, in dem Paar-Beziehungen entstehen und sich entwikkeln. Die Subanalyse der *Schweigsamen* liefert somit zusätzliche Belege für die These, dass Versuche, Liebesbeziehung im Internet zu finden, in den nächsten Jahren weiterhin massiv zunehmen werden.

14.4. Die Grossverdiener

Ein Spezialfall in unserer empirischen Analyse stellen die so genannten „Grossverdiener" dar: So nannten wir Benutzer der Plattform Partner-Winner mit einem jährlichen Brutto-Einkommen von über 100000 Schweizer Franken. Wie im Kapitel 10 ausführlich dargelegt, gehört ein Sechstel aller Personen zu dieser Einkommenskategorie. Nur ein Viertel der Grossverdiener ist weiblichen Geschlechts. Im Durchschnitt waren die Betreffenden 41.6 Jahre alt - sieben Jahre älter als die Gesamtheit der PartnerWinner-User, mit einer Standardabweichung von 8.2 Jahren. Der jüngste Grossverdiener war 24 und der älteste 65 Jahre alt. In Verbindung mit dem höheren Alter haben Grossverdiener mehr Erfahrung in herkömmlichen Partnerschaften (16% von ihnen lebten bereits in einer Partnerschaft). Unter den Grossverdienern gibt es doppelt soviel Verheiratete, ebenfalls erhöht ist der Anteil Geschiedener. Sie leben seltener mit Kindern zusammen.

Ihr Bildungsgrad war signifikant höher als derjenige der ganzen Gruppe: M=7.4 (‚Diplom höherer Berufsbildung') bzw. 5.4 (‚Matura'). Einen Universitäts- oder Fachhochschulabschluss hatte exakt die Hälfte der Grossverdiener. Fast alle waren erwerbstätig (94%), davon 52% Vollzeit. 39% gaben an, Überstunden zu leisten. Über ein Fünftel arbeiten im IT-Sektor; ein Sechstel ist in der Unternehmensführung engagiert - als Direktor, Vorstand oder Geschäftsführer. Beinahe die Hälfte kommt aus dem Kanton Zürich.

Die Grossverdiener haben im Vergleich zu den restlichen PartnerWinner-Usern ausgeprägte Vorstellungen darüber, welcher Ort der wahrscheinlichste ist, einen Partner zu finden (siehe Tabelle 36): 26% bezeichnen den Arbeitsplatz an erster Stelle (+10%), gefolgt vom Internet mit 21% (+4%). Man beachte die massiven Geschlechtsunterschiede: Frauen geben der Option „Internet" den Vorzug, Männer der Option „Arbeits-platz".

Die Grossverdiener hatten ausserdem grösseren Erfolg in ihrer Liebessu-che als die restlichen PartnerWinner-User: Über 30% der Grossverdiener (9% Zunahme im Verhältnis zu Usern, die weniger als 100000 CHF jähr-lich verdienen) knüpften auf PartnerWinner eine Liebesbeziehung. Die Hälfte der Grossverdiener berichtete vermehrt über Erfahrungen mit an-deren Datingplattformen im Internet (gegenüber 40% der restlichen Po-pulation), und 30% (22%) haben häufiger Kontaktinserate in der Presse aufgegeben. Chatrooms sind bei dieser Gruppe weniger beliebt und erst an vierter Stelle relevant (19% bzw. 31%).

Tabelle 36. Orte der Partnersuche (Häufigkeitsverteilung)

Orte der Partnersuche * Einkommen > 100 000 CHF (FILTER) Crosstabulation

			Einkommen > 100 000 CHF (FILTER)		Total
			Not Selected	Selected	
Orte der Partnersuche	am Arbeitsplatz	Count	413	127	540
		% within Einkommen > 100 000 CHF (FILTER)	16.0%	25.9%	17.6%
	in der Schule, an der Universität	Count	163	30	193
		% within Einkommen > 100 000 CHF (FILTER)	6.3%	6.1%	6.3%
	in der Disco, im Ausgang	Count	422	42	464
		% within Einkommen > 100 000 CHF (FILTER)	16.4%	8.6%	15.1%
	zufällig auf der Strasse (im Tram, im Park)	Count	165	22	187
		% within Einkommen > 100 000 CHF (FILTER)	6.4%	4.5%	6.1%
	im Internet	Count	424	104	528
		% within Einkommen > 100 000 CHF (FILTER)	16.5%	21.2%	17.2%
	auf einer Single-Party	Count	70	13	83
		% within Einkommen > 100 000 CHF (FILTER)	2.7%	2.7%	2.7%
	weiss nicht	Count	637	112	749
		% within Einkommen > 100 000 CHF (FILTER)	24.7%	22.9%	24.4%
	anderes	Count	283	40	323
		% within Einkommen > 100 000 CHF (FILTER)	11.0%	8.2%	10.5%
Total		Count	2577	490	3067
		% within Einkommen > 100 000 CHF (FILTER)	100.0%	100.0%	100.0%

15. Exkurs: Blitz-Evaluation der Datingplattform Partnerwinner aus der Sicht ihrer Mitglieder

Im Sinne einer „Blitz-Evaluation" werden hier kurz die Befunde hinsichtlich vier Variablen referiert: Sicherheitsgefühl auf PartnerWinner, Vertrauen, dass private Mails geschützt sind, Bedeutung von Moderation und Bewertung derselben seitens der befragten PartnerWinner-User. Dem Wortsinn nach bedeutet „Evaluation" „Beurteilung eines Gegenstands oder Sachverhalts". Von William Trochim (1996) stammt eine zwar einfache, gleichwohl aber treffende Definition von Evaluation: „Evaluation is the systematic assessment of the worth or merit of some object", oder, wenn dies nicht möglich ist, sogar nur „the systematic acquisition and assessment of information to provide useful feedback about some object"[154].Sogar der Schöpfer habe sich, so die Bibel, gleich nach Erschaffung der Welt zuerst einmal gefragt, ob seine Schöpfung denn *gut* sei: „Und Gott sah an alles, was er gemacht hatte; und siehe da, es war gut". Doch seine „positiv ausgefallene Evaluation" war des Menschen böser Seele leider nicht würdig: „Da aber der Herr sah, dass der Menschen Bosheit gross war auf Erden, und alles Dichten und Trachten ihres Herzens böse war immerdar, da reute es ihn..." (zit. nach Lösel und Novack 1987). Weil die Natur alles Geschaffenen ambivalent ist, kann etwas weder nur gut noch ausschliesslich schlecht sein - selbst wenn wir uns einbilden, die Schöpfung sei vollkommen, weil die Menschen ihrem Wesen nach schwach und unvollkommen sind und es ihnen an Fähigkeit gebricht, ihr Wirken selbst zu beurteilen.

Die Blitz-Evaluation in dieser Abhandlung hat einen ergänzenden Charakter zwecks Vervollständigung der Forschungsergebnisse. Sie wird teilnehmerorientiert und auf einen einzigen Fokus gerichtet: die Akzeptanz der Plattform. Wie sehen die Umfrageteilnehmer ihre Datingplattform PartnerWinner?

Vertrauen und Sicherheit
Den Befragten wurden die beiden Fragen gestellt: „Fühlen sie sich auf PartnerWinner sicher?", in einer Skala von 1 (sehr sicher) bis 10 (gar nicht sicher), und „Wie hoch ist Ihr Vertrauen, dass private Mails auf PartnerWinner geschützt sind?" (1 bedeutete sehr hoches und 10 sehr niedriges Vertrauen). Die Variable Vertrauen erzielte einen Durchschnittswert von M=3.27, die Variable Sicherheitsgefühl M=3.06. Die Korrelation zwischen den beiden Variablen betrug r=0.517** (auf dem 0.01-Niveau). Männer haben überraschenderweise ein nur minim grösse-

---

[154]Hier wird die Auffassung vertreten, dass eine Evaluation nicht unabdingbar eine Bewertung der Güte sein muss. Sie erfüllt ihre Aufgabe auch dann, wenn sie „nur" Feedback ermöglicht.

res Vertrauen als Frauen (3.36 bzw. 3.14, signifikant auf dem 0.05-Niveau). Bei „Sicherheit" ist der Mittelwertsunterschied überhaupt nicht signifikant, Frauen und Männer fühlen sich auf PartnerWinner gleichermassen sicher. Aufgeschlüsselt nach Alter sind kaum grosse Effekte feststellbar. Der Grad von Sicherheit hängt damit zusammen, ob man bei seiner Suche nach Beziehungen erfolgreich war oder nicht - hinsichtlich Vertrauensgrad ist dieser Zusammenhang überraschenderweise weniger stark ausgeprägt. Männer zeigten im allgemeinen stabileres Vertrauen, unabhängig vom Erfolg der Partnersuche. Das weibliche Vertrauen ist hingegen dann grösser, wenn ihnen PartnerWinner zu einer Liebesbeziehung verhalf (die zum Zeitpunkt der Umfrage auch noch aktuell war).

Moderation der Inhalte und ihre Wichtigkeit

Die Seriosität der Plattform ist, so auch eine Definition der Plattform-Macher, von zentraler Relevanz für das Funktionieren von PartnerWinner. Zum Konzept der „Seriosität" gehört nebst konsequentem Löschen von Inseraten mit unzulässigem Inhalt (z.B. Pornographie, überbordender Sexismus, Rassismus) auch die tägliche Betreuung der Partnersuchenden, ein offenes Ohr für ihre Klagen sowie die Sicherheit der Applikation. Wie gut diese Aufgabe in den Augen der Umfrageteilnehmer erfüllt wird, hat die Frage „PartnerWinner löscht unseriöse oder pornographische Inhalte. Das ist für Sie..." zu klären versucht (siehe Tabelle 37). Die Hälfte der Partnersuchenden hatte darüber keine Meinung (mit offenen Antworten wie „unnötig", „interessiert mich nicht", „muss ich noch herausfinden", „bin nicht betroffen"). Ein weiterer Grund für die diesbezügliche Enthaltung lieferte die Tatsache, dass einige User mit der Plattform noch zu wenig vertraut oder Neulinge waren („Habe mich noch zu wenig umgesehen"; „Habe bisher keine Kontrolle durchgeführt").

Tabelle 37. Bedeutung der Moderation auf PartnerWinner

Bedeutung der Moderation

	alle		Geschlecht			
			männlich 62.0%		weiblich 38.0%	
PartnerWinner löscht unseriöse oder pornographische Inhalte. Das ist für Sie...						
sehr unwichtig	9.4%	288	9.9%	188	8.5%	100
eher unwichtig	10.5%	324	13.9%	262	5.2%	61
neutral	15.2%	469	18.2%	344	10.5%	124
eher wichtig	20.9%	642	23.0%	434	17.6%	208
sehr wichtig	43.2%	1329	34.1%	645	57.7%	682
weiss nicht	0.8%	25	0.9%	17	0.7%	8
Total	100.0%	3077	100.0%	1890	100.0%	1183
Antworten		3077		1890		1183
Mittelwert		3.8		3.6		4.1
Standardabweichung		1.3		1.3		1.3
Freq Err(68)*		±0.9%		±1.1%		±1.4%
Freq Error*		±1.8%		±2.2%		±2.9%
ChiSq Significance		NA		Yes at 99.0%		

* Note: Freq Err(68) covers 68% of distribution. Frequency error covers 95% of distribution.

Andere User hatten noch keine schlechten Erfahrungen mit unseriösen Inhalten gemacht („habe bisher nichts Anrüchiges getroffen", „wahrscheinlich zu gut - habe noch nie so was gesehen"). Ein Fünftel der Befragten war der Meinung, die Moderationsaufgaben würden sehr gut gelöst, über ein Sechstel - „eher gut" (siehe Tabelle 37). Männer zeigten sich mit der Tätigkeit der Moderatoren zufriedener als Frauen. Hier gilt es anzumerken, dass einem Benutzer die Bedeutung einer Moderation meist erst bei deren Versagen bewusst wird. Ist die Moderation „perfekt", werden Benutzer kaum je mit unseriösen Inhalten konfrontiert, und eine Moderation erscheint ihnen somit subjektiv bedeutungslos (sie können ja nicht wissen, welche Inhalte sie ohne Moderation zu sehen bekommen hätten). Die Indifferenz der Hälfte der Befragten gegenüber der Moderation kann also durchaus Ausdruck einer gut funktionierenden Moderation sein. Bezeichnenderweise stehen diese Ergebnisse in krassem Widerspruch zur Bedeutung, die Partnersuchende der Seriosität der Plattform beimessen. Auch die Frage, wie wichtig ihnen das Löschen durch PartnerWinner von unseriösen und pornographischen Inhalten sei (vgl. Tabelle 38), antworteten 38% mit „sehr wichtig" oder „eher wichtig" (35% der Frauen und 39% der Männer).

Tabelle 38. Qualität der Moderation auf PartnerWinner

Qualität der Moderation

	alle		Geschlecht			
			männlich 62.0%		weiblich 38.0%	
PartnerWinner löscht unseriöse oder pornographische Inhalte. Erledigt wird diese Aufgabe...						
1 sehr schlecht	0.7%	20	0.5%	10	0.9%	10
2	2.7%	83	2.3%	43	3.4%	40
3	6.3%	192	5.7%	106	7.3%	85
4	15.9%	482	16.9%	316	14.3%	166
5 sehr gut	21.5%	653	21.8%	408	21.0%	245
weiss nicht	50.6%	1536	50.2%	939	51.1%	595
andere	2.3%	71	2.5%	47	2.0%	23
Total	100.0%	3037	100.0%	1869	100.0%	1164
Antworten		3037		1869		1164
Freq Err(68)*		±0.9%		±1.2%		±1.5%
Freq Error*		±1.8%		±2.3%		±2.9%
ChiSq Significance		NA		Under 50%		

* Note: Freq Err(68) covers 68% of distribution. Frequency error covers 95% of distribution.

Vereinzelte User sind gegen eine Moderation als solche: „Habe mich noch nicht darum gekümmert"; „Schade, dass das gemacht wird". Über den Sinn der Moderation erhielten wir diverse offene Antworten: „Irgendwo muss sich unsere Gesellschaft noch an einen Moralpegel halten, oder?"; „übertrieben", „Es wird zu puritanisch gehandhabt. Erotik und Pornographisches wird nicht getrennt. Zweideutiges bleibt", „Ich finde diese Pseudo-Moralapostel-Zensur unzeitgemäss und pure Prüderie"; „blöde Zensur", „lachhafte political correctness". Es wurde auch der Verdacht geäussert, Frauen und Männer würden bei der Moderation unterschiedlich behandelt. Ausserdem sei diese Aufgabe schwierig zu erfüllen: „Es ist nicht möglich herauszufinden, ob jemand seriös ist oder nicht", „Nach welchen Kriterien wird ein Inhalt als pornographisch beurteilt? Als unseriös?"[155], „Wer sich gut ausdrücken kann, kann porno-

---

[155]Eine Nachfrage bei den PartnerWinner-Machern ergab, dass Fragen der Moderation (seriös/unseriös?, pornographisch oder nur erotisch? etc.) auch nach drei Jahren Moderationserfahrung noch fast täglich zu Diskussionen führen. Die PartnerWinner-Moderatoren sind der festen Überzeugung, die Überwachung einer Dating-Site müsse eher streng denn liberal gehandhabt werden. Eine nachsichtige Moderation führe zu gegenseitigem „Hochschaukeln" hauptsächlich pornographisch orientierter Beiträge und somit zu einer deutlichen Qualitätsverschlechterung der Plattform. Den Moderatoren wurde wegen ihrer Konsequenz nicht selten Prüderie vorgeworfen. Das Funktionieren des PartnerWinner-Umfeldes in seiner propagierten Funktion als Ort der Anbahnung für langfristige Beziehungen spreche eher für die strenge Art der Moderation.

graphischen Inhalt in normalem Text „verschwinden" lassen", "Es sollten die gelöscht werden, die nur Sex suchen", „Für mich sind auch Verheiratete, die hier herumsurfen, unseriös" (Frau), „Eine Geliebte offen und ehrlich suchen kann wohl kaum unseriös sein" (Mann).

Vielen Usern scheint überdies unbekannt zu sein, dass private E-Mailzuschriften vertraulich und von niemanden kontrolliert werden. Andere wiederum beklagen, aus Inseraten gelöschte Inhalte würden hinterher in nicht mehr moderierten, privaten E-Mails wieder auftauchen. Einige Benutzer äusserten die Vermutung, Moderieren könne gleichzeitig Vor- und Nachteil sein. Ein Teil der offenen Antworten bekannte sich zum Bild des autonomen Menschen, der über sein Handeln bestimmen könne und keine Bevormundung brauche:

> Wir sind erwachsene Menschen, die selber entscheiden können, was uns gut tut und was nicht. Wenn wir etwas unseriös finden, ein Klick und weiter - dafür brauch' ich keinen Moralapostel"; „Die meisten Menschen sind alt genug, um selbst zu entscheiden und zu reagieren.

Empfehlung und Mitgliederbeitrag
Zurückhaltend fiel die Bereitschaft der Befragten aus, die Plattform PartnerWinner Freunden und Bekannten zu empfehlen. Ebenso verhielt es sich mit der Bereitschaft, einen Mitgliederbeitrag zu zahlen, wenn denn ein solcher verlangt würde: 70% beantworteten die Frage mit „Nein", 18% waren unterschieden. Die Geschlechter waren hinsichtlich dieser Frage ausnahmsweise ähnlicher Meinung. 50% der Befragten erklärten, sie würden die Plattform PartnerWinner ihren Freunden und Bekannten empfehlen. Hier trat jedoch eine ausgeprägte Ungleichheit der Geschlechter zutage: 64% der Frauen und nur 41% der Männer (-23%) waren bereit, PartnerWinner weiter zu empfehlen. Ein Grund für die zurückhaltende männliche Bereitschaft zum Weiterempfehlen fanden wir darin, dass die „Verweigerer" nicht über Cyberdating (96%) oder über ihre im PartnerWinner entstandene Liebesbeziehung (81%) mit ihren Freunden sprechen. Auch die Variable Zivilstand hatte Einfluss darauf: Die Bereitschaft von Getrennten und Geschiedenen, die Datingsite weiter zu empfehlen, lag bei 60%; die Ledigen zeigten für eine Empfehlung die geringste Bereitschaft. Am deutlichsten traten die Unterschiede im Zusammenhang mit der Erfolgsquote in Erscheinung - vier Fünftel all jener, die zum Zeitpunkt der Befragung eine auf PartnerWinner aufgebaute Beziehung hatten, äusserten sich bereit, PartnerWinner anderen weiter zu empfehlen. 72% der Fündigen, deren PartnerWinner-Beziehung zum Umfrage-Zeitpunkt nicht mehr existent war, äusserten sich gegenüber einer Empfehlung ebenfalls positiv (demgegenüber stehen 46% „erfolglose" User).

Abschliessend sei nochmals festgehalten, dass PartnerWinner-User sich online sehr sicher fühlen und ihr Vertrauen im Zusammenhang mit dem Schutz ihrer privaten Mails sehr hoch ist. Sie sind der Meinung, die Moderation der Inserate auf der Plattform sei von grosser Bedeutung. Des weiteren erteilen sie gute Noten für die Handhabung der Moderationsaufgabe des Helpdesks. Auffällig ist jedoch, dass mehr als die Hälfte keine Meinung zur Qualität der Moderation besitzt. Gleichzeitig sind diese User der Überzeugung, es handle sich dabei um eine wichtige Tätigkeit. Hier wäre es unter Umständen empfehlenswert, den Benutzern die Arbeit der Moderatoren hinter den Kulissen bewusster zu machen, um damit ihr Gefühl, sich auf der Plattform in sicheren Händen zu befinden, noch zu steigern.

Trotz hoher Wertschätzung ist nur die Hälfte der Benutzer bereit, PartnerWinner an Bekannte weiter zu empfehlen. Nur 8% aller Befragten waren bereit, einen Mitgliederbeitrag zu zahlen[156], falls es einen solchen gäbe. Um diese widersprüchliche Ergebnisse zu klären, sei hier der altbekannte Graben zwischen Einstellungen und Verhalten in Erinnerung gerufen. Einmal mehr werden wir hier mit der weitverbreiteten, eher konsumorientierten Einstellung vieler Internet-Benutzer konfrontiert (so genannte „Gratis-Mentalität"): PartnerWinner als Schlaraffenland, das da ist, aber nichts kosten darf.

---

[156] PartnerWinner ist seit Oktober 2003 kostenpflichtig. Die im Nachhinein berechnete Konversionsrate zur Kostenpflicht betrug ca. 40%.

16. Die Unwahrscheinlichkeit der Liebe wahrscheinlicher machen?

> Ich konnte mir ursprünglich überhaupt nicht vorstellen, dass Beziehungen im Internet entstehen können. (*Kamelia*, hat ihre Liebe gefunden)

> Bin der Meinung, dass PartnerWinner wirklich eine ideale Form ist, um einen Lebenspartner zu finden. Durch die Anonymität öffnet man sich sehr viel schneller dem Gegenüber und wagt auch, offener die eigenen Wünsche an einen zukünftigen Partner vorzubringen. (PartnerWinner-Userin)

Paarbildung ist eine der stärksten gesellschaftlichen Normen und wird als Normalfall menschlicher Vergemeinschaftung und Vergesellschaftung betrachtet. Die Neigung zur Paarbildung ist langfristig trotz des Wandels der familiären Strukturen stabil geblieben, ebenso das Bedürfnis nach dem Zusammenwohnen als Paar - so die Ausgangsthese. Warum nicht, statt das Ende der Familie vorauszusagen, eine *Renaissance der Paarbeziehung* prophezeien? Ein kulturell neues Phänomen der hochentwickelten Gesellschaften, die freie Partnerwahl „erzeugt ein paradoxes Ergebnis, neue Formen der privaten wechselseitigen Kontrolle. [...] Wo alles offen ist, muss alles ausgehandelt werden" (Beck-Gernsheim 1991, 133). Die Individualisierung verursacht eine paradoxe Kontroverse, aus der es keinen Ausweg gibt - der Bedarf nach Intimität, so Luhmann, bleibt bestehen, und gleichzeitig erfolgt ein „tiefgreifender Verlust an innerer Stabilität" (Beck-Gernsheim). Inwiefern ist, fragt Beck-Gernsheim, ein Zusammenleben möglich, wo Selbstverwirklichung zum vorgegebenen Zwang wird, wo in der selbstentworfenen Biographie wenig Raum für einen Partner mit eigenen Lebensplänen bleibt? Als Konsequenz bietet sich das Szenario einer „Einzelgänger-Gesellschaft" an - mit dem Alleinleben als Lebensform der Zukunft. Die Rede ist gar von der Auflösung der Paarbeziehung.

Der zweite Weg geht in die entgegengesetzte Richtung: Gerade die Individualisierung ist die stärkende Kraft der Paarbeziehung, da sich das Individuum in der Partnerschaft selbst entfaltet und verwirklicht. Dies führt dazu, dass Intimität noch bedeutender wird, trotz allem Streben nach individueller Autonomie: „Je mehr andere Bezüge der Stabilität entfallen, desto mehr richten wir unser Bedürfnis, um unserem Leben Sinn und Verankerung zu geben, auf die Zweierbeziehung" (Beck-Gernsheim 1991, 71). Das klassische Thema der Liebesliteratur sei früher „Sie können zusammen nicht kommen", die Moderne übersetze es mit „Sie können zusammen nicht leben" –wie es ein Graffiti auf einer Hauswand ausdrückt: „Wir wollen uns lieben, aber wir wissen nicht wie" (vgl. Beck-Gernsheim 1991, 120).

Jedenfalls stellen wir uns die Fragen, die sich Beck-Gernsheim vor mehr als zehn Jahren stellte, aufs Neue, wenn wir zu erklären versuchen, weshalb Menschen vermehrt Liebesbeziehungen im Internet suchen und finden, gerade dort ein neuer Ort entstanden ist, an dem Paar-Beziehungen sich bilden. Wer sucht aktiv romantische Bindungen auf Datingsites? Wieso haben bestimmte Personen mehr Erfolg mit Beziehungsanbahnung im Cyberspace als andere? Kann man sich in jemanden virtuell verlieben, ohne ihn im realen Leben je gesehen zu haben? Bisher wurden hauptsächlich Chatrooms untersucht, in welchen enge Beziehungen *spontan* entstehen. Eher vernachlässigt wurden hingegen Settings, die absichtlich der Suche nach Zweierbeziehungen gewidmet sind. Für die differenzierte Betrachtung der virtuellen Prozesse sei aber, so die fruchtbare Auffassung von Döring (2003) eine Differenzierung der einzelnen Internet-Anwendungen (als teilweise autonome sozio-technische Systeme) unumgänglich. PartnerWinner als *Prototyp* eines Datingportals bot sich für die Suche nach den „verlorenen" romantischen Beziehungen als Untersuchungsgegenstand an - eine neuartige Mischung zwischen Labor und Feld. PartnerWinner ist in diesem Sinne nicht nur ein *schwarzes Brett*, wo Tausende von Inseraten veröffentlicht werden. Die virtuellen Partnersuchenden sind hier nicht nur mit ihren öffentlichen Kontaktanzeigen vertreten, sondern auch mit ihrer virtuellen „Personae" (Profile) anwesend - bei mehreren anderen Datingsites ist das Konzept des „virtuellen Charakters" bis heute unbekannt. Es galt, im Medium Internet ein „Testfeld und Untersuchungskontext für neuere Entwicklungen" (Döring) zu sehen. Ferner hatten wir die Absicht, die Geschehnisse auf der grössten und erfolgreichsten Dating- und Kommunikationsplattform der Schweiz erstmals ausführlich zu analysieren. Die „Exklusivität der Kontaktbereitschaft" (Luhmann) ist in dieser virtuellen Umgebung gewährleistet und der „SingleSlider" als eine Form von Liebesbarometer schafft eine Art sozialer Gleichheit unten allen Beziehungssuchenden - eine Gleichheit der Kontaktbereitschaft, die offline nicht gegeben ist.

16.1. Revision kontroverser Annahmen über Beziehungen online

Eine aktuelle medienkritische Kontroverse besteht darin, dass die Häufigkeit und Intensität von medialvermittelten Beziehungen angezweifelt und in ihrer radikalster Form gar gänzlich negiert wird: Online entstandene Beziehungen sind ein seltenes Ereignis und verdienen daher statistisch keine spezielle Aufmerksamkeit. Die „Erfolgsquote" der Partner-Winner-BenutzerInnen zu ermitteln war daher eines unserer Hauptanliegen. Das Ergebnis dürfte als substantiell bewertet werden: Fast ein Viertel der untersuchten Personen (23%) konnte eine feste Liebesbeziehung aufbauen. Die Hälfte dieser Beziehungen (12%) war zum Zeitpunkt der Befragung immer noch intakt. Die hohe Erfolgsquote ist beeindruckend, vor allem in Anbetracht der Tatsache, dass mit dem gewählten Untersuchungsdesign kaum alle Personen erfasst werden konnten, die eine Paarwerdung auf PartnerWinner erlebt haben. Es ist mit grosser Wahrscheinlichkeit anzunehmen, dass einige der "Erfolgreichen" zum Zeitpunkt der Umfrage längst vom Portal abgesprungen waren, da ihre Hauptmotivation zu seiner Benutzung nicht mehr gegeben war. Dass der im virtuellen Raum gefundene Partner bei den Erfolgreichen auch der gesuchte war, bezeugt die Tatsache, dass 71% zusätzlich meinten, der gefundene Partner sei auch der „richtige". Irgendwann während des E-Mail-Schreibens haben sich 12% der Personen, die ihre Beziehung über PartnerWinner fanden, ineinander verliebt - ohne romantische Dates offline.

Offensichtlich ist es möglich, dass die Intimität allein durch die mediale Vermittlung - hier ist nicht nur das Medium Internet involviert, sondern auch ein wiederholtes „Hüpfen" von einem Medium zu einem anderen - schnell die für eine Liebesbeziehung notwendige Tiefe erreicht. Wir fanden eindeutige empirische Evidenzen für die „Liebe auf den ersten Klick" (zumindest für die „Liebe nach dem ersten Mail"): 4% der Partnersuchenden haben sich "bereits nach dem ersten Mail" in den anderen verliebt. Dafür zeugen auch offene Aussagen der Befragten wie diese: „Ich bin mir bewusst, dass es nicht immer - wie bei mir - bereits nach einem Tag zu einer Kontaktaufnahme kommt, die dann zu einer wertvollen Beziehung wird".

Gegenstand widersprüchlicher Forschungsergebnisse ist die Frage, ob die Bildung von romantischen Beziehungen im Internet im Vergleich zur konventionellen Beziehungsanbahnung zeitaufwendiger sei. Zahlreiche Autoren wie zum Beispiel Ling (2000) vertreten die Position, dass sich medial vermittelte Beziehungen langsamer entwickeln als nicht medial vermittelte. Unsere Befunde widerlegen dies: 29% der erfolgreichen Benutzer haben nach weniger als einen Monat einen Partner gefunden; weitere 11% berichteten von der Existenz einer Liebesbeziehung nach weniger als 10 Tagen. Für ein Fünftel hat es zwischen einem und zwei Monaten gedauert. Wir haben kaum Indizien erhalten, die für eine niedrigere Entstehungsgeschwindigkeit von medialvermittelten Beziehungen sprechen würden. Die Vermutung, dass romantische Beziehungen online langsamer entstehen als traditionelle, ist somit entschieden zu verwerfen.

Eine Trennung zwischen Off- und Online-Beziehungen lässt sich nach übereinstimmender Meinung der Befragten nicht rechtfertigen. 38% haben der Behauptung voll zugestimmt, dass eine Unterscheidung zwischen den „realen" Beziehungen (offline) und den „virtuellen" (online) nicht sinnvoll sei („Man sollte Beziehungen im Internet nicht zu sehr von Beziehungen im realen Leben trennen - früher oder später will man sich sowieso treffen"). Die Grenzen zwischen dem On- und Offline-Leben verlaufen fliessend, deshalb ist eine solche Trennung weder empirisch noch analytisch berechtigt, wie die Meinungen verschiedener Befragten illustrieren:

> Obschon es sich hier um ein virtuelles Medium handelt, sind Erwartungen, Wünsche und Vorstellungen wahrscheinlich so hoch wie im "wirklichen Leben" - die Frage nach der Wirklichkeit bleibt jedoch offen.

> Die Partnersuche über Internet läuft prinzipiell nach den gleichen Spielregeln ab wie im realen Leben, insbesondere was die Rollenverteilung zwischen Mann und Frau anbelangt.

> Ich stelle fest, dass sich das reale Lebensverhalten im Internet gleich widerspiegelt.

> Menschen bleiben Menschen - im Internet wie im Leben.

Die Umfrageergebnisse haben deutlich gezeigt, dass Partnersuchende dazu tendieren, das Internet innerhalb kürzester Zeit zu „verlassen", um die virtuelle Bekanntschaft ins reale Leben zu übertragen. Das *erste Face-to-face-Treffen* spielt für die Entscheidung, eine Liebesbeziehung aufzubauen, eine Schlüsselrolle. Ein grosser Teil der User entschied sich, obschon sie sich bereits in einer Verliebtheitsphase befanden, erst nach dem ersten Offline-Treffen definitiv für oder gegen die Beziehung. Noch mehr: Das Treffen entscheidet in der Mehrheit der Fälle, ob es überhaupt zu einer Beziehungsaufnahme kommt oder nicht. An sich bestätigt dieses Ergebnis nochmals den Sachverhalt, dass die Virtualität öfters nur eine erste Phase am Anfang einer Beziehung ist und dass die zweite Phase vorwiegend im "Real Life" gelebt wird. Ein Teil der PartnerWinner-User war skeptisch eingestellt gegenüber Beziehungen, welche die Grenzen des virtuellen Raumes nicht zu verlassen beabsichtigen. Ein Befragter drückte dies so aus: „Eine Beziehung *nur* im Internet ist nicht viel mehr als eine Illusion".

"We met, fell madly in love, got engaged, had a lovely wedding
and honeymoon. Then things turned sour, we grew bitter,
separated and divorced. It was quite a busy weekend!"

Eine andere wichtige Erkenntnis der Studie ist: Die Partnersuche auf
Datingportalen weist sowohl Vor- als auch Nachteile auf. Als grösste
Vorteile des Online-Datings bezeichnete man die Anonymität, ein weniger gehemmtes Verhalten der beteiligten Personen und die Unverbindlichkeit der geknüpften Bekanntschaften. Mit dem Hut, der einen unsichtbar macht, eröffnen sich grössere Spielräume für Selbstdarstellungs-
strategien. Das Projektionspotential ist allerdings kaum höher als in herkömmlichen Umgebungen. Die virtuellen Männer und Frauen braucht
man nicht unbedingt im realen Leben zu treffen und letztendlich kann
man sich jederzeit aus dem Cyberspace stehlen, ohne Spuren zu hinterlassen. Als Nachteile des Cyberdating wurden im Gegenzug die Beliebigkeit der textuellen Darstellung, das Ausschalten der Sinneswahrnehmungen („den anderen nicht sehen und spüren") und die Körperlosigkeit gesehen. Die Natur des Cyberdating ist demnach als ambivalent zu
bezeichnen: Der grösste Vorteil des Cyberdating - die Anonymität - kann
zugleich ein Nachteil sein.

16.2. Antworten auf die Orientierungsthesen

Haupt-Orientierungsthese: Das Internet ist die neue, gleichberechtigte Institution der Partnersuche
Die repräsentativen Resultate der Webumfrage vermögen ausreichend zu belegen, dass das Internet als die neue Partnersuche-Institution zu bezeichnen ist, dank der Paarbeziehungen regelmässig entstehen können. Die Frage, an welchem Ort ein Partner am wahrscheinlichsten gefunden werden könne, war in unserer Untersuchung zentral. Der Arbeitsplatz und das Internet stellten sich als die wahrscheinlichsten Orte heraus. Es lässt sich des weiteren zweifelsfrei festhalten, dass sich die virtuelle Partnersuche für die Mehrheit der Online-Dater sogar als "ultimative" soziale Option bei der Suche nach Paarbeziehungen fest etabliert hat.

Orientierungsthese 2:
Virtuell entstandene Bindungen sind genuine soziale Beziehungen
Auf Datingsites entstandene Beziehungen sind genuine[157] interpersonale Beziehungen. In ihrem Realitätsanspruch unterscheiden sie sich nicht von herkömmlichen „Offline"-Beziehungen, also von Beziehungen, die auf konventionelle Art aus physischer Begegnung entstehen. Für die Bildung von Paarbeziehungen kann der Cyberspace als besonders geeigneter sozialer Raum betrachtet werden. Der virtuelle Raum ist ein offenes Subsystem, in welchem tiefe und für die Betroffenen durchaus reale Intimität entstehen kann. Um zu belegen, dass Intimität in persönlichen Beziehungen - verstanden als Vertrautheit und Nähe - ohne unmittelbare Sinneswahrnehmung entstehen kann, haben wir zahlreiche empirische Ergebnisse herangezogen. Auch Leidenschaft und Faszination zum Anderen können sehr wohl ohne Face-to-face-Interaktionen entstehen: „Aus eigener Erfahrung kann ich sagen, dass eine im Internet aufgebaute Beziehung, verbunden mit Telefonaten und schriftlichem Kontakt bei der Auflösung denselben realen Liebeskummer auslösen kann, wie das Scheitern einer "realen" Beziehung. Man hält es zwar nicht für möglich, es ist aber so" (Umfrageteilnehmer).

Orientierungsthese 3:
Die anderen Augen sehen von innen nach aussen
Die Orientierungsthese 3 lautete, dass Online-Liebesbeziehungen eine im Vergleich zu traditionellen Beziehungen besondere Natur haben. Es wurde von der Annahme ausgegangen, dass sich auf einer Datingsite entstandene Beziehungen von denjenigen im RL qualitativ unterscheiden. Das Stichwort hier heisst: *„innere Augen"*, womit das Phänomen ei-

---

[157] Genuin (lat.): echt, naturgemäss, rein, unverfälscht; psychol.: angeboren

nes *inversiven* Kennenlernprozesses symbolisiert wird. Beide Partner haben vor dem ersten Treffen eine gelungene dyadische Kommunikation, die Teil ihrer Paar-Geschichte geworden ist und eventuell sogar in digitalisierter Form vorhanden ist. Diese Konstellation ist für den traditionell geschulten sozialwissenschaftlichen Bereich der Zweierbeziehungen eine neuartige, wie auch die auf diese Art und Weise geborenen Beziehungen substantiell anderer Natur sind: man lernt sich zum ersten Mal nicht, wie bisher, von aussen nach innen kennen, sondern umgekehrt: von innen nach aussen. Dies führt dazu, dass Personen bereits beim ersten visuellen Date über Vorwissen voneinander verfügen (sich mit ,*anderen'* Augen anschauen, das Konzept der „Vorarbeit"), dass also die gegenseitige optische Wahrnehmung in eine positiven Richtung gelenkt wird: „Virtuelle Kontakte finde ich viel besser, weil viel mehr Gespräche geführt werden und das Herz und die Einstellung des Anderen viel mehr zum Bewusstsein kommt. Im Realen Leben hat man viel zu schnell ein Vorurteil, nur weil sein Aussehen nicht so super ist" (Umfrageteilnehmer).

Dies kann bedeuten, dass das Gegenüber auch physisch als attraktiver eingeschätzt wird, als es tatsächlich ist, oder dass, sollte die Erwartung an die physische Erscheinung nicht erfüllt werden, man dennoch nicht verzagt ist. Und wenn doch, dann war das bereits „im inneren Auge" gezeichnete Bild nicht standfest genug. So erfüllt die im virtuellen Raum abgespielte „Vorgeschichte" eine zentrale Funktion hinsichtlich der späteren Aufnahme einer Liebesbeziehung. In der Mehrheit der Fälle führt die *„Vorarbeit"*, wie sie *Mephisto48* nannte, zu Attraktivitätssteigerung und erfolgreicheren Kommunikation zwischen den Partnern auch offline:

> Ich hatte das Gefühl, zuerst geht es einmal darum, was ist da an *Gemeinsamkeiten*, gibt es eine *gemeinsame Basis*? Und das wollte ich mir nicht irgendwie zerstören, es war eine sehr angenehme Illusion, mir diese Person irgendwie vorzustellen und ich habe damals sehr gezögert, einfach so knall in die Realität ins Haus zu fahren (*Mützer*).

> Wenn das *so ist, wie es in den Mails* und am Telefon tönt(e), dann .. dann könnte jetzt wirklich sein, dass er mein Partner wird. Diese Möglichkeit, dieses Gefühl hatte ich so (*Kamelia*).

> Die Beziehungen, die im Internet entstehen, sind schon anders als die, die im normalen Leben entstehen. Wenn ich das mit *Kamelia* anschaue, dann ist es auf alle Fälle anders. [...] Ja, man sieht sich schon mit anderen Augen. Man geht nicht mehr... wie soll man das sagen...? Man geht nicht mehr so, rosa-rot rein, in eine Beziehung, man kennt den anderen schon. Gedankliche Übereinstimmung sagt nicht, dass es zu einer Beziehung kommen könnte, ne. Da kommt immer... das Körperliche kommt dazu. Aber wenn

man merkt, dass alles stimmt, weil man sich *gedanklich schon so weit ausgetauscht hat und empfunden* hat - dass der andere wirklich einen versteht und der andere auf einen zukommen kann und seine eigene Meinung dazu hat, dann... Es ist irgendwie eine Art **Vorarbeit**, die man in einer Beziehung eigentlich erst als **Nacharbeit** macht. *Bei einer normalen Beziehung macht man erst die Nacharbeit* (Aus dem Interview mit *Mephisto48*).

Orientierungsthese 4:
PartnerWinner ist ein idealtypischer Partnersuchemarkt
Diese These hat sich nur annähernd als richtig erwiesen. Ist die Rede von „freier" Partnerwahl, entsteht der Eindruck, man würde über eine unbegrenzte Zahl möglicher Partner verfügen. In der Realität ist niemals ein derartig vollendeter, idealer Heiratsmarkt gegeben - in einer halbkünstlich geschaffenen Umwelt wie der Datingplattform PartnerWinner ist das jedoch annähernd der Fall. Das Partnerangebot ist gegeben (90% der Mitglieder lebten während ihrer Suche nicht in einer Partnerschaft), vereinfachte Suchprozeduren werden gewährleistet, die simultane Verfügbarkeit mehrerer potentieller Kandidaten ist tausendfach. Begegnungschancen sind enorm gesteigert, geographische Distanzen werden überwunden, der im realen Leben vorhandene Mangel an geeigneten Partnern wird zumindest potentiell aufgehoben. In einer offenen Antwort äusserte sich ein Umfrageteilnehmer dazu: „Das Internet wird von vielen als eine Art Supermarkt angeschaut, wo man einfach und vor allem schnell eine neue Bekanntschaft finden kann. Er muss gross, stark etc. sein - schnell reingetippt und los geht's". Im virtuellen Raum laufen die Bewertungsprozesse der Partnersuche effizienter und schneller ab, Selektions-, Erprobungs- und Revidierungsszenarien vereinfachen sich deutlich. Die in Gang gesetzten Evaluationsprozesse haben die Funktion, den aktuellen Wert des Partersuchenden auf dem virtuellen Partnermarkt immer wieder zu berechnen. Entscheidungsfindungsprozesse der Partnersuche werden stärker betont, da sie der PartnerWinner-Benutzer aufgrund der flexibleren Selektionsmöglichkeiten willentlich leichter steuern kann. Diese Entscheidungsprozesse sind aber nur vermeintlich befreit von äusseren Zwängen, denn die blosse Verfügbarkeit einer grossen Anzahl bindungswilliger Partner garantiert weder das Zustandekommen eines ersten Kontaktes noch die wiederholenden Interaktionen.

Orientierungsthese 5:
Die Auswirkung des Internet auf Paarbildung ist eher egalisierend als elitenbildend
Die vierte These bezieht sich auf soziale Ungleichheitsprozesse, die sich auf einem Dating-Portal wie PartnerWinner abspielen. Hat das Internet als „universales Medium globaler Sozialisation" egalisierende Funktionen, oder bildet es neue Eliten heraus und vergrössert damit soziale Un-

gleichheiten? Walther (1992) sprach in diesem Sinne von "Teilnahmeausgleich" (balancing of participation). Dahinter verbirgt sich ein starker Glaube an mehr Chancengleichheit für benachteiligte Personengruppen: schüchterne, introvertierte, unattraktive, übergewichtige, wie es das Beispiel dieses Befragten exemplarisch zeigt: „PartnerWinner bietet für mich als eher scheuen und nicht für lange Abende in Bars geschaffenen, eher etwas korpulenten Durchschnittstyp die Möglichkeit, eine ehrliche, liebe, hübsche, treue Traumfrau zu finden, mit der man getrost alt werden kann - so hoffe ich". Eine Datingplattform online ist demnach eine willkommene Option für introvertierte und schüchterne Menschen. Sie hat einen *egalisierenden* Einfluss und fördert die Chancengleichheit unter den Beziehungswilligen. Es lässt sich der feste Glaube der Befragten erkennen, dass das Internet eine *kompensatorische* Rolle für Personen mit Kommunikations- und Kontaktdefiziten spiele („Für Leute, die im realen Leben Mühe haben, auf andere zuzugehen, bietet das Internet eine Chance"; „Die Partnersuche im Internet kann *scheuen* Menschen helfen, ihre Kontaktangst zu überwinden").

Orientierungsthese 6:
Frauen sind erfolgreicher mit ihrer Beziehungssuche im Internet als Männer
Die Geschlechtsunterschiede in der untersuchten PartnerWinner-Population sind allgegenwärtig. Frauen müssen mit weniger Konkurrenz rechnen, weil Männer in der Überzahl sind und sie somit statistisch grössere Chancen haben, einen Partner zu finden. Ihr Partnersuch-Verhalten unterscheidet sich erheblich von dem der Männer. Frauen waren in der Liebessuche um 9% erfolgreicher als Männer - 28% aller Frauen konnten einen Liebespartner finden. Jede sechste Frau und jeder zehnte Mann berichteten, dass ihre auf PartnerWinner entstandene Beziehung während der Befragung intakt war - eine Geschlechtsdifferenz, die in weiteren Studien festgestellt wurde[158]. Fast doppelt so viel Frauen wie Männer waren ausserdem imstande, sich virtuell (ohne ein Face-to-face-Date) in ihren Partner zu verlieben - und sie haben dafür auch weniger Zeit gebraucht (für 15% des weiblichen und 7% des männlichen Geschlechts dauerte es weniger als 10 Tage). Obwohl viele das Medium nur seit einem Jahr kennen und im Schnitt kürzere Zeit eingeloggt sind als die Männer, verstehen sie es offensichtlich besser, das Potential des Mediums für persönliche Kontakte auszunutzen. Der weibliche Liebesbarometer[159] ist paradoxerweise „kühler", dafür interagieren Männer weit weniger intensiv mit ihren E-Mail-Bekanntschaften und zeigen sich nicht gleich mutig, ihre virtuellen Angebeteten im realen Leben kennen

---

[158] Siehe Brym & Lenton (2001) oder Park & Floyd (1996).
[159] Sog. „Single-Slider" - ein Barometer von 1 bis 100%, der das Ausmass der Bereitschaft signalisiert, neue Beziehungen aufzunehmen.

zu lernen. Frauen berichteten ausserdem öfters von früheren, im Internet geknüpften Beziehungen.

Aus einer erkenntnistheoretischen Sichtweise lässt sich abschliessend folgendes festhalten:

♦ Die Akteure im virtuellen Raum sind im Stande, nonverbale Messages und soziale Kontextinformationen beim Cyberdating in eine textuelle Form umzusetzen, so dass kein Informationsverlust oder -mangel auftritt (*soziale Informationsverarbeitung*).

♦ Datingsites sind für komplexe Kommunikationsaufgaben wie die Liebesanbahnung bestens geeignet. Das Handeln im Netz wird durch soziale Normen, Regeln und Stereotypen aus der realen Welt beeinflusst. Die Art des Cyberdating wird durch die Medienpräferenzen der Beteiligten definiert, wobei sich die Kommunikationspartner wechselseitig abstimmen.

♦ Onlinedating ist trotz fehlender Sinneskanäle im Vergleich zur Face-to-Face-Kommunikation nicht defizitär oder unpersönlich - der „Reduced Cues"-Perspektive (*Herausfiltern sozialer Hinweisreize*) ist somit zu widersprechen. Wegen ihrer immanenten Anonymität verringert virtuelle Partnersuche die Kontakthemmschwelle und steigert das prosoziale Verhalten. Antisoziales Verhalten tritt aus diesem Grund nicht vermehrt auf .

♦ Onlinedater konstruieren neue soziale Wirklichkeiten, indem sie die Freiheit einer ausschliesslich aus Text bestehender Selbstdarstellung nutzen (Prozesse der *Simulation und Imagination*). Virtuelle Beziehungssuchende können ihre personale und soziale Identität im geschützten Rahmen eines anonymen Netzes akzentuieren und wunschgemäss gestalten.

♦ Online initiierte Beziehungen sind dennoch mindestens so real und authentisch wie ihre herkömmlichen Prototypen. Im Alltag der Kontaktsuchenden erwies sich eine strenge *Trennung* zwischen Online- und Offline-Liebesbeziehungen als unbegründet und gar praktisch unmöglich, da es sich oft um Hybrid-Beziehungen handelt.

♦ Die Cyberdater erschaffen im Internet ihre eigenen Nischen mit spezifischen Werten, Normen, Konventionen usw., die ihr Handeln beeinflussen. Ihre Sprache richtet sich auf potentiale LiebespartnerInnen, auf ihre spezifischen Ziele, die mit der aktuellen Partnersuche zusammenhängen, und auf technische Besonderheiten des Mediums. Dabei entstehen spezifische sprachliche Variationen, die sich auf soziale Prozesse im Netz auswirken und vice versa (*Netzkultur und Cybersprache*).

♦ Durch digitale Datenverarbeitung verändert Onlinedating die Erzeugung, Verbreitung und Rezeption der textuellen Botschaften (*digitalisierte Archive von Liebes-E-Mails*).

16.3. Identitätskonstruktion und Cyberdating

Unsere explorative Studie beschäftigte sich im weiteren auch mit der Frage, wie neue Identitäten online entstehen und bestehende verändert werden. Der Wunsch, sich einer subjektiv hoch geschätzten Wunsch- oder Ideal-Identität anzunähern, ist bei den Partnersuchenden entscheidend. Das spielerische Element tritt im Vergleich zu den Phantasiewelten der MUD-Spiele jedoch stärker in den Hintergrund. Unser Hauptbefund in dieser Hinsicht ist, dass die Entfernung vom wahren Selbst des Beziehungswilligen minimal ist. Da Partnersuchende ihre Online-Beziehungen in der Regel nach einer relativ kurzen virtuellen Phase ins reale Leben übertragen, müssen sie zwangsläufig ihre Masken ablegen. Die überragende Bedeutung der Körperlichkeit und der physischen Präsenz wird bleibt trotz Cyberdating erhalten.

Folgende Szenarien wurden in Bezug auf die Identitätskonstruktion beim Cyberdating entworfen:

1. Eine *zentrale virtuelle Identität* aufbauen, der echten Offline-Identität entsprechend, begleitet von Subidentitäten, die nur teilweise modifiziert sind;

2. Ein *synchrones Auftreten verschiedener Identitäten* (mehrere Identitäten werden parallel gelebt). Wiederholtes *Ersetzen einer erfolglosen Identität* durch eine zweite;

3. *Phasenbezogenes Identitätsmanagement.* Letzteres bezweckt eine dynamische Optimierung der Bedürfnisse und kann in mehreren Variationen auftreten: *Synchrone Teilidentitäten* (bestehende Offline-Identitätsaspekte werden akzentuiert); *Modifikation der Grundmerkmale* Alter, Grösse, Augenfarbe etc.; *Schein-Metamorphosen der sexuellen Identität* oder pluralistische sexuelle Identität, *Zweisprachige Identität* (ein Profil in der deutschen Version von PartnerWinner, eines auf der französischen Seite).

Entgegen gängiger Annahmen, *flaming* und andere Formen der virtuellen Belästigung seien im Cyberspace weit verbreitet, ergab der empirische Befund unserer Studie, dass nur ein kleiner Teil (6%) der Partnersuchenden eine andere Identität als Flucht vor Belästigung oder Verfolgung wählt. Ebenfalls marginal ist der „*Gender-Swapping*"-*Effekt* - nur 2%

der Befragten berichteten, ihr Geschlecht gewechselt zu haben. Es scheint sich die Vermutung zu bestätigen, dass es sich beim Onlinedating weniger um vollkommen neue Identitäten handelt, denn um eine *Erweiterung*, *Unterdrückung* oder besondere *Fokussierung* bestehender Offline-Identitätsaspekte. Dadurch wird eine effiziente Steuerbarkeit der eigenen Identitätsbildung möglich, die offline niemals mit dieser Präzision, Dynamik und Plastizität denkbar wäre.

16.4. Hauptergebnisse der Webumfrage

THEMA	WICHTIGSTE ERGEBNISSE
Geschlecht	Die Geschlechtskluft im Online-Dating widerspiegelt die Geschlechtskluft im Internet im allgemeinen: Nur 38% der PartnerWinner-Benutzer sind Frauen. Die allgegenwärtigen Geschlechtsunterschiede und nicht Variablen wie Alter, Bildung, Einkommen waren das zentrale Drama unserer Forschungsergebnisse. Beide Geschlechter verfügen über ein auf gegenseitiger Sympathie und Vertrauen beruhendem Liebeskonzept, haben also eine pragmatische Vorstellung von dauerhafter Liebe. Trotzdem ist das männliche Bild von Liebe romantischer und flüchtiger, das weibliche utilitaristischer und dauerhafter. Frauen (als beziehungsorientierte Wesen) wenden am Computer eher *expressive* Strategien und Männer (als handlungsorientierte Wesen) eher *instrumentelle* Strategien für virtuelle Partnersuche an. Frauen definieren sich eher durch persönliche Beziehungen und setzen demnach auch im Cyberspace „passendere" Strategien zum Beziehungsaufbau ein.
Alter	Die bekannte Kluft nach Alter (Jüngere nutzen das Internet häufiger als Ältere) existiert in noch verstärkter Form im Bereich des Onlinedating. Das Durchschnittsalter der PartnerWinner-User beträgt 34.4 Jahre bei einer Standardabweichung von 10.3 Jahren. Bei den jüngsten Partnersuchenden sind etwa gleich viel Männer wie Frauen auf Kontaktsuche. Männer im Alter von 26 bis 35 sind übervertreten, in den oberen Altersgruppen (zwischen 41-45 Jahre) sind vermehrt Frauen anzutreffen. Auf PartnerWinner versammeln sich mehrheitlich Menschen, die sich in einer Übergangsphase zwischen zwei Beziehungen befinden (85%).

Soziodemographie	PartnerWinner ist eine Plattform der Heterosexuellen (94%). Schweizerischer Herkunft sind 89%, die Mehrheit der Ausländer sind Deutsche (4.5%). Aus dem Kanton Zürich kommen 38% der Benutzer, 13% aus dem Kanton Bern. Es sind überproportional mehr verheiratete Männer zu finden, übervertreten sind auch geschiedene Frauen. Alleine leben 59%, 5% sind verheiratet; 74% haben keine Kinder. Die grosse Mehrheit ist erwerbstätig, jeder Zweite arbeitet Vollzeit. Berufe in der IT-Branche hat ein Fünftel der Personen (vorwiegend männlichen Geschlechts).
Charakteristiken	Die PartnerWinner-User fühlen sich nach eigener Einschätzung wohl und sind selbstbewusst. Sie sind jedoch einsam und sexuell eher unzufrieden.
Partnerschaftsbilder	Weiche Charaktereigenschaften eines Partners wie Ehrlichkeit oder guter Charakter wurden von den Onlinesuchenden höher eingestuft als „harte" soziodemographische Merkmale wie Einkommen oder Reputation. Innere Werte dominieren die moderne Wunschvorstellung an einen Partner, physische Merkmale wie Alter oder körperliche Eigenschaften werden weniger gewichtet. Frauen schätzten Eigenschaften wie Weltanschauung, Intelligenz, Zuverlässigkeit und Toleranz als bedeutender ein als Männer.
Singles	Entgegen gängiger Vorurteile, dass hauptsächlich „ewige Singles" eine romantische Beziehung im Netz suchen, hatte nur ein Sechstel aller Befragten noch nie eine feste Beziehung (sog. *dauerhafte Singles*). Diese Gruppe charakterisierte sich mit einem Durchschnittsalter von 27 Jahre (davon 84% Männer). Ein Viertel der Befragten gaben zudem an, bisher überhaupt keine Erfahrung mit Partnersuche zu haben.
Suchpräferenzen	56% suchen eine dauerhafte Beziehung, 6% "Heirat und Familiengründung" und 30% Dating. Männer legen mehr Wert auf erotische oder sexuelle Kontakte, Frauen hingegen auf E-Mail-Bekanntschaften und Partner für Freizeit und Hobbys.
Mediensozialisation	Die meisten „Cyberdater" sind erfahrene Internetnutzer - 42% hatten drei bis fünf Jahre Erfahrung mit dem Medium. Insgesamt hatten Frauen auf PartnerWinner weniger Erfahrung mit dem Netz als Männer. Drei Viertel der Partnersuchenden haben Erfahrung mit anderen Wegen der Partnersuche, am häufigsten mit anderen Datingsites im Internet (41%) und Chats (30%). Chatrooms und Datingportale ziehen jüngere Menschen an, Kontaktinserate in der Presse sowie Partnervermittlungs-institute eher ältere. 17% der Befragten hatten eine Beziehung im Internet, bevor sie auf PartnerWinner stiessen. Davon entstanden 56% im Chat und 33% auf einem Datingportal.

Onlinedating-Aktivitäten, Medienexpansion	52% haben zusätzlich zu ihrer E-Mail-Kommunikation mit ihren virtuellen Bekanntschaften Photos ausgetauscht, 64% telefoniert, 62% haben sich offline getroffen. Pro Person kamen 4.6 Dates mit verschiedenen Personen offline zustande. Ein Drittel der über PartnerWinner hergestellten E-Mail-Kontakte wurden im realen Leben fortgesetzt.
Erfolgsquote	Fast ein Viertel der Personen (23%) war imstande, eine feste Liebesbeziehung auf PartnerWinner aufzubauen. Für 12% der Teilnehmer war diese Beziehung zum Zeitpunkt der Befragung noch beständig. Ein Zehntel bestätigte, über PartnerWinner „den richtigen Partner" gefunden zu haben. 12% haben sich virtuell (während der E-Mail-Korrespondenz) ineinander verliebt, 4% sogar nach dem ersten Klick (Mail). Im Alter von 40 und mehr steigen die Chancen, Erfolg mit der virtuellen Liebessuche zu haben, um mehr als das Doppelte. Fast jeder Dritte zwischen 41 und 45 Jahre hat eine Liebesbeziehung dank PartnerWinner geknüpft. Die jüngste Altersgruppe der 20-jährigen zeigte sich hingegen zu 90% erfolglos.
Internet als Ort der Partnerwahl	Das Internet ist zusammen mit dem Arbeitsplatz der wahrscheinlichste Ort für die Beziehungsanbahnung (17.4% bzw. 17.2%), gefolgt von "Disco, Ausgang" (15%). Im Vergleich zu klassischen Orten wie Arbeitsplatz oder Ausgang nimmt die Popularität des Internet bis zum Alter 25 schnell zu, um in der Gruppe der 31- bis 35-jährigen ihre Spitze zu erreichen. Bis in die Altersklasse der über 50-jährigen behält das Medium seine Relevanz ohne Einbruch. Ab Alter 41 löst das Netz selbst den Arbeitsplatz ab und wird zur dominierenden Institution der Paarbildung. Das Internet erwies sich als der einzige Ort, dessen Rang altersunabhängig erhalten blieb.
Erfahrungen mit Partnersuche	Ein Viertel der Umfrageteilnehmer hatte Erfahrung mit Partnervermittlung durch Freunde oder Bekannte. Traditionelle Institutionen der Partnervermittlung wie Vermittlung durch Verwandte waren hingegen nur von marginaler Bedeutung (2.7%). Jeder Fünfte hatte Kontaktinserate in der Presse aufgegeben, knappe 9% kannten sich mit Partnervermittlungsinstituten aus.
Usertypen und Erfolgsquote	Die Maximalisten waren die erfolgreichsten Beziehungssuchende (34.8%), gefolgt von den Idealisten (23.8%), den Realisten (17.6%) und letztlich den Nihilisten (10.7%). Zum Umfrage-Zeitpunkt verfügte über ein Fünftel der Maximalisten eine auf PartnerWinner initiierte Liebesbeziehung, bei den Nihilisten waren es nur 3%. Bei der Hälfte aller Erfolgreichen, die während der Untersuchung in einer Beziehung dank PartnerWinner waren, handelte es sich um Maximalisten.

Natur des Onlinedating	Vorteile: herausragende Relevanz von *„Anonymität"* mit 76% Nennungen, gefolgt mit einem weitem Abstand von „geringe Hemmschwelle" (51%) und „Unverbindlichkeit" (47%). 18% der User waren auf der Suche nach Bekanntschaften mit mehr als eine virtuelle Identität (Profil) vertreten. Als Nachteile wurden den Freiheitsgrad einer textuellen Darstellung gesehen, die fehlende Sinneswahrnehmung und die Körperlosigkeit.
Liebeswahrscheinlichkeit	Die persönlichen Einstellungen zu Cyberdating hatten eine grössere Erklärungskraft als soziodemographische Merkmale. Die gewichtige Rolle von Variablen wie Alter, Geschlecht, Bildung, Zivilstand, Beruf und Lebensform verringert sich, wenn Menschen positive und optimistische Einstellungen gegenüber dem Internet als Instrument der Partnersuche aufweisen, oder wenn ihre persönliche Selbstwirksamkeit[160] gross war.

Zielgruppen des Online-Datings

Ich finde das Online-Dating gut, da ich als alleinerziehende Mutter ein bisschen benachteiligt bin. Es ist nicht so einfach Leute kennen zu lernen - die meisten kneifen, sobald sie ein Kind sehen. Es wäre toll, wenn es mehr solche Seiten gäbe - gerade für Leute, die alleine mit den Kindern sind. (Umfrageteilnehmerin)

Aufgrund der soziodemographischen Struktur von Beziehungswilligen auf PartnerWinner dürfen folgende, zur Zeit auf PartnerWinner untervertretene Zielgruppen benannt werden:

♦ Menschen über 57 und Rentner,

♦ Frauen,

♦ Geschiedene und Getrennte (vor allem Männer),

♦ AusländerInnen,

♦ verwitwete Männer,

♦ Homosexuelle,

♦ alleinerziehende Mütter mit Kindern.

Auch eine gleichmässigere Verteilung der Partnersuchenden nach Wohnort könnte für eine effiziente Suche von Vorteil sein. In der Gesamtschau sei festgehalten, dass die nach eigenen Einschätzungen über 640000 Schweizer Singles ein erhebliches Wachstumspotential für Internet-Datingsites zukünftig darstellen.

---

[160] Dass sie einen Partner finden können.

16.5. Über den Status der Cyber-Liebesbeziehungen

In unseren Augen stellten Datingportale auf der Karte der Sozialwissenschaften ein weisses Feld dar. PartnerWinner betrachteten wir, in methodologischer Hinsicht als das „ultimative" Untersuchungs-objekt. In derartigen Datingplattformen suchen Menschen, im Vergleich zu Chats, *gezielt* nach einer festen Beziehung und zwar aus einer grundlegenden Motivation heraus (*intendierte Partnersuche*). Phänomene von Identitätskonstruktion können hier ausgiebig, ähnlich wie bei MUDs-Spielen, beobachtet werden. PartnerWinner bot sich als Prototyp einer Datingplattform an, untersucht zu werden. Deshalb erreichen die repräsentativen Ergebnisse der vorliegenden explorativen Studie eine erhöhte externe Validität.

Aus erkenntnistheoretischer Sicht ist anzumerken, dass es sich hier nicht um eine Rivalität zwischen medialvermittelter und Face-to-face-Kommunikation handelt, welche mit dem Obsiegen der einen und dem Verschwinden der anderen endet. Eine medienzentrierte, technikdeterministische Sicht der Dinge, die auf absolute Weise Vor- oder Nachteile des Mediums hoch stilisiert, greift zu kurz. Eine wichtige Charakteristik des Onlinedating - die Anonymität - kann für unterschiedliche Akteure diametral entgegengesetzte Funktionen erfüllen (sowohl als Vor- wie Nachteil). Die unsererseits favorisierte *akteurzentrierte* Perspektive ist jedenfalls - davor sei ausdrücklich gewarnt - nicht mit einer individuumszentrierten Perspektive gleichzusetzen. Die Akteure verfügen jeweils über sehr variable Kompetenzen, welche es ihnen ermöglichen, das technisch und kommunikativ bedingte mediale Potential optimal zu nutzen. Hinzu kommen bisherige Erfahrungen, individuelle Motivationen, zweckorientierte Handlungen zum Tragen, die den Mediengebrauch entscheidend mitbestimmen (man nutzt schliesslich ein Medium immer sinnhaft). Die konkrete Ausprägung dieser Faktoren ist nicht allein vom Medium und dessen „Wesen" abhängig, nicht etwas universell Gültiges und Konstantes sein zu wollen. Viel mehr werden Normen, Werte und Ideen aus dem „realen Leben" in den virtuellen und doch so realen Raum des Mediums hineingetragen und dadurch neu aufgemischt.

Die fortschreitende Veralltäglichung des Internet darf in einer zusätzlichen Dimension ausgelegt werden: als Veralltäglichung der wissenschaftlichen Forschung über das Internet (keine Sozialwissenschaften im Elfenbeinturm mehr). Heterogene Gruppen von Menschen tendieren dazu, im Cyberspace romantische Kontakte zu suchen und zu knüpfen. Das Internet eröffnet neue Chancen für introvertierte und scheue Menschen. Romantische Beziehungen, die sich nur online vollziehen, sind eine zu vernachlässigende Minderheit. Jeder vierte PartnerWinner-Benutzer konnte einen festen Partner finden. Die Grenzen zwischen dem On- und dem Offline-Leben sind fliessend. Man kann sich in jemanden virtuell verlieben, ohne ihn im realen Leben je gesehen zu haben. Das Medium Internet ist der neu gefundene soziale Raum, in dem Paar-Beziehungen entstehen. Es ist fest davon auszugehen, dass Versuche, Liebesbeziehung im Internet zu finden, in den nächsten Jahren weiterhin massiv zunehmen werden. Für immer mehr Menschen wird Online-Dating salonfähig - eine universelle Möglichkeit, den Partner fürs Leben zu finden, eine vollwertige Ergänzung zu traditionellen Institutionen der Partnersuche.

„Die Internetnutzung ist in der Schweizer Bevölkerung beträchtlich", liest man im letztem Bericht der Koordinationsgruppe Informationsgesellschaft: „Anfang 2003 nutzten 63% das Internet ab und zu, 48% sogar mehrmals pro Woche. Während 1997 erst 7% zu den regelmässigen Nutzer/innen des Internets gehörten, ist das Medium heute für fast die Hälfte der Bevölkerung zu einem alltäglichen Medium geworden". Im selben Zug wächst mit ungebrochenem Tempo die Zahl der Partnersuch-Sites, Kontaktbörsen, Flirtchats. Zur Zeit soll es weit über 5000 Datingsites im Internet geben. Viele der Plattformen, die Gebühren eingeführt haben, konnten bereits einschlägige Erfolge verbuchen, wie zum Beispiel match.com, seit Oktober 2003 zählt auch PartnerWinner.ch dazu. Die Mehrheit der Amerikaner (52%) denkt, dass Menschen eine bessere (44%) oder zumindest die gleiche (8%) Chance haben, jemanden online zu treffen, als in einer Bar für Singles. Vier von zehn sind der Meinung, eine Beziehung, die online initiiert worden sei, habe bessere (32%) oder die gleichen (8%) Erfolgschancen als eine, die in einer Single-Bar begonnen hat. Drei von zehn wollen (27%) oder würden (2%) Online- Dating ihren Single-Freunden als einen alternativen Weg empfehlen, andere Singles zu treffen (Riehle 2002). So zweifeln an der Echtheit unzähliger Online-Liebesgeschichten immer weniger Menschen, die Option „Online-Dating" ist schliesslich eine alltägliche, ganz normale Angelegenheit.

Bei 23% Erfolgsquote mit Liebesbeziehungen und über 9000 monatlichen Neueinschreibungen nur auf dem deutschsprachigem PartnerWinner heisst dies, dass 2022 Benutzer monatlich einen Partner finden. Das entspricht 1011 Paaren pro Monat. Demnächst folgt die Generation der „PartnerWinner-Kinder".[161] „Plattformen wie PartnerWinner werden sich sicher etablieren. Es ist auch ein Experiment, Personen zu kontaktieren, die sich vielleicht nicht in ähnlichen Milieus bewegen, die aber ge-

---

161 http://www.partnerwinner.ch/features/babysegen/index-de.asp.

nauso faszinierend, spannend und herzlich sind wie Leute aus dem Freundeskreis" (Umfrageteilnehmer).

Der „Wiederort" in der Form einer Datingplattform erfährt eine steigende Bedeutung im Subsystem der Zweierbeziehungen. So scheint das Modell der virtuellen Gesellschaft von Achim Bühl (1997) beinahe Realität zu werden - "die Virtualität wird überall ins reale Leben, in homöopathischen Dosen, hineindestilliert".[162] Der Raum überlagere Teile der realen Welten, bilde neue Assoziationen. Wir haben eine Verdoppelung (oder präziser ausgedrückt, Vermehrung) von sozialen Strukturen vor Augen. Im Intimitätsbereich der Partnersuche bilden sich „Parallelwelten" heraus, aus der Dialektik Realraum-Cyberspace entstehen qualitativ neuartige Vergesellschaftungsprozesse.

© 2001 Randay Glasbergen. www.glasbergen.com

GLASBERGEN

"It might be some sort of evolution thing. Your baby's navel is an Ethernet port."

In dieser Abhandlung ging es auch darum, die Aufmerksamkeit nicht nur der Soziologie, sondern auch der Sozialwissenschaften stärker und vor allem fundierter auf das Internet zu lenken. Es wird eine nüchterne, aber gleichzeitig äusserst bejahende Sicht auf die tiefgreifenden Auswir-

---

[162] Baudrillard, J. (1994) Die Illusion und die Virtualität. Bern: Benteli.

kungen des Internet bemüht. Mit Hilfe der „Perspektive der Normalisierung" gelingt unseres Erachtens die Enttabuisierung vorurteilsbehafteter Einstellungen zum Internet. Das „Gemeinschaftswerk" Internet (Geser 1997) als *Supermedium*, in dem *Dezentralität, Robustheit und Globalität*, eine spontane und dennoch soziale Ordnung herrschen? Die planende Gestaltungsfunktion von Real Life-Institutionen, die zentralistische Normgebung und Kontrolle, nehmen auch in virtuellen Nischen wie Datingsites immer stärker einen „realen" Einfluss - obwohl, hier sei wieder an Geser (1997) erinnert, „schliesslich kein theoretisches Modell Internet existiert". Es bleibt die zuversichtliche Hoffnung, dass die obigen Ausführungen als ein weiteres Plädoyer für den unnötig zu beweisende Tatbestand dienen, dass das Internet bereits ein unentbehrlicher, nicht loszulösender Teil der heutigen Gesellschaft geworden ist.

17. Anstatt eines Schlusswortes: Auf der Suche nach der verlorenen Liebe

17.1. Das Jahrhundert der virtuellen Liebeskommunikation

Am Ende dieser Abhandlung bleibt die Hoffnung, dass sich eine Erkenntnis bei der Betrachtung des Mediums Internet durchsetzen möge: Internet ist nicht nur eine technische *Makroinnovation*, sondern ein *soziales Meta-Medium*. Internet ist nicht nur ein technisches Instrument, nicht nur ein Medium, sondern ein *soziales Kunstwerk*.

Es ging uns im Kern darum, die „wiederauferstandenen" romantischen Beziehungen statistisch zu belegen und deren Status aufzuwerten. Bei der Erforschung von romantischen Beziehungen im virtuellen Raum wurde der Fokus auf den sozialen Kontext gerichtet - mit der Prämisse, dass diese Bindungen, obwohl nicht im realen Leben entstanden, dennoch exklusiv sozialer Natur sind. Wir wollten zeigen, dass computervermittelte Kommunikation als *sozialer Generator* nicht nur mannigfaltige Beziehungsformen erzeugt, sondern auch neue Formen von Nähe und Gemeinschaftlichkeit. Wir werden Zeuge - und Mittäter - wie sich der Bereich Intimität zunehmend differenziert. Die Rede ist von einer *neu konstituierten Gattung romantischer Beziehungen*, die im virtuellen Raum ihren Beginn erfahren, so dass von *virtueller*, nicht von *physischer Anziehung* gesprochen werden kann. Das 21. Jahrhundert als Jahrhundert der Online- Liebeskommunikation?

Das Ziel bleibt dasselbe: die Enthüllung der Liebesgefühle. Der Cyberspace ist für die Kommunikation zweier Liebenden ein *geschützter Raum*. Die schriftlichen Liebesbotschaften werden bevorzugt, weil sie einen höheren Status als das mündliche haben, sie sind dauerhafter und überwinden das nicht seltene Unbehagen einer realen Begegnung. Ohne ein Medium (und sei es nur in Gestalt eines Schwans wie bei Nala und Damayanti des indischen Epos) kommt keine Liebe zustande. Was an Analogie zu unserer Cyberspace-Szenarien auffällt: Es sind die Menschen, welche die Liebesgeschehnisse vorwärts treiben. Der Schwan als Bote erscheint in der Erzählung über Nala und Damayanti stellvertretend für die Medien einer fernen, virtuellen Liebeskommunikation auf der Bühne.

GLASBERGEN

"It's a special program for writing love letters. It corrects my spelling and grammar and automatically deletes anything I'll regret later."

Diesen Entstehungsprozess kennzeichnet Ambivalenz - in ihrer Natur unterschieden sich „virtuell" entstandene Romanzen von den traditionellen Gegenparts. Es sei hier daran erinnert, dass sich diese Umwandlung nicht dadurch äussert, dass da a priori etwas Neues entsteht (es geht ja noch immer um von denselben Menschen geschaffene Liebesbeziehungen). Physische Anwesenheit und körperliche Attraktivität verlieren massiv an Bedeutung zu Gunsten von Selbstöffnung, die in des Menschen Innern abläuft. Das Rätsel ist enthüllt - weshalb, trotz des fehlenden Körpers, die Intensität von Intimität derart hoch empfunden wird. Derartige Liebesbeziehungen zeichnen sich durch eine *verkehrte Abfolge* ihrer Entwicklung *("inverted developmental sequence")* aus (Merkle & Richardson 2000, 189):

> Für mich ist das Wesentliche an dieser Art, jemanden kennen zu lernen, dass die Reihenfolge anders ist, die Filterreihenfolge. Der Unterschied zum Leben sonst ist, dass offline das Optische dominiert. Es sind immer noch beide Filter da, aber die *Filterreihenfolge* ist anders. Das Vorwissen, was Du über jemand hast, bestimmt, beeinflusst die Einschätzung weiterer Merkmale, zum Beispiel das Optische. Ich habe eine sehr *positive Einstellung* zur Person und dann fällt natürlich auch die *Beurteilung des Optischen positiv verzerrt* aus.(*Lateiner*)

Mephisto48, ein Interviewpartner, nannte diese *Filterinversion* **Vorarbeit**, die geleistet wird, bevor sich zwei Menschen von Angesicht zu Angesicht treffen, um damit eine solide Basis für eine fortschreitende Intensivierung der Intimität zu schaffen:

> Ich habe es getan, ich habe mich Hals über Kopf reingestürzt, ich habe mich Hals über Kopf reingestürzt... Der Reiz lag für mich darin, dass wir uns mail-mässig so gut verstanden haben, dass wir es mail-mässig miteinander konnten und dass wir mail-mässig sehr, sehr offen waren, dass wir uns nicht auf einer Oberfläche bewegt haben, dass wir recht tief eingetaucht sind in viele Themen, die uns beschäftigen [...] Wenn man merkt, dass alles stimmt, weil man sich gedanklich schon so weit ausgetauscht und empfunden hat, dass einen der andere wirklich versteht und auf einen zukommen kann... Es ist irgendwie eine Art *Vorarbeit*, die man in einer „normalen" Beziehung eigentlich erst als Nacharbeit macht. Man geht nicht mehr so, rosa-rot rein, in eine Beziehung, *man kennt den anderen schon.* Hier hat man eigentlich schon eine Menge *Vorarbeit* gemacht. (*Mephisto48*)

Erst durch tiefe Intimität entsteht das Bedürfnis, den Menschen auch offline zu begegnen: „Während des Mailens ist eine authentische Nähe entstanden - gedanklich, gefühlsmassig. Es hat gar nichts mit Körperlichem zu tun, diese Nähe. Es ist auch das Interesse gekommen: diesen Menschen möchte ich [life] kennenlernen! Es ist durchaus tief..." (*Kamelia*).

"When you say I mean the world to you, which part of the world are you talking about?"

17.2. Die Unwahrscheinlichkeit der Liebe wahrscheinlicher

Die Sehnsucht nach dem Einsein mit dem anderen Menschen resultiert ursprünglich aus einem Verlust: Der Mensch sei in fernen Zeiten eine Kugel, mit vier Beinen, vier Armen und zwei Gesichtern gewesen und drohte, Konkurrenz der Götter zu werden. Zeus teilte die Vollkommenheit in zwei Hälften - eine weibliche und eine männliche, und seitdem ist die Geschichte der Menschheit von der Suche nach der zweiten Hälfte bestimmt. Erst dann kommt es zur ursprünglichen Einheit, zur Wiederverschmelzung. Die Liebe bleibt in ihrem nicht mehr weiter zerlegbaren Kern *selbstreferentiell* (Luhmann), „gibt sich ihre Gesetze selbst und zwar nicht abstrakt, sondern im konkreten Fall und nur für ihn. Radikaler als je zuvor wird man konzedieren müssen, dass Liebe alle Eigenschaften auflöst, die für sie Grund und Motiv sein können" (Luhmann 1994, 223).

Der postmodernen Gesellschaft sei der Gemeinschaftssinn abhanden gekommen, lautet ein bekanntes Postulat in der Soziologie. Dann stellt das neue Medium Internet ein kompensatorischer Handlungsraum dar, ein *Wiederort*, um verloren geglaubte Gegenparts zu finden. Die Sehnsucht nach Bindungen sowie die Unmöglichkeit, sie zu finden, werden mit diesem virtuellen *Wiederort* gestillt, den verlorenen Sinn für Gemeinschaft gesucht und auch gefunden.

Vor verfrühten Illusionen sei dennoch gewarnt: Die Suche nach Liebe und dem „Richtigen" bleibt jedoch nach wie vor - auch im neu gefundenem Ort Internet - eine ungewisse Angelegenheit: „So gesehen bleibt Partnersuche ein Stück weit auch immer Glückssache", wie sich ein Umfrageteilnehmer ausdrückte. Die grössten Skeptiker unter den Partner-Winner-Usern waren deshalb gerade in der Gruppe der Erfolglosen zu finden. Die Liebe bleibt nach wie vor, um nochmals bei Luhmann zu verweilen, eine ziemlich grosse Unwahrscheinlichkeit, die nicht voraussagbar ist - denn „die Entstehung von Passion ist schliesslich das Resultat eines Zufalls": „Eigentlich habe ich nicht daran geglaubt, dass es klappen könnte... Ich verliebte mich in die Frau, an die ich nie gedacht hätte und zu einem Zeitpunkt, wo ich es nie erwartet hätte" (Umfrageteilnehmer). Die Liebe erweise sich nicht als *Ideal*, sondern als *Problem, ein ganz einfaches*: „einen Partner für eine Intimbeziehung *finden* und *binden* zu können" (Luhmann 1994, 197). So ist aus unserer Perspektive das Internet ein Ort, wo die Unwahrscheinlichkeit der Liebe letztendlich wahrscheinlicher und die vermeintliche „Ein-Mausklick-Entfernung" immer kürzer wird. Dem Romantitel von Marcel Proust folgend, ein anderer Weg „auf der Suche nach der verlorenen Liebe":

Ich bin immer noch daran, den Heuhaufen zu durchsuchen; jeden Tag kommen neue Häufchen dazu - es nimmt kein Ende... Und noch immer habe ich Dich nicht gefunden, aber ich gebe nicht auf, ich weiss, dass Du irgendwo da drin versteckt bist, vielleicht kommst Du mir ja zuvor und schreibst mir einfach ein Mail... (*Morotino*)

18. Literaturverzeichnis

Abrams, R.H. (1943). Residential Propinquity as a Factor in Marriage Selecion: Fifty Year Trends in Philadelphia. In: American Sociological Reviw, 8, 288-294.

Alberoni, F. (2000). Historisierung und Punkte ohne Wiederkehr. Grenzüberwindung und Grenzziehung im kollektiven Projekt eines verliebten Paares. In: Hahn, C. & Burkart, G. (Hrsg.) Grenzen und Grenzüberschreitungen der Liebe. Leske+Budric: Opladen.

Albright, J. M. & Conran,T. (1996). Online Love. Sex, Gender and Relatioships in Cyberspace:
http://www-rcf.usc.edu/~albright/onlineluv.html.

Anstey, Sh.(1999). Module 3: On-Line Personal Relationships:
http://www.uwm.edu/Course/com813/anstey3.htm.

Attridge, M. (1994). Barriers to Dissolutioin of Romantic Relationships. In: Canary, D.J. & Stafford, L. (Hrsg.) Communication and Relatiional Maintenance. San Diego: Academic Press, 141-164.

Bachmann, R. (1992). Singles. Frankfurt am Main: Peterlang.

Barthes, R. (1988). Fragmente einer Sprache der Liebe. Frankfurt am Main: Suhrkamp.

Baym, N. (1995). The Emergence of Community in Computer-Mediated Communication. In: Jones, St. G. (Hrsg). CyberSociety: Computer-Mediated Communication and Community, 138-163. Thousand Oaks: Sage.

Beck, U.(1986). Risikogesellschaft. Auf dem Weg in eine andere Moderne. Frankfurt am Mein: Suhrkamp.

Beck-Gernsheim, E. (1991). Von der Liebe zur Beziehung? Veränderungen im Verhältnis von Mann und Frau in der individualisierten Gesellschaft. In: Beck, U. & Beck-Gernsheim, E. (Hrsg.) Das ganz normale Chaos der Liebe. Frankfurt am Main: Suhrkamp.

Berger, P. L. & Luckmann, T. (1969). Die Gesellschaftliche Konstruktion der Wirklichkeit. Eine Theorie der Wissenssoziologie. Frankfurt am Main: Fischer.

Bierhoff, H.W. & Grau, I. (1999). Romantische Beziehungen. Bindung, Liebe, Partnerschaft. Bern: Hans Huber.

Blau, P.M. (1977). Inequality and Heterogeneity. NewYork: Free Press.

Blau, P.M., Blum, T.C. & Schwartz, J.E. (1982). Heterogeneity and Intermarriage. In: Americian Sociological Review, 47, 45-62.

Bleske-Rechek, A. L. & Buss, D.M. (2001). Opposite-sex friendship: Sex differences and Similarities in Inititation, Selection and Dissolution. In: Personality and Social Psychology Bulletin, 27, 1310-1323.

Blum, T.C. (1985) Structural Constraints on Interpersonal Relations. A Test of Blau's Microsociological Theory. In: American Journal of Sociology, 91, 511-521.

Boneva, B., Kraut, R. & Fröhlich, D. (2001). Using E-Mail for Personal Relationships. In: American Behavioural Scientist 45(3), 530-549.

Bossard, J.H.S. (1932). Residential Propinquity as a Factor in Marriage Selection. In: American Journal of Sociology, 38, 219-224.

Bourdeau, P. (1976). Marriage Strategies as Strategies of Social Reproduction. In: Forster, R. & Ranum, O. (Hrsg.) Family and Society: Selection from the Annales Economies, Sociétiés, Civilisations. Baltimore/London: John Hopkins University Press, 117-144.

Bowman, C.C. (1955). Loneliness and Social Change. American Journal of Psychiatry, 112, 194-198.

Brehm, S. S. (1992). Intimate Relationships. New York: McGraw-Hill Press.

Bruckman, A. (1992). Identity Workshops: Emergent Social and Psychological Phenomena in Text-Based Virtual Reality. MIT Media Laboratory, Bruckman@Media.MIT.edu.

Brym, R. J. & Lenton, R. L. (2001). Love online : A Report on Digital Dating in Canada: http://www.nelson.com/nelson/harcourt/sociology/ newsociety3e/loveonline.pdf.

Buchmann, M. & Eisner, M. (1996). Selbstbilder und Beziehungsideale im 20. Jahrhundert. Individualisierungsprozesse im Spiegel von Bekanntschafts- und Heiratsinseraten. In: Hradil, Stefan (Hrsg.) Differenz und Integration. Die Zukunft moderner Gesellschaften. Bd. 1, Frankfurt a.M. /New York, S. 343-357.

Bühl, A. (1997). Die Virtuelle Gesellschaft. Ökonomie, Politik und Kultur im Zeichen des Cyberspace. Frankfurt am Main: Campus.

Bühler-Ilieva, E. (1997). "Can anyone tell me how to/join#real.life?" Zur Identitätskonstruktion im Cyberspace: http://socio.ch/intcom/t_ebuehlo1.htm.

Burgess, E.W. & Locke, H.J. (1960). The Family. From Institution to Companionship. New York: American Book Company.

Burkard, B. (2003). Die Boten des Glücks. Liebe im Zeitalter der Kommunikation. In: liebe.komm. Botschaften des Herzens. Heidelberg: Brausim Wachter, 10-27.

Burkart, G.(1997). Lebensphasen-Liebesphasen. Opladen: Leske & Budrich.

Burr, W.R. (1973). Theory Construction and the sociology of the family. NewYork: Wiley.

Buss, D.M. & Schmidt, D.P. (1993). Sexual Strategies Theory: an Evolutionary Perspective on Human Mating. In: Psychological Review, 100, 204-232.

Caldwell, M.A. & Peplau, L.A. (1994). Sex Differences in Same-sex Friendships. In: Sex Roles, 8, 721-732.

Catton, W.R.J. & Smircich, R.J.(1964). A Copmparison of Mathematical Models for the Effect of Residential Propinquity on Mate Selection. In: Americian Sociological Review, 29, 522-529.

Centers, R. (1975). Sexual Attraction and Love. Springfel: Thomas.

Chenault, B.(1998). Developing Personal and Emotional Relationships via Computer-Mediated Communication: http://www.december.com/cmc/mag/1998/may/chenault.html.

Clarke, A.C. (1952). An Examination of the Operation of Residential Propinquity as a Factor in Mate Selection. In: American Sociological Review, 17, 17-22.

Coleman, D. (1973). A Geography of Marriage. In: New Society, 23, 634-636.

Cooley, Ch. H. (1983). Human Nature and the Social Order. New Brunswick:Transaction Books.

Cornwell, B. & Lundgren, D.C. (2001). Love on the Internet: Ivolvement and Misrepräsentation in Romantic Relationships in Cyberspace vs. Realspace. In: Computers in Human Behavior, 17(2), 197-211.

Culnan, M.J. & Markus, M.L. (1987). Information Technologies. In: Jablin, F. M. (Eds.) Handbook of organizational communication: An interdisciplinary perespective. Newbury Park: Sage, 420-443.

Damasio, A.R. (1994). Descartes' error. Emotion, reason, and the human brain. New York: G.P. Putnam's Son.

Davie, M. R. & Reeves, R.J. (1939). Propinquity of Residence before Marriage. In: American Journal of Sociology, 44, 510-517.

Deaux, K. & Major, B. (1987). Putting Gender into Context: An Interactive Model of Gender-related Behavior. In: Psychological Review, 94, 369-389.

Davidson, L. R. & Duberman, L. (1982). Friendship: Communication and Interactional Patterns in Same-six Dyads. In: Sex Roles, 8, 809-822.

Döring, N. (2000). Romantische Beziehungen im Netz. In: Caja, Th.(Hrsg.) Soziales im Netz. Sprache, Beziehungen und Kommunikationsstrukturen im Netz. Opladen: Westdeutscher Verlag, 39-70.

Döring, N. (2003). Sozialpsychologie des Internet. Göttingen: Hogrefe.

Duck, S. (1983). Friends for Life.: The Psychology of Close Rrelationships. Brighton: Harvester.

Eickelpasch, R. (1999). Grundwissen Soziologie. Stuttgart: Klett.

Erickson, E.H. (1980). Identität und lebenszyklus. Frankfurt: Suhrkamp.

Ernst, J. M., Cacioppo, J.T. (1999). Lonely hearts: Psychological perspectives on loneliness. Applied and Preventive Psychology, 8(1), 1-22.

Esser, H. (1993). Soziologie. Allgemeine Grundlagen. Frankfurt: Campus.

Felser, G. (2003). Wahrnehmung und Kognition in Partnerschaften, In: Grau, I. & Bierhoff, H.W. (hrsg.) Sozialpsychologie der partnerschaft. Berlin: Springer, 341-376.

Foa, E.B. & Foa, U.G. (1980). Ressource Theory. In: K. Gergen, M. Greenberg, & R. Willis (Hrsg.) Social exchange: Advances in theory and research. New York: Plenum.

Fromm, E. (1983). Die Furcht vor Freiheit. Stuttgart: Deutsche Verlags-Anstalt.

Geertz, C. (1963). Old societies and new states : the quest for modernity in Asia and Africa. Glencoe: Free Press.

Gergen, K.(1991). The Saturated Self: dilemmas of identity in contemporary life. Basic books?

Gerlander, M. & Takala, E.(1997). Relating Electronically: Interpersonality in the Net. In: Nordicom Review 18(2), 77-81.

Geser, H. (1997). Das Schlaraffenland des Informationszeitalters? Über das Internet als Supermedium und Faktor des gesellschaftlichen Wandels: http://www.unizh.ch/~socom/t_gese2s.htm.

Gierveld, J. de J. (1987). A review of Loneliness: Concept and Definitions, Determinants and Consequences. Reviews in Clinical Gerontology, 8(1), 73-80.

Glaser, R. (1963). Instructional Technology and the Measurement of Learning Outcomes: Some questions. In: American Psychologist, 18, 519-521.

Glass, J. M. (1993). Shattered Selves: Multiple Personality in a Postmodern World. Ithaca and London: Cornell university press.

Gottman, J.M. (1994). What Predicts Divorce? The Relationship Between Marital Processes and Marital Outcomes. Hilsdale: Lawrence Erlbaum Associates.

Haavio-Mannila, E. (1965). Local Homogamy in Finland. In: Acta Sociologica, 8, 155-1162.

Harris, D. (1935). Age and Occupational Factors in the Residential Propinquity of Marriage Partners. In: Journal of Social Psychology, 6, 257-261.

Hazan, C., & Shaver, P. (1987). Romantic Love Conceptualized as an Attachment Process. Journal of Personality and Social Psychology, 52, 511-524.

Hellerstein, L. N. (1985). The Social Use of Electronic Communication at a Major University. In: Computers and the Social Sciences, 1, 191-197.

Herrmann, H. (2001). Liebesbeziehungen, Lebensentwurfe. Eine Soziologie der Partnerschaft. Münster: Telos.

Hill, R. (1949). Families Under Stress. New York: Harper.

Hollingshead, A.B. (1952). Marital Status and Wedding Behavior. In: Marriage and Family Living, 14, 308-311.

Höpflinger, F. (2001a). Beruf und Familie - zwei Lebensbereiche, ein Leben. Ehe und Familie - hohe Wertschätzung auch heute: http://www.mypage.bluewin.ch/hoepf/fhtop/fhfamil1f.html.

Höpflinger, F.(2001b). Beobachtungen zum Wandel und zur Kontinuität von Lebensformen in den letzten Jahrzehnten: http://www.mypage.bluewin.ch/hoepf/fhtop/fhfamil1c.html.

Höpflinger, F.(2001c). Familiengründung im europäischen Vergleich: http://www.mypage.bluewin.ch/hoepf/fhtop/fhfamil1c.html.

Horton, D. & Wohl, R.R. (1956). Mass Communication and Para-Social Interaction. Observations on Intimacy at a Distance. In: Psychiatry (19), 215-229.

Hradil, S. (1995). Die „Single-Gesellschaft". Schriftenreihe des Bundeskanzleramtes, Band 17. München: Beck.

Hufton, O. (1981). Women, Work and Marriage in Eighteenth-Century France. In: Outhwaite, R.B. (Hrsg.) Studies in the Social History of Marriage. London/New York: Europa Publications Limited, 186-203.

Jäckel, U. (1980). Partnerwahl und Eheerfolg. Eine Analyse der Bedingungen und Prozesse ehelicher Sozialisation in einem rollentheoretischen Ansatz. Stuttgart: Enke.

Jones, St. G. (1995). CyberSociety: Computer-Mediated Communication and Community. Thousand Oaks: Sage.

Jones, K. M. (1999). An E-ffair to Remember Finding Love on the Internet, In: The Providence Journal, 2.11.1999.

Kaufman, M. (1996). They Call it Cyberlove. In: Kling, R. (Hrsg.). Computerization and Controverss: Value Conflicts and Social Choices. San Diego: Academic Press.

Kennedy, R.J.R. (1943). Premarital Residential Propinquity and Ethic Endogamy. In: American Journal of Sociology, 48, 580-584.

Kerckhoff, A.C. (1956) Notes and Comments on the Meaning of Residential Propinquity as a Factor in Mate Selection. In: Social Forces, 34, 207-213.

Kerckhoff, A. C. & Davis, K.E. (1962). Value Consensus and Need Complementarity of Mate Selection. In: American Sociological Review, 27, 295-303.

Kiesler, S. (1984). Computer Mediation of Conversation. In: American Psychologist, 1123-1134 .

Knee, C.R., Nanayakkara, A., Vietor, N.A., Neighbors, C. & Patrick, H. (2001). Implicit Theories of Relationships: Who Cares if Romantic Partners are less than Ideal? In: Personality an Social Psychology Bulletin, 27, 808-819.

Klein, R. (1995). Modelle der Partnerwahl. In: Amelang, M., Ahrens, H.J. & Bierhoff, W. (Hrsg.) Partnerwahl und Partnerschaft. Formen und Grundlagen partnerschaftlicher Beziehungen. Götingen: Hogrefe.

Klein, Th. & Lengerer, A. (2001). Gelegenheit macht Liebe - die Wege des Kennenlernens und ihr Einfluss auf die Muster der Partnerwahl. In: Klein, Th. (Hrsg.) Partnerwahl und Heiratsmuster. Sozialstrukturelle Voraussetzungen der Liebe. Opladen: Leske & Budrich, 265-286.

Klein, T. & Wunder, E. (1996). Regionale Disparitäten und Konfessionswechsel als Ursache konfessioneller Homogamie. In: Kölner Zeitschrift für Soziologie und Sozialpsychologie, 48, 96-125.

Koller, M.R. (1948). Residential Propinquity of White Mates at Marriage in Relation to Age and Occupation of Males. In: American Sociological Review, 13, 613-616.

Kraft, Ch. & Witte, E.H. (1992). Vorstellungen von Liebe und Partnerschaft. Strukturmodell und ausgewählte empirische Ergebnisse. In: Zeitschrift für Sozialpsychologie, 23(4), S. 257-267.

Kraut, R., Patterson, M., Lundmark, V., Kiesler, S., Mukopadhyay, T., & Scherlis, W. (1998). Internet paradox: A social Technology That Reduces Social Involvement and Psychological Well-being? In: American Psychologist, 53(9), 1017-1031.

Küpper, B. (2003). Was unterscheidet Singles und Paare? In: Grau, I. & Bierhoff, H.W.(Hrsg.). Sozialpsychologie der Partnerschaft. Berlin: Springer, 80 -110.

Lakoff, G. (1987a). Women, Fire, and Dangerous Things: What categories Reveal about the Mind. Chicago: University of Chicago Press.

Lakoff, G. (1987b). Cognitive Models and Prototype Theory. In: Neisser, U. (Ed.) Concepts and Conceptual Development: Ecological and Intellectual Factors in Categorization. Cambridge: Cambridge University Press, 63-100.

Lamnek, S. (1988). Qualitative Sozialforschung. Methodologie. München: Psychologie Verlags Union.

Lamnek, S. (1995). Qualitative Sozialforschung. Methoden und Techniken. Band 2, Weinheim: Beltz.

Lea, M., & Spears, R. (1995). Love at First Byte? Building Personal Relationships over Computer Networks. In: Wood, J. T. & Duck, S. (Hrsg.) Understudied Relationships: Off the Beaten Track,197-233. Newbury Park: Sage.

Lee, J.A. (1973). The colors of Love. Englewood Cliffs, NJ: Prentice-Hall.

Lengerer, A. (2001). Wo die Liebe hinfällt - Ein Beitrag zur Geographie der Partnerwahl. In: Klein, Th. (Hrsg.) Partnerwahl und Heiratsmuster. Sozialstrukturelle Voraussetzungen der Liebe. Opladen: Leske & Budrich, 133-162.

Lenz, K. (2003). Soziologie der Zweierbeziehung: eine Einführung. Wiesbaden: Westdeutscher Verlag.

Levine, D. (2000). Virtual Attraction: What Rocks Your Boat. In: CyberPsychology& Behavior, 3(4), 565-573.

Lösel, F. & Bender, D. (2003). Theorien und Modelle der Paarbeziehung. In: Grau, I. & Bierhoff, H.W. (hrsg.) Sozialpsychologie der Partnerschaft. Berlin: Springer.

Lösel, F. & Nowack, W. (1987). Evaluationsforschung. In: Schulz-Gambard, J.(Hrsg.) Angewandte Sozialpsychologie. München: Psychologie Verlags Union, 57-87.

Luhmann, N. (1994). Liebe als Passion. Zur Codierung von Intimität. Frankfurt am Mein: Suhrkamp.

Martin, R. (1977). Heiratskreise und Wanderungsfelder im Bereich ländlicher Gemeinden. In: Zeitschrift für Bevölkerungswissenschaft, 3, 41-59.

McCormick, N.B. & McCormick, J.W. (1992). Computer Friends and Foes: Content of Undergraduate's Electronic Mail. In: Computers in Human Behavior, 8 (4) 379-405.

McCown, J.A., Fischer, B.A., Ryan Page, B.A. & Homant, M. (2001). Internet Relationships: People Who Meet People. In: CyberPsychology& Behaviour, 4(5), 2001, 593-596.

McCubbin, M.A. (1988). Family Stress, Resources and Family Types: Chronic Illness in Children. In: Family Relations, 37, 203-210.

Merkle, E.R. & Richardson, Rh. (2000). Digital Dating and Virtual Relating: Conceptualizing Computer Mediated Romantic Relationships. In: Family Relations, 49, 187-192.

Meyring, P. (1993). Qualitative Inhaltsanalyse. Grundlagen und Techniken. Weinheim / Basel: Deutscher Studienverlag.

Mikula, G. & Stroebe, W. (1991). Theorien und Determinanten der zwischenmenschlichen Anziehung. In: Amelang, M., Ahrens, H.J. & Bierhoff, H.W. (Hrsg.) Attraktion und Liebe. Göttingen: Hogrefe, 61-104.

Miller, H. (1995). The Presentation of Self in Electronic Life: Goffman on the Internet: http://ess.ntu.ac.uk/miller/cyberpsych/goffman.htm.

Möhle, S. (2001). Partnerwahl in historischer Perspektive. In: Klein, Th. (Hrsg.) Partnerwahl und Heiratsmuster. Sozialstrukturelle Voraussetzungen der Liebe. Opladen: Leske & Budrich, 57-76.

Murstein, B.I. (1976). Who Will Marry Whom? New York: Springer.

Neidhardt, F. (1975). Die Familie in Deutschland. Gesellschaftliche Stellung, Struktur und Funktion. Opladen: Leske&Budrich.

Neumann, G.H., Bendig, A., Gärke, E. & Lehmann, P. (2001). Vergleichende Auswertung von über 20000 Kontaktanzeigen, die in Deutschland zwischen 1900 und 2001 in Tageszeitungen oder Internet von Inserenten bzw. von Partnervermittlungsinstituten aufgegeben wurden: http://www.prof-neumann.net/

Nice, M.L. & Katzev, R. (1998). Internet Romances: The Frequency and Nature of Romantic On-Line Relationships. In: Cyberpsychology and Behavior, 1(3).

Nie, N.H. (2001). Sociability, Interpersonal Relations, and the Internet. In: American Behavioral Scientist, 45(3), 420-435.

Opaschowski, H.W. (1999). Generation@. Die Medienrevolution entlässt ihre Kinder. Leben im Informationszeitalter. Hamburg: Kurt Mair.

Parks, M. & Floyd, K. (1996). Making Friends in Cyberspace. In: Journal of Communication 46(1), 80-96.

Parsons, T. & Platt, G.M.(1990). Die amerikanische Universität. Ein Beitrag zur Soziologie der Erkenntnis. Frankfurt am Mein: Suhrkamp.

Rahde, F. (1999). Romantische Liebessemantik im Wandel. Magisterarbeit an der Universität Dresden.

Reid, E. (1994). Cultural Formations in Text-Based Virtual Realities: http://www.aluluei.com/cult-form.htm

Rheingold, H. (1998). "Multi-User Dungeons and Alternate Idenities". In: H. Rheingold: The Virtual Community: http://www.well.com/user/hlr/vcbook/vcbook5.html.

Riehle, Th. (2002). Move Over Single's Bars, Online Dating Taking: http://www.ipsos-na.com/news/.

Riesman, D., Denny, R., Glaser, N. (1961). The Lonely Crowd: A Study of the Changing American Character. New Haven: Yale University Press.

Rook, K.S. (1987). Social Support Versus Companionship: Effects on Life Stress, Loneliness, and Evaluation by Others. Journal of Personality and Social psychology, 52, 1132-1147.

Rose, B.W. (1999). Cyber Love Internet Dating is the 90s Road to Romance, in: The Press Democrat, 14.02.1999.

Rudolph, A. (1902). Nala and Damayanti. A Love-tale of East India. Pennsylvania: Kirgate Press.

Rückert, G.R., Lengsfeld, W. & Henke, W. (1979). Partnerwahl. Boppart am Rhein: Bold.

Rupp, K. (2001). Achtung, Frau im Netz, in: Telepolis http://www.heise.de/tp/default.html.

Rusbult, C.E. (1980). Commitment and Satisfaction in Romantic Associations: A test of the Investment Model. Journal of Experimetnal Social Psychology, 16, 172-186.

Scanzoni, J., Polonko, J.T. & Thompson, L. (1989). The sexual Bond. Rethinking Families and Close Relationships. Newbury Park: Sage.

Schmidt, J.F.K.(2000). Die Differenzierung persönlicher Beziehungen. In: Hahn, C. & Burkart, G. (Hrsg.) Grenzen und Grenzüberschreitungen der Liebe. leske+Budrich: Opladen, 73-100.

Schütze, Y. & Wagner, M. (1998). Verwandtschaft - Begriff und Tendenzen der Forschung. In: Wagner, M. & Schütze, Y. (Hrsg.) Verwandtschaft: sozialwissenschaftliche Beiträge zu einem vernachlässigten Thema. Stuttgart: Enke.

Schwarz, K. (1967). Die Bereitschaft zur konfessionell gemischten Ehe. In: Wirtschaft und Statistik, 6, 357-359.

Schwidetzky, I. (1967). Die metrisch-morphologischen Merkamle und der fälische Typus. In: Schwidetzky, I. & Walter, H. (Hrsg.) Untersuchungen zur anthropologischen Gliederung Westfalens. Mènster: Aschendorff, 39-153.

Slater, P. (1976). The Pursuit of Loneliness: American Culture at the Breaking Point. Boston: Beacon Press.

Stalb, H. (2000). Eheliche Machtverhältnisse: Ein Theorievergleich. Herbolzheim: Centaurus.

Stack, S. (1998). Marriage, Family and loneliness: A Cross-National Study. Sociological Perspectives, 41(2), 415-432.

Steinlin, G., Glauer, A. & Tschirren, K. (1999). Singles. Über Lust und Frust der Ungepaarten. Seminararbeit, Universität Bern.

Sternberg, R.J. (1986). A Triangular Theory of Love. Psychological Review, 93, 119-135.

Stoll, C. (1996). Silicon Snake Oil: Second Thoughts on the Information Highway. New York: Anchor Books.

Stouffler, S.A. (1949). Intervening Opportunities: A Theory Relating Mobility and Distance. In: American Sociological Review, 5, 845-867.

Strauss, A. (1987). Qualitative Research for Social Scientists. Cambridge: Cambridge University Press.

Strauss, A. (1994). Grundlagen qualitativer Sozialforschung. München: Fink.

Swidler, A. (1980). Love and Adulthood in American Culture. In: Smelser, N.J. & Ericson, E.H. (Hrsg.) Themes of Work and Love in Adulthood, 120-147. Cambridge: Harvard University Press.

Tannen, D.(1992). You Just don't Understand. Women and Men in Conversation. London: Virago.

Trochim, W.M.K. (1996). Introduction to Evaluation: http://trochim.human.cornell.edu/kb/INTREVAL.HTM.

Turkle, Sh. (1995a). Aspects of the Self. In: Turkle, Sh. Life on the Screen. New York: Simon & Schuster, 177-209.

Turkle, Sh. (1995b). Who Am We? We are Moving from Modernist Calculation Toward Postmodernist Simulation, where the Self as a Multiple, Distributed System: Sherry Turkle' (HotWired): http://www.hotwired.com/wired/4.01/features/turkle.html

Turkle, Sh. (1997). Constructions and Reconstructions of the Self in Virtual Reality gopher://home.actlab.utexas.edu/00/conferences/3cyberconf/selfinvr.txt.

Walster, E., Walster, G.W. & Berscheid, E. (1978). Equity: Theory and Research. Boston: Allyn & Bacon Inc.

Walther, J. B. (1992). Interpersonal Effects in Computer-Mediated Interaction: A Relational Perspective. In: Communication Research, 19, 52-90.

Walther, J. B. & Tidwell, L. C. (1995). Nonverbal Cues in Computer-Mediated Communication, and the Effect of Chronemics on Relational Communication. Journal of Organizational Computing, 5, 355-378.

Walter, H. (1956). Herkunft und Heiratskreise einer niedersächsischen Landbevölkerung. In: Homo, 7, 110-122.

Webb, E.J. (1966). Unobtrusive Measures: Nonreactive Research in the Social Sciences. Chicago: Rand McNally.

Wellman, B., & Gulia, M. (1995). Net surfers don't Ride Alone: Virtual Communities as Communities. In: Kollock, P. & Smith, M. (hrsg.) Communities in Cyberspace. Berkeley: University of California Press.

Willi, J. (2002). Psychologie der Liebe. Stuttgart: Klett-Cotta.

Winch, R.F. (1958). Mate Selection: A study of Complementary Needs. New Yoek: Harper.

Wunder, H. (1992). "Er ist die Sonne', sie ist der Mond". Frauen in der Frühen Neuzeit. München: Beck.

Wysocki, D. K. (1998). Let Your Fingers Do the Talking: Sex on an Adult Chatline. In: Sexualities, 1, 425-452.

Wyss, E.L. (2003a). "Du bist min, ich bin din". Deutschsprachige Liebesbriefe vom Mittelalter bis in die Gegenwart. In: liebe.komm. Botschaften des Herzens, Heidelberg: Brausim Wachter, 64-81.

Wyss, E.L. (2003b). "Mein liebes Muckelchen", "Lisel, Liesel, lieber Tiger" und "Hi, girl". Liebesbriefe des 20.Jahrhunderts. In: liebe.komm. Botschaften des Herzens, Heidelberg: Brausim Wachter, 116-121.

19. Anhang

19.1. Leitfaden des themenzentrierten Interviews

THESEN/KONZEPTE	FRAGE
1. Partnersuch-Karriere	Ist das Ihre erste Internet-Beziehung? Kennen Sie auch andere Partnersuche-Sites? Chatrooms, andere virtuelle Settings?
2. Internet-Karriere	Länge der persönlichen Erfahrung mit dem Medium Internet (Zugang von zu Hause, vom Arbeitsplatz)?
3. Reflexionen über die Natur der Beziehungen, die online entstehen	Sind virtuell entstandene Beziehungen anders als konventionelle (Ähnlichkeiten, Unterschiede)?
4. Cyberdating und Öffentlichkeit; Stigmatisierung des Themas	Haben Sie ihrer Umgebung von Ihren Cyberdating-Aktivitäten erzählt? Welche Kommentare von Eltern, Freunden, Kollegen erhielten Sie dazu? Würden Sie Ihren Freunden empfehlen, im Internet einen Partner zu suchen? Wer von Ihnen beiden hatte die Idee, Ihre Liebesgeschichte PartnerWinner anzuvertrauen?
5. Partnersuche- und Darstellungsstrategien	Beschreibung: Anzeigenaufgabe und deren Inhalt, Mailkommunikation, Suche mit der Suchmaschine etc.
6. Identitätskonstruktion	Wahl des Nicknamen, Besonderheiten des individuellen Verhaltens, Profile Ist Ihr Profil auf PartnerWinner immer noch aktiv?
7. E-Mail-Kommunikation als erste Phase der Entstehung	Themen, Intensität, Quantität, Häufigkeit
8. Medienmigration innerhalb und ausserhalb des Internet	Telefonnummer ausgetauscht, Photos ausgetauscht, SMS, erstes Telefongespräch?

9. Die Bedeutung des Körperlichen: Physische Erscheinung und die erste Konfrontation damit	Was haben Sie sich im ersten Augenblick gedacht, als Sie Ihr Date im realen Leben gesehen haben?
10. Allgemeine Lebenszufriedenheit aufgrund der neuen Beziehung	Wie fühlen Sie sich momentan?
11. Virtuelle Liebe	Können Sie sich vorstellen, eine rein virtuelle Beziehung zu haben? Sich in jemanden zu verlieben, ohne sie/ihn zuvor jemals gesehen zu haben?
12. Grenzen online - offline	Hatten Sie (und wann) ein Bedürfnis, Ihre Email-Bekanntschaft im RL zu treffen? Beschreiben Sie ihre Gefühle vor und nach dem ersten Date.
13. Anatomie des Cyberdating / des PartnerWinners (ort- oder raumbezogen)	Was ist für Sie PartnerWinner? Was stellen Sie sich darunter vor?
14. Kulturelle Muster/Leitbilder in Bezug auf die richtige Partnerwahl; Einstellungen zur Partnersuche im Internet	Haben Sie eine konkrete Vorstellung von Ihrem Traummann? Wie haben Sie sich Ihren Traummann vorgestellt?
15. Idealtypischer Verlauf einer online entstandenen Liebesbeziehung (Geschwindigkeit, Intensivierung der Intimität)	Einwickelt sich eine Internet-Beziehung langsamer als sonst? Wie tief ist die erreichte Intimität?
16. Kulturelle Normen/ Leitbilder in Bezug auf die richtige Partnerwahl	Welche Anforderungen an eine Beziehung haben Sie? Welche Eigenschaften des Partners sind Ihnen am wichtigsten?
17. Die Liebe als ein Zufallsresultat	Wo stünden Sie heute, hätten Sie damals kein Profil auf PartnerWinner gemacht?
18. Fazit des Interviewten	Ein letztes Wort von Ihnen: wäre Ihnen noch etwas wichtig, wovon wir nicht gesprochen haben?
19. Rollentausch	Möchten Sie noch etwas über mich oder die Studie wissen?

19.2. Themenzentrierte Interviews (Ausschnitte)

19.2.1. Mephisto48

„Ich bin der Geist, der stets verneint. Ich bin ein Teil von jener Kraft, die stets das Böse will und nur das Gute schafft" [lacht]. Faust. Es hat mir gefallen, Mephisto hat mir schon immer gefallen, das ganze Mephisto-Thema, so wie es im „Faust" steht.

[...] Es fängt mit der Schrift an, mit dem Ausdruck und der Art, sich überhaupt schriftlich auszudrücken.

[...] Ich habe mit Internet überhaupt angefangen, weil das für mich ziemlich die einzige Möglichkeit ist, überhaupt einen Partner zu finden. Ab einem bestimmten Alter hat man sehr eingeschränkte Möglichkeiten. Ich bin nicht so ein Typ, ich hocke nicht alleine an der Bar, gehe irgendwo an einem Single-Tanzabend oder so. Ich hasse [betont] so was, ich habe eine echte Abneigung dagegen. Dann sage ich mir: Wo soll ich eine Partnerin finden, wenn ich alleine bin?

[...] Das war für mich als Informatiker eine Frage der Selektion [lacht] - es klingt vielleicht böse, aber ich muss mich so ausdrücken. Sagen wir so, ich habe in der Datenbank geschaut, da hat man Suchkriterien. Alle Frauen zwischen 40 und 45 heraus gesucht, ich weiss nicht wie viel, 300 oder 400. Es ist nicht einfach, jede anzugucken oder von jeder praktisch das Profil anzuschauen, es ist eine Arbeit von Stunden. Dann sucht man sich selbst andere Kriterien. Ich habe gedacht, diese vielen Blondies und Supergirls und was es so alles gibt - die lassen wir ausser acht. Ich suche eine Frau, na ja... ich suche eine intelligente Frau [lacht], eine intelligente Frau, eine Frau mit Geist, mit der man auch gute Gespräche führen kann, mit der man sich gut unterhalten kann über alles Mögliche. Ich sagte mir, diese Frau, die ich suche, die wird sich auch einen besonderen Namen einfallen lassen.

[...] Das Medium ist erst mal was Anonymes... Man braucht nie, wenn man nicht will, aus seiner Deckung hervor gehen, man kann irgendwann sagen: „Schluss. Ich stelle den Kontakt ein". Das ist erst mal das eine und nicht so wichtig. Das Andere ist, dass man bestimmen kann, ob man sich trifft und wann man sich trifft, und man kann bestimmen, auf welche Art und Weise man sich austauscht. Ich kann sagen: „Ich möchte gerne von Dir noch mehr kennen lernen" - erst mal rein nur über die Mails. Wenn das Gegenüber darauf eingeht, dann ist es gut. Es ist was Anderes, als wenn ich jemanden so kennen lerne. Dann sehe ich ihn, dann spielen die Augen Kontakt und plötzlich funkt es, gibt es so ein Funke und dann ist man verliebt. Hals über Kopf hat man eine Beziehung. Ja, man hat eine Beziehung, ohne lange nachzufragen - was denkt der Andere überhaupt, was hat er überhaupt für eine Lebenseinstellung, passt er überhaupt zu mir? Man hat plötzlich eine Beziehung und nach drei-vier Wochen oder drei-vier Monaten stellt man fest, ja, eigentlich ist es total daneben gegangen - wegen der Verliebtheit.

Verliebtheit macht erst mal blind. Und so langsam geht die Blindheit weg und man stellt fest: Oh, mein Gott! Dann tut es weh, oft tut's weh. Ich denke, im Internet kann man sich erst mal - jedenfalls gedanklich, wenn man sich bemüht, so weit austauschen, dass man merkt, ist der andere wirklich mein Typ... Nach drei-vier Mails, oder nach zehn sagt man sich dann, ehrlich, ich hätte mich was Anderes vorgestellt.

[...] Ich habe es mir nie in Gedanken vorgestellt, wie sie aussehen könnte. Es war einfach eine Black Box. Ich habe mich auch gar nicht bemüht - ich habe das als Black Box sein lassen.

[...] Irgendwo kam... es kam [lacht] so eine Art gleiche Wellenlänge zum Tragen, schon nach dem dritten, vierten Tag. Ich habe gedacht, wir schwingen irgendwo gedanklich gleich und ich habe mich richtig darauf gefreut, jeden Tag habe ich mich darauf gefreut.

[...] Sagen wir so: ich war in Kamelia verliebt, bevor ich sie gesehen habe [lacht verlegen]. Ich war in Kamelia... [hohe Modulation der Stimme], ich habe mich in sie verliebt. Sie hat mich so angesprochen. Das ist möglich. Sie hat mich gefühlsmässig - so wie sie geschrieben hat, wie sie geantwortet hat - sooo angesprochen und ich hab' mich in sie verliebt. Irgendwie entsteht ein Gefühl, denke ich. Und das Gefühl entsteht nicht nur durch den visuellen Kontakt, das kann auch durch Schreiben entstehen. Es gibt ja mehrere schöne literarische Beispiele in der Geschichte [lacht].

[...] Ich habe es getan, ich habe mich Hals über Kopf reingestürzt, ich habe mich Hals über Kopf reingestürzt. Ich denke, es lag für mich der Reiz daran, dass wir uns so gut mail-mässig verstanden haben, dass wir es mail-mässig miteinander konnten und dass wir mail-mässig sehr, sehr offen waren, in den Mails, dass wir uns nicht auf einer Oberfläche bewegt haben, dass wir recht tief eingetaucht sind in vielen Themen, die uns beschäftigen.

[...] Die Beziehungen, die im Internet entstehen, sind schon anders als die, die im normalen Leben entstehen. Wenn ich das mit Kamelia anschaue, dann ist es auf alle Fälle anders.

[...] Ja, man sieht sich schon mit anderen Augen. Man geht nicht mehr... wie soll man das sagen? Man geht nicht mehr so, rosa-rot rein, in eine

Beziehung, man kennt den anderen schon. Gedankliche Übereinstimmung sagt nicht, dass es zu einer Beziehung kommen könnte, ne. Da kommt immer, das Körperliche kommt dazu. Wenn man merkt, dass alles stimmt, weil man sich gedanklich schon so weit ausgetauscht hat und empfunden hat - dass der andere wirklich einen versteht und der andere auf einen zukommen kann und seine eigene Meinung dazu hat, dann... Es ist irgendwie eine Art Vorarbeit, die man in einer Beziehung eigentlich erst als Nacharbeit macht. Bei einer normalen Beziehung macht man erst die Nacharbeit. Und wenn man die Nacharbeit macht, dann stellt man fest: Was war ich für ein Idiot? - zum Beispiel, und hier hat man eigentlich schon eine Menge Vorarbeit gemacht.

19.2.2. Kamelia

Ich konnte mir überhaupt nicht vorstellen, dass Beziehungen im Internet entstehen können. Ich habe es mir überhaupt nicht vorgestellt. Es war für mich ein Ausprobieren und mehr Plausch - mal schauen, was passiert.

[...] Ich habe mir überlegt: Wo kann man überhaupt einen Mann kennenlernen? Wenn man in einem Verein ist, oder in einem Dorf - aber es ist alles sehr begrenzt, im Ausgang, aber es ist alles sehr eingeschränkt und sehr begrenzt. Wir wären uns sicher nie begegnet. Übers Internet ist es möglich, Leuten zu begegnen, die man sonst nie, nie treffen würde.

[...] Ich hatte auf jeden Fall das Gefühl, ich habe mehr vom Inhalt kennengelernt, und die Verpackung ist eigentlich zweitrangig. [...] Es ist wichtiger, zuerst den Inhalt ein bisschen kennen zu lernen, als... eben gerade umgekehrt. Ich finde das einen ganz wichtigen Punkt. Für mich hat die Beziehung eine bessere Qualität, eben die Basis.

[...] Ja, es ist etwas Neues. Die Qualität von der Beziehung ist anders und viel besser. Es ist eine Basis da. Wenn irgendwas Schwieriges kommt, habe immer ein gutes Grundgefühl: wir haben diese Basis, und auf ihr steht die Beziehung.

[...] Es ist ganz eine tolle Sache, ich empfinde das wirklich. Vielleicht ist es so toll, weil ich es nicht erwartet hätte, weil ich es nicht erwartet hätte... Ich bin an das herangegangen, dass daraus etwas entstehen würde, und dass genau das entstanden ist, was ich für nicht möglich gehalten habe, weil ich resigniert war.

[...] Für mich ist es auf jeden Fall eine Bereicherung, dass es überhaupt möglich, dass es wirklich möglich ist. Manchmal glaube ich es fast nicht.

Es gibt immer noch Momente, wo ich denke: Wie habe ich das verdient? [lacht]

19.2.3. Tomasito39

Ich bin einfach nach Hause gekommen, einfach den Computer eingeschaltet, auch zum Teil im Geschäft früh am Morgen schnell geschaut, und am Mittag noch ein Mal... Ich war wie besoffen in dieser Woche, habe mich wirklich voll auf das konzentriert und sonst nicht sehr viel mitbekommen... Ich habe auch den Leuten erzählt, dass ich am Mailen bin und so, und dass es mir total spannend scheint. Und sie haben mitgefiebert... Es gab viel Leute, die mir sagten, es wäre schön, wenn Du jemand finden würdest... Alle hatten Freude, alle.

[...] Ich habe eigentlich eine Frau gesucht und nicht Cybersex, und die wollte ich auch sehen, es ist logisch für mich gewesen. Da meine Zeit beschränkt ist, hatte ich keine Lust zu chatten oder so, sondern es hätte etwas Handfestes sein müssen.

[...] Ich erlebe etwas, was ich vorher mit dieser Intensität nicht erlebt habe. [...] Nie diese Tiefe gespürt, diese Herzbeziehung, das Verliebtsein, das Offensein für alles, was zu diesem Menschen gehört.

19.3. Ausgewählte Fallstudien

19.3.1. Die Frau mit den acht Gesichtern[163]
Ich bin 42 und habe deutsche, schweizerische und irische Wurzeln. Aufgewachsen bin ich in der Nähe von D. in Deutschland, bis ich etwa 17 war. Ich ging nach Spanien, dann nach England und wieder zurück nach B. Ich habe mich dann entschlossen, in die Heimat meiner Mutter zu gehen, in die Schweiz. Ich habe eine Zeit lang studiert - Psychotherapie, Körpertherapie nach Gerda Boyesen[164], habe mich noch mit anderen Therapien befasst. Da ich von der Praxis allein nicht leben konnte, bin ich zu meinem alten Beruf zurückgegangen als Hotelkauffrau und ar-

---

[163] Das Interview wurde am 19.11.2001 durchgeführt.
[164]Die von Gerda Boyesen entwickelte Biodynamische Psychotherapie ist eine tiefenpsychologisch fundierte, körperorientierte Therapieform. Körper und Psyche werden als zwei Seiten des selben Lebensprozesses angesehen. Innerer Druck und Spannung können die Grundlage vielfältiger Symptome sein, z.B. Kopfschmerzen, Atembeschwerden, Schlafstörungen, depressive Verstimmungen, Herzbeschwerden, nervöse Erschöpfung usw. Durch die integrative Verbindung von Psychotherapie und Massagebehandlung lassen sich innerer Druck und Spannung erreichen und abbauen.

beite als Direktorin. So habe ich zwei gleichwertige Berufe und drei Kinder - 17, 18 und 21 Jahre alt. Ich wollte etwas haben, was ich mit den Kindern vereinbaren konnte, damit sie gut durch die Schule kommen, durch die Matura.

Bevor ich zum PartnerWinner gekommen bin, hatte ich sechs Monate keine Beziehung. Ich war ziemlich befreit, weil ich hätte heiraten sollen. Am Schluss habe ich mich entschlossen, nicht zu heiraten, weil der Mann 17 Jahre älter war und ich Angst hatte, ob der Unterschied nicht irgendwann was ausmacht, ob es wirklich immer so gut bleiben wird.

Die jetzige Beziehung zu *only friday* ist meine erste Beziehung im Internet. Ich kenne das Medium seit anderthalb Jahren. Ich habe es mehr als Informationen- und Nachrichtenkanal gesehen - etwas über andere Länder erfahren, Einkaufsmöglichkeiten, Werbung. Weniger das Chatten, ich wusste davon, aber was soll ich mit jemandem herum chatten, wenn so viele Leute in der nächsten Umgebung herumlaufen? Ich fand das Internet immer ein bisschen witzig - bis ich selber darauf gekommen bin.

Angefangen hat's eigentlich im März 2001, aus Langeweile. Zu Beginn hätte ich Spass gehabt, wieder jemanden kennen zu lernen, was machen, ins Kino gehen, essen, lesen, kochen, nichts Leidvolles, etwas Lustiges eigentlich. Eine Freundin von mir hat letztlich jemanden kennen gelernt, sie sind immer noch zusammen und happy und glücklich. Eine andere Kollegin ist bereits mit jemandem aus PartnerWinner verheiratet - das ging relativ schnell, nach drei Wochen haben sie geheiratet. So dachten wir, wir gehen mal reinschauen. Von März 2001 bis jetzt gab es praktisch drei ernstere Anläufe, die aber, wenn ich's jetzt inzwischen so analysiere, auseinander gegangen sind, weil man sich anscheinend doch nicht so gut kannte. Man müsste doch mehr miteinander unternehmen, dass man das Glück hat, im Internet den Partner zu finden, es gehört sehr viel Glück dazu...

Ich habe auf PartnerWinner insgesamt acht Profile erstellt: *Siobhan, Starshine, Comanchin, Schamanin, Lunerousse29, Seagirl, Sommersprosse* und *Schneekönigin*. Vom Alter her bin ich nur von 40 bis 42 gegangen. Mein Englisch ist so gut, dass man wirklich nicht herausfinden konnte, dass ich keine Irin war. Die Augenfarbe war immer gleich, die Haare von rot bis braun, Körpergrösse 174 bis 176. Die Berufe konnte ich dabei wechseln - von kaufmännisch bis zu therapeutisch. Von Buchhalterin bis zu Rezeptionistin und Direktorin war eine weite Bandbreite, ohne dass ich geschwindelt hätte - das waren alle meine Berufe. Bei den Kindern habe ich es dann auch so gemacht, dass ich entweder zwei oder drei angegeben habe, was auch nicht geschwindelt ist, weil zwei bei mir leben und das dritte ausser Haus. Ich habe zwei-drei Mal Inserate aufgegeben, Begleitung für Konzerte gesucht und auch etwas in Richtung einer Partnerschaft, mit dem Text: „Das Geschenk einer guten Beziehung annehmen". Das war zu Beginn. Mit dem „Geschenk einer guten Beziehung" konnten viele nichts anfangen, weil sie nur was für das Wochenende suchen, ohne grossen Stress bitte.

1. Identität: Sommersprosse

Die *Sommersprosse* war mein erstes Profil. Innerhalb einer Stunde kamen schon die ersten Mails. Es war irgendwie nett, man hat sich gefreut, weil es ganz neu war. Ganz neu, man denkt, was kommt da, Mailen hin und her, von den Mails gings auf den Fax, weil ich zu Hause kein Internet habe, nur im Büro. Dann kam mal auch die erste Essenseinladung, das Ausgehen und das Theater usw. Mit der *Sommersprosse* ging es so lange, bis aus der ersten Geschichte nichts wurde, weil der Mann der Ansicht war, die alte Beziehung noch nicht verarbeitet zu haben und obwohl er mich sehr nett fand, wollte er den Schritt zu einer neuen Beziehung noch nicht gehen. Die erste Bekanntschaft der *Sommersprosse* war ein Journalist in einer Zeitung. Bedingt durch meinen Schreibstil wurde er wahrscheinlich auf mich aufmerksam. So hat ein Pingpong stattgefunden - über Theater, Literatur und andere Sachen; wenn man sich richtig ausdrücken kann, ist das schon ganz witzig. Jeden Abend ein Gute-Nacht–Fax von ihm, ganz liebevoll. Irgendwann fragte er: „Treffen wir uns heute Abend in B.?"

Ich war sehr, sehr nervös - das war mein erstes Date - wirklich furchtbar nervös, zum Platzen... Ich wusste nicht, wie der Mann aussieht, es hätte in die Hose gehen können. Vor dem Date haben wir zwei Mal telefoniert, ich hatte ein relativ gutes Gefühl dabei, die Stimmung hat gestimmt, die Frequenz hat gestimmt, die Wortwahl hat gestimmt. Es hat einfach gestimmt, sonst wäre ich nicht hingegangen. Ich ging hin, wir haben uns getroffen, er war wahnsinnig nett. Danach ins Theater, alles ganz toll. Er hatte ein umgestaltetes Bauernhaus und wollte, dass ich es mir ansehe. Alles nur platonisch, sehr, sehr freundlich, aber platonisch, ich schlafe im Haus in einem Extrazimmer. Und am anderen Tag bekomme ich ein Mail - ein Mail, kein Telefon, Anruf oder so was, ein Mail - dass er sich entschlossen hat, doch noch nicht in eine Beziehung zu gehen, weil ihm die alte noch im Kopf sei. Das hat mir schon ein bisschen weh getan - nach allem, was so gesprochen und unternommen war. Und in meiner Frustration, Ärger, Wut habe ich ein- zwei Tage (oder vielleicht eine Woche) später den neuen Namen kreiert. Ich wollte ihn einfach testen und so ist *Seagirl* entstanden.

2. Idenität: Seagirl

Ich habe mich dann bei ihm als *Seagirl* auf Holländisch gemeldet. Er hatte einen lustigen Nickname *nezerlands* (Netherlands), das versteht man nur, wenn man ein bisschen Holländisch kann, und das konnte ich. Und er hat gleich gefragt, ob ich mit ihm ins Theater gehe - unter der anderen Identität! Gut, ich durfte die neue Identität natürlich nicht preisgeben. Ich fand es einfach nicht gut, wie er unsere Bekanntschaft mit einem Mail beendet hat. Ich habe ein bisschen hin- und her gespielt, muss ich ehrlich sagen. Ich wusste, wie er war... Er hatte ein Inserat, indem stand, dass er eine Frau sucht, die aus Holland kommt, und dies und das, und sie durfte nicht sexuell verklemmt sein. Auf den Satz bin ich dann natürlich eingegangen, was er unter sexueller Verklemmtheit versteht. Und ich habe ihm dann jeden Tag gemailt - welche Unterwäsche ich täglich trage, und welches Parfum - auch wenn das gar nicht stimmte. Es ist aufs Erotische gegangen. Irgendwann schrieb er: „Ich wünschte mir, du würdest in der Nacht kommen und lasse die Tür offen". Es war ein Spiel zwischen uns beiden. Ich habe ihn ziemlich geärgert, irgendwann wurde es mir langweilig. Ich habe drei rote Kerzen gekauft, einen roten Apfel, alles rot, rote Rosen und einen schwarzen Strumpf und habe die Kerzen mit dem schwarzen Strumpf gebunden, bin zu seinem Haus gefahren, alles hingelegt und die Rosenblätter verteilt... Das war *Seagirl*. So wusste er um meine Identität und hat nicht mehr gemailt. Das war das Finale der ganzen Geschichte. Einfach das Ende.

Die *Seagirl* ist ansonsten sehr gut angekommen - das zweite Profil, das ich nach der *Sommersprosse* gemacht habe. *Seagirl* war das naturfrische Mädchen vom Meer, das naturfrische Mädchen, das auf dem Markt war, und es hat sich so ziemlich alles gemeldet. Viele haben gefragt, ob ich aus dem Norden komme, ob ich mit Kanufahren zu tun habe, ob ich gerne am Meer bin. Es hatte sehr viel mit Natur, mit Freiheit zu tun. Viele junge, aufgeschlossene Männer waren dabei, die manchmal gar nicht nach dem Alter geschaut haben, sondern wohl einfach nach dem Namen. Es war weniger das Sexuelle. Das Sexuelle kam mit der *Schamanin*, da waren es mehr Angebote.

Auf *Seagirl* haben sich auch zwei, drei andere gemeldet, mit denen ich mich auch getroffen und gleich gemerkt habe, das ist ein netter Abend und es entsteht nichts weiter. Die meisten Männer haben mich zum Essen eingeladen und konnten sehr gut kochen. Vielleicht wollten sie auch sehen, wie man sich als Hausfrau anstellt. Einige haben geschwindelt - sie hatten doch eine Freundin oder eine Ehefrau und mussten mir die Wahrheit sagen - sie wollten nicht eine Affäre anfangen und mich hinterher enttäuschen. Das fand ich immer sehr ehrlich so. Einer hat sich entschuldigt und geschämt, weil er eine geschiedene Frau und eine Freundin hatte, hat im Internet nur gespielt und wollte doch nicht noch eine dritte Beziehung anfangen. Das war eine ganz schmerzhafte Sache, wo man nach einer Woche sagen musste - das ist jetzt nicht gut gelaufen, es sind zu viel Gefühle übers Internet gegangen, über den Schreibstil. Es

hat sich leider irgendwann verlaufen, weil mich dann viele andere angeschrieben haben.

3. Identität: Siobhan

Ich muss grad auf die Liste gucken, was als Nächstes kam. Das dritte
Profil war *Siobhan*, dann *Lunerousse*, danach kamen *Starshine, Schamanin*
und *Schneekönigin*. Mit dem neuen Namen war die Post prompt wieder
da. Inzwischen merkte ich schon, aha, die Namen haben irgendwas mit
der Persönlichkeit zu tun. Ich habe es mir überlegt, wie kann ich das,
was ich bin, am besten reinbringen. Irgendwann abends kam es. Okay,
meine Grossmutter, *Siobhan*!

Siobhan (Shivon ausgesprochen) war eine irische Rebellin, eine Bäckers-
tochter, die sich im letzten Jahrhundert gegen die Engländer aufgelehnt
hat. Das waren meine irischen Wurzeln. Darauf haben sich ausschliesslich Männer gemeldet, die schon in Irland waren oder was Gemeinsames
mit der Keltik hatten. Sie haben mich in die mystische Richtung hineingetragen: die Mystik - die Mystik Irland, Regen, grüne Wiesen, Schafe,
Musik, Bücher... Einige haben geschrieben: „Ich wollte immer in Irland
in den Urlaub",„Du hast den schönsten Namen Irlands ausgesucht",
oder: „Was machst Du als Rebellin im PartnerWinner?" Das war die Ir-
land-Ära. Da habe ich sehr nette Männer getroffen. Mit einem ganz tollen Mann, der aus O. kam, Bankberater, mit einer Wohnung im T. und
sonst noch irgendwo, habe ich mich sehr gut unterhalten. Etwa acht bis
zehn Mails gab es vor dem Date und dann ging's schnell zum Telefon;
wir haben nur noch telefoniert, jeden Tag, er hatte eine wunderschöne
Stimme. Er hat mich nach F. eingeladen. Es war Sommer, ich hatte ein
Wochenende frei - ich fahre also nach F.! Wir wollten uns im Café treffen
und dort ist mir eigentlich bewusst geworden, was ich mache: Ich fahre
mutterseelenallein nach F., um irgendeinen Typ aus PartnerWinner zu
treffen! Ich wusste, dass er graue Haare hat, habe alle Männer mit grau-
en Haaren angeschaut und dachte: Nein, Du fährst auf der Stelle zurück.
Ich nehme mein kleines Köfferchen und gehe zurück zum Gleis. Und da
kommt sein Handyanruf: „Wo bist Du denn?" Er stand genau hinter mir.
Ich konnte nicht mehr zurück.

Ich drehe mich um, ein wahnsinnig netter Typ, ein Traumtyp, wirklich
toll. Wir gehen zu seinem Auto, natürlich Mercedes, was denn sonst. Wir
fahren zum Hotel - 5-Sterne-Hotel, wie soll's anders sein. Am Abend
sagt er, du bist die tollste Frau und gefällst mir sehr, alles super, ich bin
im siebten Himmel. Irgendwie dachte ich: „Das ist es jetzt. So muss es
sein!" Irgendwie muss ich etwas nicht ganz realisiert haben, oder es ging
zu schnell, am nächsten Tag dachte ich: Nein, das ist es doch nicht, es
geht alles zu schnell. Da hat irgendwie bei mir das Denken eingesetzt.
Das nächste Treffen hätte im T. sein sollen, drei Wochen später. Es war

der Anfang einer Beziehung, die weiter gehen sollte. Das zweite Treffen im T. war wunderschön. Er hatte aber einen Termin in D. und musste sechs Stunden später wieder zurück. Ich fand alles eigenartig - eine innere Stimme, die sagt, dass da was nicht stimmt. Wir hatten noch ein Telefongespräch und das war's dann auch. Ich habe die Entscheidung getroffen, die Beziehung zu beenden, sonst hätte ich sehr gelitten. Er war zwei Mal verheiratet und lebte gerade in Scheidung. Wenn man sich alle vier Wochen trifft und nicht weiss, hat der andere Zeit? Er war ein Mann, der sehr gerne eine Freundin hätte, aber eine, die abkömmlich und zu jeder Zeit verfügbar ist. Wenn ich das niederschreiben würde, würde ich sagen, es war wie aus dem Film, es war ein gutes Erlebnis, aber nicht alltagstauglich. Gar nicht alltagstauglich.

Siobhan hat auch andere Männer kennengelernt. Sie war damals auf dem intellektuellen Trip und hat sich nur die Journalisten ausgesucht oder solche, die mit Schreiben zu tun haben. Ich meinte, sie können am besten schreiben, und zu diesem Zeitpunkt wollte ich nur schreiben. Das war eine Phase im Sommer, wo ich dachte, jetzt gehe ich mal ran. Alle mit sehr viel Stil beim Schreiben, wollten mich aber irgendwann sehen. Trotz allem wollten sie mich mal sehen. Alles leider Kopfmenschen, Sachtypen, im Denken zu Hause. Der eine, Schriftsteller, erzählte mir, dass er in seinem Leben noch nie verliebt war, und ich: „Was machst Du denn im PartnerWinner?" Und er: „Ich weiss es auch nicht". Er war Engländer und 52, verheiratet.

Der nächste Mann hatte eine Marketingagentur am See. Wir haben erst gemailt, es war ein wahnsinnig gutes Schreiben. Ich habe jeden Morgen ein Mail gekriegt, wie geht es dir, er hat mir seinen Tag beschrieben. Es war so wie, ich müsse jetzt mit jemandem reden. Er hat mir immer SMS geschickt, 5-6 am Tag... ganz interessant, wie sich das Ganze ausweitet! Wir haben uns getroffen, ich steige aus dem Auto, er zeigt mir sein neuestes Produkt, irgend so ein Milchserum mit neuem Geschmack und Calcium etc. Er hatte Rückenschmerzen und habe ihm meine Hände aufgelegt. Eine Stunde erzählt er nur von seiner Arbeit, von seinem Werk, nicht, dass ich heute gut aussehe oder so. Es wurde mir irgendwann zu viel des Erzählens und ich wollte nach Hause. Am nächsten Tag hat er mir ein Mail geschickt, voll Schwung und Tatendrang, dass er mich wieder sehen will, so gut haben ihm meine Hände getan. Und nach dem Mail war dann Funkstille. Nichts mehr gehört. Ich habe aber trotzdem nicht aufgegeben - irgendwann wird einer *dazwischen* sein, der zu dir passt, dachte ich mir.

4. Identität: Starshine
Sie war unbedeutend. Was sich gemeldet hat, waren Phantasten. Es waren Phantasten, die, glaube ich, nur mailen wollten, die sich nicht so

recht heranwagen. Es kommt auf den Namen darauf an - je mehr du einen abgehobenen Namen hast, irgendwas Träumerisches oder so, desto mehr melden sich Leute, die nicht in der Realität stehen, die in Büros sitzen und nichts zu tun haben. Und nicht unbedingt ernsthaft suchen. Man kann es zum Teil an den Männernamen so schnell sehen, was sie für Vorstellungen haben, wer sie sind. Mit *Starshine* wurden verträumte Männer angesprochen, Männer, die teils romantisch waren, sich teils für Esoterik oder Bewusstseinserweiterung im weiteren Sinne interessierten. Die *Starshine* war an die Esoterik angelehnt, mit der ich mich zum Teil beschäftigt habe und ein Buch geschrieben habe. Auf *Starshine* meldeten sich zum Beispiel *Wolke* oder *Stargast* oder *Lightwriter*. Man merkt das schon beim ersten Schreiben - das gleiche Gedankenpotential. Es wird ja immer auf den Nicknamen geschrieben. Und wenn man von irgendwelchen esoterischen Büchern erzählt, weiss man, der andere hat sie auch gelesen.

5. Identität: Lunerouse29

Den Namen *Lunerousse*[165] habe ich mir mit einer Freundin überlegt - auf Deutsch klingt „Roter Mond" nicht so gut. Darauf haben sich nur zwei oder drei Leute gemeldet, ich denke mal wegen der Französischkenntnisse. Die Zahl war 29, weil ich am 29. Geburtstag habe. Es lief so ähnlich wie bei *Starshine* in die Melancholie, zwei oder drei Mails, Männer, die traurig waren und auf der Suche. Ein bisschen Verbitterung, sehr, sehr einsam auch. So, dass man gleich denkt: „Oh der arme, was kann ich ihm jetzt schreiben, damit es ihm besser geht?". *Lunerousse* war aber nicht so erfolgreich. Bei ihr haben sich Männer gemeldet, die alleinerziehend waren oder verträumt und da bin ich wohl weniger der Typ dazu, mit solchen Männern mitzuziehen - sie zu beleben oder lange zuzuhören.

6. Idenität: Schamanin

Nach dem *Roten Mond* kam... lass mich mal schauen - a--ah, die *Schamanin*. Vor der *Schneekönigin* und der *Comanchin*. Auf der *Schamanin* habe ich das meiste bekommen - 25 bis 30 Mails, ich habe sie gar nicht gezählt. Jeder wollte meine Trommel hören, was immer das sein mag. Es ging immer um Musik und Trommel und jeder hatte ein Rezept für Kräuter und irgendwelche medizinische Sachen, wollte Rezepte tauschen und stellte sich mich vor mit langen Haaren, die Naturmutter zum Teil. Andere zog eher das Mystische an. Es hat die Phantasie der Menschen, der Männer, unglaublich beflügelt, unglaublich. Das hat sie angezogen, so wie eine Urkraft... Da habe ich auch relativ viel geschrieben und mich mit ihnen getroffen. Schreiben und Treffen sind zwei verschiedene Sachen. Es ist die Frage, wie das aus den Mails und den Gedanken in den Alltag übertragen werden kann.

---

[165] Roter Mond.

Ich habe auf die *Schamanin* einen Physiker aus Z. kennengelernt, sehr nett, intellektuell - es wäre vielleicht was daraus geworden, wenn jetzt die Weiterbildung nicht dazwischen gekommen wäre. Einfach, weil man nicht jeden Tag mailen konnte. Ich habe nur drei Menschen treffen können und hatte nur bedingt Zeit zu mailen.

7. Identität: Schneekönigin

Die *Schneekönigin* hat Männer angesprochen, die eine Frau brauchen, um die sie kämpfen müssen. Und ziemlich lange kämpfen müssen. Die *Schneekönigin* aus dem Andersens Märchen über Kai und Gerda, die im Schloss sitzt und wartet. Ich habe mir gerade zu diesem Zeitpunkt überlegt, dass PartnerWinner vielleicht nicht das Medium ist, um so ernsthaft jemanden zu suchen und habe mich so langsam daraus genommen. Als ich mir die Schneekönigin überlegt habe, wusste ich, ich wollte nicht unbedingt einen Partner suchen, sondern vielleicht nur Freundschaften, vielleicht nur noch jemanden fürs Theater, Kino... Die Männer haben dann gefragt, warum *Schneekönigin* und gedacht, ich wäre ganz kühl - so eine ganz ernste, schwer zu erreichende, kühle Frau - und das bin ich nicht unbedingt, wenn man mich trifft, das verkörpere ich eher weniger. Im Gegenteil, man kann mir Sachen erzählen. Es war so das Gefühl, sie wollten irgendwas... nicht jagen, aber erreichen. Von daher haben sie das auch nicht gefunden, weil ich etwas ganz anderes dargestellt habe, als sie sich unter der *Schneekönigin* vorgestellt haben. Ich hatte darauf vier oder fünf Mails und mit einem Mann habe ich mich getroffen. Er hatte eine sehr dominante Mutter und war verliebt in eine Frau, an die er nicht heran kam, sie aber aus seinem Geist und seinem täglichen Leben nicht heraus bekam. Die Schneekönigin sei etwas, sagte er, sei etwas Unerreichbares, etwas Majestätisches, aber auch Kühles, das das Herz nicht wärmt.

8. Identität: Comanchin

Die *Comanchin* ist sehr gut gelaufen. Ich habe sie am Schluss erschaffen - mehr als Witz, weil ich sehen wollte, wer meldet sich jetzt noch? Es zeigten sich ziemlich alle Persönlichkeitstypen. Aber vor allem Naturburschen, Wald und Forstarbeit. Ein Förster hat sich gemeldet und mir erzählt, was er im Wald mit den Tieren alles erlebt usw., ich dürfe ihn nicht am frühen Morgen oder nachts anrufen, weil die Tiere wach würden, er baue jetzt ein Waldhaus und es fehle ihm die richtige Frau. Es haben sich Menschen gemeldet, die mit den white eagles zu tun hatten, oder früher Bücher über Indianer gelesen haben, in Amerika waren, das freie Leben lieben. Die sich nicht so spektakulär anziehen ("ich bin der Jeanstyp mit der Wildlederjacke, ich liebe es allein in den Bergen"). Zwei haben sich gemeldet, die reiten. Sie haben mir dann erzählt, dass sie wahnsinnig gerne reiten - alles Assoziationen mit der *Comanchin*. Jedes zweite oder dritte Mail bezog sich auf mein Tipi: wo steht dein Tipi?

Liebst Du auch die Natur, bist Du gerne in den Bergen, wirfst eine Flasche im Fluss, oder machst du Rauchzeichen? Freie, unabhängige Menschen. Mit einem waren wir im Konzert und das war es eigentlich. Er lebte noch bei seiner Frau und war in eine Dame im Orchester verliebt, leidenschaftlich verliebt, und hatte nur jemanden gesucht, um sie eifersüchtig zu machen. Die *Comanchin* war meine letzte Heldin. Ja, warte mal [schaut in ihren Notizblock] ... ja, sie war die letzte.

Der Traummann: only friday
Es war ein unglaublicher Energieaufwand und natürlich meine Prüfung, die ich absolvieren musste, ich wollte einfach Ruhe, es war mir zu viel gewesen... Ich dachte mir, ich schaue doch noch mal, ob's was Nettes gibt. Der hatte den Nickname *only friday*. Und in seinem Inserat stand, am Montag habe er Putztag, am Dienstag das, am Mittwoch das, Donnerstag Frauengruppe, am Samstag jenes... Ich dachte: So ein Macho! Ich habe auf dessen Anzeige zwei oder drei Tage später kurz geantwortet, eine Macho-Anwort. Zehn Minuten später war schon ein Mail von ihm da, er hat von sich erzählt, dieses leichte Pingpong - das Email-Flirt... Nichts ernstes, aber sehr nett gemeint. So ist was entstanden, hinterher habe ich gemerkt, dass er ein ganz netter Typ ist, alleinerziehender Vater. Ich habe hinterher erfahren, dass er die Anzeige mit einer Journalistin zusammen verfasst hat. Am nächsten Tag schrieb er, dass er raus aus PartnerWinner wolle und ich wollte das genauso. Beide zur gleichen Zeit. Wir merkten, dass zwischen uns was passiert. Unsere Mails waren eine ganz schnelle Sache von zwei Wochen. Ich habe nicht gewusst, wie er aussieht. Nachdem ich aber im Sommer so vieles gesehen hatte, konnte ich inzwischen anhand des Schreibstils differenzieren. Von Mailkontakten und vom Telefon her hätte man sagen können: das ist es jetzt!, das ist es wirklich, als Abschluss ist es doch gekommen... Ich schaue jetzt auf meine Vorstellungen und Visionen, mich in etwas hinein zu begeben.

Ich gab ihm meine Telefonnummer, er rief mich an und fand meine Stimme sehr bezaubernd. Wir haben ganz lange gesprochen - über die Kinder, und dass er auf PartnerWinner zwei Frauen kennen gelernt hat. Seine erste Beziehung dauerte viereinhalb Monate und die Frau sei zu kühl und zu ernst gewesen. Seine zweite Beziehung sei mehr was Erotisches und nur vier Wochen gegangen. Ich hab's mir überlegt: zwei Beziehungen in einem Jahr, ich bin die dritte, hoffentlich schafft er das überhaupt... Als ich seine Stimme hörte, wie er sprach, war ich absolut sicher: das ist der Mann! Ich musste darauf gefasst sein, dass er vielleicht dick ist oder so was, aber die *Stimme* war so *nett*, und das, was wir sprachen war so nett, dass ich mir sagte, es ist mir eigentlich egal. Vier bis sechs Mal am Tag haben wir telefoniert, und lange.

Wir haben auf einen Donnerstag abgemacht, er hat es auf den Samstag verschoben, ich dachte: Hm, es scheint ihm doch nicht so wichtig zu sein. Aber am Samstag hatte er einfach mehr Zeit, wollte längere Zeit mit mir verbringen. Ich habe mich gut, gut gefühlt vor dem Treffen mit ihm, ich war mir absolut sicher, das ist der Mann. Absolut. Ich wusste schon, dass er es ist. Und der Museumsbesuch war sehr schön, ich sei ihm unglaublich vertraut, als ob er mich schon immer kennen würde, praktisch seine Seelenpartnerin. Im ersten Augenblick, als ich ihn sah, dachte ich: Anders, aber ganz nett. Ich dachte, er wäre viel dicker, er war aber gar nicht so dick. Er sah ansprechend aus und wir haben uns unglaublich wohl gefühlt, nach einer Stunde im B.-Museum. Wir brauchten nicht viel zu reden und konnten uns doch viel sagen.

Es war der letzte Samstag. Wir haben uns kennen gelernt und es trifft das ein, was immer eintrifft, wenn man sich kennen lernt - die Angst, dann doch eine Beziehung einzugehen (was nicht auf meiner Seite liegt, sondern auf der Seite des Mannes). Er hat ganz, ganz lange gesucht, jetzt ist es da, aber er kann sich nicht entscheiden. Er wäre auf der einen Seite sehr gerne mit mir zusammen, auf der anderen Seite hatte er Angst vor einer Beziehung.

Den Traummann - bin immer noch davon fest überzeugt, aber es braucht ein bisschen Zeit - hat die *Comanchin* gefunden. Mein jetziger Traummann ist gleich gross wie ich, braune Haare, grüne Augen, ungefähr die gleiche Statur wie ich. Hätte ich ihn jetzt nicht im Internet kennengelernt, hätte ich ihn auf der Strasse nicht angeschaut. Er wäre nicht mein Traumtyp gewesen, wo ich gedacht hätte: aha, toller Mann. Ich arbeite mit sehr vielen Männern, bin sowieso in einer Umgebung, wo attraktive Männer herumlaufen.

Auf der Strasse hast du gar nicht den Blick für den tollen normalen Mann, der einfach phantastisch ist. Das habe ich auch im Internet kennengelernt, dass diese *ganz* normalen Männer ganz entzückend sein können, ganz toll sein können. In *only friday* habe ich einen guten spirituellen Freund gefunden. Jemand, der die gleichen Bücher liest wie ich, das gleiche Gedankengut hat. Nicht so sehr quadratisch denkt oder in Bahnen, sondern offen denkt, der sich auch nach dem 11.September über weltliche Sachen unterhält. Wir schreiben uns fast täglich, aber das sind mehr Gedichte oder Gedanken.

Alle Profile gelöscht

Zehn Tage etwa vor dem Date mit ihm habe ich die Löschung aller Profile beantragt. Jetzt sind alle [virtuellen Charaktere] nicht mehr da. Ich will meine Profile nicht mehr. Sie haben ihre Zeit gehabt, haben gelebt und ihnen ist es gut gegangen. Sie haben was Unterschiedliches verkörpert. Als die Profile gelöscht wurden, fühlte ich mich frei. Frei. Es war ein Abschied eigentlich. Man weiss, man hat oder kann Kontakt mit sehr, sehr viele Leuten haben. Du kannst dir jedes Wochenende super besetzen. Du kannst ausgehen, essen gehen. Du weisst, dass auch Gefühle herüber kommen können. Gleichzeitig war es für mich, gerade in Bezug auf das Suchtverhalten, doch gut zu wissen, wo meine Grenzen sind - und dass ich aufhören kann. Man kann das Spiel ewig weiter machen... Du kannst was erleben, aber es wird wirklich zur Sucht und ist austauschbar. Jedes Wochenende mit jemandem anders fortgehen und wenn dir irgendetwas nicht gefällt, weisst du, es sind noch genügend da, die auch ausgehen möchten.

Es ist ganz eigenartig - man bekommt ganz viel Mails, manchmal 15 bis 20 am Tag. Es geht irgendwann nicht mehr über PartnerWinner, sondern an das Email ran, oder man schickt sich SMS. Und wenn man sich dann trifft, ist es wie ein Vulkanausbruch, und danach ist Ruhe. Man hört ein paar Tage nichts, bis man sich dann wieder meldet. Und dann heisst es: ja, es war eine tolle Begegnung, ich muss mir erst mal überlegen, ob das überhaupt in meinen Wochenplan passt und so. Es ist so halt, wenn man merkt - zu viel investiert, zu viel hineingegeben. Deshalb auch die Entscheidung, alle Profile zu löschen. Es war nicht so, dass ich mit jedem neuen Profil die alten Bekanntschaften fallen gelassen habe. Nein, aber es hat sich kaum jemand auf die alten Identitäten gemeldet. Die alten werden mit der Zeit nicht mehr angeklickt. Nur noch die neuen, die alten blieben leer.

Es ist fast immer der gleiche Typus, der schreibt. Meistens fängt's so an, dass sie den Nicknamen erklärt haben wollen. Wenn man dann schreibt, für was man sich interessiert usw., merkt man praktisch, was zurück kommt. Und wenn man drei, vier Mal jemandem schreibt, wird es dann intensiver mit der Zeit. Du kriegst eine sehr gute Stimmung. Viele Männer müssen im normalem Leben ihren Job machen, ihre Zahlen. Mit dem Schreiben öffnest Du im Grunde ihr Herz, ihr Herz und das Bewusstsein für alles Schöne, Feminine, für die weibliche Kreativität, wo sie im normalen Leben nicht herankommen. Das ist genau der Punkt, wo es herangeht. Und wenn Du ihr Herz geöffnet hast [lacht], dann kriegst Du Mails - drei, vier, fünf, bis zu 10 Mal am Tag - ein Dauerzustand. Ich nehme an, die Schweizer Wirtschaft wird irgendwo darunter leiden. Ich bin mir sicher. Ich habe einen Bankdirektor im Moment, es geht jede halbe Stunde. Wenn man wirklich drin ist, ist es ein Suchtverhalten.

PartnerWinner ist eine Scheibe
PartnerWinner ist für mich wie eine Scheibe, die sich dreht. Die sich immer weiter dreht und wo kein Stoppen ist, eine Scheibe, die sich langsamer und auch schneller drehen kann. Eine lehrreiche Therapie, unglaublich lehrreiche Zeit, man lernt so viel über sich selbst. Es ist eine Spiegelung, eine Reflexion, zum Teil eine Beratung. Es ist aber auch ein schmerzhaftes Lernen, wenn jemand zum Beispiel eine Vorstellung von sich hat und sehr selbstbewusst ist oder denkt, er ist der schönste, klügste - und auf einmal merkt, dass er das ja gar nicht ist, weil ihn der andere überhaupt nicht so sieht. Er setzt sich mit sich auseinander. Es ist eine grosse Sache, sich mit sich auseinander zu setzen, die Schwächen und Stärken zu sehen und damit klar zu kommen, das ist ganz wichtig. Wenn alle Leute im PartnerWinner wären, würde man keine Psychologen mehr brauchen.

Wo würde ich heute stehen, wenn ich damals das erste Profil auf PartnerWinner nicht gemacht hätte? Ich hätte einen wahnsinnig lustigen Sommer verpasst. Ich hätte nicht so viel gelernt über mich und über andere in diesem Zeitraum. Fall es das [Medium] zu Zeiten, während ich studiert hatte, schon gegeben hätte, wäre es toll gewesen.

Wo kann ich am einfachsten meinen Partner finden? Ich denke, früher war einfach der Arbeitsplatz, die Uni, die Fachschule. Heute würde ich sagen, Internet ist an dritter Stelle, an zweiter oder dritter Stelle. An erster immer noch der Arbeitsplatz. Aber in unserem Alter, ab 40, ist es sicher nicht Disco, Bar, Restaurant. Mir sagen viele Frauen zwischen 30 und 40, die kleine Kinder haben und keinen Babysitter und die am Abend nicht ausgehen können, dass sie tatsächlich ins Internet gehen. Ältere Frauen auch.

Die Menschen, die ich im PartnerWinner kennengelernt habe, kamen ausschliesslich aus superguten Berufen, da war niemand was Normales. Keiner. Alle waren total angestrengt, suchten jemanden und wussten doch nicht wie. Ich hätte diese Menschen mit diesen Berufen im normalen Leben nie kennengelernt. Es ist überhaupt nicht so, dass ewige Singles ihren Partner im Internet suchen, sondern die ganz frischen: die neuen, die sich nicht daran gewöhnt haben, alleine zu sein oder es nach zwei-drei Jahre wieder probieren.

Als ich ein junges Mädchen war, hat man sich in der Tanzstunde kennen gelernt, auf Tanzbällen, in politischen Sachen in den 60-70 Jahren haben sich Menschen mit gleicher Gesinnung getroffen. Das ist heute sicher nicht mehr so. Heute ist Sport und Fun und Shopping angesagt. Nicht mehr, „wir lesen das gleiche Buch" oder „was hältst Du von Marx und Engels?" All das ist nicht mehr da, also muss ein neues Medium her.

Es ist noch eine Mentalitätssache. Schweizer Männer sprechen Dich weniger auf der Strasse an oder im Stadtpark, was in einem anderen Land eher möglich ist. Wenn ich in Düsseldorf oder in London durch die Strassen gehe, werde ich angesprochen. Solche Datingplattformen im Internet sind notwendig, man lernt sich sonst nicht kennen. Für die Schweiz ist es notwendig. Wie offen sind doch die Leute, wenn man sie im Internet trifft! Woher kommt die grosse Offenheit dann? Wenn Du sie am Herzen packst, dann erzählen sie einem wirklich alles.

Das Männerbild
Das Internet ist inzwischen so eine Art geworden, wirklich einen Partner kennen zu lernen. Eine Zeit lang habe ich gesucht und für mich war es eine Sache, die ernst werden konnte. Inzwischen habe ich sehr, sehr viel gelernt. Über das Bild der Männer überhaupt gelernt, wie Männer vorgehen, wenn sie auf der Suche sind. Ein guter und tiefer Schreibstil muss nicht heissen, dass der Mensch auch so [tief] ist. Mit einem guten Schreibstil kann man unglaublich viel erreichen. Aber auch die Enttäuschung hinterher ist umso grösser. Gerade die intellektuellen Männer, die sehr gut im Kopf sind und gut schreiben können, ganze Romane, sind auf der Gefühlsebene total geschlossen. Wenn man meint, da ist nun jemand, der sehr gut schreiben kann, es fliesst einfach, es findet ein guter Feedback statt und man sich dann sehen möchte –heisst das noch lange nicht, dass das auch in die Wirklichkeit umgesetzt werden kann. Es gehört sehr viel dazu, dass man es in die reale Phase umsetzt.

Als ich die ersten Männer traf, habe ich nach zwei schlechten Erfahrungen versucht, mein Herz zuzumachen, wirklich zuzumachen, dass man nicht näher hineingeht. Das Herz zumachen heisst, dass das Geschriebene gefühlsmässig nicht verarbeitet wird. Viele Männer können wahnsinnig schön schreiben. Man schliesst auf das Wesen, auf den Charakter, auf das Herz von jemandem. Deshalb meine ich, dass Online-Dating ein ernstes Thema ist. Es entsteht etwas, so wie ein Wesen. Eine Frau nimmt das mit, wie im Rucksack oder in der Handtasche, er vielleicht auch, überträgt es aber schneller auf die reale Ebene als die Frau. Und es gehört von beiden sehr viel dazu, dass [offline] mehr entstehen kann. Die Gefahr, enttäuscht zu werden, ist online grösser als offline. Du projizierst nicht all das Gute und das Schöne hinein, weil Du ja die Personen nicht siehst. Man denkt ja wirklich, das ist der tollste Typ da, weil er gut schreibt. Man sieht ihn nicht.

Ich habe im Kontakt mit anderen Frauen, die ernste Beziehungen im Internet gesucht haben (also nicht nur fürs Wochenende, One-night-stand) festgestellt, dass sie oftmals wesentlich ernster an die ganze Sache herangehen als Männer. Die Männer nehmen es leichter, suchen mehr Spass, Abenteuer, Abwechslung in ihrem Büroalltag - sie gehen ins Internet und mailen ein bisschen herum. Frauen tun das abends bei einem Glas Wein oder Tee - wirklich auf der Suche nach einer Beziehung. Ab einem gewissen Alter gehen die wenigsten aus, zum Tanzen oder in Bars. Es geht aber darum, dass man den Frauen das Jagdverhalten von Männern klar macht. Wenn sie [länger] gemailt haben, ist nicht davon auszugehen, dass der Mann eine Beziehung sucht - es kann nur eine Affäre sein - mit einem gebrochenen Herz am Ende, die Fälle kenne ich einfach. Dass die Frauen gewarnt sind und ein, zwei, drei Mal schauen, ob der Mann es wirklich ernst meint. Für mich ist das Thema Beziehungen im Internet ein ernstes Thema.

Abschied von PartnerWinner
Ich bin aus PartnerWinner rausgegangen, weil ich denke, ich habe jemanden gefunden. Aber auch weil ich keine Energie mehr habe, wieder jemanden kennen zu lernen, ihm Ratschläge zu geben für sein Leben, zu erkennen, hie und da ist eine Blockade... Dich immer wieder neu zu stylen, hübsch anzuziehen, guten Eindruck zu machen - das ist ziemlich aufwendig und ermüdend, ich habe es erlebt und das war's dann auch. Sehr viel Energie... Ich habe gemerkt, man muss unglaublich viel zuhören, weil die meisten eine Problematik mit sich führen. Die wenigsten sagen, es geht mir gut, ich suche wirklich eine Frau, ich suche eine Beziehung. Du merkst in der ersten halben Stunde, dass sie doch wieder bei der Exfrau, Exfreundin sind. Ich weiss jetzt, wie Exfrauen sind, wie die Leute mit ihren Kindern klar kommen, wie viel Unterhalt sie bezahlen müssen, all das, was manchmal schon beim ersten Date auf dich zukommt. Du gehst dann nach Hause und bist so erschlagen - soll ich jetzt eine Beziehung anfangen, mich ein zweites Mal mit jemandem treffen, der in solchen Problemen steckt?

Ich fühle mich nach dem halben Jahr im Internet erschöpft, aber auch befreit. Ich würde später das alles vielleicht niederschreiben, wie es angefangen hat, aus welchen Gründen es nicht weiter gegangen ist, warum erst so eine grosse Intensität da war und hinterher nicht mehr, auch die lustigen Sachen. Ich wollte wissen, wie die ganze Sache funktioniert. Ab Juni oder Juli war es für mich wie eine Wissenschaft, wollte nur noch die Erklärungen für die ganze Internet-Sache wissen - aus therapeutischen Zwecken. Mal sehen, wie der Mensch funktioniert...

Das Problem ist, dass ich Therapeutin bin und mit Menschen arbeite. Ich habe mich selber irgendwann mal gefragt, wieso es immer gleich abläuft.

Dass ich die Männer beraten habe, dass es auf einer Schiene ging, wo es gar keine Chancen gab, hinterher etwas aufzubauen. Ich habe die Leute begleitet. Manche haben sich bei mir bedankt. Aber nicht fürs Erotische. Viele haben gesagt, ich bin eine sehr, sehr starke Frau. Dann dachte ich: Na ja, was soll ich denn machen? Vielleicht hatten sie Angst. Ich habe nach und nach was an meinem Verhalten geändert, habe gar nicht mehr erzählt, dass ich den anderen Beruf habe, das ging teilweise, aber wenn ich manchmal bestimmte Worte sagte, haben sie gefragt: Woher weiss du das? Aber du willst dich ja über die Sachen unterhalten, die du kannst und mit denen du täglich zu tun hast. Wenn ich mich nur über Blumen unterhalten hätte, weil er ein Gärtner ist, wäre ich nicht mehr mich selber gewesen. Als ich hörte, dass es bei manchen Leuten beim ersten oder dem zweiten Date geklappt hat, fragte ich mich: Wie machen sie das? Eine Antwort darauf habe ich nicht. Vielleicht Glück und Zufall und alles muss einfach stimmen. So wie es bei mir stimmt jetzt, aber es braucht Zeit.

Virtuelle Liebe
Liebe auf den ersten Klick kann es im Internet schon geben. Eine rein virtuelle Beziehung kann manchmal wertvoller sein, als eine Beziehung im realen Leben - es kommt darauf an, wie es der Person geht. Wenn es mir schlecht geht, ja; ginge es mir gut, bräuchte ich eine „normale" Beziehung. Eine rein schriftliche Beziehung im Internet kann genau so anziehend, romantisch oder sinnlich sein wie im realen Leben - wenn man den Wunsch ausklammert, diese Person vorher sehen zu wollen, das muss man vorher abmachen.

Können Beziehungen, die im Internet beginnen, tief und beständig sein? Wenn ich draussen gucke, nicht bei mir - ja, es kann. Wird im Internet eine Phantasiewelt aufgebaut, die beim ersten Treffen zerstört wird? Irgendwann, irgendwann wird man ehrlich - weil man weiss, dass man sich irgendwann sieht. Und wenn man sich erst dann offenbart, kann es eine böse Überraschung geben. Für den Normalverbraucher kann es schon schlimme Überraschungen geben. Ich kenne viele Leute, die sind reingefallen und waren total enttäuscht. Es ist deshalb in dem Sinne auch kein Blinddate. Man nimmt die Vorgeschichte mit ins Blinddate, man nimmt's einfach mit. Photos auszutauschen war für mich *nie* ein Thema. Ich habe alle einundzwanzig Männer, mit denen ich mich getroffen habe (die letzten fünf habe ich hinterher für eigene Lehrzwecke benutzt, nur um zu testen) ausser ein Mal nie auf einem Photo gesehen!

Epilog: Gesichter
Als *Siobhan* habe ich schon geschaut, dass ich möglichst viele Locken habe, weil die Irinen sie einfach haben und den irischen Stil darauf, gebe ich ehrlich zu. Und weil ich dachte, die Leute erwarten das. Einmal bei

der *Comanchin* war ich anscheinend zu schick angezogen und der Mann dachte, ich hätte ganz lange Haare und bräunliche Haut und so und das hatte ich nun mal nicht, das ist dann ein bisschen daneben gegangen - ich habe mich noch entschuldigt, dass ich halt seiner Vision von der Comanchin nicht entsprach.

Ich erinnere mich an die Gesichter aller einundzwanzig Männer. Einundzwanzig bis jetzt. Ich habe sie vorhin im Zug aufgeschrieben und es fiel mir immer einer ein, den ich vergessen hatte. Nur an einen erinnere ich mich nicht mehr - an den ersten, sonst an alle: wie sie aussahen, was sie anhatten, welcher Typ sie waren. Die, mit denen ich länger gemailt und die mich getroffen haben, die sind wirklich vor mir jetzt. Alle andere sind weit weg. Ob ich Angst hätte, Teile der *Sommersprosse* mit Teilen der *Seagirl* oder *Siobhan* zu vermischen? Sie nicht voneinander trennen zu können? Irgendwann kommt der Punkt - vielleicht nach dem achten, neunten oder zehnten Mail - wo ich wieder die bin, die ich am Anfang war. Weil es nur noch um Ehrlichkeiten geht und weil die Beziehung doch so was ist, dass man dazu die wahre Person braucht.

19.3.2. Rapunzel

Erfahrung habe ich mit Internet schon ein paar Jahre, vielleicht fünf Jahre. Vor PartnerWinner habe ich noch nie versucht, jemanden online kennen zu lernen. Ich war in verschiedenen Chatrooms, chatten - aber das ist schlecht, um Leute kennen zu lernen, weil es nicht ernsthaft ist, nicht so seriös, ein bisschen spassmässig. Das war alles. Ich habe nie wirklich versucht, zielgerichtet jemanden kennen zu lernen. Und dann bin ich auf PartnerWinner gekommen - eine Freundin hat mir dazu geraten. Es war für mich sehr faszinierend, weil ich so was nie zuvor kennengelernt habe, so nirgendwo gesehen habe. Es war eine der ersten Surfplattformen, die ich besucht habe - sehr interessant zu sehen, was es dort alles gibt, was für verschiedene Möglichkeiten es gibt, sich darzustellen. Vor allem die Darstellungsform auf partnerwinner.ch mit diesen verschiedenen Profilmöglichkeiten, Nachrichten hinterlassen usw. hat mich überzeugt. Nachdem ich ein Profil erstellt habe, bekam ich praktisch sofort ein paar Emails, das war natürlich schon ein schönes Gefühl, so eine schnelle Reaktion erzeugen zu können und dies, nachdem man nur ein paar Minuten drin war... Das war sehr unerwartet, sehr überraschend, eine schöne Überraschung.

Ich hatte eigentlich am Anfang nicht so viele Zuschriften, vielleicht höchstens fünf pro Tag, hatte aber noch kein Inserat platziert. Da konnte man mich innerhalb von PartnerWinner nur per Suchmaschine finden. Ich habe mich über jede Zuschrift gefreut und ausführlich geantwortet. Die meisten haben geschrieben, „Ja, Dein Profil fand ich noch interessant" und: „Komm, wir kommunizieren ein bisschen". Ich wusste dann nicht, was kommunizieren, weil die Personen nichts von sich preisgegeben hatten, fand das aber kein grosses Hindernis. Ich dachte, ich erzähle ein bisschen von mir, was ich gerade mache, belanglose Sachen, die nicht sofort meine Persönlichkeit offenbaren: ich bin so und so heute drauf, was machst Du gerade, womit beschäftigst Du Dich, erzähl mal was über Dich... Es gab welche, die haben sofort gefragt, ob sie mich treffen können, Telefonnummer und Adressen austauschen können. Einige haben über sich erzählt - aber es war nie so ausführlich. Nach dem Inserat gab es ausführlichere Antworten.

Rapunzels Haare
Ich wollte alle Möglichkeiten, die es gibt, ausschöpfen und ich dachte, wenn ich ein Inserat aufgebe, dann ist es sicher eine optimale Möglichkeit, viele Leute kennenzulernen, eine grosse Auswahl zu haben, möglichst viele Reaktionen der Menschen zu erfahren und zu sehen, was es da so gibt, was es da für verschiedenen Menschen gibt. Ich weiss noch, ich sass im Zug und dachte, so, jetzt mache ich ein Inserat, aber kein gewöhnliches, normales Inserat, „ich heisse" oder „ich suche", „ich bin so und so viele Jahre alt und mache das und das und suche Dich, meinen Traummann" usw. Das war mir alles zu banal: Wieso nicht was Anderes? Wieso nicht ein bisschen etwas Ungewöhnlicheres, etwas Tiefergehendes? Wieso muss man so oberflächlich oder so banal einfach hinschreiben, wen man sucht und wer man ist, was für Interessen man hat, im Stil von „26-jährige Traumfrau sucht Traummann für...". Was könnte ich machen? Was könnte ich machen? Dann habe ich mir überlegt, was ich so suche und es ist mir spontan eingefallen - diese Ritterfilme mit Rittern auf den Pferden, mit Lanzen und dem Schwert, das ist mir sofort eingefallen. Es gab keinen speziellen Grund, warum mir das als Gedanke sofort einfiel, es kam einfach als Bild in meinen Kopf - ich bin eine Prinzessin in einem Märchen, eine weibliche Figur. Und da ist mir sofort Rapunzel eingefallen, ich habe eigentlich recht lange Haare, ich müsste sie mir schneiden, da ist mir Rapunzel eingefallen, das passt eigentlich zu mir, weil ich nicht jemand bin, der... schon offen und spontan, gern mit Leute zusammen und kontaktfreudig, aber der Schein trügt. Ich bin eigentlich eher der anfänglich ein bisschen auf Distanz gehende Typ. Ich habe schlechte Erfahrungen gemacht, nachdem ich einfach die Initiative ergriffen habe bei den Männern und immer den ersten Schritt getan habe. Ich dachte, es wäre viel besser, wenn ich mich anfänglich zurückhalte und schaue, woran ich bei dieser Person bin, wie sie auf mich reagiert und ob überhaupt Interesse da ist. Darum das mit diesem Turm, ich beäuge von oben ein bisschen, was da so alles am Boden rumläuft, unter

dem Turm, und dann sehe ich ja weiter, ob mich jemand wirklich so sehr anspricht, dass ich auch mein Haar für ihn hinunter lasse.

Die Ritter
Ich war überrascht von der Anzahl der Antworten. Ich habe sehr viele Reaktionen, Emails bekommen - über 100, 150, etwa zwischen 100 und 120. Ich war angenehm überrascht, dass ich so viel Anklang fand. Ich wusste, das ist ein ungewöhnliches Inserat, und dass Überraschungen seitens der Männer sicherlich kommen würden, dass sie sagen werden, das habe ich noch nie gelesen, das klingt interessant, oder das ist ein gutes Inserat. Ich habe es eigentlich erwartet, dass es so kommt. Als ich mir die anderen Inserate angesehen habe, dachte ich: meines sticht schon hervor, weil es sehr unterschiedlich ist, verglichen mit den anderen und wahrscheinlich gibt es Überraschungen. Ich habe einfach gehofft, es wären angenehm überraschte Männer, die dann schreiben und nicht unbedingt solche, die negativ darauf reagiert haben. Aber das gab es eigentlich nicht, ich habe nur positive Reaktionen auf Rapunzel bekommen. Viele haben sofort da weiter gemacht, wo ich aufgehört habe, das Märchen weiter erzählt - „Hier kommt ein Ritter und da ist er mit der Lanze unter dem Turm und bittet Dich Dein Haar für ihn runter zu lassen, denn es wird langsam kalt hier unten...", so in dem Stil. Oder: „Ich bin nicht unbedingt ein Ritter, aber mit meinem schnellen Rossflitzer bekämpfe ich das Schlechte auf Zürichs Strassen. Ich setze mich für die Armen und Schwachen ein, genau wie Du es in Deinem Inserat geschrieben hast...."

Es gab unterhaltsame Antworten und es gab welche, die nicht so viel Kreativität bewiesen haben, die haben einfach genau meine Worte, die ich gebraucht habe, zitiert oder übernommen. Es gab aber einzelne, die haben sehr poetisch reagiert, da dachte ich: „Das ist ein guter Schreibstil", das hat mir natürlich sofort gefallen. Ich mag es, wenn man sozusagen darauf eingehen kann, indem man noch einen darauf setzt, indem man noch einen Schritt macht und damit beweist, dass man sofort einsteigen kann und meinen Stil verbessern, übernehmen und auch weiterführen kann. Es zeigt auch, wie schreibwütig man ist (das wird auf eine gewisse Intelligenz und Kreativität zurückgeführt) und das hat mich natürlich sofort angesprochen. Es gab wiederum welche, die haben (und das fand ich nicht unbedingt eine gute Reaktion), ja, die haben gesagt: „Dein Inserat hat mich sehr angesprochen, meine Telefonnummer lautet... Bitte ruf mich an. Ich gebe Dir sofort meine Email und auf dieser Seite findest Du noch ein Photo von mir, dass Du keine Angst bekommst!" [lacht] Dann dachte ich: Moment mal, ich kenne Dich überhaupt nicht, wieso soll ich Dich jetzt anrufen oder wieso soll ich da via Privatmail mit Dir kommunizieren? Ja sogar ein Photo von mir schicken? Das fand ich nicht gut, dass mich gewisse Leute schnell treffen wollten.

Ich hab sofort blockiert und geschrieben, ich möchte nicht so voreilig sein, ich würde gerne ein bisschen Anonymität wahren, bis wir uns ein bisschen kennen gelernt haben. Ich möchte nicht sofort persönliche, private Botschaften hin- und her mailen und nicht unbedingt meine Telefonnummer, meine Adresse oder meinen richtigen Namen preisgeben und wenn's Dir nichts ausmacht, würde ich gerne ein bisschen weiter kommunizieren, bis wir uns besser kennengelernt haben und dann sehen wir weiter, was sich so ergibt.

Es gab welche, die haben geantwortet: „He, spinnst Du? Sicher nicht!" Und das war's dann. Einige haben gesagt: „Ja, ich finde es zwar mühsam, auf diese Art und Weise miteinander zu kommunizieren, aber ja, wenn's sein muss..." [lacht laut], was mir sofort abgelöscht hat. Ich dachte, diese Person hat weder Motivation noch Willen, jemanden wirklich auf diese Art und Weise kennen zu lernen. Sie will es auf ihre Art und Weise haben und versucht, ihre Wünsche durchzubringen und geht nicht auf die Frau, auf Rapunzel ein. Ein Ritter, der nicht auf den Wunsch der Herzensdame eingeht, ist natürlich kein wirklicher Ritter.

Die Suche
50 bis 60% der Zuschriften habe ich beantwortet. Mit der Zeit habe ich immer mehr aussortiert - je nachdem, wer mich am meisten angesprochen hat. Sei es, weil ich ihn nun als sehr nette oder sehr intelligente, liebenswürdige Person empfunden hat. Ich habe mir sowieso von den meisten auch die Profile angeschaut, aber das war nicht der Entscheidungsgrund, eine Person zu streichen oder zu belassen, sondern eher die Art und Weise, wie sie auf mein Profil reagiert haben, wie sie geschrieben haben. Anfangs habe ich wirklich versucht, so gut es geht alles zu beantworten. Einige Antworten sind kürzer ausgefallen, andere wiederum länger. Die längeren waren dort, wo ich dachte, da steckt etwas Interessantes dahinter, komm, schreib Doch ein bisschen mehr und dann kommt vielleicht ein guter Anklang. Es war eigentlich einfach ein bisschen ziellos, auf Gutglück.

Mit der Zeit hat man dann schon ein bisschen sortiert - so im Sinne von „Aus dieser Person kann ich nichts rausholen, mit dieser Person kann ich nichts anfangen" oder „Diese Person spricht mich an" (und zwar jetzt nicht unbedingt, weil wir ähnliche Interessen hatten - beispielsweise hatte ich Email-Kontakt mit einem Förster [lacht]. Da gab es welche, die haben studiert. Oder ein Schreiner, ein Elektroingenieur waren darunter, viele verschiedene. Vom Alter her - aufs Alter habe ich auch nicht gross geschaut, ich hab' gedacht, es ist doch sicher interessant, wenn man sich nicht einfach beschränkt und sagt, nur die jungen oder die älteren oder die Mittelaltrigen, sondern ich habe einfach darauf los geschrieben und geschaut, was kommt zurück, gute Reaktion, schlechte Reaktion. Also wenn ein Email von Grammatik- und Kommafehlern nur so strotzt [lacht], die Nomen kleingeschrieben sind - so Sachen fallen mir sofort auf, ich bin da pedantisch, das stört mich extrem. Es gab sogar welche auf Schweizerdeutsch: „Ich bin der R., lüt mir doch aa!" Wenn einer keine Bildung hat, wie will ich, wenn er so mit mir schreibt, dann im Alltag von ihm begeistert sein? Wenn mich so eine kleine Botschaft schon aufregt, wütend macht? [lacht] Das hat mir ein bisschen abgestellt, solche Personen. Aber solche, die sich wirklich Mühe gegeben haben und bei denen ich dachte: Oha, das ist ein Mann - ich will jetzt nicht abwertend klingen - ein Mann kann so was schreiben! Es gab vom Schreibstil her unerwartete Antworten, sehr poetische, sehr intelligente.

Die Auswahl wurde immer kleiner, weil es natürlich sehr wenig Leute gibt, die gut mit der Sprache umgehen können und den Mut haben, so mit der Sprache umzugehen und dabei keine krassen Fehler machen, die auch sehr positiv auch auf die Länge des Mails reagieren. Sie haben viel geschrieben, viel erzählt - man merkt, diese Person möchte wirklich zeigen, wer sie ist und was sie empfindet, was sie tut, was sie beschäftigt. Man kann natürlich nicht überprüfen, wie ehrlich einer auch tatsächlich ist, aber es kam sofort: „Meine Eltern sind geschieden, ich lebe dort und mache das. Bin so und so veranlagt, meine Interessen sind..." Dies war nicht unbedingt stichwortartig abgefasst, schon eher wie ein Aufsatz, wie eine Biographie. Das hat mir geholfen, auszusortieren, diese Kriterien. Das hat etwa zwei Wochen gedauert, bis ich zu einer engeren Auswahl gelangt bin und in die engere Auswahl kamen etwa zehn bis zwölf.

In dieser Zeit hatte ich sehr viel Stress und konnte nicht alles aus diesen 10 bis 12 beantworten. Ich bin nach Hause gekommen und hatte überhaupt keine Lust, gross was zu erzählen, die Leute haben es gemerkt, ich habe auch gesagt: „Es tut mir leid, aber heute kann ich nicht gross schreiben, ich schreibe sonst mal, wenn ich besser darauf bin." So weit bin ich dann aber gar nicht mehr gekommen. Ich musste mich ein bisschen durchringen mit der Zeit, wirklich dahinter sitzen; das Interesse ging recht schnell verloren. Ich bin eine Person, die spontan ist, begeistert von allem, um genau so spontan und plötzlich wieder auf den Boden der Tatsachen zurückzukehren. Ich verzettle mich, bin Feuer und Flamme und habe Tausend Sachen, dann mache ich etwas für kurze Zeit und schmeisse es wieder, fange was Neues an. Das hat nichts mit PartnerWinner zu tun, sondern ist einfach mein Charakter: ich fange Tausend Sachen gleichzeitig an, eben persönliche Veranlagung. Es muss mich wirklich von Anfang an so begeistern, so unglaublich, dass ich wirklich dran bleibe, es muss wirklich was Aussergewöhnliches passieren, damit ich am Ball bleibe, dass ich irgendwann einmal während diesen zwei Wochen jemanden getroffen hätte, der mich wirklich krass anspricht - da hätte ich weitergemacht. Es waren alle nett und lieb und eigentlich auch interessant, aber... Aber ich war nie sooo wahnsinnig fasziniert, dass ich dachte: „Der ist es!", oder „Da muss ich am Ball bleiben".

Wie mein Traummann aussieht? Wie er aussieht, weiss ich nicht, es wird sich zeigen. Ich hab da kein konkretes Bild im Kopf, wie er aussieht. Mir ist zwar aufgefallen, dass mir oft Typen mit schwarzem Haar und blauen Augen gefallen haben. Aber ich war auch mit Menschen zusammen, die blond und gross waren oder etwas kleiner und molliger als ich. Ich hab da wirklich... es kommt ganz auf die Persönlichkeit darauf an, auf den Charakter und die Eigenschaften, Aussehen ist nebensächlich. Klar, körperlich muss die Person irgendwie anziehend sein, aber ich kann nicht genau sagen, so muss er nun aussehen. Je nach Person, vielleicht ein nicht wahnsinnig hübscher Typ und trotzdem faszinierend, weil er mich als Ganzes mit Eigenschaften, mit Psyche so anspricht - egal, ob perfekt oder nicht.

Die Flucht

Es stimmt, ich habe mich nach relativ kurzer Zeit entschlossen, Partner-Winner zu verlassen. Wie es dazu kam? Ich weiss, dass mich der *Klaviermann* am meisten beeindruckt hat von allen, und weil ich ihn mit dieser unangenehmen Erfahrung verbinde, ist alles andere ausgelöscht worden in meinem Kopf. Ich weiss nur, schliesslich hatte ich etwa fünf oder so, sechs Männer. Es war immer der *Klaviermann,* mit dem ich am meisten kommuniziert habe und dem ich am meisten von meiner Persönlichkeit offenbart habe... Ich hab in ihn am meisten investiert und das war eine falsche Investition [lächelt leicht]. Darum hat mich das so verletzt. Ich habe es nicht erwartet, weil ich nicht genau geachtet habe, was es da für verschiedene Zeichen gab. Es gab sicher Zeichen in jedem Mail, dass man solche Reaktion auch erwarten kann, aber ich hatte nicht die Zeit, die Lust und Ausdauer, dahinter zu gehen. Er hat sich auch wirklich nicht so interessiert, dass ich das so deute. Ich dachte, das ist ein Freund, ein Kollege, ein platonischer Freund, ein bisschen small talk, ein bisschen Plaudern mit dieser Person, über Gott und die Welt reden und von sich selber auch erzählen. Nicht, dass ich das Gefühl hatte, er will schon ab dem dritten Email was mit mir abmachen. Doch genau so kam's dann doch. Ich habe versucht, darauf ganz normal, ganz belanglos zu reagieren und: „Langsamer, warte mal, wir sehen, wie es weitergeht und machen nichts ab, es wäre mir lieber, wenn wir so weiter kommunizieren, wenn es Dir nichts ausmacht". Und dann hat er zurückgeschrieben: „Doch! Mir macht es was aus! Spinnst Du eigentlich? Was bist Du denn für eine?" Es wurde dann immer grober und immer verletzender, und ich dachte, mein Gott, habe ich mich da getäuscht, ich dachte, er sei ein Gentleman, doch nun hat er so grob reagiert. Das hat mir dann sofort abgestellt. Wirklich. Ich muss mich doch nicht von irgendwelchen Personen per Internet fertig machen lassen...

Für mich ist immer alles real... Ich bin sofort dabei, ich steige ein und lege alle Karten auf den Tisch, bin offen und das kommt halt nicht gut raus. Ich muss an mir selber arbeiten, um nicht so zu sein. Wenn ich etwas haben will, ergreife ich die Initiative und dann mache ich mich zum Clown, ich steige ein und investiere Energie und Zeit und Gefühle, eine sehr ehrgeizige und temperamentvolle Person, und das ist eben zu viel. Man muss ein bisschen distanziert mit der Welt umgehen und die Sachen nicht so real sehen. Ich bin so zart besaitet im Sinne von „Ich hasse Grobheit, ich hasse Bosheit"; solche Reaktionen erlaube ich mir selbst niemals. Es ist mir auch äusserst zuwider, so was von egal wem zu bekommen, auch von einer wild fremden Person auf der Strasse, obwohl es eigentlich so ist, dass die Personen, die einem am nächsten stehen, am meisten verletzen können. Bei Fremden gelingt mir das weniger gut, obwohl ich weiss, dass das umgekehrt sein müsste, fremde Menschen sollten mir scheissegal sein. Bei Fremden, die man nicht kennt, kann man die Reaktion sehr schlecht deuten. Wenn so etwas kommt, und es kommt plötzlich, kann man es nicht nachvollziehen, und es trifft einen wie ein Vorschlaghammer, wie ein Blitz aus dem Himmel. Wenn ich denke, er hat vielleicht auch andere Frauen auf ähnliche Art behandelt... fühle ich mich getröstet auf eine Art und Weise, weil ich dann weiss, es ist vielleicht weniger so, dass der Fehler bei mir liegt. Möglicherweise ist er ein Mensch, der mal enttäuscht worden ist oder selber psychische Probleme hat und wenn ihn eine Frau zurückweist, wird er dann eben so krass. Ich muss sagen, ich hab mich wirklich ungeschützt gefühlt, obwohl er ja nicht wusste, wer ich bin...

Ich hatte Pech, dass ich ausgerechnet diesen Menschen ausgewählt habe und dass ich in den *Klaviermann* am meisten Zeit investiert habe. Vielleicht, wenn ich die Zeichen gedeutet hätte, wenn ich wirklich Ferien gehabt hätte und mich aus Langeweile damit beschäftigt hätte, hätte es mich mehr mitgerissen. Ich hätte mehr aufgepasst, ich hätte mir auch die Zeit genommen, alle Mails vom *Klaviermann* hintereinander zu lesen und zu sehen: Wart mal, es gibt einige Stellen, da zeigt sich der Charakter dieser Person ganz deutlich. Wenn ich die Voraussetzungen gehabt hätte, wenn ich den psychischen Stress im Alltag und den zeitlichen Druck gestrichen hätte, dann hätte ich mich eher der Sache angenommen, da wäre ich psychisch eher dabei gewesen und vielleicht besser die passenderen Personen finden können. Hier war's auch aus Mangel an Motivation und an Zeit - sich dahinter zu stellen und alles anzuschauen. Ich glaube schon, ich hätte die Zeichen deuten können, das wäre kein Problem gewesen, wenn ich eine dickere Haut hätte, würde ich besser mit solchen Situationen umgehen können. Dass ich mir nichts so nahe gehen lasse, ich möchte distanzierter sein, aber es geht bei mir nicht. Meine Persönlichkeit ist so. Ich muss deshalb sehr aufpassen, ich muss mich zwingen, in Situationen mal zurückzuschrauben, so, jetzt bist Du mal ruhig, zurückhaltender und nicht 100% dabei. Ich rede und lache, Entertainer, Unterhalter..., es wäre besser, wenn man normaler wäre, die starken Emotionen aufbewahren würde und nicht einfach an die Welt verschenken würde.

Ich habe natürlich sofort angefangen, mich zu fragen: Siehst Du, bei diesem Menschen hättest Du nicht so reagieren dürfen, ihm nichts von Dir erzählen dürfen. Schau mal, wie er jetzt reagiert, das war alles verlorene Liebesmühe. Du hast so viel von Dir offenbart, und was passiert, Vorschlaghammer, Du wirst vor dem Kopf gestossen, Du bist enttäuscht und Du bist verletzt. Das ist genau das Problem, dass es sehr schwierig ist, hm, nicht nur im Alltag, sondern im Internet (im Internet sogar schwieriger als im Alltag) den Charakter einer Person deuten zu können - weil man im Alltag speziell den Gesichtsausdruck, die Körpersprache, die Reaktionen auch physisch beobachten und auch sehen kann, wie handelt diese Person jetzt konkret, vor meinen Augen? Im Internet ist all das nicht gegeben, man kann sehr oft schöne Worte schreiben, einfach schöne Sachen schreiben und die Person hinters Licht führen, das geht eben sehr gut im Internet. Und plötzlich entdeckt man, wie habe ich mich bloss getäuscht, wie konnte ich mich so täuschen in dieser Person?

PartnerWinner beschreiben
Vielleicht, wenn man PartnerWinner gegenständlich beschreiben würde, wäre das eine Wolke am Himmel, verschiedene Wolken und auf jeder Wolke sind ein paar Menschen, und die schreien sich was zu. Aber man kann sie nicht sehen, weil so viel Nebel da ist, man hört irgendwelche Stimmen und die Wolken schweben ein bisschen, es gibt Wind, und die Wolken vermischen sich und distanzieren sich voneinander und dann gibt es vielleicht wieder eine bessere Atmosphäre. Da kommt man sich wieder näher, da kann man die Stimmen wieder besser hören. Wie ein Hoch und Tief, wie in der Atmosphäre. Es ist ein Hoch, es ist wunderschönes Wetter, man ist sehr gut drauf, man sieht die andern Menschen auf den anderen Wolken um sich herum und denkt, da sind noch sympathische, vielleicht bleibt das Wetter so schön, vielleicht können wir mal unsere Wolken in einer Nachbarswolke aufgehen lassen. Aber dann kommt wieder das Tief und dann wird das Wetter schlecht, es fängt an zu regnen...

Oder vielleicht wie ein Symposium, wie eine Konferenz von ganz vielen Leuten, wie eine Veranstaltung. Wenn wir eine Vorlesung haben, es sind 300 Leute da und es ist so anonym, man kennt niemanden, vielleicht die Nachbarn rechts und links in der gleichen Reihe; in der Pause geht man raus, raucht oder trinkt Kaffee - ohne jemanden zu kennen, höchstens ein paar Gesichter vom Sehen her, aber nie gross mit ihnen gesprochen. Wenn man versucht, sie kennen zu lernen, würde es einfach nicht gehen, es geht wirklich nicht, so viele Personen aufs Mal kennen zu lernen, nicht nur Hallo, Wie geht's, Tschüss. Es ist im Alltag nicht möglich. Im Internet sind es mehrere Personen, es sind wirklich mehrere Personen als im Alltag. Die Voraussetzungen sind zwar die gleichen, man muss diese Personen auch kennenlernen, auch Schritt für Schritt vorgehen und trotzdem sind es viel mehr Personen aufs Mal, parallel zueinander... [schweigt lange].

Zurück
Ich habe mich vor etwa einem Monat oder so wieder auf PartnerWinner eingeloggt. Ich logge mich ab und zu wieder ein... Ich sehe mir die verschiedene Profile an oder ich gehe auf die Inserate, auch Fraueninserate lese ich mal, um zu sehen, was es da so gibt. Ich finde es nach wie vor eigentlich interessant. Ich bin zurückgekommen, ja, aber ich habe mich nicht sichtbar gemacht, und bin immer noch unsichtbar. Ich kann mir vorstellen, einen Partner auf PartnerWinner zu finden, sicher. Warum nicht? Das ist gut möglich, das ist alles möglich. Ich denke, es gibt keinen Grund, warum nicht, es gibt keinen Grund dagegen, es ist sicher möglich, so etwas.

Für mich persönlich ist die Lehre daraus, dass man sich das Ganze nicht so zu Herzen nehmen darf und dass man darauf gefasst sein muss, dass so etwas passiert und lernen muss, damit umzugehen und nicht schokkiert zu sein, sondern einfach weiter zu machen. Nicht immer so viel von sich zu offenbaren, immer versuchen, am Anfang distanziert zu sein, zu sehen, was zurückkommt, die Zeichen zu deuten und erst dann weiter zu gehen, aber immer schrittweise, nie auf ein Mal. Man muss sehen, wie sich das entwickelt, und darum bin ich gegen sofortigen Telefonnummerntausch und Abmachen. Es kann sich nicht plötzlich aufbauen, es muss mit der Zeit kommen, man muss der Sache Zeit lassen. Ich denke, die Plattform ist dazu da, dieses schrittweise Kennenlernen voranzutreiben, diesen Prozess durchzumachen und ich glaube, dass sich daraus durchaus Freundschaften entwickeln können. Aber man muss eben bereit sein, Enttäuschungen einzustecken und auch die Motivation oder den Willen haben, auszuharren, obwohl man sieht, es ist momentan niemand da, der mich interessiert.

19.3.3. Der Süchtige[166]

Ich war lange verheiratet, um die 30 Jahre, 25 Jahre waren es genau, und habe drei Kinder. Ein Kind wohnt bei mir, eins bei der Frau und eins ist selbständig, über 20jährig. Das Kind, das mit mir wohnt, weiss nichts vom PartnerWinner und von den Menschen, die ich dort kennengelernt habe. Das Internet kenne ich seit drei Jahren. Ich finde Internet sehr gut, um Informationen zu beschaffen, wenn man etwas Konkretes sucht, dann kann man es gut finden. Das Chatten hat mich nicht so angesprochen. Nach der Trennung von meiner Frau hatte ich lange Zeit keine Kontakte - das mit PartnerWinner ist das erste.

In meinem Profil steht bei „sexuelle Präferenz" nicht immer das Gleiche, das wechselt immer [lacht], weil ich das Bedürfnis nach beiden habe - ich suche nach „Männer und Frauen" oder nur nach „Männer", es ist ein echtes Bedürfnis. Die eine Kategorie, wo es nur Männer gibt, ist ganz anders, vom Hintergrund her. Das sind Leute, die eine Partnerschaft wollen, die sich von dem, wie sie sich in der Gesellschaft geben, sehr wohl unterscheidet. Sie sind entweder selber feminin oder sie suchen jemanden, der feminin ist. Für solche wie mich mit beiden Identitäten ist es auch noch wichtig, maskulin aufzutreten, einen maskulinen Partner zu haben. Von der Innenseite her gesehen besteht ein grosser Unterschied. Ich habe immer heterosexuell gelebt, hatte aber teilweise Phantasien. Ich fand, an meinem Lebensende will ich das mal ausleben. Ich habe nach Männern gefragt, die sich für beides interessieren, also bisexuell sind. In der Sauna konnte ich nicht schauen, ob ich dort einen Partner finde oder nicht. Ich habe PartnerWinner beigezogen, einen Mann gesucht, der bisexuell ist, und auch gefunden. Ich habe gemerkt, dass die Männer, die sich gemeldet haben, sich in einer ähnlichen Situation befanden: Sie waren langjährig verheiratet, treu, zuverlässig im Alltag, eher ein bisschen konservativ, das Gleichgeschlechtliche neben dem Gegengeschlechtlichen vermissend...

Die Sucht

Als negativ bezeichne ich meine Erfahrung mit der Partnersuche im Internet, weil ich gemerkt habe, dass ich in eine Situation reinschlitterte, wo ich total darauf abgefahren bin und ein Suchtverhalten entwickelt habe; ich konnte nicht mehr gut schlafen, dermassen war ich aufs Suchen fixiert. Stets war ich in der Freizeit im Netz (während der Arbeit kann ich mir das nicht leisten!); ich bin jeweils nach Hause gekommen, habe sofort den PC eingeschaltet, dann wieder was anderes gemacht, zurück zum PC, immer wieder ging ich im Netz schauen. Wenn ich nicht schauen konnte, weil der Sohn zu Hause war, fühlte ich mich leer und auch lustlos. Ich wusste nicht, was machen, die Zeit ist nicht schnell vergan-

---

[166]Das Interview fand auf Schweizerdeutsch statt.

gen. Ich hatte weniger Appetit, ich hatte keine Lust auszugehen. Lesen, Musik hören habe ich massiv reduziert auf Grund dieses Triebs, ins Internet zu gehen. Ich habe auch Schlafstörungen entwickelt, am Morgen bin ich sehr früh aufgewacht, habe sofort ins Internet geschaut, ob eine Reaktion gekommen ist, die mich anspricht, das hat meine Lebensqualität massiv eingeschränkt. Ich bin in eine Hektik hineingekommen - was ist jetzt, was finde ich...? Das Suchen löste eine enorme Unruhe aus, der ich mit noch mehr Suchen begegnete, und wenn Du schliesslich eine Antwort hast, bist Du einen Moment lang befriedigt, dann ist es aber gleich wieder vorbei, und es kommt das nächste Suchen... Eigentlich müsste das bereits Gefundene Dich so erfüllen, dass Du sagst: „Das ist mein Partner! Nun ists fertig, Austritt". Ich wundere mich, wie viele so zufrieden sind, dass sie aussteigen, verglichen mit denjenigen, die immer weiter suchen. Der eine Kollege, den ich gefunden habe, ist auch wahnsinnig viel im Internet, am Suchen. Zwei-, dreimal pro Tag, weitgehend im PartnerWinner.

Grundsätzlich gibt es Menschen mit ausgeprägter Suchtstruktur und andere eben nicht. Jemand, der das nicht hat, kann sich auch eine Zeit lang süchtig verhalten, aber er kommt da eines Tages raus. Aber für jene mit einer ausgeprägten Suchtstruktur ist das Internet schon eine grosse Gefahr. Weil ich denke, dass man diese Form sehr aktiv und sehr isoliert zu Hause ausüben kann. Es ist klar, dass gewisse Süchtige zu gewissen Suchtmitteln greifen, das ist schon von Bedeutung. Es gibt einen Haufen Drogensüchtige, die enorm über Spielsucht oder Alkoholsucht herziehen. Sie brauchen eine Art Abenteuer.

Was am Internet speziell ist, kann ich nicht sagen - der eine macht es mit Dateien, der andere mit PartnerWinner. Natürlich kannst Du Kontakt finden, aber Du bist zu Hause, es sieht Dich niemand - ich meine, generell ist Internet etwas, was doch anonym ist, ich würde es als anonym bezeichnen. Wenn ich jetzt mal ganz spontan und ohne Fundus vergleiche, würde ich sagen, das ist mit Medikamentensucht verwandt. Ein Stück weit sind mir Frauen in den Sinn gekommen, die zu Hause Medikamente nehmen, Spielsucht dagegen hat für mich mehr einen gesellschaftlichen Aspekt, die Spielsalons sind in einem gesellschaftlichen Rahmen. Internetsucht ist etwas, das sehr isoliert daheim abläuft. Du bist alleine am PC. Alkohol hat auch beim Einstieg eine gesellschaftliche Komponente und erst im fortgeschrittenen Stadium kommt das Verstekken, wo die Leute alleine trinken. Im Versteckten. Das Ausleben der Internetsucht ist etwas, was im isolierten Bereich stattfindet.

Ich habe eigentlich sehr schnell gemerkt, dass ich in einer unguten Situation bin und etwas dagegen machen muss. Ich habe mir ein Regime zurecht gelegt - am Morgen gehe ich grundsätzlich nicht ins Internet, obwohl ich jeweils um vier Uhr morgens aufgewacht bin; ich habe geschaut, dass ich Tätigkeiten ausübe, die mich ablenken, obwohl mir das am Anfang wahnsinnig schwer gefallen ist. Ich habe mehr Sport gemacht, mehr gelesen. Ich habe das sehr bewusst vorangetrieben, um davon ein bisschen weg zu kommen. Das ist mir unterschiedlich gut gelungen. Es war oft so, dass ich zwar beschäftigt war, aber doch mit den Gedanken beim Internet weilte, oder dass ich nicht mehr wusste, was ich gerade gelesen habe... Das war noch schwierig am Anfang, aber es ist mir doch noch gelungen, es in den Griff zu bekommen. Was mir sehr geholfen hat war, dass ich sehr schnell realisierte, wohin es mich treibt und dass ich dort, wo ich anlangte, gar nicht glücklich war und obendrein nicht so gesund gelebt habe. Ich konnte schnell darauf reagieren. Sonst könnte ich mir vorstellen, dass ich länger im Internet geblieben wäre oder dass sich daraus vielleicht eine Suchtverlagerung ergeben hätte - hin zum Alkohol. Alkohol, um ruhig zu bleiben.

Das Suchen
Am Anfang war meine Einstellung gegenüber dem Anknüpfen von Beziehungen im Internet nicht so positiv. Ich bin ein älterer Jahrgang, um die 50, und von der Erziehung und meiner Sozialisation war klar: wenn man jemanden kennenlernt, dann lernt man ihn auf natürliche Art und Weise kennen - sei es in der Nachbarschaft, an der Arbeit, an einem Fest. Das heisst dort, wo man sich zuerst sieht und dann miteinander in Kontakt kommt. Ich war anfänglich sehr skeptisch eigentlich, die Leute einfach so anzuschreiben, Leute, die man ja gar nicht kennt und von denen man nicht weiss, was für einen ethischen, philosophischen Hintergrund sie haben.

Ich habe mich am Anfang sehr unsicher gefühlt. Ich habe mich erst gar nicht getraut. Einerseits habe ich nicht gewusst, wie vertraulich das System ist, kommen keine Daten nach aussen? Die andere Unsicherheit war, dass ich noch nie jemanden kennengelernt habe, ohne ihn erst gesehen zu haben und war deshalb sehr unsicher - was sind das für Leute, die dort mitmachen? Sind das gute Leute, sind das auch schöne Leute, kann man diesen Leuten vertrauen? Ich hab's trotzdem als positiv empfunden - als eine weitere Möglichkeit, jemanden auf dieser Art kennen zu lernen. Ich habe für mich immer geschaut, dass die Personen, die ich anschreibe, gewisse Ansprüche erfüllen sollten, von der Innenseite her. Ich denke, grundsätzlich sind es sicher Leute, die bereit sind, offen zu sein und mal zu schauen, was kommt, wer sich so alles meldet. Das war allen gemeinsam, ein Stück weit. Ich hingegen war auf der Suche nach einer speziellen Personengruppe.

Ich habe verschiedene Inserate aufgegeben. Eines, dass ich jemanden kennenlernen will, der sich für klassische Musik interessiert (das hat schon etwas eingegrenzt), und da sind sehr unterschiedliche Reaktionen gekommen. Die Rückmeldungen waren oberflächlich, aber doch so, dass ich sie von der ganzen Aufmachung her interpretieren konnte: Verschiedene Merkmale, die man angeben kann, wie man sich selber einschätzt, wegen Kleidung, wenn „Handy losgeht im Kino" usw. Da meldeten sich Leute, wo ich von Anfang an wusste, das kommt für mich nicht in Frage. Ich habe einfach gemerkt, dass die wenigen Menschen, die sich gemeldet haben, sehr unterschiedlich waren - von ihrer Herkunft her, von ihrem Status. Zuerst habe ich einen Mann kennen gelernt, mit dem ich guten Kontakt hatte, aber unverbindlich, wir haben zusammen abgemacht, dass ich weiter suche.

Man(n) sollte sich bewusst sein: es ist ein neues Medium, wie geht man damit um, wie muss man es einsetzen und sich allenfalls abgrenzen? Weil, wenn ich Dich auf herkömmlichem Wege kennenlerne, weiss ich von vorne herein, wie damit umgehen. Und im Internet ist für uns (ein älterer Jahrgang wie ich)... , ist doch ein Verhalten angesagt, das man noch nicht eingeübt hat. Grundsätzlich sollte man schon eine gewisse Vorsicht walten lassen, Leute kennenzulernen ist es immer ein bisschen Risiko. Bei mir ist es so, ich bin sehr gwundrig und sehr vertrauensgebend; ich gebe eher zu schnell meine Telefonnummer und Adresse weiter, da kann ich immer wieder reinlaufen.

Nun habe ich grosses Vertrauen ins System. Bei einer Bekanntschaft hatte ich schon ein mulmiges Gefühl, aber es ist gut rausgekommen. Die Unsicherheit, die Unruhe auslöst, die habe ich dann enorm, es ist auch noch sehr zeitaufwendig und mit dem Wunsch verbunden, unbedingt jemanden zu finden. Auf alle Fälle. Mit diesem Hintergedanken macht man immer mit, in der Regel hoffen die Leute, irgend jemanden zu finden. Für manche ist's ein Spiel, wo aber was dahinter steht. Wenn jemand diese Sachen ernsthaft spielt, dann will er auch sehen, was für Leute sich zurückmelden und das ist auch ein gewisser Anreiz. Das macht leider nicht jeder seriös, nicht jeder will eine echte Beziehung finden. Es gibt schon immer wieder Punkte, die schön sind - abmachen, oder irgendetwas planen oder etwas austauschen, das ist schon sehr befriedigend, aber es hat sich irgendwie hochgeschaukelt - mit Hochs und Tiefs.

Der Körper
Bei der ersten Bekanntschaft waren es etwa vier Mails, bei der zweiten sechs. Mit beiden habe ich vorher telefoniert, zuerst Kontakt über PartnerWinner, dann am Telefon abgemacht wo und wie. Ich habe meine beiden Partner nicht auf Photos gesehen - das wurde gar nicht diskutiert, ob ich Photos von ihnen will oder sie von mir, wir haben relativ schnell abgemacht, um sich kennen zu lernen, direkt abgemacht. Da bestand

beidseitig der Wunsch, sich zuerst zu beschnuppern, das Beschnuppern geht am besten, wenn man sich trifft und austauschen kann. Ob das zu schnell war? Um sich zu treffen, hatte ich nicht den Eindruck, es ist zu schnell. Um zu wissen, ist das etwas, das Bestand haben kann, das mir entspricht, allerdings schon... Die Angst, dass der Mensch meinen Vorstellungen nicht entspricht, war nicht so gross - einfach ein gewisses Kribbeln. Grösser ist die Angst eigentlich, wenn Du etwas angefangen hast und nicht weisst, hat das Bestand, kannst Du mehr investieren oder lohnt sich die Investition gar nicht. Dort habe ich grössere Angst empfunden.

Fotos haben ihr Für und Wider. In meinem Fall bin ich auf jemanden gestossen, dem ich sonst nie begegnet wäre - weil ich ihn zurückgestellt hätte! Grundsätzlich, um zu sehen: „Oh nein, das kommt für mich gar nicht in Frage", ist ein Photo schon noch gut. Statt mit jemandem abzumachen, um Dir alsbald eingestehen zu müssen: „Oh, totaler Fehlgriff" - von daher kann ein Photo schon gute Sache sein. Ich habe eine ähnliche Seite in England gesehen mit Photos, ich fand das gute Sache; auf der Maske war nur so ein Kästchen, für ein Portrait. Grundsätzlich finde ich es mit Foto positiv - nur Portraits, wie Passfotos, also für mich ist schon noch wichtig, wie die Person aussieht, ich bin mehr so der visuelle Typ, mir ist schon noch wichtig, wie jemand daher kommt, wobei ich zuerst auf die Ausstrahlung schaue. Es ist schon wichtig, dass jemand schön ist, aber in erster Linie muss er für meine Begriffe eine Ausstrahlung haben, das ist sehr wichtig. Die erste Person, die ich kennengelernt habe, fand ich nicht ausgesprochen schön, wenn ich ihn so im Kino gesehen hätte oder im Restaurant, hätte ich ihn nicht unbedingt angesprochen. Aber ich habe ihn getroffen und er war mir sympathisch. Wenn ich bloss ein Foto von ihm gehabt hätte, hätte ich es eher ein bisschen zurückgestellt, muss ich sagen.

Ich kann mir schon vorstellen, dass solche Sachen wie nur virtuelle Beziehungen existieren. Früher hat man auch die Brieffreundschaften gesucht, in Skandinavien oder Übersee. Das will ich für mich nicht, ich würde den Menschen gerne kennenlernen, ich will wissen, wie die Person wirklich ist. Das ist möglich, aber nicht für mich. So, also nur mit elektronischem Verkehr, kann ich es mir nicht vorstellen, ich muss sehen, wie er aussieht, was für eine Ausstrahlung er hat.

Der PartnerWinner
Es gibt immer wieder Lebensphasen, wo man sucht und Kontakte knüpfen will, die man nicht im Normalleben findet. Es ist schön, wenn man eine solche Online-Form wählen kann und ja, jetzt mal unabhängig von der Geschlechtszugehörigkeit, würde ich ganz klar sagen: Jemand, der sich geoutet hat, der zu seiner Homosexualität steht, kann seine Präfe-

renzen öffentlich ausleben. Für jenen, der diesen Schritt nicht getan hat, ist das Internet sicher die geeignete Form. Ich fühle mich im Internet absolut anonym. Der Weg ist absolut sicher.

Ich wollte ausgesprochen Bekanntschaften, eine Beziehung. Für mich war es schon eine Plattform, wo man Kontakt, Gesellschaft, wo man Leute finden kann, die ähnliche Interessen haben. Deswegen ist es für mich auch ein Stück weit eine neue Dimension. Ich habe gesehen, es gibt einen Haufen anderer Rubriken, Sport, Freizeit, Konzert, Theater. Das ist etwas, was ich nicht in einem Restaurant suchen kann. Ich kann auch kein Inserat in einer Zeitung aufgeben - warum, kann ich nicht gut erklären, es ist nicht meine Art. Im Internet konnte ich es von Zuhause aus machen, in einer Zeitung habe ich es nie gemacht (dabei hätte ich es schon vor 20 Jahren tun können). Für mich ist das nicht in Frage gekommen, aber frag nicht warum [lacht].

Es ist ein sehr wichtiges und sinnvolles Angebot, wenn man bewusst damit umgehen kann. Wenn Du damit umgehen kannst, ist es ein Gewinn und wenn Du das nicht kannst, gehst Du unter. Mir hat es geholfen, in dem ich etwas verwirklichen konnte, an das ich immer geglaubt habe, und das ich als wichtigen Aspekt empfinde. Bis jetzt finde ich diese Beziehungen eine Bereicherung und grundsätzlich als etwas Schönes, wenn man es auch dort nicht übertreibt. Daher war es für mich ein Gewinn und ich denke, wenn man das Richtige findet, was man sucht, wenn man eine gewisse Qualität einbringen kann, dann ist es auf alle Fälle ein Gewinn.

Das Jetzt
Ich bin immer noch dabei, bei PartnerWinner, habe allerdings kein aktives Inserat mehr am Laufen, nur Kontaktaustausch. Mein SingleSlider steht irgendwo zwischen 40 und 50 oder 49%. Im Moment suche ich nicht, ich bin mit meinen beiden Bekanntschaften ziemlich ausgelastet. Würde ich eine neue suchen, müsste ich schauen, wie ich mich zeitlich organisieren muss.

Positiv habe ich gefunden, dass ich Leute kennengelernt habe, die mir entsprochen haben, die das waren, was ich gesucht habe, und daher ist das Gesamtresultat einerseits positiv, aber es war mit Gefahren verbunden und das ist problematisch. Ich habe das Ganze natürlich sehr widersprüchlich empfunden. Wenn Du jemanden findest, hast Du nicht gemeinsame Erlebnisse, Wurzeln, worauf Du zurückgreifen kannst, wo Du weisst, die Evelina, die kann ich so und so einschätzen, wenn wir abmachen, dann kommt sie usw. Es ist etwas ganz Neues und für mich war es sehr ambivalent. Ein Mal hab ich mir gesagt: „Wau, das ist es nun!", und ein anderes Mal: „Nein, das ist es absolut nicht, das hat überhaupt kein

Sinn". Wenn man die Leute im Internet kennen gelernt hat, fehlt die gemeinsame Geschichte, das ist für mich der grosse Unterschied. Es gibt längere Anlaufphasen, Du siehst erst mall nichts, zuerst ist es belanglos und dann wird es konkreter - die Anlaufphase, dünkt mich, ist ausgeprägt.

Eigentlich würde ich mich momentan nicht als süchtig bezeichnen, aber ich habe gemerkt, das Leben ist enorm anstrengend geworden. Ich habe jetzt zwei Beziehungen. Das Suchtpotential ist auch zurückgegangen, seitdem ich nicht mehr nach was Neuem suche - es hat sich normalisiert. Ich habe meinen Beruf, ich bin ein Stück weit alleinerziehend und muss schauen, dass ich mit allem durchkomme, und das ist auch ein Stück weit suchtähnlich - in dem Sinn, dass ich mir sehr bewusst Zeit nehmen muss, mich selber zu pflegen, bei mir zu sein und nicht nur zu stressen von einem Punkt zum nächsten...

Es ist aber immer noch so, dass ich sehr wenig Schlaf habe und schauen muss, ob ich im PartnerWinner eine Antwort habe. Ich schreibe regelmässig, immer noch auf die interne Email-Box (ich habe einen Sohn zu Hause, der auch immer am PC geht. Mein Partner hat auch Familie, der Weg ist absolut sicher). Es ist eine sehr gute Art für uns beide und wir sollten das so beibehalten. Ich wache immer am Morgen auf und schaue, was ist es jetzt gekommen, ist ein neues Mail gekommen?

19.3.4. Lametta[167]

Ausgangssituation
Nach einer schmerzhaften Trennung von meinem langjährigen Partner hat mir eine Freundin dazu geraten, mich mal „einzuloggen". Zuerst hatte ich grosse Skepsis, dann kam aber Neugier und vor allem die Idee, „Neues" auszuprobieren.

Erste Erfahrungen
Am ersten Tag erhielt ich etwa 20 Mails - als Reaktion auf das erstellte Profil. Welch Freude, dass sich so viele Männer für mich interessieren! Dann - bereits die Auswahl, wem soll ich zurückschreiben? Es war immer noch ein breites Spektrum. Schön, immer wieder Post zu erhalten, zu sehen, dass sich die Leute für einen interessieren...

Nach drei Tagen
Starke Einschränkung der Mail-Kontakte (noch drei verblieben), neu ankommende Nachrichten habe ich kaum mehr beantwortet. Ich traf die Wahl eines „Favoriten", mit dem ich zwei, drei Mal täglich einen Ge-

---

[167] Die Userin *Lametta* ist 34, Akademikerin, ohne Kinder.

dankenaustausch pflegte. Wir haben unsere Email-Adressen ausgetauscht.

Nach einer Woche
Der Kontakt zum Favoriten hat sich sehr stark entwickelt, es ist das Bedürfnis entstanden, sich zu treffen. Gedanken überkommen mich: Wie sieht er aus? Entspricht seine Art dem, was ich mir vom Mailkontakt her vorgestellt habe? Hat er alle Informationen zu seiner Person nur erfunden? Hat er mir schon aus anderen Profilen geschrieben und so herausgefunden, welcher „Typ" mir am besten gefällt?

Das erste Treffen
Wir konnten uns tatsächlich stundenlang so unterhalten, wie wir auch geschrieben hatten. Ausser dem Äusseren, von welchem ich mir gar nicht so konkrete Vorstellungen machte, entsprach er genau dem Typ, den ich mir vorgestellt habe. Das hat mich am meisten gefreut –dass ich unter den vielen möglichen Kontakten jemanden herausgesucht habe, der meinen Wünschen entspricht... In den ersten Tagen nach dem Treffen haben wir Emails gewechselt über die eigenen Email-Adressen. Der elektronische Kontakt nahm aber schnell ab und wurde durch Telefon und reale Treffen ersetzt. Die Emails sparten wir uns für kleine Grüsse mit Attachments auf. Die anderen, über PartnerWinner entstandenen Email-Kontakte haben er und ich abgebrochen.

Rekapitulation
Es entsteht eine Beziehung, die im realen Leben gut hätte bestehen können. Wegen anderweitiger Umstände (Neuanfang mit altem Partner) habe ich mich entschieden, diese fünfwöchige Beziehung aufzulösen.

Fazit
In den ersten Tagen war PartnerWinner eine gute Ablenkung für mich. Auf der Plattform lassen sich interessante Leute und allenfalls mögliche Partner finden. PartnerWinner erfordert gute Menschen-kenntnisse, kann und soll doch vom Geschriebenen her auf die Persönlichkeit des Autors geschlossen werden. Ich bin mir nicht sicher, ob dies für alle Teilnehmer von Belang ist. Für mich war es der Reiz, auch online herauszufinden, wer nun wie ist. Ich kriegte von andern Usern den Eindruck, die meisten blieben ziemlich nahe an der Wahrheit, wenn sie über sich schreiben. Eigenschaften wie „Angeberei" und „Bescheidenheit" verstärken sich, aber auch eigene Vorurteile werden einem plötzlich bewusst.

19.4. Portrait eines VIP-Club-Mitglieds

Profil von *GregB*

SingleSlider 95%

Alter 36

steht auf Frauen

Region Zürich (AG/ZH)

Körpergrösse 193

Figur M

Haarfarbe schwarz

Augenfarbe braun

Sternzeichen Steinbock

Beruf: Selbständiger Akademiker

Schweizer

konfessionslos

geschieden

keine Kinder

raucht nicht

Intimes Interview

Was finden Sie an sich selbst sexy? - Hände, sehnsüchtiger, treuer Blick. Ja, halt alles... oder fast alles. Aber urteil doch am besten selbst.

Mit wem wollten Sie schon immer mal im Lift stecken bleiben? - Am liebsten gar nicht. Mit einer sympathischen witzigen Liftmonteurin.

Was machen Sie mit ihren allerletzten hundert Franken? - Mit meinen besten Freunden verprassen.

Wann vergeht Ihnen beim romantischen Candlelight-Dinner der Appetit? - Wenn vorzeitig der Nachtisch serviert wird.

VIP-Interview

Wieso sind Sie Single?

Nach 7 sehr glücklichen Ehejahren (ohne Rosenkrieg abgeschlossen) ist eine frische Brise genau das richtige. Oder vielleicht ein höllischer Tsunami, wer weiss?! Lassen wir uns überraschen... Ich habe schon Schwielen vom vielen Holzhacken. 24 Monate.

Welches sind Ihre Sonnenseiten?

Huch, wo soll ich anfangen? Hmm, mal überlegen... Wie immer ohne Gewähr.

Welches sind Ihre Schattenseiten?

Manchmal zu euphorisch.

Was macht Sie zum Traumpartner?

Das etwas andere... Heh ja, halt das gewisse etwas.

Was bringt Sie zum Weinen?

Leider zu lange nicht mehr.

Was bringt Sie zum Lachen?

Vieles. Vor allem ich mich selbst.

Was freut Sie momentan am meisten?

Ich freue mich an kleinen Dingen - einem Menschen ein Lächeln entlokken.

Was nervt Sie momentan am meisten?

Belanglose Gespräche.

Was ist Ihr grösster Wunsch?

Hinter dem stehen, was ich tue.

Was können Sie besonders gut?

Mit wenig glücklich sein.

Was sagen Ihre besten Freunde über Sie?

Charmant, witzig, intelligent.

Welches sind Ihre Hobbys?

Fun, friends, family.

Was hören Sie für Musik?

Alles, je nach mood. Ausser Schlager und Volksmusik!!!

Welches ist Ihr Lieblingsfilm?

Pulp Fiction, Forest Gump, English Patient.

Welches sind Ihre TV-Lieblingssendungen?

Sex and the City.

Wie verbringen Sie am liebsten Ihre Ferien?

Kultur, Kultur, Kultur...

Wie verbringen Sie am liebsten Ihre Freizeit?

Easy peasy als Solist oder zu zweit, oder in Saus und Braus bei viel Action und Lärm...

Wie feiern Sie am liebsten Ihren Geburtstag?

Täglich.

Wie feiern Sie am liebsten Weihnachten?

Unkompliziert, unkonventionell.

Welches ist Ihr liebstes Kleidungsstück?

Badehose.

Auf was sind Sie besonders stolz in Ihrem Leben?

Mit dem zufrieden sein, was ich erreicht habe.

Was war das Mutigste, was Sie je ausgeheckt haben?

Über seinen eigenen Schatten zu springen. Aber es ist möglich... Unglaublich, versuch es.

Welches war Ihr bösester Streich, den Sie sich je geleistet haben?

Sich selbst belügen.

Was ist das Verrückteste, das Sie je gemacht haben?

Ich versuche dies tagtäglich zu übertreffen.

Was war der peinlichste Moment in Ihrem Leben?

Einer Frau machtlos ausgeliefert zu sein.

Wie lange brauchen Sie morgens im Badezimmer?

Je nachdem was ich vor habe - von 5 Minuten bis 1 Stunde.

Was machen Sie als Erstes, wenn Sie von der Arbeit nach Hause kommen?

Post sortieren (Emails).

Kochen Sie gerne? Wenn ja, was?

Ich teste immer wieder neue Rezepte (Versuchskaninchen gesucht!!! Keine Angst, bis jetzt haben noch alle überlebt).

Was findet man immer in Ihrem Kühlschrank?

Aqua (con gas), O-Saft und Milch... und natürlich roter Rebensaft.

Was unternehmen Sie, wenn Sie sich etwas Gutes tun wollen?

Immer wieder etwas neues ausgelassenes...

Für was geben Sie zu viel Geld aus?

Nichts... (meiner Meinung).

Mit wem würden Sie gerne ab und zu tauschen?

Ups... hierzu habe ich keine Antwort.

Auf welchem Gebiet sind Sie ein absoluter Experte?

Mich zu akzeptieren, wie ich bin. Na ja, ein paar Dinge werde schon noch ändern: neues Toupet etc.

Wo bevorzugen Sie zu leben, in der Stadt oder auf dem Land?

Es ist beides sehr reizvoll. Zurzeit geniesse ich die ländliche Ruhe.

Welches Kompliment hören Sie am liebsten?

Dass ich der grösste und schönste bin...

Wie äussern Sie sich leichter über Ihre Gefühle, schriftlich oder mündlich?

Hauptsache verbal... aber nonverbal, wenn es ans Eingemachte geht.

Lösen Sie Ihre Probleme lieber für sich allein, oder brauchen Sie jemanden zum Reden?

Alleine...

Wo werden Sie am liebsten berührt?

An den Händen.

Was ist für Sie Liebe?

Oha - ein abendfüllendes, nie abzuschliessendes Thema... Jeder sieht das ein bisschen anders. Eines der wenigen Abenteuer, das uns noch geblieben ist.

Was ist für Sie das Wichtigste in einer Partnerschaft?

Offenheit, Zuverlässigkeit, Ehrlichkeit, Treue... sich Freiraum gewähren, Finanzielles ganz klar regeln.

Wie sieht Ihr Traumpartner aus?

Ganz einfach sympathisch - nicht mehr und nicht weniger!!!

Wie sieht bei Ihnen ein romantischer Abend zu zweit aus?

Hier gibt es Abertausende Varianten - was es von Tag zu Tag neu zu entdecken gilt...

Kann eine Beziehung für immer halten?

Dies wäre doch wunderbar.

Verliebt, verlobt, verheiratet. Was fällt Ihnen dazu ein?

Liebe: das Licht des Lebens und in der Ehe kommt die Stromrechnung.

Wie eifersüchtig sind Sie?

SEEEEEEEEEEEEEEHR!!!!! Halt normal - was immer das heisst.

Was führt Ihrer Meinung nach am ehesten zu einer Partnerschaftskrise?

Banalitäten.

Stichwort Treue - was fällt Ihnen dazu ein?

Ein goldenes Kalb...

Wie stellen Sie sich Ihre Traumhochzeit vor?

Ich möchte nie mehr heiraten... Aber man soll nie *nie* sagen.

Wie reagieren Sie, wenn Sie kritisiert werden?

Höchst unterschiedlich. Uninteressiert oder höchst betroffen - je nach Person, Situation und die Art, wie einem dies vermittelt wird... [c'est le son qui fait la musique]

Glauben Sie an die Liebe auf den ersten Blick?

Passiert mir leider zu oft... Viel zu oft, als die Statistik dies erlaubt!!! Aber es ist eines der erlebnisreichsten Gefühle - wie eine Achterbahnfahrt.

Glauben Sie, dass Kinder eine Beziehung schwieriger machen?

...aber auch unheimlich bereichern können.

Stichwort Sex - was fällt Ihnen dazu ein?

Vor Gott sind wir alle gleich. Aber die Fantasie macht's...

Auf was würden Sie nie verzichten, auch nicht für die grosse Liebe?

Mich selbst zu sein.

Was halten Sie von einem One Night Stand?

Bin ich zuwenig ein Filou für... aber kann auch seinen Reiz haben.

Wie streiten Sie?

Muss ich noch lernen, unbedingt. Gehört zum Leben genauso wie Trauer und Freude zu zeigen.

Möchten Sie Kinder?

Ist, glaube ich, auch vom Partner abhängig.

Was würden Sie von Ihrem Partner absolut nie akzeptieren?

Vieles... vielleicht manchmal zu vieles. Ich bin hier doch sehr, sehr flexibel.

396

Würden Sie einen Seitensprung beichten?

Für das bin ich zu ehrlich - aber es gibt hier den berühmten Unterschied zwischen Theorie und Praxis... Hmm, was hab' ich denn da wieder geschrieben? Das wollte ich doch gar nicht.

Welche Hobbys muss ein Partner unbedingt mit Ihnen teilen?

To be happy and enjoy every day, as it would be your last (Ich weiss, ich weiss: das sagt jeder, aber es ist mir eben nichts Besseres eingefallen, sorry).

Bei welchen Ihrer Macken muss Ihr Partner ein Auge zudrücken?

Toupet, lispeln, stottern, Wampe, dritte Zähne... Das waren nur die äusseren Makel - die sogenannte Spitze des Eisberges.

19.5. Datenanalyse (Tabellen)

Tabelle 39. Beziehungen im Internet

	alle		Geschlecht			
			männlich 62.0%		weiblich 38.0%	
Ort der Internet-Beziehung vor PartnerWinner						
im Chat	55.8%	242	54.8%	126	56.9%	116
auf einer anderen Dating-Site im Internet	33.6%	146	34.3%	79	32.8%	67
beim E-Mail-Kontakt	28.1%	122	30.9%	71	25.0%	51
andere	7.6%	33	6.5%	15	8.8%	18
Total	*	*	*	*	*	*
Antworten		434		230		204
Freq Err(68)*		±2.4%		±3.3%		±3.5%
Freq Error*		±4.8%		±6.6%		±6.9%
ChiSq Significance		NA		Yes at 99.0%		

* Note: Freq Err(68) covers 68% of distribution. Frequency error covers 95% of distribution. Multiple answer percentage-count totals not meaningful.

Tabelle 40. Sucht, Einsamkeit, sexuelle Zufriedenheit, Wohlbefinden und Internetnutzung. Bivariate Korrelationstabelle

Correlations

		Süchtig-Selbstdiagno bstdiagno se (1-10)	Suchtponten ial des nternet (1-5	Einsamkeit	Wohlbefinden (1-10)	Sexuelle Zufriedenhei (1-10)	Selbstbewuss tsein (1-10)	Internetnut zung (1-8)
Süchtig-Selbstdiagno (1-10)	Pearson Correla	1	.307*	.138*	.072*	.055*	.099*	.191*
	Sig. (2-tailed)		.000	.000	.000	.003	.000	.000
	N	2971	2464	2971	2965	2954	2964	2951
Suchtpontential des Internet (1-5)	Pearson Correla	.307*	1	.003	-.022	.000	.001	.022
	Sig. (2-tailed)	.000		.892	.272	.989	.970	.268
	N	2464	2464	2464	2460	2449	2459	2453
Einsamkeit	Pearson Correla	.138*	.003	1	.433*	.527*	.319*	.128*
	Sig. (2-tailed)	.000	.892		.000	.000	.000	.000
	N	2971	2464	3221	3215	3203	3214	3196
Wohlbefinden (1-10)	Pearson Correla	.072*	-.022	.433*	1	.398*	.487*	.117*
	Sig. (2-tailed)	.000	.272	.000		.000	.000	.000
	N	2965	2460	3215	3221	3208	3219	3191
Sexuelle Zufriedenh (1-10)	Pearson Correla	.055*	.000	.527*	.398*	1	.308*	.086*
	Sig. (2-tailed)	.003	.989	.000	.000		.000	.000
	N	2954	2449	3203	3208	3209	3207	3179
Selbstbewusstsein ('	Pearson Correla	.099*	.001	.319*	.487*	.308*	1	.080*
	Sig. (2-tailed)	.000	.970	.000	.000	.000		.000
	N	2964	2459	3214	3219	3207	3220	3190
Internetnutzung (1-8	Pearson Correla	.191*	.022	.128*	.117*	.086*	.080*	1
	Sig. (2-tailed)	.000	.268	.000	.000	.000	.000	
	N	2951	2453	3196	3191	3179	3190	3197

**.Correlation is significant at the 0.01 level (2-tailed).

Tabelle 41. Eigenschaften des Partners. Bivariate Korrelationstabelle

Correlations

		Äusserl. Eigenschaften	Alter	Bildung	Einkommen Beruf	Ruf	Intelligenz	Weltanschauung	Guter Charakter	Ehrlichkeit	Sensibilität	Natürlichkeit	Unkonventionalität	Toleranz	Zuverlässigkeit
Äusserl.Eigen:	Pearson Cor	1	.239*	.167*	.161*	.109*	.224*	.153*	.197*	.209*	.134*	.117*	.119*	.148*	.174*
	Sig. (2-tailed)		.000	.000	.000	.000	.000	.000	.000	.000	.000	.000	.000	.000	.000
	N	3063	3023	3039	3046	3008	3038	3023	2959	2910	2980	2962	2930	2970	2938
Alter	Pearson Cor	.239*	1	.203*	.142*	.158*	.140*	.163*	.180*	.185*	.148*	.131*	.046*	.131*	.132*
	Sig. (2-tailed)	.000		.000	.000	.000	.000	.000	.000	.000	.000	.000	.013	.000	.000
	N	3023	3075	3051	3057	3022	3047	3032	2966	2922	2991	2975	2944	2982	2948
Bildung	Pearson Cor	.167*	.203*	1	.572*	.283*	.527*	.362*	.176*	.153*	.212*	.122*	.126*	.149*	.154*
	Sig. (2-tailed)	.000	.000		.000	.000	.000	.000	.000	.000	.000	.000	.000	.000	.000
	N	3039	3051	3092	3078	3038	3067	3050	2983	2937	3005	2988	2956	2996	2963
Einkommen, E	Pearson Cor	.161*	.142*	.572*	1	.449*	.330*	.228*	.121*	.080*	.163*	.049*	.149*	.116*	.167*
	Sig. (2-tailed)	.000	.000	.000		.000	.000	.000	.000	.000	.000	.008	.000	.000	.000
	N	3046	3057	3078	3099	3047	3071	3057	2988	2940	3011	2995	2964	3003	2969
Ruf	Pearson Cor	.109*	.158*	.283*	.449*	1	.245*	.180*	.256*	.220*	.176*	.145*	.131*	.168*	.277*
	Sig. (2-tailed)	.000	.000	.000	.000		.000	.000	.000	.000	.000	.000	.000	.000	.000
	N	3008	3022	3038	3047	3062	3034	3022	2953	2902	2973	2960	2936	2967	2932
Intelligenz	Pearson Cor	.224*	.140*	.527*	.330*	.245*	1	.500*	.434*	.381*	.339*	.271*	.216*	.312*	.290*
	Sig. (2-tailed)	.000	.000	.000	.000	.000		.000	.000	.000	.000	.000	.000	.000	.000
	N	3038	3047	3067	3071	3034	3089	3058	2995	2944	3013	2995	2959	3000	2966
Weltanschauu	Pearson Cor	.153*	.163*	.362*	.228*	.180*	.500*	1	.399*	.329*	.360*	.301*	.230*	.308*	.249*
	Sig. (2-tailed)	.000	.000	.000	.000	.000	.000		.000	.000	.000	.000	.000	.000	.000
	N	3023	3032	3050	3057	3022	3058	3075	2979	2930	3000	2983	2953	2988	2950
Guter Charakt	Pearson Cor	.197*	.180*	.176*	.121*	.256*	.434*	.399*	1	.722*	.470*	.497*	.197*	.466*	.552*
	Sig. (2-tailed)	.000	.000	.000	.000	.000	.000	.000		.000	.000	.000	.000	.000	.000
	N	2959	2966	2983	2988	2953	2995	2979	3007	2927	2959	2952	2888	2955	2934
Ehrlichkeit	Pearson Cor	.209*	.185*	.153*	.080*	.220*	.381*	.329*	.722*	1	.480*	.518*	.199*	.464*	.610*
	Sig. (2-tailed)	.000	.000	.000	.000	.000	.000	.000	.000		.000	.000	.000	.000	.000
	N	2910	2922	2937	2940	2902	2944	2930	2927	2959	2932	2930	2848	2927	2918
Sensibilität	Pearson Cor	.134*	.148*	.212*	.163*	.176*	.339*	.360*	.470*	.480*	1	.547*	.313*	.428*	.406*
	Sig. (2-tailed)	.000	.000	.000	.000	.000	.000	.000	.000	.000		.000	.000	.000	.000
	N	2980	2991	3005	3011	2973	3013	3000	2959	2932	3030	2977	2909	2968	2933
Natürlichkeit	Pearson Cor	.117*	.131*	.122*	.049*	.145*	.271*	.301*	.497*	.518*	.547*	1	.371*	.443*	.433*
	Sig. (2-tailed)	.000	.000	.000	.008	.000	.000	.000	.000	.000	.000		.000	.000	.000
	N	2962	2975	2988	2995	2960	2995	2983	2952	2930	2977	3012	2902	2963	2928
Unkonventiona	Pearson Cor	.119*	.046*	.126*	.149*	.131*	.216*	.230*	.197*	.199*	.313*	.371*	1	.428*	.245*
	Sig. (2-tailed)	.000	.013	.000	.000	.000	.000	.000	.000	.000	.000	.000		.000	.000
	N	2930	2944	2956	2964	2936	2959	2953	2888	2848	2909	2902	2982	2913	2873
Toleranz	Pearson Cor	.148*	.131*	.149*	.116*	.168*	.312*	.308*	.466*	.464*	.428*	.443*	.428*	1	.462*
	Sig. (2-tailed)	.000	.000	.000	.000	.000	.000	.000	.000	.000	.000	.000	.000		.000
	N	2970	2982	2996	3003	2967	3000	2988	2955	2927	2968	2963	2913	3021	2947
Zuverlässigkei	Pearson Cor	.174*	.132*	.154*	.167*	.277*	.290*	.249*	.552*	.610*	.406*	.433*	.245*	.462*	1
	Sig. (2-tailed)	.000	.000	.000	.000	.000	.000	.000	.000	.000	.000	.000	.000	.000	
	N	2938	2948	2963	2969	2932	2966	2950	2934	2918	2933	2928	2873	2947	2985

**Correlation is significant at the 0.01 level (2-tailed).

*Correlation is significant at the 0.05 level (2-tailed).

Tabelle 42. Partnerschaftscharakteristiken. Bivariate Korrelationstabelle

Correlations

		Kommunikation	Treue	Sexualität	gem.Interessen	Haushaltsführung	Kindererziehung	Sicherheit Geborgenheit	Offenheit	Selbstverwirklichung	Freiheit Unabhängigkeit
Kommunikation	Pearson Corr	1	.410*	.350*	.211*	.154*	.152*	.344*	.564*	.304*	.221*
	Sig. (2-tailed)		.000	.000	.000	.000	.000	.000	.000	.000	.000
	N	3061	3032	3031	3040	3005	2819	3040	3008	3011	3021
Treue	Pearson Corr	.410*	1	.139*	.155*	.187*	.148*	.405*	.392*	.172*	.011
	Sig. (2-tailed)	.000		.000	.000	.000	.000	.000	.000	.000	.555
	N	3032	3042	3012	3020	2987	2800	3022	2994	2991	3003
Sexualität	Pearson Corr	.350*	.139*	1	.201*	.104*	.089*	.165*	.289*	.270*	.203*
	Sig. (2-tailed)	.000	.000		.000	.000	.000	.000	.000	.000	.000
	N	3031	3012	3041	3020	2989	2801	3020	2989	2998	3004
gem.Interessen	Pearson Corr	.211*	.155*	.201*	1	.222*	.133*	.213*	.223*	.220*	.120*
	Sig. (2-tailed)	.000	.000	.000		.000	.000	.000	.000	.000	.000
	N	3040	3020	3020	3058	3003	2815	3033	3002	3006	3015
Haushaltsführung	Pearson Corr	.154*	.187*	.104*	.222*	1	.614*	.338*	.239*	.252*	.155*
	Sig. (2-tailed)	.000	.000	.000	.000		.000	.000	.000	.000	.000
	N	3005	2987	2989	3003	3022	2826	2999	2967	2978	2981
Kindererziehung	Pearson Corr	.152*	.148*	.089*	.133*	.614*	1	.354*	.221*	.225*	.133*
	Sig. (2-tailed)	.000	.000	.000	.000	.000		.000	.000	.000	.000
	N	2819	2800	2801	2815	2826	2833	2817	2781	2796	2796
Sicherheit Gebor	Pearson Corr	.344*	.405*	.165*	.213*	.338*	.354*	1	.437*	.316*	.146*
	Sig. (2-tailed)	.000	.000	.000	.000	.000	.000		.000	.000	.000
	N	3040	3022	3020	3033	2999	2817	3052	3010	3005	3012
Offenheit	Pearson Corr	.564*	.392*	.289*	.223*	.239*	.221*	.437*	1	.390*	.246*
	Sig. (2-tailed)	.000	.000	.000	.000	.000	.000	.000		.000	.000
	N	3008	2994	2989	3002	2967	2781	3010	3019	2974	2982
Selbstverwirklich	Pearson Corr	.304*	.172*	.270*	.220*	.252*	.225*	.316*	.390*	1	.494*
	Sig. (2-tailed)	.000	.000	.000	.000	.000	.000	.000	.000		.000
	N	3011	2991	2998	3006	2978	2796	3005	2974	3027	2992
Freiheit Unabhän	Pearson Corr	.221*	.011	.203*	.120*	.155*	.133*	.146*	.246*	.494*	1
	Sig. (2-tailed)	.000	.555	.000	.000	.000	.000	.000	.000	.000	
	N	3021	3003	3004	3015	2981	2796	3012	2982	2992	3035

**Correlation is significant at the 0.01 level (2-tailed).

Tabelle 43. Hatten Sie im Internet eine Beziehung, bevor Sie auf PartnerWinner gekommen sind?

	alle		Geschlecht			
			männlich 62.0%		weiblich 38.0%	
Liebesbeziehung im Internet vor PartnerWinner						
Nein	83.5%	2202	85.2%	1321	81.2%	879
Ja	16.5%	434	14.8%	230	18.8%	204
Total	100.0%	2636	100.0%	1551	100.0%	1083
Antworten		2636		1551		1083
Freq Err(68)*		±0.7%		±0.9%		±1.2%
Freq Error*		±1.4%		±1.8%		±2.4%
ChiSq Significance		NA		Yes at 95.0%		

* Note: Freq Err(68) covers 68% of distribution. Frequency error covers 95% of distribution.

Tabelle 44. Aktivitäten auf PartnerWinner. Deskriptive Statistik und bivariate Korrelationstabelle

Descriptive Statistics

	Mean	Std. Deviation	N
Erfahrungen mit Dates im RL (1-negative; 10-positive)	6.46	2.410	1892
RL-Dates	4.57	5.490	1892
Inserate bisher	4.0402	16.91953	2391
Personen auf PW kennengelernt	16.2870	33.00163	2756
Mails geschrieben pro Woche	4.6916	7.04790	2299
Mails erhalten pro Woche	5.2856	9.66508	2167

Correlations

		Erfahrungen mit Dates im RL (1-negative; 10-positive)	RL-Dates	Inserate bisher	Personen auf PW kennenge lernt	Mails geschrieben pro Woche	Mails erhalten pro Woche
Erfahrungen mit Dates im RL (1-negative; 10-positive)	Pearson Correlation	1	-.002	-.019	-.009	.046	.043
	Sig. (2-tailed)		.946	.452	.690	.073	.094
	N	1892	1892	1546	1858	1546	1498
RL-Dates	Pearson Correlation	-.002	1	.089**	.452**	.203**	.162**
	Sig. (2-tailed)	.946		.000	.000	.000	.000
	N	1892	1892	1546	1858	1546	1498
Inserate bisher	Pearson Correlation	-.019	.089**	1	.076**	.047*	.014
	Sig. (2-tailed)	.452	.000		.000	.043	.551
	N	1546	1546	2391	2199	1852	1752
Personen auf PW kennengelernt	Pearson Correlation	-.009	.452**	.076**	1	.265**	.257**
	Sig. (2-tailed)	.690	.000	.000		.000	.000
	N	1858	1858	2199	2756	2213	2130
Mails geschrieben pro Woche	Pearson Correlation	.046	.203**	.047*	.265**	1	.569**
	Sig. (2-tailed)	.073	.000	.043	.000		.000
	N	1546	1546	1852	2213	2299	2059
Mails erhalten pro Woche	Pearson Correlation	.043	.162**	.014	.257**	.569**	1
	Sig. (2-tailed)	.094	.000	.551	.000	.000	
	N	1498	1498	1752	2130	2059	2167

**. Correlation is significant at the 0.01 level (2-tailed).
*. Correlation is significant at the 0.05 level (2-tailed).

Tabelle 45. Freie Definition von Liebe (Häufigkeitsverteilung)

	Geschlecht		alle
	männlich	weiblich	
	2202	1349	
	62.0%	38.0%	3720
Vorstellung von Liebe in drei Worten			
vertrauen	876	640	1516
	42.6%	50.4%	45.5%
treue	371	236	607
	18.0%	18.6%	18.2%
geborgenheit	284	190	475
	13.8%	14.9%	14.3%
Ehrlichkeit	197	146	343
	9.6%	11.5%	10.3%
Zärtlichkeit	171	101	273
	8.3%	7.9%	8.2%
sex	157	38	195
	7.6%	3.0%	5.9%
respekt	75	100	175
	3.6%	7.9%	5.3%
zuneigung	128	35	163
	6.2%	2.8%	4.9%
Glück	107	51	158
	5.2%	4.0%	4.7%
Verständnis	84	54	138
	4.1%	4.2%	4.1%
wärme	79	42	121
	3.8%	3.3%	3.6%
toleranz	65	44	110
	3.2%	3.5%	3.3%
leidenschaft	58	49	107
	2.8%	3.9%	3.2%
Nähe	61	42	103
	3.0%	3.3%	3.1%
Harmonie	75	24	100
	3.6%	1.9%	3.0%
Gemeinsamkeit	60	34	94
	2.9%	2.7%	2.8%
Erotik	62	29	91
	3.0%	2.3%	2.7%
Offenheit	50	36	86
	2.4%	2.8%	2.6%
Spass	55	20	76
	2.7%	1.6%	2.3%
andere	1620	995	2618
	78.8%	78.3%	78.6%
Total	*	*	*
	*	*	*
Antworten	2056	1271	3331
Freq Err(68)*	±0.9%	±1.2%	±0.7%
Freq Error*	±1.8%	±2.3%	±1.4%
ChiSq Significance	Yes at 99.0%		NA

* Note: Freq Err(68) covers 68% of distribution. Frequency error covers 95% of distribution. Multiple answer percentage-count totals not meaningful.

Tabelle 46. User-Typen und Beziehungserfolg auf PartnerWinner

Cluster * Geschlecht * Beziehung auf PartnerWinner Crosstabulation

Beziehung auf PartnerWinner				Geschlecht männlich	weiblich	Total
Beziehung(en) gehabt	Cluster	Nihilisten	Count	20	20	40
			% within Cluster	50.0%	50.0%	100.0%
			% within Geschlecht	13.4%	15.3%	14.3%
			% of Total	7.1%	7.1%	14.3%
		Realisten	Count	28	23	51
			% within Cluster	54.9%	45.1%	100.0%
			% within Geschlecht	18.8%	17.6%	18.2%
			% of Total	10.0%	8.2%	18.2%
		Maximalisten	Count	41	45	86
			% within Cluster	47.7%	52.3%	100.0%
			% within Geschlecht	27.5%	34.4%	30.7%
			% of Total	14.6%	16.1%	30.7%
		Idealisten	Count	60	43	103
			% within Cluster	58.3%	41.7%	100.0%
			% within Geschlecht	40.3%	32.8%	36.8%
			% of Total	21.4%	15.4%	36.8%
	Total		Count	149	131	280
			% within Cluster	53.2%	46.8%	100.0%
			% within Geschlecht	100.0%	100.0%	100.0%
			% of Total	53.2%	46.8%	100.0%
Beziehung im Moment	Cluster	Nihilisten	Count	7	11	18
			% within Cluster	38.9%	61.1%	100.0%
			% within Geschlecht	5.2%	6.6%	6.0%
			% of Total	2.3%	3.7%	6.0%
		Realisten	Count	12	21	33
			% within Cluster	36.4%	63.6%	100.0%
			% within Geschlecht	9.0%	12.6%	11.0%
			% of Total	4.0%	7.0%	11.0%
		Maximalisten	Count	58	94	152
			% within Cluster	38.2%	61.8%	100.0%
			% within Geschlecht	43.3%	56.3%	50.5%
			% of Total	19.3%	31.2%	50.5%
		Idealisten	Count	57	41	98
			% within Cluster	58.2%	41.8%	100.0%
			% within Geschlecht	42.5%	24.6%	32.6%
			% of Total	18.9%	13.6%	32.6%
	Total		Count	134	167	301
			% within Cluster	44.5%	55.5%	100.0%
			% within Geschlecht	100.0%	100.0%	100.0%
			% of Total	44.5%	55.5%	100.0%
Nein, bisher keine	Cluster	Nihilisten	Count	288	204	492
			% within Cluster	58.5%	41.5%	100.0%
			% within Geschlecht	23.7%	26.9%	24.9%
			% of Total	14.6%	10.3%	24.9%
		Realisten	Count	237	155	392
			% within Cluster	60.5%	39.5%	100.0%
			% within Geschlecht	19.5%	20.5%	19.9%
			% of Total	12.0%	7.9%	19.9%
		Maximalisten	Count	255	191	446
			% within Cluster	57.2%	42.8%	100.0%
			% within Geschlecht	21.0%	25.2%	22.6%
			% of Total	12.9%	9.7%	22.6%
		Idealisten	Count	435	207	642
			% within Cluster	67.8%	32.2%	100.0%
			% within Geschlecht	35.8%	27.3%	32.6%
			% of Total	22.1%	10.5%	32.6%
	Total		Count	1215	757	1972
			% within Cluster	61.6%	38.4%	100.0%
			% within Geschlecht	100.0%	100.0%	100.0%
			% of Total	61.6%	38.4%	100.0%

Beziehung auf PartnerWinner		Value	df	Asymp. Sig. (2-sided)
Beziehung(en) gehabt	Pearson Chi-Square	2.335[a]	3	.506
	Likelihood Ratio	2.338	3	.505
	Linear-by-Linear Association	.612	1	.434
	N of Valid Cases	280		
Beziehung im Moment	Pearson Chi-Square	10.996[b]	3	.012
	Likelihood Ratio	10.989	3	.012
	Linear-by-Linear Association	6.596	1	.010
	N of Valid Cases	301		
Nein, bisher keine	Pearson Chi-Square	16.150[c]	3	.001
	Likelihood Ratio	16.325	3	.001
	Linear-by-Linear Association	8.535	1	.003
	N of Valid Cases	1972		

a. 0 cells (.0%) have expected count less than 5. The minimum expected count is 18.71.

b. 0 cells (.0%) have expected count less than 5. The minimum expected count is 8.01.

c. 0 cells (.0%) have expected count less than 5. The minimum expected count is 150.48.

Abbildung 62. Häufigkeitsverteilung der Internetnutzung der PartnerWinner-User in Wochenstunden

Wie viel Zeit verbringen Sie im Internet pro Woche?

	alle		Geschlecht			
			männlich 62.0%		weiblich 38.0%	
Zeit im Internet (privat, pro Woche)						
weniger als 1 Std	9.4%	313	5.8%	120	15.2%	193
1-5 Std	52.4%	1745	48.4%	994	59.0%	750
6-10 Std	22.8%	759	26.4%	542	16.9%	215
11-15 Std	7.5%	249	9.0%	185	5.0%	64
16-20 Std	3.6%	120	4.9%	100	1.6%	20
21-25 Std	1.4%	46	2.0%	41	0.4%	5
25-30 Std	0.7%	22	0.9%	18	0.2%	3
über 30 Std.	1.5%	51	1.9%	40	0.9%	11
weiss nicht	0.8%	25	0.7%	14	0.9%	11
Total	100.0%	3330	100.0%	2054	100.0%	1272
Freq Err(68)*	±0.9%		±1.1%		±1.4%	
Freq Error*	±1.7%		±2.2%		±2.8%	
ChiSq Significance	NA		Yes at 99.0%			

* Note: Freq Err(68) covers 68% of distribution. Frequency error covers 95% of distribution.

19.6. Projekt-Homepage und Fragebogen

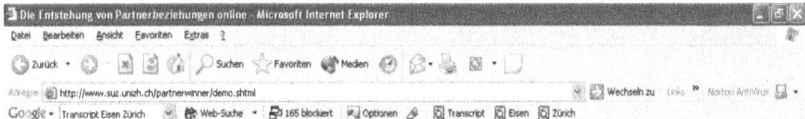

> Home
> Liebesfragmente
> Cyberdating
> Projekt
> Portrait
> Demofragebogen
> Interviews
> Resultate
> Reflexionen
> Medienstimmen
> Gewinner
> Links
> Team
> Impressum
> English
> Kontakt

The best of "Fragebogen-Reflexionen"

Die besten Reflexionen aus der PartnerWinner-Webumfrage

ZUM ARCHIV

- Aus eigener Erfahrung kann ich sagen, dass eine im Internet aufgebaute Beziehung, verbunden mit Telefonaten und schriftlichem Kontakt bei der Auflösung denselben realen Liebeskummer auslösen kann, wie das Scheitern einer "realen" Beziehung. Man hält es zwar nicht für möglich, es ist aber so.

- Es ist eine Frage der Reife und des selbstverantwortlichen Umganges mit dem Medium. Gesunde Kritikfähigkeit und Selbstkritik scheint mir auch wichtig und vor allem Selektivität. Nichts anderes kann vor Selbsttäuschung und Projektion schützen.

- PartnerWinner sollte zielgruppenorientierter sein, z. B. Forum für einfache Gemüter - gebildete Leute; Forum für Attraktive - weniger Attraktive...

- Wenn man nicht weiss, was zu schreiben, ist man genauso aufgeschmissen, wie wenn man nicht weiss, was zu sagen. Somit ist das Internet nicht unbedingt als einfacher zu bezeichnen.

- PartnerWinner ist wie ein Fenster für den Zufall. Und Zufall ist, was einem zufällt.

- Das Ganze ist doch eher eine Art "Marktwertanalyse", um herauszubekommen, ob er/sie überhaupt noch Chancen hat, zu einem Date zu kommen.

- Um Kontakte zu knüpfen ist das Internet ein wirklich gutes Medium. Es hilft, die einsamen Momente zu überwinden, da sich während der Partnersuche jemand für einen interessiert. Leider führt es dazu, sich einen Traumpartner zu wünschen, was dem realen Leben nicht entspricht.

Internet

> Home
> Liebesfragmente
  > Liebesdiskurs
  > Entstehung
> Cyberdating
> Projekt
> Portrait
> Demofragebogen
> Interviews
> Resultate
> Reflexionen
> Medienstimmen
> Gewinner
> Links
> Team
> Impressum
> English
> Kontakt

Liebesfragmente

Statt Vorwort: Liebe ist...Vertrauen, Treue, Geborgenheit

"Er hatte eine Annonce im PartnerWinner. Ein wunderschönes Gedicht über die Liebe. Ich habe ihm mit einem Gedicht geantwortet. Das war Liebe auf den ersten Satz und der Beginn einer wundervollen Partnerschaft."

Ein Umfrage-Teilnehmer

"Definieren Sie Liebe in drei Worten... Andere schreiben ganze Bücher zum Thema", hat sich kürzlich ein PartnerWinner-User in seinem Kommentar am Ende der Umfrage empört. Richtig, nur haben wir uns nicht als Ziel gesetzt, ein Buch über die Liebe zu schreiben, denn hier handelt es sich um eine soziologische Untersuchung, die nach bestimmten methodischen Kanonen - in diesem Fall die der so genannten "quantitativen Methoden" - gestaltet ist. Wir sind uns sehr wohl bewusst, dass diese Methode einige Nachteile besitzt, dafür ermöglicht sie aber im Gegensatz zu den schönsten Büchern über die Liebe, die je geschrieben worden sind, die Aufstellung "repräsentativer" Aussagen über die Entstehung von Liebesbeziehungen im Cyberspace aus wissenschaftlicher Sicht. Unsere Frage nach der Vorstellung von Liebe in drei Worten war in diesem Sinne eine Kompromiss-Lösung: es ging bloss um spontane Assoziationen beim Wort "Liebe". Denn diese einzelnen Wörtchen kann man der Computer gut zählen. Und weil dadurch Tausende von Worten zusammengekommen sind, die Sie für uns niedergeschrieben haben. Damit könnte man sicherlich ein Riesenbuch über die Liebe füllen:

Vertrauen
Treue
Geborgenheit
Ehrlichkeit
Zärtlichkeit
Sex
Respekt

Internet

> Home
> Liebesfragmente
> Liebesdiskurs
> Entstehung
> Cyberdating
> Projekt
> Portrait
> Demofragebogen
> Interviews
> Resultate
> Reflexionen
> Medienstimmen
> Gewinner
> Links
> Team
> Impressum
> English
> Kontakt

Die Entstehung

Wie entstehen Liebesbeziehungen?
(Auszüge aus der Webumfrage)

Ich bin mir bewusst, dass es nicht immer - wie bei mir - bereits nach einem Tag zu einer Kontaktaufnahme kommt, die dann zu einer wertvollen Beziehung wird.

Ein Umfrage-Teilnehmer

"Es hat schon im Mail-Kontakt geknistert" (Teil 1)

"Es war ihr erster Versuch per Internet" (Teil 2)

TEIL 1: Es hat schon im Mail-Kontakt geknistert

- Erster Kontakt über die Anzeige... Mailverkehr... Picture-Tausch... Telefonat... Treffen... Zeit verbringen... Verlieben...

- Durch Online-Flirten ist eine richtige gute, vertraute Freundschaft entstanden. Wir lernten uns innerhalb kurzer Zeit sehr intensiv und tief kennen. Ohne uns je gesehen zu haben, versteht sich. Der Austausch wurde zum täglichen Leben und war nicht mehr wegzudenken. Daher trafen wir uns, waren uns noch sympathischer und verliebten uns. Wir sind jetzt sieben Monate zusammen.

- Per Zufall - insofern es diesen gibt. Es hat schon im Mail-Kontakt geknistert, am Telefon nicht weniger. Und beim ersten Date war nicht mehr zu verhindern, was sich vorhin schon abzeichnete...

- Ein Inserat gemacht. Mehrere Telefonate mit verschiedenen Männern, die mich angeschrieben haben, geführt. Ein Treffen und dabei lernte ich den besten und liebsten Mann kennen. Am 20.2.2002 war unser Einjähriges. Wir haben die Absicht zu heiraten. Was ich nie für möglich gehalten habe: ich

Internet

Die Entstehung von Partnerbeziehungen online

Herzlich Willkommen zur Webumfrage

UMFRAGE BEENDET

Die erste grosse Umfrage über Partnersuche im Internet wurde am 8. April 2002 offiziell beendet. Wir danken allen Teilnehmern ganz herzlich für ihren Einsatz.

Sie können den Fragebogen weiterhin ausfüllen, doch ist die Teilnahme am Wettbewerb per sofort nicht mehr möglich. Ihre Antworten und Anregungen werden wir in unserer Studie selbstverständlich trotzdem berücksichtigen. Ihre persönliche Meinung ist uns sehr wichtig!
Bitte beantworten Sie alle Fragen möglichst spontan und ehrlich. Fragen mit eckigen Antwortboxen (☑) erlauben mehrere Antworten, Fragen mit runden Antwortboxen (⦿) hingegen nur eine Antwort. Lesen Sie zuerst alle vorgegebenen Antwortmöglichkeiten durch und wählen Sie dann diejenige aus, die am ehesten Ihrer Meinung entspricht. Der Fragebogen ist nicht ganz so kurz, dafür wird er uns differenzierte und wissenschaftlich fundierte Antworten liefern.
Sie bleiben jederzeit anonym. Nur Ihr PartnerWinner-Nickname ist bekannt (dies, um zu vermeiden, dass der Fragebogen mehrmals vom selben PartnerWinner-Benutzer ausgefüllt wird).
Die Resultate dieser Umfrage werden voraussichtlich **Ende Mai 2002** unter folgender Adresse veröffentlicht.
http://www.suz.unizh.ch/partnerwinner/. Dort finden Sie ab dem **9. April 2002** auch die Nicknames der Wettbewerbsgewinner. Bei Fragen oder technischen Problemen schreiben Sie uns bitte eine E-Mail.

Danke für Ihre kostbare Zeit!

Das Forschungsteam "Webumfrage PartnerWinner"
Prof. Dr. Hans Geser, lic. phil. Evelina Bühler

Los geht's!

Die Entstehung von Partnerbeziehungen online - Fragebogen   Fortschritt:

Bitte lesen Sie die nachfolgenden Aussagen und versuchen Sie möglichst spontan anzugeben, ob Sie damit einverstanden sind oder nicht:

	1 gar nicht	2	3	4	5 voll und ganz	weiss nicht
Um im Internet erfolgreich eine Partnerin oder einen Partner zu suchen, muss man besonders gut schreiben können.	○	○	○	○	○	○
Sites wie PartnerWinner.ch sind eine Art Treffpunkt, wo man spontan viele neue Menschen kennenlernen kann.	○	○	○	○	○	○
Wenn die Profile auf PartnerWinner.ch Photos enthalten würden, ginge etwas Geheimnisvolles verloren.	○	○	○	○	○	○
Nur ewige Singles versuchen, gerade im Internet eine Partnerin oder einen Partner zu finden.	○	○	○	○	○	○
Man kann seinen Wunschpartner oder seine Wunschpartnerin im Internet schneller finden, als im realen Leben.	○	○	○	○	○	○
Man sollte Beziehungen im Internet nicht zu sehr von Beziehungen im realen Leben trennen. Früher oder später will man sich sowieso treffen.	○	○	○	○	○	○

(Stimmt...)

Weiter

Die Entstehung von Partnerbeziehungen online - Fragebogen   Fortschritt:

Wo kann man am einfachsten eine Partnerin oder einen Partner finden?

○ am Arbeitsplatz
○ in der Schule, an der Universität
○ in der Disco, im Ausgang
○ zufällig auf der Strasse (im Tram, im Park)
○ im Internet
○ auf einer Single-Party
○ weiss nicht
○ anderes.

Haben Sie bei Ihrer Partnersuche Erfahrungen gemacht mit:

☐ Kontaktanzeigen in der Presse
☐ Partnervermittlungsinstituten
☐ anderen Dating-Plattformen im Internet
☐ Single-Treffs
☐ Dating-Sendungen
☐ Vermittlung durch Bekannte/Freunde
☐ Vermittlung durch Verwandte
☐ Chats
☐ keine Erfahrungen
☐ anderes.

Weiter

409

Die Entstehung von Partnerbeziehungen online - Fragebogen   Fortschritt:

Würden Sie uns bitte erzählen, wie Sie auf PartnerWinner ihre Partnerin oder ihren Partner gefunden haben?

Die Partnerin hat wegen meines Inserates ihren Nickname kreiert
(passend zu meinem Nickname) und sich dann bei mir gemeldet. Es war
ihr erster Versuch per Internet! Nach viermaligem Hin- und Hermailen
während drei Wochen trafen wir uns zu einem Nachtessen bei Vollmond.
Wir trennten uns erst am nächsten Morgen wieder und sind seit jener
Nacht ein Liebespaar.

[Weiter]

Die Entstehung von Partnerbeziehungen online - Fragebogen   Fortschritt:

Ich habe auf PartnerWinner gefunden...

- ☑ den richtigen Partner, die richtige Partnerin
- ☑ Date(s)
- ☐ erotische (sexuelle) Kontakte
- ☑ Email-Kontakte
- ☐ Online-Flirts
- ☑ Freundschaft(en)
- ☑ Partnerinnen und Partner für Freizeit und Hobbys
- ☐ keines der obigen
- ☐ anderes:

Haben Sie bereits mit jemandem, den Sie auf PartnerWinner.ch kennengelernt haben...

	Ja	Nein
...Photos ausgetauscht	⊙	○
...telefoniert	○	⊙

[Weiter]

410

Die Entstehung von Partnerbeziehungen online - Fragebogen   Fortschritt:

Wie lange waren Sie schon auf PartnerWinner, bevor die für Sie wichtigste Liebesbeziehung entstand?

3-4 Monate

Wann haben Sie sich in ihn (sie) verliebt?

○ bereits nach dem ersten Mail
⊙ während unseres Email-Austauschs
○ nachdem wir Photos ausgetauscht haben
○ nach (während) dem ersten Telefongespräch
○ nach (während) dem ersten Date
○ später
○ weiss nicht
○ anderes:

Mit wem haben Sie über Ihre PartnerWinner-Liebesbeziehung gesprochen?

☑ mit meinen engsten Freunden
☑ mit meinen Kollegen und Bekannten
☐ mit meinen Eltern
☑ mit meinen Kindern
☐ mit niemandem
☐ anderes:

[Weiter]

411

www.ingramcontent.com/pod-product-compliance
Lightning Source LLC
Chambersburg PA
CBHW031351290326
41932CB00044B/875